T0209876

Printed in the United States
By Bookmasters

بسم الله الرحمن الرحيم

الأهمية الجنائية لتحديد لحظة الوفاة

الأهمية الجنائية لتحديد لحظة الوفاة

(دراسة مقارنة)

الدكتورة

صفاء حسن العجيلي

الطبعة الأولى

2011م

المملكة الأردنية الهاشمية
رقم الإيداع لدى دائرة المكتبة الوطنية
(2010/8/2881)

345.04

العجيلي، صفاء حسن نصيف.
الأهمية الجنائية لتحديد لحظة الوفاة/ صفاء حسن نصيف العجيلي، - عمان : دار ومكتبة الحامد للنشر والتوزيع، 2010 .
( ) ص .
ر. إ. : (2010/8/2881) .
الواصفات :الوفاة//فحص الجثة// أسباب الوفاة//الجريمة/

*يتحمل المؤلف كامل المسؤولية القانونية عن محتوى مصنفه ولا يعبّر هذا المصنف عن رأي دائرة المكتبة الوطنية أو أي جهة حكومية أخرى.

❖ أعدت دائرة المكتبة الوطنية بيانات الفهرسة والتصنيف الأولية .

* (ردمك) ISBN 978-9957-32-542-8

دار الحامد للنشر والتوزيع

شفا بدران - شارع العرب مقابل جامعة العلوم التطبيقية
هاتف: 5231081 -00962 فاكس : 5235594 -00962
ص.ب . (366) الرمز البريدي : (11941) عمان – الأردن

Site : www.daralhamed.net
E-mail : info@daralhamed.net
E-mail : daralhamed@yahoo.com
E-mail : dar_alhamed@hotmail.com

بسم الله الرحمن الرحيم

الله يتوفى الأنفس حين موتها والتي لم تمت في منامها فيمسك التي قضى عليها الموت ويرسل الأخرى إلى أجل مسمى إن في ذلك لآيات لقوم يتفكرون۞

صدق الله العظيم
سورة الزمر، الآية42

الإهـــــــداء

إلى من كلل العرق جبينه...وشققت الأيام يديه...

إلى من علمني أن الأعمال الكبيرة لا تتم إلا بالصبر والعزيمة والإصرار...

إلى والدي أطال اللـه بقاءه... وألبسه ثوب الصحة والعافية... ومتعني ببره ورد جميله أهدي له ثمرة من ثمار غرسه...

والى من نذرت عمرها في أداء رسالة...صنعتها من أوراق الصبر...

وطرزتها في ظلام الدهر على سراج الأمل ... بلا فتور أو كلل...رسالة تعلم العطاء كيف يكون العطاء... وتعلم الوفاء كيف يكون الوفاء... قطرة في بحر جودها العظيم... إليك أمي.

والى الشموع التي أنارت طريقي... وينبوع خير ومحبة شد اللـه به إزري...سند إرادتي ودعائم عزمي... أخوتي وأخواتي

المحتويات

مقدمة

لا يخفى على أحد إن العالم اليوم يشهد تطورا علميا هائلا وفي كافة المجالات تقريبا، وخصوصا في نطاق الاكتشافات الطبية، حيث يشهد المجال الطبي تطورات كبيرة ومتلاحقة في تقنياته، كما تنشط فيه فعاليات البحث والإبداع في استخدام هذه التقنيات وبشكل ملفت للانتباه، مما وفر للطبيب وبشكل مستمر أدوات جديدة وأساليب علاجية مبتكرة لم يكن معظمها معروفا أو متصورا حتى وقت قريب.

وعلى الصعيد العملي فقد مثلت بعض هذه التطورات انقلابا على ما كان ثابتا من مفاهيم ولفترات طويلة، ومن أخطر هذه المفاهيم مفهوم الوفاة أو معيار تحديد لحظة الوفاة على وجه الدقة، فعلى الرغم من معرفة الإنسان لفكرة الوفاة كونها مصيره الحتمي الذي لا مفر منه إلا انه عجز عن بيان حقيقتها، فما كان منه إلا أن يتتبع مظاهر الحياة القائمة على الأفعال الحيوية لأي شخص من حس وإدراك وحركة اختيارية وتنفس ونبض للقلب ليحكم بالوفاة على من فقد هذه المظاهر، ومن هنا جاء اختلاف معايير تحديد لحظة الوفاة وتطورها بما يتلائم مع وسائل التقنية الحديثة وتطورها التي ساعدت إلى حد كبير في التعرف على هذه المظاهر ومتى يمكن للإنسان أن يفقدها، فما كان يعد بموجبه الإنسان ميتا أصبح مشكوكا فيه الآن ولم يعد كافيا لإعلان الوفاة.

مما دفعني إلى التساؤل عن كيفية التأكد من وفاة الإنسان في ظل تعدد المعايير المطروحة؟ وعن أثر تحديد هذه اللحظة وانعكاساتها على ممارسات طبية وثيقة الصلة بتحديد هذه اللحظة؟

فكان من نتاج التطور العلمي في المجال الطبي أن تمكن الطب من علاج الكثير من الحالات المرضية المستعصية والتي كان يقف أمامها الطب عاجزا ويعد صاحبها في عداد الموتى أو صائر إلى ذلك عما قريب، كحالات توقف القلب

المفاجئ، وحالات الغيبوبة لإفتقاد الطبيب في تلك الفترات قدرة علمية علاجية يمكن من خلالها استرداد نبض القلب أو استعادة الوعي الذي فقده المصاب، إلى أن هدى الله الإنسان إلى اكتشاف أجهزة الإنعاش الصناعي التي تمكن من خلالها الطب من تلافي الكثير من الحالات التي كانت الوفاة النتيجة المترتبة عليها، ولكن بالمقابل ساهمت هذه الأجهزة إلى حد كبير في إيجاد حالات تشخيصية تحتفظ ببعض مقومات الحياة دون البعض الآخر تعتمد في تعويضها على هذه الأجهزة لم يكن القانون ليتناولها من قبل ظهور هذه التقنية. فأصبحنا نسمع اليوم من ينادي بإنهاء حياة هؤلاء المرضى المربوطين إلى هذه الأجهزة أو إعطائهم الحق في إنهاء حياتهم على أساس عدم جدوى علاجهم واستحالة عودتهم إلى الحياة الطبيعية، مما أثار في نفسي تساؤلا عن حدود استخدام أجهزة الإنعاش الصناعي؟ ومتى يمكن لهذه الأجهزة أن تسهم فعلا في الحفاظ على حياة المرضى؟ومتى يكون استخدامها مجرد حفاظ على شكل من أشكال الحياة وتأجيل لإعلان الوفاة ؟

ومن الإشكاليات الأخرى التي ألقت مسالة تحديد لحظة الوفاة بظلالها عليها هي عمليات نقل وزراعة الأعضاء البشرية، التي بدأت بنقل جزء من جسم الإنسان إلى موضع آخر من جسمه، وتطورت إلى أن أصبحت تنقل من إنسان حي إلى أخر، ومن متوفى إلى حي، وبدأت بعضو وتطورت لتشمل سائر أعضاء الإنسان لاسيما بعض الأعضاء الأساسية التي لا يتصور حياة الإنسان بدونها كالقلب والكبد، وبالتالي لا يتصور الحصول عليها إلا من الأموات.وهنا تظهر أهمية لحظة الوفاة في تحديد الوقت الذي يسمح فيه باستئصال الأعضاء من المتوفى، آخذين بالاعتبار إن نجاح هذه العمليات يتوقف إلى حد كبير على سرعة استئصال العضو بعد الوفاة وعلى طبيعة المعيار المعتمد في تحديد لحظة الوفاة بالنسبة لبعض الأعضاء، وفي المقابل عاصر هذه الثورة العلمية في مجال نقل الأعضاء رواج تجارة ظهرت كأثر من آثار هذه العمليات ألا وهي تجارة الأعضاء البشرية حيث مثلت الجانب السلبي لهذه العمليات.

الأمر الذي دفع الجماعة الدولية ممثلة في الأمم المتحدة ومؤتمراتها إلى إبداء قلقها إزاء المنجزات العلمية والتقنية الحديثة التي تولد مثل هذه المشاكل وأوصت الدول باتخاذ التدابير اللازمة لإفادة الإنسان من حسنات العلم والتكنولوجيا وحمايتها من الآثار الضارة المترتبة على سوء استخدام هذه المنجزات والتقنيات، لا سيما فيما يتعلق بالحياة الخاصة وحماية شخصية الإنسان وسلامتها البدنية والعقلية.[1]

الأمر الذي دفعني إلى التساؤل عن مدى مشروعية هذه العمليات؟ وما هو مدى أو نطاق تطبيقها سواء في النقل من الأحياء أو الأموات؟

وإزاء التطورات الكبيرة في مجال الطب والخاصة بتحديد لحظة الوفاة وما ترتب عليها من إشكاليات على درجة من الأهمية والحيوية بالنسبة للإنسان، سيما وإنها لا تزال محل جدل كبير من حيث مدى مشروعيتها ونطاقها وضوابطها وسواء نظرنا إليها من منظور طبي أو شرعي أو قانوني، لذا كان اختياري لهذا الموضوع محلا للبحث والموسوم بـ"الأهمية الجنائية لتحديد لحظة الوفاة" في ظل الأساليب الطبية الحديثة.

ونظرا لتعلق موضوع الكتاب ببيان الأهمية الجنائية لتحديد لحظة الوفاة وانعكاساتها على مسؤولية الطبيب الجنائية في ضوء الممارسات الطبية الحديثة، فإن الكتاب يستهدف بالدرجة الأساس التعرف على معيار تحديد لحظة الوفاة الحقيقي الذي يمكن من خلاله إعلان الوفاة، وأثر تحديد هذه اللحظة على بعض الممارسات الطبية المستحدثة ذات الصلة فيما يتعلق بمشروعيتها وضوابطها، وأثرها في مدى تحقق مسؤولية الطبيب الجنائية، وبيان الملابسات المتعلقة، والتفهم الكامل لها بما يساعد على إيجاد الحلول المناسبة بشأنها، ووضع الضوابط السليمة لهذه الممارسات حرصا على تحقيق المنفعة الكاملة للإنسان.

---

[1] د.احمد شرف الدين، حماية حقوق الإنسان المرتبطة بعمليات الوراثة وعناصر الإنجاب، بحث مقدم إلى مؤتمر الطب والقانون، كلية الشريعة والقانون، جامعة الإمارات العربية المتحدة، 1998، ص864.

وتتعلق مشكلة الكتاب بالدرجة الأولى بكيفية تحقيق الموازنة بين المصلحة العامة والمصلحة الخاصة، أو الموازنة بين حق المجتمع وحق الفرد، لا سيما فيما يتعلق بمعصومية الجسد ومدى الحماية الجنائية التي يكفلها المجتمع للكيان الجسدي في ضوء ما استجد من تطورات في المجال الطبي.

وفي الحقيقة إن تحقيق هذه الموازنة هو أمر تعترضه العديد من العقبات، ذلك أن لتحديد لحظة الوفاة والإشكاليات المترتبة عليها بالنسبة لبعض الممارسات الطبية كاستخدام أجهزة الإنعاش الصناعي ونقل وزراعة الأعضاء أبعادا طبية وشرعية وقانونية كثيرة، يختلف فيها الحكم من بعد لآخر، بل يختلف الحكم فيها حتى داخل إطار البعد الواحد هذا من جهة. ومن جهة أخرى فإن الكثير من معطيات العصر ـ الحالي في تغير مستمر، ومن المعروف إن لكل تطور علمي جديد له إيجابياته وسلبياته، وهذا القول ينطبق على التقدم العلمي في المجال الطبي، فالاكتشافات الجديدة في مجال تحديد لحظة الوفاة والممارسات الطبية ذات الصلة في تطور مستمر، فما كان مقبولا في الأمس لم يعد كذلك في الوقت الحالي، كما رافق هذه التطورات الكثير من السلبيات كشف عنها الواقع العملي تطلبت التصدي لها بالتنظيم القانوني سواء بالإباحة أم بالتجريم أم بوضع الضوابط الدقيقة لممارستها وهذا ليس بالأمر السهل كما أسلفنا لتعدد زواياها الطبية والشرعية والقانونية.

ومن هنا ظهرت الحاجة إلى التنسيق بين المواقف المختلفة لتحقيق الموازنة المنشودة، مع الأخذ بعين الاعتبار ما تتسم به قواعد الشريعة الإسلامية والقواعد القانونية من ثبات واستقرار نسبي بخلاف الأساليب الطبية التي تتسم بتطور مستمر، إلا انه لا مناص من تحقيق هذا التنسيق، لأن الشريعة الإسلامية تعد من أهم الأسس التي تقوم عليها المجتمعات العربية ومن بينها المجتمع العراقي طبعا، مما يتطلب ضرورة أن تهتدي الحلول التشريعية لإشكاليات هذه الممارسات الطبية بأحكام الشريعة الإسلامية وتتفق معها. إذ من غير هذا التنسيق سوف نجد أنفسنا

أمام خيارين لا ثالث لهما: فإما أن نهمل القانون ونساير التطور العلمي في المجال الطبي وهو أمر غير مقبول لتعارضه مع مبدأ الشرعية.وإما أن نحترم القانون ونهمل سنة التطور ونتسم عندئذ بالجمود والرجعية وهو أمر غير مقبول هو الآخر.(1) لذا لم يكن أمامنا سوى محاولة التنسيق بين الشرع والقانون والتطور الطبي بما يكفل حق المجتمع وحقوق الأفراد على السواء.

إن الأهمية الجنائية لتحديد لحظة الوفاة كعنوان موسوم لمشروع كتابي يمكن من خلاله تحديد نطاق الكتاب والذي تحدد في:

1. تحديد لحظة الوفاة في ظل المعايير المطروحة والتعرف على معيار الوفاة الحقيقي.
2. بيان أهمية تحديد لحظة الوفاة من الناحية الجنائية بالنسبة للممارسات الطبية الحديثة ذات الصلة بها، والتي يتصور ارتكابها في مواجهة الأحياء والأموات والمتمثلة في استخدام أجهزة الإنعاش الصناعي واستئصال الأعضاء البشرية وزرعها.لذا لن نتعرض خلال البحث للممارسات الطبية التي لا يتصور ارتكابها إلا في مواجهة الأحياء كالتلقيح الصناعي والاستنساخ البشري وتغيير الجنس والتعقيم وعمليات التجميل التي لا يكون للحظة الوفاة أي انعكاسات عليها، فخرجت عن نطاق البحث.

كما يخرج عن نطاق كتابنا أهمية تحديد لحظة الوفاة في فروع القانون الأخرى، كالقانون المدني، وقانون الأحوال الشخصية والقانون الإداري وغيرها إذ إن دراسة جميع تلك الإشكالات يحتاج عدة دراسات معمقة.

---

[1] د.احمد شوقي أبو خطوة، القانون الجنائي والطب الحديث، دار النهضة العربية، القاهرة، 1986، ص9

ولقد اتبعت في كتابي لتحديد الأهمية الجنائية لتحديد لحظة الوفاة وانعكاساتها على بعض الممارسات الطبية ذات الصلة أسلوب الدراسة المقارنة، نتعرض فيها لبيان موقف كل من الطب والشرع والقانون، راجين من الله سبحانه وتعالى أن يوفقنا في إتمام هذا الكتاب الذي ارتأينا تقسيمه إلى ثلاثة فصول رئيسة مسبوقة بتمهيد، نتناول في الفصل الأول تحديد لحظة الوفاة والمعايير المطروحة في هذا الصدد وموقف كل من الشرع والقانون منها. ونتعرض في الفصل الثاني لأولى الممارسات الطبية المتصلة بموضوع تحديد لحظة الوفاة وهي استخدام أجهزة الإنعاش الصناعي، مبينين الحدود الشرعية والقانونية لاستخدام هذه الأجهزة. ونفرد الفصل الثالث لبيان اثر تحديد لحظة الوفاة في عمليات نقل وزراعة الأعضاء البشرية من خلال تحديد مفهوم هذه العمليات ومدى مشروعيتها وضوابط ممارستها في ظل معيار الوفاة الحقيقي.

تمهيد

إن معرفة مفهوم فكرة ما يعتمد كثيرا على الزاوية التي ينظر منها، والحق إن فكرة كفكرة الموت قد شغلت حيزا غير قليل من تفكير الإنسان بحسب مفاهيم هذه الفكرة وتعددها، منظور إليها من مختلف الزوايا سواء الفلسفية منها أو العلمية أو الاجتماعية أو الاعتقادية، ناهيك عن النواحي القانونية والشرعية. فمنذ أن وجد الإنسان على ارض المعمورة عرف الموت بمفهومه المجرد وهو نهاية الحياة الإنسانية، ودفن موتاه ولا يزال يستوي في هذا الإنسان البدائي وإنسان العهود المعاصرة التي تشهد احدث صيحات التطور الطبي، غير إن سمة الوضوح والتجريد التي لازمت فكرة الموت ما لبثت أن تبدلت وأصبحت على قدر من الدقة والتعقيد خصوصا بعد تطور العلوم وتشعبها، حيث تلقفت هذا الموضوع العلوم على اختلافها إنسانية وطبيعية فوضعته على طاولة البحث والتمحيص، فخاض فيه علماء الكلام والعقائد والفلاسفة وأهل الطب فضلا عن فقهاء الشريعة والقانون، فتعددت معاني الموت بين العلوم المختلفة، وما يهمنا بالدرجة الأساس من بين جميع هذه العلوم هو مفهوم الموت من الناحية الطبية والشرعية والقانونية.ولكن قبل أن نصل إلى بؤرة اهتمام البحث وتحديد لحظة الوفاة من النواحي سالفة الذكر، أرى أن نعرج أولا على معنى الموت في اللغة والاصطلاح، نعقب ذلك ببيان لحقيقة الموت في العقائد المختلفة.

أولا: معنى الموت في اللغة

الموت: وأصله في اللغة مات ويموت ويماتْ فهو ميت، والموتان ضد الحياة وهو مخلوق من خلق الله تعالى، وقيل الميت الذي مات، والميت والمائت الذي لم

يمت بعد أو الميت مآلا.[1]

وجاء في مختار الصحاح: الموت ضد الحياة، ومات ويموت فهو ميت مشددا أو مخففا، وجمعه قوم موتى أو أموات أو ميتون مخففا أو مشددا، وقيل الموت الحتف وجمعه حتوف، ويقال مات فلان حتف أنفه وهو من مات من غير قتل أو ضرب.[2]

وأطلق لفظ الموت أيضا على كل ما لا روح فيه.[3] وعلى ذهاب الروح بالآجال، قال تعالى ﴿إنك ميت وإنهم ميتون﴾[4]، أي الموت الذي لا يعود صاحبه به إلى الدنيا.[5] وأطلق العرب لفظ الموت على السكون، ومات الشيء أي همد وسكن.[6] ويجمع أهل اللغة[7] على انه ليس هناك فرق بين لفظ (الموت) ولفظ (الوفاة)، إذ ينصرف معنى الوفاة إلى الموت أو المنية، والوفاة استخلاص الحق من

---

[1] جمال محمد بن مكرم بن منظور الأفريقي المصري، لسان العرب، الطبعة الأولى، ج1، دار صادر بيروت، بلا سنة طبع، ص90، مادة :موت. الإمام مجد الدين محمد بن يعقوب الفيروزبادي، القاموس المحيط، دار الفكر للطباعة والنشر، القاهرة، بلا سنة طبع، ص26.

[2] محمد بن أبي بكر عبد القادر الرازي، مختار الصحاح، تحقيق محمود خاطر، ج1، مكتبة لبنان ناشرون، بيروت، 1995م، 1415هـ ص642

[3] قاسم بن عبد الله بن أمير القونوي، أنيس الفقهاء، ط1، ج1، دار ألوفا، جدة، 1406هـ ص123

[4] سورة الزمر، الآية 30

[5] محمد بن عبد الرؤوف المناوي، التوقيف على مهام التعاريف، ط1، ج1، دار الفكر المعاصر، بيروت، 1410هـ ص648

[6] علي بن محمد السيد الشريف الجرجاني، التعريفات، ط2، تحقيق إبراهيم الابياري، دارالكتاب العربي، بيروت، 1405هـ ص94

[7] ابن منظور، مصدر سابق، ج15، ص398. الإمام مجد الدين الفيروزبادي، مصدر سابق، ج1، ص1731. محمد بن أبي بكر الرازي، مصدر سابق، ج1، ص740. احمد بن محمد بن علي المقري الفيومي، المصباح المنير في غريب الشرح الكبير، ج2، المكتبة العلمية، بيروت، بلا سنة طبع، ص667

حيث وضع، فالله عز وجل نفخ الروح ليستوفيها بعد أجل من حيث أودعها.وتوفية الشيء إذا أخذته كله.[1]

في حين يرى البعض[2] بوجود فرق بين الإماتة (الموت) وبين الوفاة، ويستدل على ذلك بقوله تعالى ﴿الله يتوفى الأنفس حين موتها والتي لم تمت في منامها فيمسك التي قضى عليها الموت ويرسل الأخرى إلى أجل مسمى...﴾[3] فالتي في المنام يتوفاها الله ولا يميتها.

واعتقد إن استخدام لفظ الوفاة أصح لغة، وذلك لإطلاق لفظ الموت على معانٍ متعددة ومختلفة كما سنرى عند تعريف الموت في الاصطلاح الشرعي، في حين لم يطلق لفظ الوفاة إلا على نهاية الحياة بمعنى الموت الحقيقي هذا من ناحية، ومن ناحية أخرى فالمفهوم من معنى الموت انه ضد الحياة بحيث لا يجتمعان في جسد واحد، وبالتالي فلكي يوصف الإنسان بأنه ميت لا بد من موت كل الجسم بحيث لا يبقى جهاز من أجهزة الجسم فيه صفة حياتية وهو ما يستند إليه البعض في تحديد لحظة الوفاة وهو أيضا مالا يمكن الاعتداد به، إذ من غير المقبول انتظار تفسخ الجسم وموت جميع أنواع الحياة حتى على مستوى الحياة الخلوية للحكم بموت الإنسان، في حين يجسد لفظ الوفاة مفهوم الموت الحقيقي بتوفي النفس ومفارقتها للجسد.

ثانيا: معنى الموت في الاصطلاح الشرعي

لقد استعمل لفظ الموت في معان كثيرة وردت في القران الكريم، فمن هذه المعاني ما هو بإزاء القوة النامية الموجودة في الحيوان والنبات قال تعالى: ﴿إعلموا

---

[1] احمد بن محمد بن علي المقري الفيومي، المصدر نفسه، ص667

[2] حسام عبد الواحد كاظم الحميداوي، الموت وآثاره القانونية، دراسة مقارنة، أطروحة دكتوراه مقدمة إلى كلية القانون، جامعة بغداد، 1999، ص6

[3] سورة الزمر الآية 42.

أن الـلـه يحيي الأرض بعد موتها...﴾[1]، ومن الموت ما يقابل الضلالة والميت الضال قال تعـالى:﴿أو من كان ميتا فأحييناه...﴾.[2] وكذلك انصرف لفظ الموت إلى معنى قلة النبات، قال تعالى:﴿حتـى إذا أقلـت سحابا ثقالا سقناه لبلد ميت...﴾.[3]

ومن المعاني الأخرى التي انصرف إليها لفظ الموت هي الخوف والأسباب الموجبة للموت حيث قال تعالى في وصف أصحاب النار﴿يتجرعه ولا يكاد يسيغه ويأتيه الموت من كل مكان وماهو بميت ومن ورائه عذاب غليظ۞﴾.[4]

وكذلك زوال القوة الحسية لدى الإنسان، قال تعالى عـلى لسـان مـريم (عليهـا السـلام) ﴿فأجاءهـا المخاض إلى جذع النخلة قالت يا ليتني مت قبل هذا وكنت نسيا منسيا﴾.[5]

والذي يدخل في نطاق بحثنا من هذه المعاني هو الموت اليقيني الذي لامفر منه عند حلول الأجـل، قال تعالى ﴿ولن يؤخر الـلـه نفسا إذا جاء أجلها و الـلـه خبير بما تعملون﴾[6]

فالموت إذن من الحقائق الحتمية التي لايختلف عليها اثنان، وعلى الرغم من ذكر لفـظ المـوت في آيات كثيرة وبمعان متعددة إلا انه لم يرد تعريف للموت وإنما

---

(1) سورة الحديد، الآية (17)

(2) سورة الأنعام، الآية(122)

(3) سورة الأعراف، الآية (57)

(4) سورة إبراهيم، الآية (17)

(5) سورة مريم، الآية (23)

(6) سورة المنافقون، الآية (11).وينظر في بيـان معـاني المـوت محمـود الآلـوسي أبـو الفضـل، روح المعـاني في تفسير القران الكريم والسبع المثاني، دار إحيـاء الـتراث العـربي، بـيروت، بـلا سـنة طبـع، ص541. عبـد الرحمن بن علي الجوزي، زاد المسير في علم التفسير، ط3، المكتب الإسلامي، بيروت، 1404هـ ص462

اقتصرت هذه الآيات على بيان حكمة الموت وتأكيد حقيقته أو معالجة بعض الإحكام المتعلقة به.[1]

ومع ذلك فقد عرف الفقهاء الأوائل الموت بتعاريف عدة ولكن غلب على هذه التعريفات صفة عدم تطرقها لحقيقة الموت من الناحية البيولوجية واقتصارها على الجانب التصويري، فعرف الموت بأنه مفارقة الروح الجسد.[2]

وجاء في كتاب الروح (موت النفوس هو مفارقتها لأجسادها وخروجها منها).[3]

والملاحظ على هذه التعريفات هو تأكيدها على حقيقة واحدة هي إن الموت ضد الحياة وبحلوله تغادر الروح[4] الجسد وتوقف جميع أعضاء الجسم على أداء

---

[1] د.ندى محمد نعيم الدقر، موت الدماغ بين الطب والإسلام، ط1، دار الفكر، بيروت، 1997، ص83

[2] احمد بن علي بن حجر أبو الفضل العسقلاني الشافعي، فتح الباري في شرح صحيح البخاري، دار المعرفة، بيروت، 1379هـ ص346. محمد بن علي الشوكاني، السيل الجرار المتدفق على رحيق الأزهار، ط5، دار المكتبة العلمية، بيروت، 1405هـ ص11. سيد قطب، في ظلال القران، طبعة دار الشروق، المجلد الثاني، بدون مكان نشر، 1978، ص 1149.

ولقد انتقد هذا التعريف من قبل البعض حيث يقول الدكتور مصطفى إبراهيم الزلمي(إن هذا التعريف غير مقبول منطقيا لأنه تعريف لمجهول وهو أخفى من معرفه وهو الموت، والأخفى مرفوض منطقا إذ من شروط المعرف أن يكون أجلى وأوضح من معرفه). ينظر د.مصطفى إبراهيم الزلمي، موانع المسؤولية الجنائية في الشريعة الإسلامية و التشريعات الجزائية العربية، المكتبة الوطنية، بغداد، 2002، ص453.ولمزيد من المعلومات ينظر.الشيخ محمد رضا المظفر، المنطق، ط5، دار الغدير، قم، 1995، ص99-100

[3] الإمام شمس الدين أبي عبد الله بن القيم الجوزية، الروح، ط1، دار المنار للطباعة والنشر بيروت، 1999، ص39

[4] والروح في اللغة النفس وما به حياة الجسد.أما في الاصطلاح فقد ورد في كتاب إحياء علوم الدين للإمام الغزالي بأن الروح هو المعنى الذي يدرك من الإنسان العلوم وآلام الغموم ولذة الأفراح، وعرفها أيضا بأنها اللطيفة العالمة المدركة من الإنسان وهو أمر رباني تعجز أكثر العقول والأفهام عن إدراك حقيقته.

وعرفت أيضا بأنها جسم لطيف مغاير للأجسام ماهيته وصفته متصرف بالبدن حال فيه حلول الدهن في الزيتون وإذا فارقه مات.

وعرفها بعض المتكلمين بأنها جسم لطيف اشتبك بالأجسام الكثيفة اشتباك الماء بالعود الأخضر.

واختلف العلماء حول كون الروح والنفس شيئا أو شيئين، فمنهم من يرى بأنهما مختلفين فالنفس هي التي بها العقل فاذا نام النائم قبض الله نفسه ولم يقبض روحه ولا يقبض الروح إلا عند الموت. في حين يذهب آخرون إلى إنهما يعبران عن حقيقة واحدة فيقال خرجت نفسه أي روحه، غير إن العرب تذكر الروح وتؤنث النفس، ولمزيد من التفاصيل ينظر:يوسف عبد الله بن عمر بن عبد البر النمري، التمهيد لما في الموطأ من صحيح و أسانيد، وزارة الأوقاف والشؤون الإسلامية، المغرب، 1387، ص214. الإمام مجد الدين محمد بن يعقوب الفيروزبادي، ج1، مصدر سابق، ص745. الإمام أبو حامد الغزالي، إحياء علوم الدين، ج4، مطبعة نشر الثقافة الإسلامية، القاهرة1356هـ ص493-495. عبد الرؤوف المناوي، فيض القدير شرح الجامع الكبير، ج 11، ط1، المكتبة التجارية الكبرى، مصر

وظائفها بهذه المفارقة وان وجود الروح هو الفرق مابين الموت والحياة.

ثالثا: الاستقراء التاريخي لفكرة الموت

لم يلهب خيال الإنسان شيء كما ألهبته فكرة الموت، هذا السر العجيب واللغز المحير الـذي شغل الفكر البشري منذ وجوده عندما أدرك انه حيثما توجد حياة يوجد الموت. فمنذ بدء التـاريخ حتـى عصرنا الحاضر وقف الإنسان أمام الموت حائرا مندهشا لعدم تمكنه من فهم كنهه ولا التغلب عليه، فهو لغز أزلي لا يدركه إنسان حي إدراكا حقيقيا إلا بعد الموت وبالتالي لا يستطيع إخبارنا عنه.

والحقيقة إن نظرة الإنسان إلى الموت في الوقت الحالي اختلفت كثيرا عما كانت في العصور القديمـة ويصعب معرفة ماذا كانت تعني الوفاة لإنسان مـا قبـل التـاريخ، إلا إن الفلسـفات الإنسانية والديانات القديمة ناقشت فكرة الموت واعتبرته مشكلة، ويبـدو إن إشكالية المـوت هـي أكثر تعقيـدا وغموضـا مـن إشكالية أي قضية إنسانية أخرى، ولقد ارتأيت أن نتعرض لنظرة الإنسان إلى المـوت عـبر العصـور قبـل أن تتبلور على النحو الذي نشهده اليوم.

ففي العصور البدائية لم يكن الموت أهمية لازمة للوضـع البشري إذ كان يعتقد إن الإنسان ولـد خالدا، لكن الإلهة هي التي بعثت بالموت بعد أن أخذتها الغيرة

1156هـ ص330. العلامة السيد محمد الحسيني الزبيدي، إتحاف سادة المتقين في شرح إحياء علـوم الدين، ج8، دار الكتب العلمية، بيروت، بلا سنة طبع، ص374.

من الإنسان الذي طردها من الأرض. ونظرت الفلسفة اليونانية للموت على انه شيء كريه ومزعج ولكنه يبقى المصير الطبيعي للبشر. [(1)]

ومن هنا اخذ الإنسان يرى في الموت ضرورة حتمية تنتهي بها حياة الإنسان وانه لا بد من موت في نهاية المطاف.

أما المصريون القدامى فقد آمنوا بوجود الموت ولكنهم لم يروا فيه سوى تغيير للشكل، ولذا اتخذوا من التحنيط وسيلة للتخليد وإنكار الفناء وتأكيدا على فكرة الخلود من خلال البعث بعد الموت الذي رأوا فيه بوابة لحياة خالدة. كما آمنت الديانات التي سادت بلاد الرافدين بوجود عالم آخر، وحددوا مفاهيم حول هذا العالم الأخر أكثر من تحديدهم لماهية الموت، فهو عالم غريب تسكنه الأطياف وتهوي

[(1)] فالموت عند سقراط هو حكمة (الله) في كونه. فلا بد للأشياء بعد أن تكون أن لا تكون، فالموت واجب وهو من الله وعلينا أن لا نخشاه، وعندما أعلن الحكم على سقراط بالموت، قال سقراط:.. فليس لأحد أن يخاف الموت، لأنه إما أن يكون نوما بلا أحلام، وإما أن يكون حياة في عالم آخر". ويرى سقراط: "أني لما كنت لا أمتلك أية معرفة عما هو آت بعد الموت.. فإني لا أشعر أبدا بالكراهية والخوف من شيء، كل ما أعرفه أنه قد يكون خيرا أو بركة". ومن هنا يقدم لنا سقراط على طبق من ذهب قضية الثواب والعقاب فيما بعد الموت.

ويرى أفلاطون أن الموت نعمة ما دام هو خلاص النفس من آثامها، لأن النفس ستعود إلى موضعها في العالم العلوي، عالم المثل.

في حين آمن "أرسطو" بخلود العقل الذي يأتي إلى الإنسان من الخارج. إنه العنصر الإلهي في الإنسان، وهو وحده الذي لا يفنى عند الموت. فيؤكد أرسطو على العلاقة بين الله والإنسان كعلاقة صورية بحتة. فالإنسان يستطيع أن يعرف الله ويكون منه بمنزلة الجزء من الكل عن طريق العقل. والنفس هي كمال أول لجسم طبيعي ذي حياة، وهي مستقلة عن الجسم، وهي التي تحفظ وحدة الجسم، والكائن الحي هو جدل العلاقة بين النفس والجسد.لمزيد من التفاصيل ينظر:منير مزيد، الإسلام وحوار الأديان، ج1، مقال منشور على الانترنت على الموقع.www.allesan.org/saqafa/minir.htm. آخر زيارة للموقع في 2008/9/29

إليه أرواح الموتى، ودون تمييز بينهم مطلقين عليه اسم (دار الظلمة).[1]

أما الديانة اليهودية فقد أقرت بوجود الروح وفرقت بينها وبين الجسد، فالجسد هو المادة أما الروح فهي الحياة المحركة له، ولم تتعمق الديانة اليهودية في الحديث عن ماهية الروح أو تركيبها ووظائفها وخلقها ومصيرها بعد الموت، إلا أن هناك إشارة بأنها تنطلق من الجسم بعد الموت وتذهب إلى خالقها أما الروح فهي الحياة المحركة له.

ثم جاءت المسيحية بمفهوم تدريجية الموت، أي إن الأرواح لا تغادر الجسد في لحظة بذاتها بل يتم ذلك من خلال مرحلة أشبه بالنوم وهي إحدى مراحل الوفاة يتوقف فيها التنفس والحركة، وساد هذا المفهوم في العصور الوسطى.[2] ثم جاء الإسلام ورأى في الموت انقطاعا لحياة الروح بالبدن ومفارقتها له وتبدل حال وانتقال من دار الدنيا إلى الدار الآخرة على النحو الذي سنوضحه عند بيان مفهوم الموت في الاصطلاح الشرعي، وظل هذا المفهوم ساريا حتى عصرنا الحالي.

ومع ازدياد المعرفة الإنسانية ترسخت في القرن الثامن عشر فكرة بوجود مرحلة زمنية تفصل ما بين توقف مظاهر الحياة وبين الموت النهائي يمكن أن تدب خلالها الروح في الجسد مرة أخرى، ولقد اتخذت في بادئ الأمر بعض التحوطات للحيلولة دون الدفن المبكر أي دفن الشخص قبل حدوث الوفاة الحقيقية لاحتمال الخطأ في التشخيص كالتمهل عدة أيام بحيث لا يدفن الشخص إلا بعد أن تبدأ مرحلة التحلل الرمي للتأكد من الوفاة بما لا يدع مجالا للشك[3]. ومع تطور الطب

---

[1] المصدر نفسه، نفس الصفحة.

[2] د.فوزي عبد السلام بن عمران، المعايير الطبية الدماغية كبديل لتشخيص الموت، بحث مقدم إلى مؤتمر الطب والقانون، كلية الشريعة والقانون، جامعة الإمارات العربية المتحدة، 1998، ص1112

[3] د.سهيل الشمري، موت الدماغ المأزق والحل، بحث مقدم إلى ندوة التعريف الطبي للموت، المنظمة الإسلامية للعلوم الطبية، الكويت، 1997، ص2

وزيادة عدد الأطباء أسندت إليهم مهمة إصدار شهادات الوفاة بعد التحقق مـن حـدوثها ولا يـتم الدفن بدون تلك الشهادة، ومنذ عام 1901بـدأت الـدول سـن قـوانين تشـترط ضـرورة أن لا يقـرر حـدوث الوفاة إلا طبيب متخصص، ولا يتم التصريح بالدفن إلا بموجب شهادة طبية منه بسبب الوفاة.

وفي نهاية القرن التاسع عشر تبين للأطباء إن الوفيات جميعها مهما تباينت أسبابها، تـتم في الواقع إما بانقطاع الدورة الدموية أو توقف التنفس أو فشل في وظيفـة الـدماغ، فصـنفت الوفيـات تبعـا لـذلك: الأولى وفاة بدايتها القلب، والثانية وفاة بدايتها الرئتان، والثالثة وفاة بدايتها الرأس[1].

---

[1] د.فوزي عبد السلام بن عمران، المصدر السابق، ص1114-1115

الفصل الأول
تحـديد لحـظة الوفـاة

الفصل الأول
تحديد لحظة الوفاة

لا يبدو التعرف على ظاهرة الموت أمرا ميسورا لأن الموت ظاهرة تتعلق بخلق الإنسان وَخَلق الإنسان في بدئه وانتهائه سر من أسرار الكون التي فطر الناس عليها وليس أمرا متاحا في العلوم التجريبية، ولتعلق الموت بالروح التي احتفظ الله سبحانه وتعالى ببيان حقيقتها، ومن هنا تتأتى الصعوبة في بحث هذه المسألة سواء في العلوم التجريبية أو الدينية، لأن الشريعة لم تزح الستار بدورها عن جوهر الروح من خلال نصوص صريحة وإنما نسبتها إلى أمر الله لذا كانت الروح من جنس ما استأثر الله بعلمه من الأشياء وأكثر المسائل غموضا بالنسبة للإنسان لقصور عقله عن إدراكها فهي من الإبداعات الكائنة بمحض أمر الله من غير مادة أو تولدٍ من أصل كأعضاء الجسد وغيرها حتى يمكن تعريفها ببعض ما بدا منها من الآثار، قال تعالى ﴿ويسألونك عن الروح قل الروح من أمر ربي وما أوتيتم من العلم إلا قليلا﴾[(1)].

ولكن الإنسان عرف الموت والحياة منذ أن وجد على هذه الأرض، وتتساوى في ذلك جميع المجتمعات بدائية كانت أو متحضرة. ولئن خلا القرآن الكريم من بيان جوهر الروح إلا انه أشار إلى نهاية الإنسان بالموت، فهنالك الكثير من الآيات التي أشارت إلى الأجل المحتوم، قال تعالىٍ﴿ الله يتوفى الأنفس حين موتها والتي لم تمت في منامها فيمسك التي قضى عليها الموت ويرسل الأخرى إلى اجل مسمى إن في ذلك لآيات لقوم يتفكرون﴾.[(2)] وكذلك قوله تعالى ﴿ولو ترى إذ الظالمون في غمرات الموت والملائكة باسطو أيديهم أخرجوا أنفسكم﴾.[(3)]

---

(1) سورة الإسراء، الآية(85)

(2) سورة الزمر، الآية(42)

(3) سورة الأنعام، الآية، (93)

لذا فثمة معنى بديهي للموت ينصرف إلى خروج الـروح مـن الجسـد، وفي هـذا يقول الإمام الغزالي (إن الموت معناه تغير حال فقط وان الروح باقية بعد مفارقة الجسد إما معذبة أو منعمة، ومعنى مفارقتها للجسد انقطاع تصرفها عنه بخروج الجسد عن طاعتها).[1]

وهذا المعنى البديهي للموت يتماشى في الواقع مع التعريف القانوني للقتل وحصول الوفاة والمتمثل بإزهاق روح إنسان على قيد الحياة، ويتماشى أيضا مـع قاعدة السـببية التي جعلها الله متحكمة في هذا الوجود فكل شيء جعله الله متوقفـا عـلى سـبب لا يكـون أي وجود للأول ما لم يوجد الثاني، وينطبق الحال نفسه على الموت فحياة الإنسان مبدئها اقتران الروح بالجسد لذا فمن المنطقي أن تنتهي هذه الحياة بعكس ما بدأت به.[2]

ولكن إذا كان من المتفق عليه بان الموت يتمثل بمفارقة الـروح الجسـد، إلا إن تحديـد لحظة هذه المفارقة لم يكـن محـل إجـماع وأثـار جـدلا واسعا بـين علـماء الطـب والشريعة والقانون، بل امتد الجدل والخلاف إلى علماء كل طائفة من هؤلاء من منطلق لا ينكر المفهوم المتقدم للوفاة وإنما من اللحظة التي يتحقق فيها هذا المفهوم.

ولأجل تسليط الضوء على لحظة الوفاة وكيفية تحديدها والإلمـام بكافة الجوانب العلمية والشرعية والقانونية، فقد ارتأينا تقسيم الفصل عـلى ثـلاث مباحـث، نخصص الأول ببيان التحديد الطبي للحظة الوفاة في ضوء آخر المستجدات العلمية والمعايير المطروحة، ونخصص الثاني لتحديد لحظة الوفاة من وجهـة النظـر الشرعية ونستعرض فيه الاتجاهـات الفقهية القديمة والمعاصرة، بينما نخصص المبحـث الثالـث لبيان تحديـد لحظة الوفـاة مـن الناحية القانونية ونبين فيه اتجاهات التشريع والفقه والقضاء.

---

[1] أبو حامد الغزالي، مصدر سابق، ص493-494
[2] د.طارق سرور، قانون العقوبات، القسم الخاص، ط1، دار النهضة العربية، القاهرة، 2003، ص11

المبحث الأول
تحديد لحظة الوفاة من الناحية الطبية

لقد نالت مسألة تحديد لحظة الوفاة اهتماما كبيرا على المستوى الطبي وتشعبت الآراء في هذه المسألة، ولكي نحدد لحظة نهاية الحياة الإنسانية لابد لنا أن نتعرف ابتداء على الحياة ومن ثم نخوض في بيان نهايتها.

تتمثل الحياة الإنسانية في مجموع الأفعال الحيوية من حركة وحس وتنفس وغيرها تعمل في مجموعها في نسق متكامل لحفظ كيان الإنسان، واستمرار هذه الأفعال يعتمد بشكل رئيسي على ثلاثة أجهزة أساسية تسمى الأجهزة الحيوية هي الجهاز الدوري المتمثل في القلب والجهاز التنفسي المتمثل في الرئتين والجهاز العصبي المركزي المتمثل في الدماغ. فإذا ما حصل وان توقف احد هذه الأجهزة أصاب الخلل الجهازين الآخرين يعقبه توقفهما مما يؤدي إلى موت الإنسان، ولكن أنسجة وخلايا أعضاء الجسم المختلفة تبقى حية وتستمر في العمل لفترات متفاوتة تختلف بحسب كل عضو على مدى تحمله لنقص التروية الدموية بسبب توقف القلب، وبعدها يحصل موت نهائي وكلي لجميع خلايا الجسم وهو ما يطلق عليه (الموت الخلوي).[1]

وتأسيسا على ما تقدم يتضح لنا بأن الموت ليس حدثا لحظيا وإنما سلسلة من العمليات المتعاقبة.[2]

---

[1] الموت الخلوي:هو موت الخلايا والأنسجة المكونة لأعضاء الجسم والذي يبدأ بالتوقف الكامل لأجهزة الجسم الحيوية نتيجة التوقف النهائي لعمليات التبادل والتحول الكيميائي، وتختلف المدة التي يستغرقها موت الخلايا من عضو لآخر، وبموت خلايا الجسم بالكامل لا يبقى هناك أدنى شك في حصول الوفاة اليقينية.ينظر د.محمود احمد طه، المسؤولية الجنائية في تحديد لحظة الوفاة، أكاديمية نايف للعلوم الأمنية، الرياض، 2001، ص57

[2] د.إبراهيم صادق الجندي، الموت الدماغي، ط1، أكاديمية نايف للعلوم الأمنية، الرياض، 2001، ص 16. د.سهيل الشمري، موت الدماغ المأزق والحل، مصدر سابق، ص4

وفي العهود السابقة لم يكن تشخيص الموت عسيرا فقد كان مجرد توقف القلب عـن النبض وانقطاع النفس تعد مؤشرات كافية لاعتبار الشخص ميتا، إلا إن التطور الكبير الحاصل في المجال الطبي افرز عاملين رئيسين كان لهـما دورا كبـيرا في إعـادة النظر في تحديـد لحظـة الوفاة، ويتمثل العامل الأول في ظهور وسائل الإنعاش الصناعي التي مكنت من إعادة النبـض إلى القلب وضمان دوام عملية التنفس، وأما العامل الثاني فهو اتسـاع عمليـات نقل الأعضـاء البشرية ونجاحها لاسيما عمليات نقل القلب.[1]

وإزاء هذه التطورات فهل يعبر توقف القلب والرئتين عن حالة موت حقيقية وهو مـا يطلق عليه الموت الظاهري، أم إن الموت يتحقق عندما تموت خلايا المراكز العصبية المركزيـة في الدماغ وهو ما يسمى المـوت الـدماغي، أم إن الأمـر يتطلب توقف الأجهـزة الحيويـة في الجسم جميعا وهو ما أطلق عليه الموت الجسدي، وأمـام تعـدد معـايير لحظـة الوفاة نجـد ضرورة بحث كل منها في مطلب مستقل وعلى النحو الآتي:

المطلب الأول

معيار المـوت الظـاهري

للوقوف على معيار الموت الظاهري وبيان مفهومه لابد لنـا بدايـة أن نحـدد المقصـود من الموت الظاهري والعلامات التي يستدل بها عليه، ومن ثم نبحث في مدى أحقية اعتماده كمعيار لتحديد لحظة الوفاة وتقييمه من الناحية الطبية وذلك من خلال الفرعين الآتيين:

---

[1] د.سميرة عايد الديات، عمليات نقل وزراعة الأعضاء بـين الشرـع والقـانون، ط1، مكتبـة الثقافـة للنشرـ والتوزيع، عمان، 1999، ص259

الفرع الأول
المقصود بالموت الظاهري

يقصد بالموت الظاهري توقف جريان السوائل والغازات الحيوية "الدم والهواء" وعـدم وصولها إلى جميع أعضاء الجسم مما يؤدي إلى موت تلك الأعضاء بصورة تدريجية، ويشـخص هذا التوقف من خلال التأكد من غياب نبض القلب بواسطة تخطيط كهربائية القلب مـع ملاحظة انقطاع النفس.[1]

وأساس وصف الإنسان بأنه قد مات بمجرد توقف القلب والرئتين عـن العمـل، انـه بمجرد هذا التوقف يصاب المخ بصورة تلقائية بالتوقف وخلال بضعة دقائق، وعندئذ يتحول الإنسان إلى جثة، فمن المعلوم إن هناك أعضاء متعددة في الجسم ويضـطلع كـل منهـا بـدور محدد وتختلف أهمية تلك الأعضاء من عضو لآخر، فبعض هذه الأعضاء يقوم بـأدوار ثانويـة في جسم الإنسان ولا يؤدي العجز فيها بالضرورة إلى وفاة الإنسان، بخلاف البعض الآخـر التـي لا تدوم حياة الإنسان إذا ما حصل عجز في أداء وظائفها، ويأتي في مقدمة هذه الأعضاء القلب فهو عضو الحياة المهم والمضخة التي يضمن استمرار عملها حياة الإنسان، ووفقا لهذا المعيـار فأن الشخص يُعَّد ميتا بـالتوقف النهـائي للقلب والـدورة الدمويـة وانقطـاع النـفس بتوقـف الرئتين عن العمل.[2]

---

[1] د.يوسف عبد الرحيم بوبس وندى محمد نعيم الدقر، الفرق بين موت الدماغ وموت المـخ كليـا، بحـث مقدم إلى مؤتمر الطب والقانون، كلية الشريعة والقانون، جامعة الإمارات العربية المتحـدة، 1998، ص33. د.كامل السعيد، الجرائم الواقعة على الإنسان، ط2، دار الثقافة للنشر والتوزيع، الأردن، 2006، ص35. د.محمد سعيد رمضان البوطي، بداية ونهاية الحياة، بحث مقـدم إلى مـؤتمر الطب والقانون، كلية الشريعة والقانون، جامعة الإمارات العربية المتحدة، 1998، ص56.

[2] د.محمد عبد الوهاب الخولي، المسؤولية الجنائية للأطباء عن اسـتخدام الأسـاليب المسـتحدثة في الطب والجراحة، ط1، بلا مكان نشر، 1997، ص223. د.حسن عودة زعال، التصرف غير

ذلك بأن توقف الدورة الدموية يحرم أعضاء الجسم من التغذية اللازمة لها مما يؤدي إلى حصول تغييرات كيميائية تنتهي بموت خلايا تلك الأعضاء ولكن بتوقيت متفاوت، فتوقف القلب يتبعه مباشرة فقدان للوعي وتوقف للتنفس وهما من صميم وظائف المخ الذي لا يتحمل بدوره توقف الإمداد الدموي إلا لثوانٍ قليلة فتتوقف خلاياه عن العمل ولكنها تظل حية لبضعة دقائق وما تلبث أن تموت، ويلي موت خلايا المخ موت خلايا الكبد والكلى.أما خلايا العظام والجلد والعضلات فمن الممكن أن تبقى لفترة أطول قد تصل إلى يوم كامل في ظل درجات الحرارة العادية.[1]

وعلى مر السنوات التي بقي فيها هذا المعيار سائدا حاول الأطباء أن يجدوا الوسائل التي تتيح لهم التيقن من حصول الوفاة، فقاموا بداية بوضع كرة زجاجية على صدر المشكوك في وفاته مرتبطة بعتلات إلى الخارج بحيث إن أدنى حركة في صدر المصاب ستسمح بدخول الهواء وتحرك العلم المرتبط بها لتنذر الآخرين بأنه حي، أو وضع ورقة مبلول بمحلول ملح الرصاص أمام انف المصاب وبالتالي فان أي انبعاث للهواء سوف يؤدي إلى حصول تفاعلٍ مع المحلول الموجود في الورقة مما يؤدي إلى تغير لونها والدلالة على بقاء الشخص على قيد الحياة.[2]

المشروع بالأعضاء البشرية في القانون الجنائي، دراسة مقارنة، ط1، الدار العلمية الدولية، عمان، 2001، ص113. د.أسامة نهاد رفعت وآخرون، نقل الأعضاء البشرية بين الطب والشريعة والقانون، منشورات بيت الحكمة، بغداد، 2000، ص30. د.احمد شوقي عمر أبو خطوة، القانون الحنائي والطب الحديث، دار النهضة العربية، القاهرة، 1986، ص117. د.منذر الفضل، التصرف القانوني بالأعضاء البشرية، ط1، دار الشؤون الثقافية العامة، بغداد، 1990، ص142.

(1) د.فيصل عبد الرحيم شاهين، تعريف الموت، بحث مقدم إلى ندوة التعريف الطبي للموت، المنظمة الإسلامية للعلوم الطبية، الكويت، 1997، ص2.

(2) د.عبد الهادي الخليلي، الموت وموت الدماغ، مجلة دراسات قانونية، العدد 4، السنة الثانية، بيت الحكمة، بغداد، 2000، ص78.

ومن الطرق الأخرى التي استعان بها الأطباء هي حقن شريان المصاب المشكوك في حياته بمادة الفلوروسين، فأن كان الشخص لازال حيا اصطبغ جلده باللون الأصفر ولا يحدث هذا مع الأموات.[1]

واستطاع هؤلاء الأطباء ومن خلال المشاهدة تحديد العديد من العلامات التي يمكن أن يستدل بها على وفاة الشخص أهمها:

1. تصبح قرنية العين كالزجاج المعتم
2. العينان غائرتان واتساع البؤبؤين
3. فقدان التعابير الوجهية
4. توقف النبض الرسغي والنبض السباتي
5. انتصاب شعر الجلد
6. انعدام صوت القلب
7. انعدام التنفس.[2]

وهناك علامات متأخرة لا تختص بهذا المعيار وإنما تشمل كل من فارق الحياة بشكل نهائي ولا تلبث أن تظهر في جسم الميت بمرور الزمن وهي التلون الموتي وبرودة الجسم والتيبس الموتي والتحلل الموتي.[3]

---

[1] د.ضياء نوري حسن، الطب القضائي وآداب المهنة الطبية، وزارة التعليم العالي والبحث العلمي، بغداد، 1980، ص80.

[2] د.محمد عبد العزيز سيف النصر، الطب الشرعي النظري والعملي، مكتبة النهضة المصرية، القاهرة، 1959، ص5. د.احمد عزت القيسي، الكتاب الأول في الطب العدلي، جامعة بغداد، 1981، ص81

[3] ويقصد بالتلون الموتي: تغير لون الجلد الناجم عن امتلاء الأوردة والشعيرات الدموية في الأجزاء المنخفضة من جثة الميت نتيجة تأثير الجاذبية على الدم السائل بعد توقف القلب، أما برودة الجسم فمن الطبيعي أن يفقد جسم الإنسان حرارته بعد الموت إلى أن يتساوى مع درجة حرارة المحيط الخارجي.

الفرع الثاني
تقييم معيار الموت الظاهري

لقد استمر العمل بهذا المعيار ردحا طويلا من الزمن ظل الإنسان يعتمد عليه في معرفة موتاه وذلك لسهولة التعرف على علاماته من جهة وعدم وجود التطور الطبي التقني الذي يثبت عكس ما يقضي به هذا المعيار، فقد كان يتعذر على الطبيب إثبات حياة الشخص بمجرد انخفاض الوظائف الجسمانية لأجهزة الجسم إلى الحد الأدنى وما ذلك إلا لعدم قدرته على سماع ضربات القلب الضعيفة بسماعته كما لا يمكنه الإحساس بها بواسطة أصابعه عند الرسغ، ونفس الأمر ينطبق على الحركات التنفسية والمنعكسات العصبية، إذ كان غياب جميع مظاهر الحياة بتوقف وظائف الحياة الأساسية بشكل عام يمثل العامل الأساسي في التشخيص.[1]

لذا فأن هذا المعيار وان كان مسلما به في العهود السابقة عندما كان الطب لا يتسم بالتطور والحداثة كما هو الآن، فأنه لا يمكن الأخذ به في الوقت الحالي لتعرضه لانتقادات على درجة من الأهمية لا يمكن تجاوزها وأبرزها:

في حين ينصرف مفهوم التيبس الموتي إلى تصلب العضلات الإرادية واللاإرادية بعد الموت بفترة وجيزة بسبب تصلب الألياف العضلية المكونة لتلك العضلات، وللتيبس الموتي أهمية كبيرة في التحقيق الجنائي إذ من خلاله يمكن تحديد الزمن الذي مضى- على الوفاة وإعطاء فكرة عن سببها، وتنتهي هذه العمليات بالمرحلة الأخيرة التي تتمثل بالتحلل الموتي ويقصد به تحلل أنسجة الجسم إلى غازات وسوائل وأملاح وبصورة تدريجية بفعل الإنزيمات المتحررة بعد الوفاة وبفعل الجراثيم. لمزيد من التفاصيل ينظر د.هدى محمد ذياب وآخرون، الطب الشرعي والسموميات، منظمة الصحة العالمية، المكتب الإقليمي لشرق البحر المتوسط، 1998، ص20وما بعدها. د.زهير محمد السباعي ود.محمد علي البار، الطبيب آدابه وفقهه، ط2، دار القلم، دمشق، 1998، ص186وما بعدها.

[1] د.طارق الزعين، تعريف الموت، مجلة القضاء، بغداد، العدد2، السنة36، 1981، ص343

أولا: إن الوفاة الحقيقية لا تحدث إلا بتوقف الأجهزة الحيوية الرئيسية في الجسم وتشمل القلب والمخ والرئتين، وهو عادة ما لا يحدث في لحظة واحدة، إذ قد يستغرق توقف المخ عن العمل متأثرا بتوقف التنفس والدورة الدموية بضع دقائق من لحظة انقطاع وصول الدم المحمل بالأوكسجين إليه.[1]

ثانيا: تطور واستخدام أجهزة الإنعاش الصناعي الأمر، الذي مَكَّن من إعادة الدورة الدموية وتنبيه القلب من خلال جهاز منظم ضُربات القلب أو حقنه بمادة الأدرينالين وإيقاظ مراكز الإحساس في القلب باستخدام الصدمات الكهربائية، كذلك إعادة عملية التنفس بعد توقفها بواسطة جاز التنفس الصناعي، لذا فان توقف القلب والتنفس قد لا يؤدي بالضرورة إلى الوفاة متى ما كان التدخل الطبي سريعا للتعويض عن وظائف القلب والرئتين بواسطة أجهزة الإنعاش الصناعي.[2]

ثالثا: عدم دقة هذا المعيار خصوصا في بعض الحالات الحرجة التي يكون فيها الإنسان بين الحياة والموت، فقد يحدث أن يظل القلب والرئتين مستمرين في العمل غير إن خلايا المخ تكون قد ماتت وعندها يدخل المصاب في غيبوبة نهائية نتيجة لإصابة المخ بتلف كبير غير قابل للعلاج، وبالتالي استحالة عودة الشخص إلى حياته الطبيعية، فهل يعتبر مثل هذا الشخص حيا؟ علما إن استمرار القلب والرئتين في عملهما إنما يكون بفعل أجهزة الإنعاش الصناعي.[3]

رابعا: إمكانية توقف القلب والرئتين عن العمل تماما لمدة ساعة أو أكثر وإعادتهما إلى العمل مرة أخرى من خلال تبريد الجسم وخفض حرارته إلى15

---

(1) د.محمود احمد طه، مصدر سابق، ص31

(2) حسام عبد الواحد كاظم، مصدر سابق، ص56. د.سميرة عايد الديات، مصدر سابق، ص263 د.حسن عودة زعال، مصدر سابق، ص113.

(3) د.حسن عودة زعال، ص115.إسماعيل نعمة عبود، جريمة انتهاك حرمة الموتى في التشريع العراقي، دراسة مقارنة، رسالة ماجستير مقدمة إلى كلية القانون، جامعة بابل، 2000، ص53

درجة مئوية ثم رفعها بعد ذلك، ويظهر ذلك جليا في عمليات القلب المفتوح السائدة حاليا. [1]

خامسا: يقف هذا المعيار عائقا أمام عمليات نقل الأعضاء لاسيما الأعضاء التي تستلزم سرعة فائقة في النقل لأجل المحافظة على قيمة العضو المنقول من الناحية البيولوجية وضمان عدم تلف خلاياه ويأتي في مقدمة هذه الأعضاء القلب، في حين يتطلب هذا المعيار التأكد من موت القلب بالإضافة إلى توقف التنفس لإعتبار الإنسان ميتا، وهذا خلاف ما يذهب إليه معارضوا هذا المعيار وخصوصا أنصار الموت الدماغي. [2]

سادسا: هناك الكثير من الحالات التي اعتبرت بالاستناد إلى هذا المعيار في عداد الأموات عادت إلى حياتها الطبيعية، مما يشير إلى إن معيار موت القلب وتوقف الدورة الدموية والجهاز التنفسي لم يعد معيارا قاطعا يمكن من خلاله تحديد لحظة نهاية الحياة الإنسانية. [3]

وفي ضوء الانتقادات السابقة الموجهة إلى معيار الموت الظاهري والتي ثبت صحتها عمليا في ضوء التقدم الطبي الكبير الحاصل في المجال الطبي يمكننا القول بأن الموت الظاهري لا يتعدى عن كونه حالة احتضار يمر بها المريض ولا يمكن تشخيصه بأنه موت حقيقي، لأن معنى ذلك منح الأطباء الحق في قتل إنسان حي أو على الأقل مابين الموت والحياة.

ومما يؤيد هذا القول أيضا ما ثبت مؤخرا من إن للعضلة القلبية جهاز عصبي ذاتي ولا يموت القلب إلا بعد مرور ساعتين من بداية التوقف عندما يموت الجهاز العصبي الذاتي للعضلة القلبية، وبهذا يفقد القلب قدرته على التقلص والانبساط فقدا مطلقا، فالقلب السليم يمتلك جهازا عصبيا ذاتيا يمكنه أن يعمل

---

[1] حسام عبد الواحد كاظم، مصدر سابق، ص54. د.محمود احمد طه، مصدر سابق، ص31.

[2] إسماعيل نعمة عبود، مصدر سابق، ص53. د.سميرة عايد الديات، مصدر سابق، ص264.

[3] د.منذر الفضل، مصدر سابق، ص144

منفصلا عن الجسد بشكل تلقائي خاصة إذا تم حقنه بالاتروبين أو الأدرينالين ولفترات محدودة، فمن الناحية النظرية يمكن للقلب في الجسد أن يستأنف عمله في أي لحظة بعد توقفه قبل مرور الساعتين وتساعده في ذلك وسائل الإنعاش المختلفة.[1]

وعليه فإذا كان معيار الموت الظاهري عاجز عن إيجاد تحديد دقيق للحظة الوفاة فان التساؤل يبقى مطروحا في هذا الصدد عن المعيار الحقيقي لتحديد لحظة الوفاة، الأمر الذي أدى إلى البحث عن معيار آخر أكثر دقةً لاسيما في الأوساط الطبية.

المطلب الثاني
معيار الموت الدماغي

نظرا للانتقادات الموجهة إلى معيار الموت الظاهري فقد اتجهت الأنظار في الوقت الحاضر إلى الربط بين حصول الوفاة وموت خلايا جذع المخ التي تضم المراكز العصبية الرئيسية في الجسم، وظهر معيار جديد للموت أطلق عليه معيار الموت الدماغي كان مثار جدلٍ ونقاشٍ واسع لما يتعلق به من إشكاليات سواء من الناحية الطبية والشرعية والقانونية. ولتسليط الضوء على هذا المعيار وبحث جوانبه كافة فقد قسمت هذا المطلب إلى ثلاث فروع نتناول في أولها المقصود من الموت الدماغي، ونفرد الثاني لبيان كيفية تشخيصه والعلامات الدالة عليه، ونخصص الفرع الثالث لتقييم معيار الموت الدماغي مستعرضين فيه أهم المزايا والانتقادات التي وجهت إليه.

---

[1] د.محمد الحاج علي، الموت من الناحية الطبية، بحث مقدم إلى مؤتمر الطب والقانون، كلية الشريعة والقانون، جامعة الإمارات العربية المتحدة، 1998، ص127

الفرع الأول
المقصود بالموت الدماغي

من اجل إعطاء صورة واضحة عن المقصود بالموت الدماغي لابد لنا مـن تعريفـه أولا، وتمييزه عن بعض الحالات المشابهة، وهو ما سنتناوله تباعا من خلال ما يأتي:

أولا- تعريف الموت الدماغي

عرّف الأطباء الموت الدماغي بأنه توقف الدماغ[1] تماما عن أداء وظائفه،

---

[1] يطلق لفظ الدماغ على الجهاز العصبي المركزي الذي يتألف من الأقسام الأساسية التالية:

- المخ (cerebrum):وهو أكبر جزء في الـدماغ ويحتـوي عـلى مراكـز الحـس والحركـة الإراديـة والـذاكرة والوعي والمراكز المسؤولة عن طباع الإنسان وشخصيته.
- المخيخ (cerebellum): وهو ثاني أقسام الدماغ ويضم مراكز التوازن لجميع أعضاء الجسم وأجهزته.
- جذع المخ (brain stem): وهو أهم جزء في الدماغ ويتألف هـذا بـدوره مـن الـدماغ المتوسـط mid (brain) والجسر(pones) والبصلة السيسائية (medulla oblongata). وجذع المخ عبـارة عـن جـزء متصلب من الدماغ ولذلك سمي بالجذع تشبيها له بالمتيبس من النخلة وهو مكون أساسا مـن أليـاف صاعدة ونازلة تشكل همزة الوصل الأساسية بين المراكز العلوية (المـخ والمخـيخ) وبـين النخـاع الشـوكي وبقية أعضاء الجسم ويحتوي على مراكز عصبية غاية في الأهميـة وهـي المركـز المـنظم لحركـة القلـب ومركز التنفس ومراكز تنشيط الحركة وتثبيطها ومراكز سمعية وبصرية أخرى.
- النخاع الشوكي: ويقع في القناة الشوكية داخل العمود الفقري ويتحدد عمله في انه حلقـة الوصـل بـين الدماغ العلوي وبقية أعضاء الجسـم مـا عـدا الـرأس كـما يضـم معظـم مراكـز الانعكاسـات العصـبية الاضطرارية. ولمزيد من التفاصيل ينظر د.علي محمد محمد رمضان، موت الدماغ بين الحقيقة والوهم، المكتبة المصرية، الإسكندرية، 2003، ص48. د.محمد علي البـار، مـوت القلـب أم مـوت الـدماغ، الـدار السعودية للنشر والتوزيع، الرياض، 1986، ص13

وعدم قابليته للحياة[1]، أو أنه الخسارة غير القابلة للتعويض لكل وظائف الدماغ[2].

كما عرف أيضا بأنه تلف دائم في الدماغ يؤدي إلى توقف دائم لجميع وظائفه بما فيها وظائف جذع المخ[3]، أو هو الفقد الدائم للوظائف المتكاملة للخلايا العصبية على اعتبار إن موت خلايا المخ يؤدي إلى توقف عمل المراكز العصبية

---

(1) د.ندى محمد نعيم الدقر، مصدر سابق، ص56. د.إبراهيم صادق الجندي مصدر سابق، ص44. د.محمد عبد الجواد النتشة، المسائل الطبية المستجدة في ضوء الشريعة الإسلامية، المجلد الثاني، إصدارات دار الحكمة، بريطانيا، 2001، ص13. د.افتكار مهيوب المخلافي، حدود التصرف في الاعضاء البشرية في الفقه الإسلامي والقانون المدني، دار النهضة العربية، القاهرة، 2006، ص309. د.عوني محمد فخري، موت الدماغ من منظور قانوني، مجلة دراسات قانونية، العدد4، السنة الثانية، 2000، ص88.

(2) Newyork State,Department of Health,Guidelines for Determining Brain Death,December 2005,p1.

(3) رغم إن عبارة موت الدماغ تختلف حرفيا عن عبارة موت جذع الدماغ إلا إنهما من الناحية التعبيرية يعطيان ذات المعنى، فبموت جذع الدماغ يتعطل مركز التنفس وبهذا تكون النتيجة الحتمية هي موت الدماغ بشكل كلي ومن ثم الوفاة. ولهذا فأن تقديم العناية الطبية للمريض بعد تشخيص الدماغ يعد تطبيبا لشخص متوفى. ويوجد في هذا الصدد اتجاهين، يذهب الاتجاه الأول وهو متساهل نسبيا إلى تقرير الوفاة بمجرد موت جذع الدماغ، وابرز من دعا إلى تبني هذا الاتجاه د. موهنداس(Mohandas) و د.تشو(chow) جراحا الأعصاب في مينيبوليس الأميركية اللذين قررا بأن حصول تلف دائم في جذع الدماغ هو الذي يشكل نقطة اللاعودة إلى الحياة، وكذا الحال بالنسبة إلى قواعد المملكة المتحدة حيث جاء في مذكرة المدارس الطبية الملكية وكلياتها (أنه يعد الموت الوظيفي المستمر لجذع الدماغ هو الذي يحدد لحظة الموت).

وأما الاتجاه الثاني وتمثله المدرسة الأميركية وتعد متشددة نسبيا، وتذهب إلى عدم كفاية موت جذع الدماغ لاعتبار الشخص ميتا بل لابد من موت كل الدماغ، وهذا ما أكد عليه تقرير لجنة آد هوك (AD HOC) في جامعة هارفارد عام 1968، والذي اشترط موت جميع خلايا الدماغ عند إعلان الوفاة، ومن ثم يجب أن يكون رسم المخ خاليا من أي نشاط كهربائي آت من خلايا الدماغ عند القيام بالاختبارات التشخيصية. لمزيد من التفاصيل ينظر د.فوزي عبد السلام بن عمران، مصدر سابق، ص1120. د.عدنان خريبط، موت الدماغ، التعريفات والمفاهيم، بحث مقدم إلى ندوة التعريف الطبي للموت، المنظمة الإسلامية للعلوم الطبية، الكويت، 1997، ص5.

التي تتحكم بوظائف الجسم الرئيسية كالدورة الدموية والتنفس وغيرها من وظائف أعضاء الجسم الأخرى.(1)

وعليه فأن الحياة الإنسانية تنتهي وفقا لهذا المعيار بموت خلايا جذع المخ لاستحالة إعادتها إلى الحياة مرة أخرى، وبالتالي استحالة عودة الإنسان إلى وعيه وحياته الطبيعية. وتأسيسا على ذلك يعد موت خلايا جذع المخ الحد الفاصل ما بين الموت والحياة.(2)

وبموت خلايا جذع المخ يدخل الشخص في حالة الغيبوبة الكبرى أو النهائية(Deep Coma)، وإبقاء المريض مرتبط بأجهزة الإنعاش ليس سوى إطالة لعذاب المريض وأسرته وحرمان المرضى الآخرين من الاستفادة من هذه الأجهزة، بالإضافة إلى التكاليف الباهظة التي يتحملها ذوي المريض.(3)

وهذه الغيبوبة تختلف عن الغيبوبة العميقة (Prolong Coma) التي تبقى فيها خلايا الدماغ حية باستثناء خلايا القشرة الخارجية من المخ، مما يبقي على حياة الإنسان، ويبرر فيها الاستمرار في استخدام أجهزة الإنعاش الصناعي لضمان عدم تلف خلايا الدماغ بالكامل.(4)

ثانيا- تمييز الموت الدماغي عن بعض الحالات المشابهة:

1. تمييز الموت الدماغي عن السكتة القلبية:

قد يتوقف القلب عن العمل لحظات قليلة ولكن يعود إلى العمل بعدها بصورة طبيعية ومن غير تدخل طبي، وقد لا يعود في حالات أخرى من تلقاء نفسه بل لابد

(1) د.يوسف عبد الرحيم بوبس ود.ندى محمد نعيم الدقر، مصدر سابق، 29

(2) د.سميرة عايد الديات، مصدر سابق، ص267

(3) د.طارق سرور، نقل الأعضاء البشرية بين الأحياء، دراسة مقارنة، ط1، دار النهضة العربية، القاهرة، 2001، ص64

(4) د.احمد شوقي عمر أبو خطوة مصدر سابق، ص174

من تدخل طبي، سواء بواسطة التدليك أو الصدمة الكهربائية أو الحقن الدوائية وغيرها من وسائل الإنعاش المختلفة.[(1)]

هذه السكتة القلبية البسيطة أو التوقف المؤقت البسيط يؤدي إلى خلل مفاجئ في تدفق الدم، أو جلطة دموية تصل إلى جزء معين من الدماغ، وقد تكون لأسباب أخرى كانسداد أو تمزق أوعية دموية في الدماغ، هذا الخلل في تدفق الدم يؤدي إلى موت بعض خلايا الدماغ لعدم تحمل هذه الخلايا لنقص التروية الدموية مما يترتب عليه إعاقة لوظيفة معينة في الجسم. ومن الجدير بالذكر إن هذا التوقف إذا استمر لأكثر من 5-7 دقائق فانه يؤدي إلى موت الأجهزة المخية بالكامل ابتداء من القشرة الخارجية للمخ ومن ثم موت جذع الدماغ وبالتالي موت الدماغ بالكامل.[(2)]

أما الموت الدماغي فيوصف بأنه تلف دائم في الدماغ خصوصا في جذع الدماغ يؤدي إلى توقف نهائي لجميع وظائف الدماغ،[3] ويدخل ضمن هذه الوظائف وظائف المراكز الحيوية الهامة الواقعة في جذع الدماغ المسؤولة عن العمليات الحيوية اللاإرادية في الجسم كحركة الدورة الدموية والقلب وعملية التنفس، فإذا ما ماتت تلك المراكز عدَّ الإنسان ميتا لأن تنفسه في مثل هذه الحال لا يكون إلا من خلال جهاز التنفس الصناعي وهذا التنفس وان استمر فلا قيمة له لأنه لا يعبر عن وجود الحياة في الإنسان، وكذا الحال بالنسبة لاستمرار نبض القلب طالما إن الدماغ بما يضم من مراكز عصبية مركزية قد توقفت حياته توقفا لا رجعة فيه.[(4)]

---

(1) د.محمد الحاج علي، مصدر سابق، ص127

(2) د.إبراهيم صادق الجندي، مصدر سابق، ص44

(3) د.علي محمد محمد رمضان، مصدر سابق، ص49

(4) د.محمد علي البار، ما الفرق بين الموت الإكلينيكي والموت الشرعي، بحث مقدم لندوة التعريف الطبي للموت، المنظمة الإسلامية للعلوم الطبية، الكويت، 1997، ص19. د.محمد كريديه، التحديد الطبي الإسلامي في مفهوم موت الدماغ، بحث مقدم لندوة التعريف الطبي للموت، المنظمة الإسلامية للعلوم الطبية، الكويت، 1997، ص1.

وعليه لا يمكن وصف المصاب بالسكتة القلبية بأنه ميت بأي حال من الأحوال، بخلاف ميت الدماغ الذي يُعَد ميتا وفقا لهذا المعيار.

2. تمييز الموت الدماغي عن الحالة النباتية المستمرة

تختلف الحالة النباتية المستمرة أو مايسمى بموت الدماغ العلوي عن الموت الدماغي، فهي حالة تنشأ عن عطل دائم في وظيفة القشرة المخية دون أي تلف في جذع الدماغ.[1] ويحدث تلف القشرة المخية في الغالب نتيجة للنقص الأوكسجيني المؤقت في الأوعيـة الدموية المغذية لتلك القشرة بسبب التأخير قي تقديم الإنعاش الصناعي في بعض الحالات أو حصول خلل في عملية التنفس الصناعي أثناء العمليات الجراحية، وقد تنـتج الحالـة النباتيـة أيضا عن إصابات الرأس المباشرة التي يترتب عليها حصول تمزق في الألياف العصبية الموصلة للقشرة المخية فتعزل عن بقية الدماغ، بالإضافة إلى أسباب أخرى نـادرة نسبيا كالتشـوهات الخلقية.[2]

وبتلف الخلايا العصبية للقشرة المخية تتوقف المراكز العليا للنشاط الدماغي المسؤولة عن الوعي والإدراك والحركة الاختيارية، وعندئذ يدخل المصاب في غيبوبة نهائية أو ما يسمى بالحياة الخاملة ولكن نؤكد على بقاء جذع المخ سـليما مـما يضمن اسـتمرار عمليـة التنفس بشكل تلقائي والحيلولة بالتالي دون موت أعضاء الجسـم وفي مقدمتها القلب، وقد يحصـل فشل في مركز التنفس في الدماغ فتتعذر معه قدرة المريض على التنفس مما يستوجب وضعه على جهاز التنفس الصناعي.[3]

---

[1] د.محمد الحاج علي، مصدر سابق، ص129. حسام عبد الواحد كاظم، مصدر سابق، ص60

[2] د.فوزي عبد السلام بن عمران، مصدر سابق، ص1122. د.يوسف عبد الرحيم بوبس وندى محمـد نعيـم الدقر، مصدر سابق، ص35

[3] د.إبراهيم صادق الجندي، مصدر سابق، ص46

وعليه فإذا أردنا أن نصف المصاب بموت الدماغ العلوي أو الحالة النباتية يمكننا القول بأنه إنسان واقع في غيبوبة دائمة ولا يستجيب لأي شكل من أشكال المنبهات الخارجية وليس لديه وعي أو إدراك لكنه يتنفس بشكل تلقائي في الغالب من الحالات ويمكن مواصلة تغذيته عن طريق أنبوب داخل إلى معدته من الفم، كما وان لديه بعض المنعكسات الخاصة للأعصاب الناشئة من الدماغ كالمنعكسات المتعلقة بالعينين.[1]

لذا فان هذا النوع من حالات إصابة الدماغ لا يعد موتا حقيقيا وبكل المقاييس، ذلك لأنه من الثابت من الناحية الطبية إن المصابين بموت القشرة الخارجية يعدون أحياء لان مظاهر الحياة المختلفة تظهر فيهم مثل التنفس التلقائي وانتظام نبض القلب واستمرار بعض الأفعال المنعكسة بالإضافة إلى استمرار إفرازات الجسم ونمو شعرهم وأظفارهم، وتكون درجة حرارة أجسامهم طبيعية واستمرار الحمل لدى السيدات الحوامل.[2] بل قد تطول الحالة النباتية وتستمر لسنوات عديدة[3]. لذا فأن تدخل الطبيب بإنهاء حياة المصابين بموت القشرة المخية

---

[1] د.علي محمد محمد رمضان، مصدر سابق، ص56- 57.

[2] ففي حالة فريدة من نوعها في العالم ولدت امرأة تعاني من غيبوبة كاملة طفلا بعد عشر ـ سنوات اثر تعرضها لعملية اغتصاب وهي داخلة في الغيبوبة في المركز الطبي بمنطقة روتشتر في نيويورك، وكانت السيدة وهي في العشرين من عمرها قد دخلت في حالة الغيبوبة الكاملة اثر حادث اصطدام سيارتها في عام 1985 وتمت الولادة بشكل طبيعي ودون تدخل جراحي. د.إبراهيم صادق الجندي، المصدر السابق، ص47.

[3] وهذا ما حدث لكارين كونيلان التي بقيت في غيبوبتها من تاريخ 14 نيسان 1975 حتى حزيران 1985عندما وافاها الأجل المحتوم، وفي تلك الفترة الطويلة لم يكن لها من الحياة الإنسانية والإدراك شيء. وفي بداية الأمر وضعت تحت أجهزة الإنعاش الصناعي وظل تنفسها عبر المنفسة والأجهزة وتدخل الأبوان وقس الأسرة، وطالبوا من المستشفى والأطباء بإيقاف الأجهزة طالما إنه لايوجد أمل في عودتها إلى الوعي وذلك لان دماغها قد مات وبالأحرى معظم دماغها الذي يشمل المخ والمخيخ ما عدا أجزاء من جذع الدماغ ظلت حية.

فان مثل هذه الأفعال يعد قتلا على الرغم مـن فقـد هـؤلاء لمعظـم مقومـات الحيـاة الطبيعية إلا إنهم لا يزالون أحياء.

الفرع الثاني
تشخيص الموت الدماغي

إن الحاجة لتشخيص موت الـدماغ في مرحلـة مبكـرة تعـود لاعتبارات عديـدة، منهـا اعتبارات الطب الشرعي للحوادث واعتبارات تتعلق بالضغوط النفسية والعملية الهائلة عـلى الطاقم الطبي وأقرباء المريض بسبب الحالة المتردية للمريض، والتكلفة الباهظة جدا التي يضطر إلى تحملها ذوو المرضى للعناية بمرضاهم إذا ما قرر الاحتفاظ بهم في العنايـة المركـزة، ووضع الأولويات للعناية بمن يحتاج أجهزة الإنعـاش مـن المصـابين، وجدوى العنايـة المركـزة بمرضى إذا كانوا غير مستفيدين منها.[1]

وكذلك الحاجة لنزع بعض الأعضاء كالقلب والكبد والكلى، إذ كلما كانت عمليات نقل الأعضاء سريعة ازدادت فرص نجاح عمليات زرع هذه الأعضاء.[2]

ورفضت المستشفى طلب الأبوين فاعترضا على ذلك أمام المحكمة وكانت أول قضية من نوعها في الولايـات المتحدة والعالم وأثارت ضجة إعلامية وأصبحت محل اهتمام أجهزة الإعلام والأطباء والقضاة والعـاملين بالقانون، وبعد مداولات واستفتاء للرأي العام قررت المحكمة العليا حق المريضة المصابة إصابة خطيرة كهذه في دماغها بصورة لا يرجى شـفاؤها في المـوت بكرامـة وذلـك في آذار مـن عـام 1976 وبعـد أن أوقفت أجهزة الإنعاش بأمر من المحكمة عام 1976 استمرت كارين كونيلان في حياتها النباتية لمـدة عشر سنوات تقريبا معتمدة على التغذية بالمحاليل وأجهزة الإنعاش مـن حـين إلى آخـر إلى أن انتقلـت إلى العالم الآخر عام 1985. ينظر د.سميرة عايد الديات، مصدر سابق، 264

[1] د.ضـاري خليـل محمـود، مـوت الـدماغ في منظـور جنـائي، مجلـة دراسـات قانونيـة، العـدد4، السـنة الثانية2000، ص113. د.محمد عبد الوهاب الخولي، مصدر سابق، ص241

[2] د.محمود احمد طه، مصدر سابق، ص39

وبغية تشخيص موت الدماغ بصورة يقينية فقد حددت شروط واستثناءات وفحوص مختبريه ينبغي التأكد منها قبل الحكم بوفاة الشخص يقوم بها فريق طبي متخصص في العناية المركزة وجراحة الأعصاب، ولإيضاح آلية تشخيص موت الدماغ نجد من اللازم بيان أسبابه ابتداء ومن ثم التطرق إلى علامات الموت الدماغي وشروط تشخيصه المسبقة ونتعرض بعدها إلى الفحوص التأكيدية وعلى نحو مما يأتي:

أولا- أسباب الموت الدماغي:

أن أهم أسباب موت الدماغ يمكن أن تتلخص في الآتي من النقاط:

1. الإصابات المباشرة للرأس، فقد يصاب الدماغ نتيجة تعرض الرأس لمرض شديد أو إصابة شديدة مباشرة وهو ما يحصل غالبا في حوادث اصطدام السيارات وحوادث العمل وحالات السقوط من الأماكن المرتفعة[1]، وتشكل هذه الحالات نصف حالات الإصابة بموت الدماغ. إذ يلاحظ أن يكون هناك فشل في عملية التنفس التلقائي في الغالب من الحالات بعد عدة ساعات أو أيام رغم العناية المركزة والعلاج المكثف بسبب تجمع دموي يساهم في إيقاف وظيفة المخ من خلال ازدياد الضغط عليه.[2]

(1) Pallis C,Harly DH. ABC of Brainstem Death 2nd edition, BMJ Publishing Group , 1996, P: 11-12

(2) وذلك لان المخ يتميز عن بقية أعضاء الجسم بعدم وجود أوعية لمفاوية لتصريف السوائل التي يمكن أن تتدفق من الشرايين الدقيقة، لإن هذا ما يحدث في المخ في الأحوال العادية، ولإن الشرايين في المخ تكون معزولة بواسطة الحاجز الدموي المخي وعند إصابة الرأس إصابة شديدة فأن الضرر يلحق بالمخ بسبب النزيف الحاصل في المخ لذي يعطل الحاجز الدموي المخي، ويدخل المصاب في غيبوبة إذا لم يكن أصلا في حالة غيبوبة نتيجة التأثير على جذع المخ. لمزيد من التفاصيل ينظر د.مختار المهدي، مفهوم وفاة الإنسان من الناحية العملية ومقارنته بالمفهوم الشرعي، بحث مقدم إلى ندوة التعريف الطبي للموت، المنظمة الإسلامية للعلوم الطبية، الكويت، 1997، ص14

2. **نزيف الدماغ الداخلي**، ويمثل ما يقارب ثلث حالات الإصابة بموت الدماغ سواء الناشئ عن انفجار الأكياس الشريانية بالأوعية الدموية الدماغية لدى الشباب ومتوسطي الأعمار أو الناشئ عن ارتفاع ضغط الدم لدى كبار السن، وبعض هذه الحالات يمكن تداركه إذا ما وضع المريض تحت أجهزة الإنعاش الصناعي في الوقت المناسب، ولكن قد يتطور الأمر فينتهي بموت الدماغ.[1]

أوقد يحصل بسبب التوقف القلبي والتنفسي الذي يؤدي إلى الموت الدماغي بوصفه مرحلة ثانوية بعد الوفاة الإكلينيكية (توقف القلب والرئتين)، ويمكن الاعتماد عليه في إثبات الموت الجسدي.[2]

3.**أسباب أخرى**، وتشمل الإمراض التي تصيب الدماغ وخراج الدماغ والالتهاب السحائي. ومن الأسباب النادرة لموت الدماغ هي عملية الشنق الذي يحدث فيه كسر أو خلع لفقرات الرقبة العليا، حيث يوجد جزء من جذع الدماغ مما يؤدي إلى تمزقه وتوقف التنفس التلقائي نتيجة لإصابة مركزة في جذع الدماغ.[3]

ثانيا- الشروط المسبقة لتشخيص الموت الدماغي والاستثناءات الواردة عليها:

هناك شروط مسبقة واحتياطات لا بد التأكد من توافرها قبل البدء بتشخيص حالة المصاب على إنها موت دماغي، بالإضافة إلى بعض الاستثناءات التي يجب استبعادها قبل التشخيص، ويمكن بيان هذه الشروط والاستثناءات من خلال ما يأتي:

1. **الشروط المسبقة لتشخيص موت الدماغ**

آ.الغيبوبة الكاملة للمصاب بحيث يكون الطبيب على يقين من عدم عودة الوعي والإدراك، وفقدان المريض القدرة على الحركة الاختيارية،

---

(1) د. فوزي عبد السلام بن عمران، مصدر سابق، ص1124. د.افتكار مهيوب المخلافي، مصدر سابق، هامش (4) ص390

(2) د.إبراهيم صادق الجندي، مصدر سابق، ص51

(3) د.علي محمد محمد رمضان، مصدر سابق، ص50

وغياب الاستجابة الحركية لكافة المحفزات.

ب.عدم القدرة على التنفس التلقائي، واعتماد المصاب على جهاز التنفس الصناعي. وعلى الطبيب أن يتأكد من إن استخدام جهاز التنفس الصناعي ما كان إلا بسبب توقف التنفس وعدم انتظامه.

ج. وجود سبب للحالة المرضية، كوجود إصابة تشريحية بالدماغ ويمكن التأكد منها بكافة وسائل التشخيص المتاحة.

د. مضي مدة ست ساعات على الأقل من دخول المريض في حالة الغيبوبة، يصاحبها انفراط لعقد النظام والتنسيق بين الأجهزة العضوية بعضها مع البعض الآخر. [1]

2. الاستثناءات الواردة على تشخيص موت الدماغ:

ا. التحقق من إن الغيبوبة لم تكن بفعل تسمم، أو ناجمة عن تعاطي العقاقير المنومة أو المخدرة أو العقاقير المرخية للعضلات.

ب. التأكد من إن الغيبوبة لم تحدث بسبب الانخفاض الشديد في درجة الحرارة، أو بسبب مخفضات نشاط النظام العصبي المركزي.

ج. استبعاد بعض العوامل التي قد تؤدي إلى الغيبوبة لدى الأفراد كاضطرابات الغدد والاضطرابات الاستقلابية وغيرها. [2]

---

[1] د.محمد كريديه، مصدر سابق، ص1. د.حسن عودة زعال، مصدر سابق، ص120. د.فيصل عبد الرحيم شاهين، مصدر سابق، ص3. د.محمد علي البار، ما الفرق بين الموت الإكلينيكي والموت الشرعي، مصدر سابق، ص20

[2] د.محمد علي البار، الموقف الفقهي والأخلاقي من قضية زرع الأعضاء، الدار الشامية، بيروت، 1993، ص36-37. د.علي محمد محمد رمضان، مصدر سابق، ص51

ثالثا- الاختبارات التشخيصية لموت الدماغ:

هناك من العلامات ما يمكن للطبيب الاستعانة بها لتشخيص الموت الدماغي أبرزها:

1. دخول المصاب في غيبوبة عميقة مع انعدام تام للوعي والإدراك وعدم الاستجابة لأي مؤثر خارجي يستخدم لتنبيه المريض مهما كان ذلك المنبه قويا ومؤلما.
2. عدم إعطاء جهاز الرسم الكهربائي(Electro Encephalograms) [1]لأي إشارة تدل على نشاط كهربائي في الدماغ وذلك بظهور المخطط مسطحا. ومما تجدر الإشارة إليه إن غياب النشاط الكهربائي للدماغ لا يثبت بالضرورة اختفاء الحياة على مستوى الخلية في المخ، إذ إن ظهور المخطط بهذا الشكل يعتبر حالة شائعة في حالة الغيبوبة العميقة الناتجة مثلا عن استخدام العقاقير المثبطة لعمل الجهاز المركزي العصبي، فالأشخاص الداخلين بمثل هذه الغيبوبة لا تبدي أدمغتهم أي نشاط كهربائي في بادئ الأمر، ولكن مع مرور الوقت يسترد هؤلاء الأشخاص وعيهم بالكامل.[2]
3. غياب الأفعال المنعكسة الدالة على وجود نشاط كهربائي في جذع الدماغ والحبل الشوكي، وتتمثل في اتساع حدقتي العين وثباتهما وعدم تأثرهما بتغيير شدة الضوء، وغياب منعكس القرنية ويتم التأكد منه من خلال لمس القرنية بشكل خفيف وملاحظة عدم تأثر الجفنين نتيجة لذلك، وغياب المنعكسات العينية ويتم التحقق منها بوضع ماء بارد تقترب

[1] جهاز رسم المخ الكهربائي:هو عبارة عن جهاز يتم توصيله بمخ الإنسان ويقوم برصد النشاط الكهربائي الصادر عن حركة الخلايا العصبية في صورة ذبذبات كهربية، فإذا انعدمت هذه الذبذبات انعكس ذلك على هيئة خطوط مستقيمة مما يعني توقف المخ عن العمل ولو ظل القلب والتنفس يعمل. ينظر د.محمود احمد طه، مصدر سابق، ص37

[2] د.إبراهيم صادق الجندي، مصدر سابق، ص56

درجة حرارته من الصفر المئوي في مجرى السمع الخارجي وملاحظة غياب حركة العين، وعدم وجود أي رد فعل لعضلات الحنجرة عند تحريض البلعوم بإدخال أنبوب إلى أسفل القصبة الهوائية.[1]

4. انعدام قدرة المريض على التنفس التلقائي لمدة تتراوح من3-10 دقائق بعد إبعاد جهاز التنفس الصناعي وعدم وجود أي حركة تنفسية بعد القيام باختبار الاختناق.[2] ولا يجوز اللجوء إلى هذا الاختبار إلا بعد أن تعطي الاختبارات المتقدمة نتائج سلبية، ويتم إجراء هذا الاختبار بعد مرور ست ساعات على الأقل من تشخيص حالة الغيبوبة في المدرسة البريطانية، أما المدرسة الأميركية فلا تجري هذا الاختبار إلا بعد مضي فترة 24 ساعة من استعادة الدورة الدموية إذا كانت الغيبوبة ناتجة عن توقف القلب.

5. عدم تغير النتائج السريرية ونتائج رسم المخ الكهربائي لمدة 24ساعة على الأقل.[3]

---

[1] د.محمد الحاج علي، مصدر سابق، ص130-131. د.فوزي عبد السلام بن عمران، مصدر سابق، ص1126.

[2] ويتلخص اختبار الاختناق في زيادة الضغط الجزئي لثاني اوكسيد الكربون عند نهاية فترة فصل المريض عن جهاز لتنفس الصناعي إذ يشكل هذا التركيز لثاني اوكسيد الكربون منبها كافيا لمركز التنفس في جذع الدماغ إذا كان هذا المركز لا يزال حيا، ثم يفصل المريض عن جهاز التنفس ويزود بالأوكسجين المرطب من خلال قسطرة تمرر في الرغامي بشرط أن تكون غير سميكة بشكل قد يسبب انسداد مجرى التنفس ويتم مراقبة المريض لمدة عشرة دقائق لرؤية أي محاولة يقوم بها المريض للتنفس ويعد اختبار انقطاع التنفس ايجابيا إذا لم تكن هناك أي حركة تنفسية خلال فترة فصل المريض عن جهاز التنفس مما يوحي بعدم تمكن المريض من التنفس بصورة تلقائية نهائيا.ولمزيد من التفاصيل ينظر د.فيصل عبد الرحيم شاهين، مصدر سابق، ص30

[3] د.إبراهيم صادق الجندي، مصدر سابق، ص55. د.فوزي عبد السلام بن عمران، مصدر سابق، ص1126

6. ويوصى بتكرار هذه الفحوصات المشار إليها كل ثلاثين دقيقة تحسبا من الخطأ الناتج عن السهو البشري، هذا بالإضافة إلى إجراء الاختبارات التأكيدية.[1]

الفرع الثالث

تقييم معيار الموت الدماغي

لقد انبثق معيار الموت الدماغي عن التطورات الكبيرة في المجال الطبي لا سيما تطور أجهزة الإنعاش الصناعي وعمليات نقل وزرع الأعضاء كما اشرنا سابقا، لذا نلاحظ تزايد الدعوات في الأوساط الطبية التي تدعو إلى اتخاذ هذا المعيار محددا رئيسيا للحظة الوفاة وبديلا عن معيار الموت الظاهري. وربما كان الباعث وراء هذه الدعوات هو الرغبة في الحصول على أعضاء لا زالت محافظة على قيمتها البيولوجية تُستَحصل من ميت الدماغ وان كان قلبه لا يزال ينبض، ولقد حضي هذا المعيار بتأييد واسع سواء على المستوى الجماعي أو الفردي.[2]

---

[1] تعتبر الاختبارات التأكيدية غير إلزامية ولكن من المستحسن إجراؤها في حالة المرضى الذين يتعذر معهم إجراء بعض الاختبارات التشخيصية بشكل يطمأن إليه، ومما ينبغي التأكيد عليه إن الاختبارات التأكيدية قد تؤدي إلى نتائج مشابهة في حالات المرضى المصابين بتلف خطير في الدماغ وتشمل هذه الاختبارات:

● انعدام النشاط الكهربائي في المخ بظهور مخطط رسم المخ مسطحا لدى من لا يعدونه اختبارا أساسيا.

● التأكد من عدم وجود دورة دموية في الدماغ، ويتحقق من ذلك من خلال تصوير شرايين الدماغ.

● صورة صوتية بنظام دوبلر لما وراء الجمجمة. ولمزيد من التفاصيل ينظر د.محمود كريديه، مصدر سابق، ص6.

[2] فعلى المستوى الجماعي أيدت مؤتمرات دولية عديدة هذا المعيار بالإضافة الى لجنة أدهوك (AD HOC) في جامعة هارفارد الأميركية ومؤتمر كليات الطب الملكية 1976، منها الجمعية الطبية الدولية في مؤتمرها المنعقد في سدني عام 1968، وكذلك المؤتمر العلمي المنعقد في جنيف في ذات العام، وهو ما ذهب إليه مؤتمر الخليج الأول للتخدير والعناية المركزة عام

وبالرغم من هذا التأييد الذي حاز عليه هذا المعيار إلا أنه جوبه بانتقادات موضوعية وعلى درجة من الأهمية لا مناص من التعرض لها قبل إبداء أي تقييم لهذا المعيار، علما إن هذه الانتقادات لم تصدر من الأطباء فحسب بل ومن علماء الشريعة ورجال القانون، ولكن نقتصر هنا على الانتقادات الطبية مرجئين بحث الانتقادات الأخرى في مواضع لاحقة.

بداية يؤكد أنصار معيار الموت الدماغي أن موت الدماغ يعبر عن موت محقق لا رجعة فيه، ذلك بان توقف دماغ الإنسان بأكمله عن العمل ودخول المصاب في غيبوبة عميقة ونهائية، وتوقف تنفسه التلقائي يصبح الإنسان في عداد الأموات ولو استمر قلبه ورئتيه بالعمل بفعل أجهزة الإنعاش، فأن هذه الحياة حياة صناعية وان كل من أصيب بموت الدماغ انتهى به الأمر إلى نقطة اللاعودة رغم بذل كل الإمكانيات الطبية الحديثة[1]، وإزاء هذا المفهوم المتقدم يمكن إجمال أهم الانتقادات في الآتي:

1991 حيث اقر هذا المؤتمر معيار الموت الدماغي وحدد علاماته، وكذلك ما اجمع عليه المؤتمر الدولي السنوي لشبكة الموت في فرانسيسكو عام 1996، حيث اتخذ موت الدماغ وجذعه موتا كليا لا رجعة فيه أساسا لتحديد لحظة الوفاة.

أما على المستوى الفردي فهناك الكثير من الأطباء ممن يؤيدون هذا المعيار منهم د. حمدي السيد نقيب الأطباء المصري، ود. إسماعيل سلام، أستاذ القلب ووزير الصحة المصري السابق، ود. عدنان خريبط، رئيس قسم وظائف الأعصاب في مستشفى ابن سينا، الكويت. ود. فيصل عبد الرحيم= =شاهين، مدير عام المركز السعودي لزراعة الأعضاء، الرياض، ود. سهيل الشمري، عضو هيئة التدريس، كلية الطب جامعة الكويت، ود. حسن مليباري استشاري الأمراض العصبية في كلية الطب، جامعة الملك عبد العزيز بن سعود. لمزيد من المعلومات ينظر محمود احمد طه، مصدر سابق، ص34.د.افتكار مهيوب المخلافي، مصدر سابق، ص392.

[1] د. يحيى هاشم حسن فرغل، ملاحظات حول تعريف الموت ونقل الأعضاء، بحث مقدم الى مؤتمر الطب والقانون، جامعة الإمارات العربية المتحدة، 1998، ص90. د. سميرة عايد الديات، مصدر سابق، ص45

أولا. يـرى المعارضـون لمعيـار المـوت الـدماغي أن مـوت الـدماغ لا يعبر عـن المـوت الحقيقي الذي يتمثل في مغادرة الروح الجسد وتوقف جميع أعضاء الجسم الذي يدل عليه برودة جسم المتوفى. فالإنسان المصاب بموت الدماغ إنسان حي لأن جسمه لايزال يحتفظ بالوظائف الحيوية، نظرا لاستمرار نبض القلب والتنفس وكذلك استمرار عمل الكبد والكليتين ووظائف الهضم والامتصاص، ويحتفظ الجسم بحرارة الحياة التي تنبئ بوجود الـروح في جسمه والتي تحفظه من التحلل والتعفن مهما طالت مدة بقاؤه على أجهزة الإنعاش.[1]

وهـو مـا نؤيـده بـدليل اسـتمرار أعضـاء الجسم الأخـرى في أداء وظائفهـا الطبيعية كالتمثيل الغذائي وغيرها، ولا أدل على حياة هـؤلاء الأشخاص مـن اسـتمرار نمـو الجنـين نمـوا طبيعيا رغم توقف مخ أمه وإتمام الولادة في موعدها الطبيعي. وعليه لا يمكن لأي طبيب إعطاء شهادة الوفاة في مثل هذه الحالة وإلا قامت مسؤوليته الجنائية.[2]

ثانيا: احتمال الخطأ في تشخيص موت الدماغ، إذ يعتبر جهاز رسم المخ الكهربائي مـن أهم الوسائل المستخدمة للتحقق من مـوت خلايا المخ، حيـث يمكـن بواسطة هـذا الجهاز تسجيل أو استقبال الإشارات الكهربائية الواردة من المخ.[3]

ولقد شكك المعارضون بصلاحية هذا الجهاز ومن ثم اعتماد نتائجه على أسـاس انه لا يصلح بمفرده للتحقق من موت الـدماغ، ذلك بأنه لا يعكس مـن حركـة خلايا المخ سـوى النشاط الكهربائي القريب جدا، وعدم إمكانيته إعطاء معلومـات كافيـة عـن نشاط المراكـز العصبية العميقة المتواجدة في جذع الدماغ الذي يضم

---

[1] د. صفوت حسن لطفي، تحديد المفهوم الحديث لموت الدماغ، بحث مقدم إلى نـدوة التعريف الطبي للموت، المنظمة الإسلامية للعلوم الطبية، الكويت، 1997، ص2

[2] د. محمد عبد الوهاب الخولي، مصدر سابق، ص231.

[3] المصدر نفسه، ص4

مراكز التنفس والدورة الدموية[1]، مما يورد احتمالا في أن يكون الشخص فاقدا للوعي والقدرة على الحركة لكنه لا يزال حيا. لذا فأن توقف جهاز رسم المخ عن تسجيل أي إشارات لا يعني بالضرورة التوقف النهائي لجميع المراكز العصبية المسيطرة على الجسم.[2]

ومن هذا المنطلق أعتقد بضرورة التحفظ والاحتياط والانتظار لفترة محددة مابين عدم إعطاء جهاز رسم المخ الكهربائي لأي إشارة وبين إعلان الوفاة رسميا.

ثالثا: إن العديد من الحالات ممن توافرت فيهم الشروط الموضوعية لتشخيص موت الدماغ لا يزال لديهم ما يدل على استمرار بعض وظائف الدماغ، ومن ثم تكون جميع الاختبارات التشخيصية المعتمدة في إثبات موت الدماغ محل نظر، فلقد ثبت انه على الرغم من تشخيص بعض الحالات على أنها موت دماغي وجد استمرار لبعض الأفعال المنعكسة من سعال وقيء واستمرار النشاط العصبي العضلي، وهذه الحركات مبعثها الحبل الشوكي وهو جزء من الدماغ كما اشرنا سابقا. هذا بالإضافة الى الاستجابات المنعكسة في النشاط الدموي على شكل ارتفاع في ضغط الدم وفي معدل النبض استجابة للمثير الجراحي خلال عمليات استئصال الأعضاء.[3]

رابعا: يرى المعارضون في إقرار أنصار معيار الموت الدماغي بتطبيق بعض أحكام الوفاة كرفع أجهزة الإنعاش الصناعي أو الامتناع عن تركيبها وتأجيل بقية الأحكام إلى حين توقف جميع الأجهزة الرئيسية في الجسم خير دليل على عدم اطمئنانهم إلى هذا المعيار والاعتماد عليه في بناء الأحكام الفقهية والقانونية.فعندما

---

[1] د.احمد شوقي عمر أبو خطوة، مصدر سابق، ص179. د.منذر الفضل، مصدر سابق، ص148.

[2] د.محمود احمد طه، مصدر سابق، ص43

[3] د.افتكار مهيوب المخلافي، مصدر سابق، ص393.د.صفوت حسن لطفي، مصدر سابق، ص4

يشخص الأطباء وفاة المريض دماغيا، لا تعلن وفاته رسميا ولكن يحتفظ به تحت أجهزة الإنعاش الصناعي كمخزن لقطع غيار آدمية. ثم يخطر الأطباء أهله بوفاته دماغيا ويقومون بمساومتهم سواء بإقناعهم بما سيناله الشخص من ثواب نظير إنقاذه لمرضى آخرين أو بالإغراء المادي، وبعد استئصال أعضاء هذا الشخص تعلن وفاته رسميا وتطبق عليه أحكام الموت من غسل وتكفين وغيرها.[1] كما إن من شأن الأخذ بهذا المعيار التعجيل بالحكم بوفاة الإنسان مما قد يفتح الباب أمام تجارة الأعضاء البشرية[2].

خامسا: يضيف المعارضون إن هناك بعض الحالات وكما تشير الوقائع الطبية شخصت على أنها موت دماغي إلا أنها أفاقت وعادت إلى وعيها والى حياتها الطبيعية بعد فترات تتراوح بين عدة ساعات وأيام. فمن بين76 حالة مرضية قام بتشخيصها الدكتور جول جونسون في العاصمة الدنمركية كوبنهاغن على أنها موت دماغ لأجل الحصول على بعض الأعضاء منها، استعادت امرأة تبلغ الثانية والثلاثين من عمرها وعيها كاملا وعادت إلى الحياة بعد أن تم اختيارها كأحد المتوفين لانتزاع أعضائها.[3]

---

[1] د.إبراهيم صادق الجندي، مصدر سابق، ص62

[2] د.محمد عبد الوهاب الخولي، مصدر سابق، ص322

[3] وفي حالة أخرى مماثلة شخص الأطباء في مركز(غلنديل) الطبي بكاليفورنيا حالة فتاة بأنها ماتت دماغيا، وطالبوا عائلتها بالاستفادة من أعضائها، إلا إن الأم رفضت ذلك وطالبت الأطباء الاستمرار بإنعاشها صناعيا شهرا آخر. وقد حدث بعد عدة أيام أن لاحظ الأطباء إن الفتاة بدأت تستيقظ تدريجيا وتظهر في وجهها علامات الضيق والألم عند قيام الأطباء بأي فحص أو منحها علاجا، كما سمعوها تصدر آهات عند سحب عينة من دمها وسرعان ما استفاقت الفتاة من غيبوبتها وعادت الى حياتها الطبيعية. للإطلاع على مثل هذه الحالات ينظر د.محمود احمد طه، مصدر سابق، ص45وما بعدها. د.صفوت حسن لطفي، مصدر سابق، ص5

ويرد أنصار معيار الموت الدماغي بان مثل هذه الحالات كان تشخيصها تشخيصا خاطئا. ويرد عليه بان احتمالية حصول الخطأ في التشخيص والمخاطر التي يمكن أن تنجم عن مثل هذه الأخطاء كافية لهجر هذا المعيار وانتظار حصول الموت الحقيقي الكامل.[1]

سادسا: إن تخدير الجثة الذي يقوم به الأطباء عند القيام بعمليات استئصال الأعضاء دليل قاطع على استمرار الحياة في أجساد موتى الدماغ وإلا لما كانت هناك حاجة لتخديرهم، لأن جثة الإنسان الميت لا يمكن أن تعيق المشرط الجراحي.[2]

سابعا: يؤكد بعض الأطباء ضرورة عدم اعتماد معيار الموت الدماغي كمعيار للوفاة بالنسبة للأطفال مادون سن الخامسة، لأن للأطفال القدرة على استعادة وظائف المخ أكثر من غيرهم من البالغين، مما يشكك في مدى صلاحية هذا المعيار كمعيار في إثبات وفاة الإنسان.[3]

ثامنا: اختلاف تعريفات موت الدماغ من بلد إلى آخر، بحيث يمكن أن تعد الحالة موتا دماغيا في بلد في حين لا تعد كذلك في بلد آخر، وهناك بعض البلدان لا تعترف كلية بفكرة موت الدماغ ولا بعمليات نقل الأعضاء كاليابان، بل وحتى ضمن البلد الواحد قد تكون معايير التشخيص مقبولة في منطقة وغير مقبولة في أخرى، ففي الولايات المتحدة الأميركية توجد تشريعات مختلفة في كل من هارفارد وفيلادلفيا ومينيسوتا.[4]

تاسعا: يرى فريق من الأطباء المعارضين بان هناك احتمالات واردة في أن يتمكن الطب من معالجة خلايا المخ التالفة وبصورة مطردة على الرغم من صعوبة

---

(1) د.محمد سعيد رمضان البوطي، مصدر سابق، ص65

(2) د.محمود احمد طه، مصدر سابق، ص45

(3) د.يحيى هاشم حسن فرغل، مصدر سابق، ص3

(4) د.صفوت حسن لطفي، مصدر سابق، ص3

مقاومة أمراض ضعف الدماغ.[1]

عاشرا: إن الأخذ بهذا المعيار يفتح المجال أمام استغلال الأطباء للمرضى الراقدين في المستشفيات بالتعجيل بإثبات حالة الوفاة لنقل الأعضاء منهم إلى غيرهم من الأحياء.[2]

وفي ضوء الانتقادات التي وجهت إلى معيار الموت الدماغي التي يمكن أن توصف بأنها أقوى من سابقتها التي وجهت إلى معيار الموت الظاهري، والشكوك التي أثيرت حول اختبارات التشخيص ومدى إمكانية الاعتماد عليها للتحقق من الوفاة، يمكنني القول بأنه لا يمكن التعويل على معيار الموت الدماغي في إعلان الوفاة، بالرغم من إن مسألة تفضيل معيار على آخر مسألة فنية بحتة تدخل في صميم عمل الأطباء وتخرج بطبيعة الحال عن اختصاص رجال القانون، إلا إن ما تؤكده الوقائع الطبية التي استند إليها المعارضين من الأطباء، بالإضافة إلى إن استمرار التنفس ونبض القلب وحفاظ الجسم على حرارته، كل هذه العلامات تدل على وجود نوع من الحياة في جسم موتى الدماغ حتى وإن دلت الأجهزة الطبية

---

[1] تختلف خلايا الدماغ عن خلايا الجسم العادية في إن الأولى لايمكن استبدالها أو تجديدها بخلاف الثانية، ولكن فريق معهد الطب النفسي في مستشفى مولسداي الذي قاده الطبيب (جيفري كري) قام بغرز خلايا دماغ فأر مولود حديثا في خلايا دماغ فأر تعرضت أغشيته للتلف نتيجة سكتة قلبية، وعندئذ عاد= =الفأر الذي كان في غيبوبة عميقة وحالة عجز كامل عن أداء وظائفه العادية الى الحالة الطبيعية. فقد وجد الفريق الطبي بان الغرزة التي تحتوي على خلايا الدماغ قد امتدت الى معظم الخلايا التالفة في دماغ الفأر المريض، وعند توطنها مكان الخلايا التالفة أخذت بالقيام بذات المهام التي كانت تؤديها الخلايا الميتة. وأضاف الفريق الطبي(بأنه قد توصل الى طريقة نمو إجباري للملايين من خلايا المخ الجنينية الجذرية في المختبر مستخدمين جينا سرطانيا يعمل في درجة حرارة اقل من درجة حرارة الجسم، وسيمكن استنبات هذه الخلايا في المختبر ووضعها في الثلاجة وتزويد جراحي الدماغ بها عندما يحتاجونها) ينظر د.يحيى هاشم حسن فرغل، مصدر سابق، ص86

[2] د.محمود احمد طه، مصدر سابق، ص49

60

على فقدان الجهاز العصبي لخواصه الوظيفية، والإنسان بهذا الاعتبار لا يمكن عدُّه ميتا.

المطلب الثالث
معيـار المـوت الجسـدي

اتجه بعض الأطباء إلى طرح معيار جديد لتحديد لحظة الوفاة يضمن عـلى نحـو أكثر يقينا من غيره وفاة لشخص ومفارقته للحياة، أطلق عليه معيار المـوت الجسـدي، وسـنتناول هذا المعيار في ثلاثة فروع، نخصص الأول لبيان المقصود من الموت الجسدي، ونبحث في الثاني كيفية تشخيصه، ونفرد الثالث لتقييم معيار الموت الجسدي من الناحية الطبيـة، مستعرضين أهم مميزاته والمآخذ التي عليه.

الفرع الأول
المقصود بالموت الجسدي

يقصد بالموت الجسدي من الناحية الطبيـة، توقف كافـة الأجهـزة الحيويـة الثلاثـة في الجسم عن العمل بصورة نهائية غير قابلة لإعادتها إلى الحركـة مـن جديـد فـترة مـن الـزمن تكفي لحدوث تغيرات رمية في الجسم، وتقدر هذه الفترة من 10-30 دقيقة.[1]

فالموت الجسدي إذن يعبر عن توقف وظائف كل من الجهاز التنفسي والجهاز الدوري والجهاز العصبي المركزي توقفا تاما مستمرا يتحقق معه موت كـلي ونهـائي لخلايا الـدماغ[2]. وذلك لأن توقف الدورة الدموية يؤدي إلى موت خلايا جذع الدماغ خلال دقائق بسبب نقص الأوكسجين الناتج عن توقف جريان

---

[1] د.محمود احمد طه، مصدر سابق، ص50. د.منذر الفضل، مصدر سابق، ص143.

[2] د.إبراهيم صادق الجندي، مصدر سابق، ص27

الدم، وبموت جذع الدماغ تنتهي ايعازات التنفس الصادرة من مركزها العصبي الواقع في جذع الدماغ، وبالتالي توقف عملية التنفس التلقائي بشكل نهائي. وفي بعض الحالات يحصل توقف للتنفس أولا وتبعا لذلك يموت جذع الدماغ بسبب نقص الأوكسجين في الدم لأنه من الممكن أن يستمر القلب في الخفقان لمدة قد تصل إلى أكثر من 30 دقيقة إلا إن المصاب يصل إلى المستشفى في وقت متأخر بعد حصول تلف في القشرة الدماغية لأن خلاياها سريعة التأثر قياسا بالخلايا الأخرى من الدماغ، فإذا توقفت الحالة عند هذا الحد نشأ عنها موت القشرة المخية أو ما يعرف بالحالة النباتية حيث يظل المصاب معتمدا فيها على أجهزة الإنعاش الصناعي،[1] ولقد بينا حكم هذه الحالة سابقا.

وقد يتأخر الإنعاش الصناعي فيموت جذع الدماغ إضافة إلى موت القشرة الخارجية، ولكن يستمر القلب في خفقانه حيث إن قدرة احتمال القلب على نقص الأوكسجين تفوق بكثير قدرة جذع الدماغ. ومع ذلك لا يوقف الأطباء أجهزة الإنعاش الصناعي على أمل أن يتمكنوا من معالجة الخلل الرئيسي بالدماغ في بعض الحالات التي يكون فيها ذلك ممكنا، فتعالج الحالة دون أن تنتهي إلى موت الدماغ، وهنا تبرز أهمية وسائل الإنعاش الصناعي في إعطاء الفرصة لتقديم العلاج.[2]

وبما إن جذع المخ هو المتحكم في جهازي التنفس والدورة الدموية، فان توقفه أولا عن أداء وظائفه يؤدي لا محالة إلى توقف التنفس والدورة الدموية، وبالتالي توقف نبض القلب وموت خلايا الدماغ بصورة كاملة.. لذلك يرى أنصار هذا المعيار إن الموت الجسدي يوازي الموت الدماغي بشرط أن يكون الموت الدماغي نتيجة ثانوية لتوقف التنفس والدورة الدموية، بخلاف ما يتجه إليه أنصار

---

(1) د.فوزي عبد السلام وآخرون، الأهمية الطبية الشرعية لظاهرة موت الدماغ، بحث مقدم إلى ندوة المسؤولية الطبية، بنغازي، ليبيا، 1991، ص645

(2) د.فوزي عبد السلام بن عمران، مصدر سابق، ص1119-1120

الموت الدماغي من إن موت جذع الدماغ الذي يضم المراكز العصبية الأساسية يعد كافيا لاعتبار الشخص ميتا وفقا لاختبارات التشخيص المعتمدة.[1] ولقد حضي هذا المعيار بالتأييد ولكن ليس بالمستوى الذي حاز عليه معيار الموت الدماغي.[2]

الفرع الثاني
تشخيص الموت الجسدي

يعد الشخص ميتا وفقا لهذا المعيار متى ما توقفت الأجهزة الحيوية في جسمه عن أداء وظائفها بشكل نهائي.ولكن هذا المفهوم قد ازداد تعقيدا نظرا للدور الذي تلعبه أجهزة الإنعاش الصناعي، فقد أصبح بالإمكان إعادة القلب والرئتين الى العمل والحيلولة دون تلف خلايا المخ، لذلك يجب أن توجه عناية خاصة ورعاية طبية مكثفة إلى مثل هذه الحالات قبل إقرار الموت الجسدي، فلابد من استخدام وسائل الإنعاش الصناعي في الحالات المشكوك فيها بأقصى سرعة ممكنة لكي نمنع الضرر الذي قد يصيب خلايا الدماغ، ويجب الاستمرار في عملية الإنعاش لفترة طويلة وأن لا نتخلى عنها إلا بعد ثبوت موت خلايا الدماغ وظهور علامات

---

(1) د.إبراهيم صادق الجندي، مصدر سابق، ص28

(2) فعلى المستوى الجماعي، أقرت الجمعية الطبية البريطانية برئاسة الجراح (لورانس أيبل) بمعيار الموت الجسدي، وحددت ثلاثة شروط يجب توافرها ليحكم بوفاة الشخص، وهي توقف القلب عن الخفقان لمدة تصل الى أكثر من 15 دقيقة وتوقف التنفس التلقائي لمدة خمس دقائق تبدأ من فصل المريض عن جهاز التنفس الصناعي بالإضافة الى انعدام أي مظاهر لنشاط الدماغ من خلال فحص كهربية الدماغ بواسطة جهاز رسم المخ الكهربائي.

وأيدت هذا المعيار أيضا الجمعية المصرية لجراحي الأعصاب في بيانها الصادر في 1997/7/24، والذي رفضت فيه اعتماد معيار الموت الدماغي. وعلى المستوى الفردي أيد هذا المعيار العديد من الأطباء مثل د.صفوت حسن لطفي أستاذ علم التخدير في كلية الطب جامعة القاهرة ود.إبراهيم صادق الجندي وغيرهم.لمزيد من المعلومات ينظر د.افتكار مهيوب المخلافي، مصدر سابق، ص393. د.محمود احمد طه، مصدر سابق، ص52

الموت. وهناك اختبارات يمكن التحقق من خلالها من وفاة الشخص بصورة قطعية، بالإضافة إلى العلامات الرئيسية، وفيما يلي بيان لكل منها:

أولا- علامات الموت الجسدي:

ترتبط هذه العلامات بتوقف الأجهزة الرئيسية في الجسم التي يعتمد عليها في إثبات الوفاة ويمكن إجمالها في:

1. توقف الدورة الدموية والنبض توقفا تاما لبضع دقائق(5-10)، وعندها يشعر المريض بنَعاسٍ ناتج عن توقف تدفق الدم مع شحوب في الأجزاء العليا من الجسم، على أن تستبعد الحالات التي يكون فيها الوقف مؤقتا، أو تكون فيها نبضات القلب ضعيفة جدا إلى الحد الذي لا يمكن أن يحس بها. ويحدث هذا غالبا في حالة التسمم بالمواد المنومة، وحالات الصدمة والهستيريا، وحالات الصعق بالتيار الكهربائي. ويمكن التحقق من توقف النبض من خلال جهاز التخطيط القلبي أو وضع أصابع اليد على الشريان الكعبري أو الشريان السباتي أو على القلب مباشرة.[1]
2. علامات توقف الجهاز التنفسي، وتلاحظ من خلال توقف عملية التنفس وانعدام حركة عضلات الصدر والجذع الرئيسية المصاحبة للزفير، إلا إن انقطاع النفس قد يحصل نتيجة الاختناق وامتلاء الرئتين بالماء، كما في حالات الغرق القريب مما يستوجب إسعاف المصاب بدلا من اعتبار توقف النفس علامة من علامات الموت الجسدي.[2]
3. علامات توقف الجهاز العصبي المركزي ونشاط الدماغ، فهناك العديد من العلامات التي يستدل بها على هذا التوقف، منها التوقف التام للنشاط

---

[1] د.إبراهيم صادق الجندي، مصدر سابق، ص30-31. د.طارق سرور، نقل الأعضاء البشرية، مصدر سابق، ص63

[2] د.محمد عبد الوهاب الخولي، مصدر سابق، ص223. د.احمد شوقي عمرأبو خطوة، مصدر سابق، ص117. حسام عبد الواحد كاظم، مصدر سابق، ص57

الكهربائي للدماغ وظهور مخطط جهاز رسم المخ الكهربائي مسطحا، و فقدان الحس والإدراك والحركة، ودخول المريض في غيبوبة عميقة لايستجيب فيها لأي مؤثر خارجي، وغياب كامل لجميع منعكسات جذع الدماغ كمنعكس القرنية والمنعكس البصري والسمعي وغيرها.[1]

ثانيا- الاختبارات التأكيدية:

وأهم هذه الاختبارات ما يأتي:

1. يجب فحص الجسم بالاستماع الى ضربات القلب والأقسام المحيطة به وفحص النبض الشرياني الصدعي.
2. التأكد من الانعدام التام للأفعال التنفسية.
3. التأكد من عدم وجود نشاطات عصبية (انعكاسات حدقية).
4. فحص جهاز الدوران(القلب) عن طريق جهاز رسم القلب الكهربائي.
5. فحص الجهاز العصبي عن طريق عمل أشعة فوق الصوتية على المخ.
6. الانتظار فترة زمنية تتراوح مابين 10-30 دقيقة على توقف الأجهزة الرئيسية الثلاثة في الجسم عن العمل للتأكد من عدم قابليتها للعمل ولو بطريق الإنعاش بظهور العلامات الرمية على الجثة[2].

---

[1] د.فوزي عبد السلام بن عمران، مصدر سابق، ص1123. د.يوسف عبد الرحيم بوبس وندى محمد نعيم الدقر، مصدر سابق، ص350. د.محمود كريديه، مصدر سابق، ص1-2

[2] د.محمود احمد طه، مصدر سابق، ص51. وينظر علامات الموت الظاهري، ص18 وتشخيص الموت الدماغي ص22 من هذه الرسالة.

الفرع الثالث
تقييم معيار الموت الجسدي

حاول أنصار هذا المعيار تفادي الانتقادات التي وجهت الى المعايير السابقة والدائرة في الأساس حول وجود بعض مظاهر الحياة لدى من وصفوا بأنهم أمواتا وفقا لتلك المعايير.

لذا نجد إن هذا المعيار يركز بشكل رئيسي على اختفاء تلك المظاهر من خلال توقف الأجهزة الرئيسية في الجسم، وبالتالي التيقن وبشكل قاطع من حصول الوفاة قبل إعلانها رسميا. إلا إن هذا لا يعني عدم تعرض هذا المعيار للانتقاد، بل جوبه بانتقادات لكنها اقل أهمية من الناحية الموضوعية مما وجه الى المعايير السابقة، وابرز هذه الانتقادات هي:

أولا. يرى بعض الأطباء إن معيار الموت الجسدي لا يعبر عن المعيار الحقيقي للوفاة لان الوفاة لاتتحقق إلا بموت جميع خلايا الجسم، وهو ما يطلق عليه البعض (معيار الموت الخلوي)[1]، في حين لا يحصل وفقا لمعيار الموت الجسدي سوى توقف للأجهزة الرئيسية في الجسم حتى من غير أن تموت خلايا الأعضاء الرئيسية، لذا فهم يقترحون معيارا جديدا هو معيار الموت الخلوي.

---

[1] نادى بعض الأطباء المعاصرين وخاصة المتخصصين في الطب الشرعي باعتماد معيار الموت الخلوي وقالوا بأن الموت لا يتحقق إلا بموت الخلايا والأنسجة المكونة لأعضاء الجسم ويتحقق هذا بعد مضي فترة على الموت الجسدي. وتختلف الفترة التي يستغرقها موت الخلايا من عضو لآخر تبعا لقدرة نسيجه على تحمل نقص الأوكسجين، وتسمى هذه الفترة بفترة الحياة الخلوية، وهي تشبه حياة الجنين فبل نفخ الروح فيه. وتقوم الخلايا خلال هذه الفترة بكافة وظائفها ولكن يحصل بصورة تدريجية فقد كلي لجميع هذه الوظائف مع هبوط درجة حرارة الجسم وتراكم المواد الضارة. ولمزيد من التفاصيل ينظر د. رياض الخاني، شرعية تشريح جثة الإنسان للتعليم الطبي، دراسة مقارنة، ج1، كلية القانون، جامعة قار يونس، 1986، ص98

ولا اعتقد بإمكانية الاعتماد على الموت الخلوي كمعيار لتحديد لحظة الوفاة، ذلك بأنه لا يمكن أن يصدق مصطلح المعيار على الموت الخلوي بالمعنى الدقيق، إنما هو مرحلة متأخرة للموت، ولا يكفي تبنيه من قبل بعض الجماعات القديمة التي لم تكن تدفن موتاها الى أن يتفسخوا للقول بأنه معيار حقيقي للوفاة، ولا يوجد اليوم من يقول بعدم إعطاء الشخص حكم الميت حتى يتحلل جسده ويرجع الى أصوله الأولى. ولئن قرر بعض قدامى الفقهاء وجوب ترك الميت حتى يتغير أو يخشى عليه من التغير فذلك إنما يكون في الحالات المشكوك فيها في فترة لم تكن علومهم تسعفهم بقطع الشك باليقين إلا بهذه الوسيلة، وهذا كله مايتعارض مع مفهوم المعيار، فالمعيار قاعدة عامة تنطبق في كل الحالات والأوقات وليس في وقت الضرورة فقط.[1]

ثانيا.احتمال الخطأ في إثبات الموت الجسدي في بعض حالات المرضى المتوقع وفاتهم مثل مرضى الفشل الكلوي أو مرضى غيبوبة السكر والحكم عليهم بالوفاة بصورة مبكرة، وكذلك الحال بالنسبة للأشخاص الذين يبدون بصحة جيدة ثم يحصل هبوط حاد نتيجة فشل القلب (الوفاة الفجائية)، وكذلك حالات نقص الأوكسجين عند حديثي الولادة. وهذا الانتقاد مردود لان إعلان الوفاة وفقا لهذا المعيار لا يتم إلا بعد اتخاذ الإسعافات الأولية اللازمة مع استخدام أجهزة الإنعاش المناسبة وتكرار الفحوصات المختبرية بفترات زمنية منتظمة حتى يتم التأكد من توقف الأجهزة الحيوية بشكل مستديم، مما يقطع الشك بإمكانية عودة الحياة في جسم المتوفى جسديا.[2]

ثالثا. إن من شأن الأخذ بهذا المعيار إغلاق الباب أمام الانتفاع بأعضاء الأموات، على أساس إن الانتظار لحين توقف الحياة وعدم الاكتفاء بموت جذع الدماغ كما يتجه أنصار معيار الموت الدماغي يُفوِّت فرصة الانتفاع بالأعضاء حال

---

[1] حسام عبد الواحد كاظم، مصدر سابق، ص51

[2] د.محمود احمد طه، مصدر سابق، ص56

كونها صالحة للنقل والاستفادة منها من قبل المرضى الذين هم بأمس الحاجة إليها.[1] ويجاب عليه بأن الأخذ بمعيار الموت الجسدي لا يفوت فرصة الانتفاع بأعضاء الموتى بصورة مطلقة، ذلك بأن بعض أعضاء جسم الإنسان تبقى خلاياها حية لفترة معينة بعد إثبات الموت الجسدي مما يتيح استئصالها وغرسها في أجساد مرضى آخرين،[2] بالإضافة إلى الخشية من أن يتحول هذا القول ذريعة يتخذها الأطباء للتعجيل بإعلان وفاة الشخص بغية الحصول على أعضاء تزداد فرص نجاح عمليات نقلها وزرعها، مع الأخذ بعين الاعتبار تساوي الأنفس جميعا، ومن ثم فلا يجوز التعجيل بالحكم بوفاة شخص من اجل إنقاذ شخص آخر.

وبناءا على ما تقدم من الانتقادات نرى بأن معيار الموت الجسدي اقرب المعايير للحقيقة وأكثرها انسجاما مع مفهوم الوفاة ونهاية الحياة الإنسانية.فكما هو معلوم بان حياة الإنسان تتمثل في مجموعة من الأفعال الحيوية تعمل بمجموعها على حفظ كيان الجسم ودوام حيويته وتأمين قيام الجسم بوظائفه الطبيعية، واستمرار هذه الأفعال يعتمد بصورة مباشرة على سلامة أجهزة الجسم الحيوية وهي جهاز الدوران والجهاز التنفسي- والجهاز العصبي المركزي.ومع توقف هذه الأجهزة عن أداء وظائفها بشكل نهائي يفقد الجسم قدرته على مواصلة القيام بالوظائف الطبيعية بمختلف صورها من حس وإدراك وحركة إرادية كحركة عضلات الجسم المختلفة، أولا إرادية كحركة القلب والمعدة وغيرها من الأعضاء، وهو ما يعني وبكل بساطة إن الإنسان قد فارق الحياة.

---

[1] المصدر نفسه، ص56

[2] تختلف فترة تحمل نقص التروية الدموية من عضو لأخر، وهي الفترة التي يبقى فيها العضو سليما قبل أن يتلف تلفا لا رجعة فيه. فبالنسبة لخلايا الدماغ لا تتجاوز فترة تحملها4 دقائق، ويمكن للقلب أن يبقى سليما بضع دقائق وهي ذات الفترة التي يبقى فيها الكبد حيا. في حين هنالك بعض الأعضاء يمكن أن تبقى حية لفترة أطول مثل البنكرياس الذي يبقى صالحا للنقل لمدة 20 دقيقة. ويمكن أن تظل الكلى سليمة لمدة تصل الى 45 دقيقة. وقد تصل الفترة بالنسبة لبعض الخلايا ليوم كامل كخلايا الجلد والعظام والقرنية. لمزيد من التفاصيل ينظر، محمد عبد الجواد النتشة، مصدر سابق، ص113.

المبحث الثاني
تحديد لحظة الوفاة من الناحية الشرعية

إن تحديد لحظة الوفاة من الناحية الشرعية لا يقل صعوبة عن تحديدها من الناحية الطبية وذلك لعدم وجود نص في القران الكريم أو السنة النبوية يمكن اتخاذه أساسا لبحث هذه المسألة بخلاف تحديد لحظة بداية الحياة الإنسانية.[1]

وعليه لن يكون أمامنا إلا الرجوع إلى أهل الاختصاص وهم الأطباء قال تعالى﴿ فسئلوا أهل الذكر إن كنتم لا تعلمون﴾.[2]

وعلى هذا الأساس اتفق الفقهاء على انه لا يوجد شرعا ما يمنع الرجوع وبحسب قواعد الشرع إلى أهل العلم المتخصصين في هذا المجال لبحث هذه المسألة والاستعانة بالوسائل الطبية الحديثة، دون إغفال لدور علماء الشريعة على اعتبار إن مدى مشروعية المعيار من الناحية الشرعية هو الذي يحدد مستوى تقبل الرأي العام له. ولتحديد لحظة الوفاة من الناحية الشرعية لابد لنا أن نتعرض ابتداء

---

[1] وصف القران الكريم و السنة النبوية مراحل خلق الإنسان وبداية حياته بطريقة معجزة، يقول الله عز وجل في سورة نوح ﴿مالكم ترجون لله وقارا ۞ وقد خلقكم أطوارا ﴾ وسمى الله مراحل خلق الإنسان بالأطوار، بينتها سورة المؤمنون حيث قال تعالى ﴿ ولقد خلقنا الإنسان من سلالة من طين ۞ثم جعلناه نطفة في قرار مكين ۞ ثم خلقنا النطفة علقة فخلقنا العلقة مضغة فخلقنا المضغة عظاما فكسونا العظام لحما ثم انشأناه خلقا آخر فتبارك الله أحسن الخالقين۞﴾ كما جاء في السنة الشريفة ما يبين بداية خلق الإنسان، في الحديث الصحيح ما رواه ابن مسعود عن النبي صلى الله عليه وسلم أنه قال: (إن أحدكم يجمع في بطن أمه أربعين يوما نطفة، ثم يكون علقة مثل ذلك، ثم يكون مضغة مثل ذلك، ثم يرسل إليه ملك فينفخ فيه الروح..) متفق عليه. وعليه فأن علماء الشريعة يقرون إن الحياة تدب في جسم الإنسان بعد مائة وعشرين يوما. والمقصود هنا بالحياة هو أساسها ومصدرها وهو الروح. لمزيد من التفاصيل بنظر د.مأمون شقفه، تدرج صفة الإنسان مع تدرج أطوار خلقه. بحث مقدم إلى مؤتمر الطب والقانون, كلية الشريعة والقانون، جامعة الإمارات العربية المتحدة 1998، ص 349.

[2] سورة النحل، الآية 43

لموقف فقهاء الشريعة القدامى من تحديد لحظة الوفاة وهو ما سنتناوله في مطلب أولٍ، ونخصص المطلب الثاني لبيان موقف الفقه المعاصر من هذه المسألة.

المطلب الأول
معيار الوفاة عند فقهاء الشريعة القدامى

سبقت الإشارة إلى أن تعريفات الموت لقدامى الفقهاء لم تعول على الجانب الطبي وإنما اكتفت بوصف حالة الموت بشكل عام على انه مفارقة الروح للجسد، فنراها لا تحدد لحظة هذه المفارقة أو كيفيتها. وربما يرجع هذا إلى عدم اختصاصهم في هذه المسألة التي تتطلب معرفة وخبرة خاصتين، بالإضافة إلى انخفاض مستوى الإمكانيات التقنية في ذلك الوقت، ومع هذا فقد حدد أولئك الفقهاء علامات يمكن أن يستدل بها على حصول الموت هي حصيلة اجتهادهم من خلال ملاحظة الغالب الأعم من الحالات التي تمر بهم. فقد جاء في المجموع ذكر بعض هذه العلامات، كاسترخاء قدمي الميت وانخساف صدغيه، واعوجاج انفه، وامتداد جلد وجهه، وتقلص خصيتيه مع امتداد الجلدة. فإذا ما ظهرت هذه العلامات يبادر إلى تجهيز الميت ودفنه ويمكن إجمال علامات الموت التي أوردها الفقهاء في النقاط الآتية:

1. انخساف صدغي الميت
2. اعوجاج انفه
3. تقلص الخصيتين إلى فوق مع امتداد الجلدة
4. انقطاع نفسه وبرودة جسمه
5. استرخاء القدمين
6. انفراج شفتيه

7. شخوص بصره و تغير لونه.[1]

ولأن كانت هذه العلامات تمثل القاعدة العامة عند أولئك الفقهاء، فأن هناك استثناء يرد عليها أشار إليه بعض الفقهاء في الحالات التي يشك فيها بحصول الوفاة.[2]

يتضح لنا مما تقدم إن الفقهاء القدامى لم يضعوا من خلال تعريفهم للموت تعريفا علميا يمكن الاستناد إليه وبالتالي وضع معيار لتحديد لحظة للوفاة، ذلك إن

---

[1] محمد بن عابدين، حاشية رد المحتار على الدر المختار، ج2، مطبعة مصطفى الحلبي، القاهرة، 1327هـ ص201. محمد يوسف بن أطفيش، شرح النيل وشفاء العليل، ج2، دار الفتح، بيروت، 1343هـ ص556. كما وقد جاء في الحديث ذكر بعض هذه العلامات فعن أم سلمه (رضي الله عنها) قالت: دخل رسول الله صلى الله عليه وسلم على أبو سلمه وقد شخص بصره وأغمضه ثم قال:(إن= =الروح إذا قبض تبعه البصر). الإمام مسلم بن الحجاج القشيري النيسابوري، صحيح مسلم، تحقيق وتصحيح محمد فؤاد عبد الباقي، ط1، ج3، دار الحديث، القاهرة، 1412هـ كتاب الجنائز، ص634-635. وينظر محيّ الدين بن شرف النووي، المجموع شرح المهذب، ط1، تحقيق محمود مطرحي، دار الفكر، بيروت، 1417هـ ص223.

[2] فقد أورد صاحب كتاب المغني انه:" من مات فجأة كالمصعوق أو خائفا من حرب أو سبع أو تردى من جبل انتظر به هذه العلامات حتى يتيقن موته.ينظر عبد الله بن قدامة المقدسي، المغني، ط3، دار عالم الكتب، الرياض، 1417هـ ص367. كما جاء في روضة الطالبين "...فأن شك بأن لا يكون به علة، واحتمل أن يكون به سكتة، أو ظهرت إمارات نزع أو غيره أخر إلى اليقين بتغير الرائحة أو غيره" ينظر الإمام النووي، روضة الطالبين وعمدة المفتين، ط2، ج2، المكتب الإسلامي، بيروت، 1405هـ ص98. وقد جاء في كتاب الإنصاف أنه يترك يومان إذا لم يخف فساده". ينظر علي بن سليمان المرداوي، الإنصاف في معرفة الراجح من الخلاف، ج2، دار إحياء التراث، بيروت، 1405هـ ص266-267. وقال الشافعي في الأم "وأحب إذا مات الميت أن لا يعجل أهله غسله، لأنه قد يغمى عليه فيخيل إليهم انه قد مات حتى يروا علامات الموت المعروفة فيه.ينظر محمد إدريس الشافعي، الأم، ج1، ط2، دار المعرفة، بيروت، 1393هـ ص460.

الأخذ ببعض هذه العلامات قد لا يعكس حالة موت حقيقي كاسترخاء القدمين واحداد البصر وغيرها، بالإضافة إلى إن بعض هذه العلامات هي علامات لاحقة على حصول الوفاة كبرودة جسم الميت وتغير لون جلده. وعليه لا يمكن القول باعتماد الفقهاء القدامى لمعيار محدد في هذا الشأن دون غيره، وإنما كان الأساس لديهم في تشخيص الوفاة هو التيقن من حصولها بمختلف العلامات.

المطلب الثاني

معيار الوفاة لدى علماء الشريعة المعاصرين

اختلف علماء الشريعة المعاصرين بشان المعيار واجب الإتباع في تحديد لحظة الوفاة. ونظرا لأهمية الموضوع فقد أقيمت العديد من الندوات والمؤتمرات لمناقشة هذه المسالة لاسيما في الدول الإسلامية، وتعددت الآراء بهذا الصدد. ولكن قبل الولوج إلى هذا المعترك الفقهي المحتدم بين العلماء وبيان الحجج والأسانيد التي اعتمدها أصحاب كل رأي نجد من الضروري أولا تحديد نقاط الإجماع والاختلاف بينهم فأقول:

1. من المتفق عليه انه في حالة موت جذع الدماغ وتوقف القلب ونبضه وتوقف التنفس التلقائي يعتبر الإنسان ميتا بإجماع الفقهاء.[1]

2. هنالك حالات تموت فيها بعض أجزاء المخ دون موت جذع الدماغ، كما في حالات موت القشرة المخية (الحالة النباتية) والغيبوبة الناشئة عن ارتجاج الدماغ أو الأدوية المنبهة والعقاقير السامة وهذه الحالات كلها وما شابهها لا تستتبع الحكم بوفاة الإنسان لأنه لازال على قيد الحياة بإجماع الفقه.[2]

---

[1] د.إبراهيم صادق الجندي، مصدر سابق، ص27. د.محمود احمد طه، مصدر سابق، ص53

[2] د.محمد الحاج علي، مصدر سابق، ص 128. د.يوسف عبد الرحيم بوبس وندى محمد نعيم الدقر، مصدر سابق، ص3. د.علي محمد محمد رمضان، مصدر سابق، ص57

لكن الفقه المعاصر اختلف حول حالة موت جذع الدماغ أو الدماغ بأجمعه وفقا للأصول الطبية المعتمدة مع استمرار نبض القلب وعملية التنفس ولو عن طريق الأجهزة. فمن الفقهاء من يصف هذه الحالة بأنها حالة وفاة وهم أنصار معيار الموت الدماغي. ومنهم من يذهب إلى خلاف ذلك رافضا عد هذه الحالة وفاة حقيقية، ويصمم على التأني والانتظار لحين توقف الأجهزة الحيوية في الجسم بضمنها جهاز الدوران و الجهاز التنفسي، لذا فان الفقه منقسم إزاء هذه المسالة في اتجاهين وسنبين كل من هذين الاتجاهين وحججهم من خلال الفرعين الآتيين:

الفرع الأول
الاتجاه المؤيد لمعيار موت الدماغ

يذهب أصحاب هذا الاتجاه سواء من الفقهاء أو لجان الإفتاء إلى اعتبار ميت الدماغ إنسانا ميتا، وتتحدد لحظة الوفاة بموت جذع الدماغ وبحسب المعايير الطبية. ويستند هؤلاء في رأيهم إلى عدة حجج وأسانيد أهمها:

أولا: إن مسالة تحديد لحظة الوفاة لم يرد بشأنها نص شرعي من القران أو السنة يبين حقيقة الموت ويحدد علامته بشكل واضح مما يوجب ترك هذه المسألة للاجتهاد البشري والخبرة القابلة للتطور مع تطور المعرفة الإنسانية، [1] وإعمال رأي أهل الاختصاص من الأطباء في هذا الشأن.وبما إن هؤلاء قد قرروا اعتبار موت الدماغ موتا حقيقيا لذا وجب الاعتداد بذلك.[2]

وأعتقد إن القول بعدم ورود نص شرعي من القران الكريم أو السنة النبوية مما يستوجب ترك المسألة لأهل الاختصاص من الأطباء هو قول سليم ابتداء، لكن

---

(1) د.ا افتكار مهيوب المخلافي، مصدر سابق، ص 397

(2) د.محمد مختار المهدي، نهاية الحياة الإنسانية، مجلة مجمع الفقه الإسلامي، ج2، ع3، 1987، ص578. احمد القاضي، القلب وعلاقته بالحياة، مجلة مجمع الفقه الإسلامي، ج2، ع3، 1987، ص620.

ينبغي أن لا يؤخذ به على الإطلاق ونفي أي دور للفقه، لأنه لابد للفقه من أن يقول كلمته في المسائل التي يلتبس فيها الأمر على الأطباء من الناحية الشرعية، سيما وان مسألة موت الدماغ غير مجمع عليها طبيا قبل أن تكون محل اختلاف من الناحية الشرعية.

ثانيا: تسيطر الروح على الجسد في هذه الدنيا من خلال الدماغ، فهو يشتغل بتشغيلها له وينفعل بتوجهاتها، فيحرك أعضاء الجسد الأخرى، فيرسل عن طريقها ما تريد الروح إرساله ويستقبل ما تريد استقباله، فتقرأ الروح ما يتجمع في الدماغ وتصدر الأحكام والنتائج في صورة تصرفات إنسانية.وان المخ إذا أصابه تلف كامل وأصبح عاجزا كلية عن الاستجابة لإرادة الروح، وعجزت سائر الأعضاء بعجزه، فإن كان هذا العجز نهائيا ولا أمل في استدراكه رحلت الروح عن الجسد وقبضها ملك الموت.

فإذا استطاع أهل الاختصاص أن يعرفوا بصورة جازمة الوقت الذي يصبح فيه المخ عاجزا عجزا كاملا عن القيام بأي نشاط ومستعصيا عن العلاج، لم يكن هناك أي مسوغ لإنكار موت الإنسان عند هذه الحالة.[1]

ثالثا: العقل هو محل التكليف، والمخ مورد العقل، فإذا تعطل المخ أو ماتت خلاياه سقط عن الإنسان التكليف وأصبح كالحيوان سواء بسواء، وبذلك تسقط عنه الصفة البشرية.[2]

وفي الحقيقة لا يمكن التسليم بهذا القول ذلك أنه وإن كان صحيحا إن العقل محل التكليف وذهاب العقل يؤدي إلى سقوط التكليف عن الإنسان، إلا إن سقوط التكليف عن الإنسان بموت دماغه لا يستتبع سقوط الصفة الآدمية عنه وزوال

---

[1] حسام عبد الواحد كاظم، مصدر سابق، ص84
[2] محمد عبد الجواد النتشة، مصدر سابق ص29. د.احمد شوقي إبراهيم، نهاية الحياة البشرية، مجلة مجمع الفقه الإسلامي ج2، ع3، 1987، ص99

حرمته، فمؤدى هذا القول إباحة دماء المجانين وصغار السن من غير المميزين وهذا ما يأباه العقل طبعا.

رابعا: يتفق أكثر الفقهاء الذين تناولوا أحكام الحياة غير المستقرة على إن الجناية على صاحب هذه الحياة لا توجب القصاص، وهذا واضح من قولهم إن من جنى على رجل أو أوصله إلى حركة المذبوح بأن لم يبقَ فيه إبصار ونطق وحركة اختيارية ثم جنى عليه آخر.فالأول قاتل لأنه صـ□يره إلى حالة الموت ومن ثم أعطي حكم الميت، ويعزر الثاني لهتكه حرمة ميت. وبهذا صرحت كتب الجمهور من الحنفية[1] والشافعية[2] والحنابلة [3]

وعَّرف البعض الحياة غير المستقرة بأنها حياة من دخل في مرحلة الموت ولم يتم موته بعد ولكنه صائر سريعا إلى موت تام لا محالة، وليس هناك أدنى احتمال في عودته للحياة، وما تلك الحياة التي بقيت له إلا بقايا روحه في لحظاتها الأخيرة من هذه الدنيا.[4] لذلك أعتبر الفقهاء فقد الحس والنطق والإبصار والحركة الاختيارية علامات تفيد بوصول المجنى عليه إلى مرحلة الحياة غير المستقرة، وان بقاء الحركة الاضطرارية لا تدل على بقاء الروح.[5]

---

(1) حيث جاء في حاشية ابن عابدين: "إن من قطع عنقه وبقي من الحلقوم قليل وفيه روح فلا قود عليه أنه في حكم الميت، ولو قتله وهو في حالة النزع قتل به إلا إذا كان يعلم إنه لا يعيش". ينظر محمد بن عابدين، ج7، مصدر سابق، ص110

(2) حيث يقول النووي:"...وإن قطع أحدهما حلقومه ومريئه أو شق بطنه أو أخرج حشوته ثم حزَّ الآخر رقبته، فالقاتل هو الأول لأنه لا تبقى بعد جنايته حياة مستقرة وإنما يتحرك حركة مذبوح". ينظر محيّ الدين بن شرف النووي، ج18، مصدر سابق، ص368

(3) إذ يقول ابن قدامة المقدسي في المغني: " ولو شق بطنه فأخرج حشوته فقطعها فأبانها منه ثم ضرب عنقه آخر فالقاتل هو الأول. ولو شق بطنه ثم ضرب عنقه آخر فالثاني هو القاتل لأن الأول لا يعيش مثله، والثاني قد يعيش مثله ".ينظر ابن قدامة، ج9، مصدر سابق، ص683

(4) حسام عبد الواحد كاظم، مصدر سابق، ص27

(5) د.محمد سليمان الأشقر، نهاية الحياة، مجلة مجمع الفقه الإسلامي، ج2، ع3، 1987، ص670

ومن هنا يذهب أنصار هذا الاتجاه إلى إنه يمكن قياس حالة من مات دماغه ولم يمت جسمه على حالة المصاب الـذي وصل إلى الحياة غيـر المستقرة أو إلى حركة المذبـوح التي تحدث عنها الفقهاء، وأعطوا صاحبها حكم الميت مما يدل على صحة معيـار المـوت الـدماغي شرعا.[1]

وأعتقد إن في هذا الرأي مجانبة للصواب وذلك للأسباب الآتية:

1. إن أحدا من فقهاء المذاهب لم يقل بحياة من تحرك حركة المذبوح أو بموته، وإنما كانوا يقولون يعطى حكم الحي أو يعطى حكم الميت[2]، ومـا ذلك في رأيي إلا لأنهم موقنون بأن الموت عملية قد تطول وقد تقصر وليس حـدثا يقـع في لحظـة واحدة، وهذا ما يؤكده تعريف الحياة غير المستقرة الذي أورده البعض بأنها "من دخل مرحلة الموت ولم يمت بعد" والحيـاة الإنسانية فيما أعتقـد تبقـى جديرة بالاحترام مهما كانت فرصة استعادة صاحبها لها ضئيلة.

2. إن إقرار الفقهاء بحدوث الحياة غير المستقرة بفقد الإحساس والإبصار والنطق والحركة الاختيارية لم يكن مقصودا به إعطاء حكم الميت، بـل كـان المقصود منه محاولة لتحديد علامات الوفاة ووقت الـدخول فعـلا فيها. بدليل إن الفقهاء لم يحكموا بالموت على جميع أنماط فقدان الإحساس والإبصار والحـس وغيرها بـل استثنوا جملة من الحالات كحالة الملقى من شاهق[3] ومـن حُـزت بعـض أوداجـه لاحتمال أن يعيش هنيئة قبل

---

[1] المصدر نفسه، ص671

[2] حسام عبد الواحد كاظم، مصدر سابق، ص28

[3] ينظر مثلا ابن قدامة في المغني حيـث يقـول " إذا ألقـي رجـل مـن شاهق فتلقاه آخر بسـيف فقتلـه فالقصاص على من قتله، لأنه فوَّت حياته قبل المصير إلى حال يئسوا فيها من حياته...".ابن قدامة، ج9، مصدر سابق، ص683

الموت.[1] لذا أليس من الممكن أن تكون حياة ميت الدماغ حياة مستقرة؟ إذ ليس كل من فقد النطق والإبصار والحركة الاختيارية وصل إلى الحياة غير المستقرة التي أعطاها الفقهاء حكم الميت.

3. ثم ألا يمكن قياس حالة موتى الدماغ على الحالات المشكوك فيها والتي أكد الفقهاء فيها على ضرورة الانتظار لحين التيقن من موته كما مرَّ بنا آنفا.

خامسا: ذهب البعض إلى إنه لا يوجد من الفقهاء من أفتى بحرمة نقل الأعضاء من رجل قطع رأسه بالسيف بعد قطعه مباشرة، وان أفتى بعضهم بعدم الجواز فإنما كان ذلك على أساس حركة الميت لا على أساس بقاء الحياة في هذا الشخص، وعليه لا فرق بين من مات بالسيف ومن مات بموت جذع دماغه مادام الأطباء قد قرروا بموت خلاياه سوى عدم وضوح الموت في الحالة الثانية إلا لأهل الاختصاص.[2]

---

[1] إذ أشار الإمام الشافعي إلى حالة من حُزَّ من الحلقوم دون المريء أو المريء دون الحلقوم، وحصل تأكيد أهل الاختصاص من الأطباء إنه قد يعيش يوما أو نصف يوم، فهذه حياة مستقرة، بعكس ما لو قرر الأطباء انه في هذه الحال سيموت في ساعة أو أقل وان ما فيه بقايا روح، فهنا تكون الحياة غير مستقرة.ينظر الإمام محمد بن إدريس الشافعي، ج6، مصدر سابق، ص61. وكما ورد في المجموع من أنه " وان قطع الأول يده أو رجله ثم حزَّ الآخر رقبته أو أجافه الأول ثم قطع الثاني رقبته، فالأول جارح يجب عليه ما يتوجب على الجارح، والثاني قاتل لأن بعد جناية الأول فيه حياة مستقرة لأنه قد يعيش اليوم أو اليومين وقد لا يموت من هذه الجناية، بدليل أنه يصح إسلامه وتوبته وبيعه وشراؤه ووصيته " ينظر محيّ الدين بن شرف النووي، المجموع، ج18، مصدر سابق، ص368

[2] د.محمد نعيم ياسين، نهاية الحياة الإنسانية في ضوء اجتهادات علماء المسلمين والمعطيات الطبية، مجلة الفقه الإسلامي، ج2، ع3، 1970، ص658

وهذا قول لا يمكنني التسليم به، لأن موت جزء من الدماغ أو الدماغ بأكمله لم يرقَ بعدُ إلى مرتبة الحقيقة العلمية الثابتة وبالتالي لا يمكن الاعتداد بها. ولا أدل على ذلك من اختلاف الأطباء أنفسهم بشأن هذه المسألة.

ولقد أيد جانب كبير من الفقه المعاصر معيار موت الدماغ وأفتوا بأن ميت الدماغ ميت شرعا، فضلا عن العديد من المؤتمرات والندوات.[1]

---

[1] فعلى المستوى الفردي ذهب د.يوسف القرضاوي إلى إن:"موت الدماغ يعني إن هذا الشخص المصاب قد استدبر الحياة ".ينظر د.يوسف القرضاوي، فتاوى معاصرة ط1، دار الوفاء للطباعة والنشر، القاهرة، 1993، ص529.

ودعا البعض إلى انه لابد من الناحية الشرعية والقانونية من إجراء التغيير بالاعتراف بموت الدماغ بدلا من موت القلب كعلامة على موت الشخص في الحالات الخاصة التي تستدعي وضع أجهزة الإنعاش.. وبذلك يمكن إعلان الوفاة متى ما تم موت الدماغ والاتفاق عليه من قبل مجموعة من الأطباء المتخصصين...).ينظر د.محمد علي البار، أجهزة الإنعاش، مجلة مجمع الفقه الإسلامي، ج1، العدد2، 1987، ص444-445

وهو ذات ما ذهب إليه مفتي الجمهورية التونسية لدى مشاركته في الدورة الثانية لمجمع الفقه الإسلامي المنعقد في جدة عام 1986 والذي بين فيه حالات الموت، واعتبر موت الدماغ من بين هذه الحالات.ينظر د.علي محمد محمد رمضان، مصدر سابق، ص78.

أما على المستوى الجماعي فقد ناقش المجمع الفقهي الإسلامي مسألة موت الدماغ في دورة مؤتمره الثالث عام 1407هـ , وأفتى باعتبار موت الدماغ موتا حقيقيا في قراره رقم (5/د) والذي جاء فيه "إن مجلس مجمع الفقه الإسلامي المنعقد في دورة مؤتمره الثالث بعمان عاصمة المملكة الأردنية الهاشمية قرر ما يلي: يعتبر شرعاً إن الشخص قد مات وتترتب جميع الأحكام المقررة شرعا للوفاة إذا تبينت إحدى العلامتين الآتيتين:

1. إذا توقف قلبه وتنفسه توقفا تاما وحكم الأطباء بأن هذا التوقف لا رجعة فيه.
2. إذا تعطلت جميع وظائف دماغه تعطلا نهائيا وحكم الأطباء الاختصاصيون الخبراء بأن هذا التعطل لا رجعة فيه واخذ دماغه بالتحلل.

وهو ذات ما انتهت إليه المنظمة الإسلامية للعلوم الطبية في بيانها الختامي لندوة التعريف الطبي للموت المنعقدة في الكويت 17-19 كانون الأول عام1996. بالإضافة إلى مؤتمرات أخرى استندت في قراراتها إلى ما توصل إليه المجمع الفقهي الإسلامي في دوراته السابقة. ينظر د.محمد علي البار، الموقف الفقهي والأخلاقي من قضية زرع الأعضاء، مصدر سابق، ص276

الفرع الثاني
الاتجاه المعارض لمعيار موت الدماغ

يذهب أصحاب هذا الاتجاه إلى إن موت الدماغ بالكامل لا يكفي لاعتبار الشخص ميتا، بل لابد أن يتوقف إضافة إلى ذلك كل من نبض القلب وعملية التنفس وبصورة نهائية، ويستند هؤلاء في طرحهم إلى عدة حجج وأسانيد نبينها من خلال ما يأتي:

أولا: إن مجرد فقدان الإحساس والشعور لا يسمى موتا، والقران الكريم لم يعتبر مثل هذه الحالة حالة موت، قال تعالى في سورة الكهف ﴿أم حسبت أن أصحاب الكهف والرقيم كانوا من آياتنا عجبا ۝ إذ أوى الفتية إلى الكهف فقالوا ربنا آتنا من لدنك رحمة وهيئ لنا من أمرنا رشدا ۝ فضربنا على أذانهم في الكهف سنين عددا ۝ ثم بعثناهم لنعلم أي الحزبين أحصى لما لبثوا أمدا﴾.[1]

ووجه الدلالة من الآيات إن لفظ (بعثناهم) في الآية معناه أيقظناهم، والإيقاظ لا يكون للموتى وإنما لمن كان نائما، مما يدل على أنهم أحياء[2]. وعليه فكيف يمكن أن نطلق على موتى الدماغ وصف الأموات لمجرد دخولهم الغيبوبة الكبرى، في حين بقي أصحاب الكهف في حالتهم تلك ثلاثمائة وتسع سنين ولم يعتبرهم القران الكريم أمواتا.[3]

ثانيا: رَتَّب الإسلام أحكاما كثيرة على درجة من الخطورة عند انتهاء الحياة الإنسانية, كوجوب غسل الميت وتكفينه ودفنه، واعتداد زوجته ووجوب القصاص أو الدية على الجاني عليه، وانتقال ميراثه وغيرها. فإذا كان مقبولا إجراء بعض

---

(1) سورة الكهف، الآيات 9-12

(2) محمد بن أبي بكر بن فرح القرطبي، تفسير القرطبي، ط2، ج10، دار الشعب، القاهرة، 1373هـ ص310

(3) د.افتكار مهيوب المخلافي، مصدر سابق، ص400

هذه الأحكام على من مات دماغه وجسمه مربوط إلى أجهزة الإنعاش، ولكن هـل يعقل أن تجري الأحكام الأخرى على من توقف دماغه كغسله ودفنه وتزويج امرأتـه وهو لا يزال يتغذى ويتنفس تحت أجهزة الإنعاش.[1]

والحقيقة إن هذا القول مردود وتعوزه الدقة، لأنه متى ثبت علميا أن مـوت الـدماغ يعبر عن حالة وفاة حقيقية فعندها لا يمكن أن تمنع بعض الأحكام المتعلقة بالوفاة بعـد إعلان وفاة شخص رسميا مما يبطل القول بهذا الاستدلال.

ثالثا:هناك من القواعد الفقهية ما تستلزم عدم عَد ميت الدماغ إنسانا ميتا، ومن هذه القواعد:

1. قاعدة اليقين لا يزول بالشك: وبتطبيق هذه القاعدة نجد إن اليقين الـذي اختلـف فيه هو حياة الإنسان والشك هو موته لموت دماغه أو اعتباره حيا لاستمرار نبض قلبه، وعليه لابد من الاعتداد باليقين وهو حياة الإنسان وعدم النزول عنه للشك الحاصل في موته.[2]

2. الأصل بقاء ما كان على ما كان: وهو ما يطلق عليه الفقهاء بالاستصحاب، وهو أن يستصحب حكم الأصل ويبقى على ما كان عليه حتى يقوم الـدليل علـى خلافه فيعمل بـه، ومن ثم فلا يُعَدّل حكم الأصل اليقيني لمجرد الشك، بل لابد من توافر دليل يفيد تغير ذلـك الحكم. وفي المسألة محل البحث فان الأصل فيها بقاء الـروح، ومـوت الـدماغ لا يعتبـر دليلا يقينيا على ذهاب الروح وحصول الوفاة، لذا فان المصاب بموت الدماغ يبقى حيا حتى يحصل اليقين بموته.[3]

---

[1] الشيخ بدر متولي عبد الباسط، نهاية الحياة الإنسانية في نظر الإسلام، مجلة مجمع الفقـه الإسلامي، ج2، ع3، 1987، ص679

[2] محمد عبد الجواد النتشة، مصدر سابق، ص31

[3] د.افتكار مهيوب المخلافي، مصدر سابق، ص401.الشيخ أحمد محمد الزرقاء، القواعد الفقهيـة، ط2، دار العلم، دمشق، 1989، ص87.

رابعا: ويستند أنصار هذا الاتجاه إلى المعقول، ويرون بأن حفظ النفس من مقاصد الشريعة والمحافظة عليها من الضروريات الخمس، واعتبار موتى الدماغ أحياءا فيه محافظة على النفس وهو ما ينسجم مع مقاصد الشريعة. بالإضافة إلى إن الفقهاء قد حددوا علامات يستدل بها على الوفاة لحرصهم على حياة الإنسان وعدم الحكم بموته إلا بعد اليقين من فقد الجسم لوظائفه بالكامل, وقضوا بأنه في حالة الشك يجب الانتظار حتى يتيقن من موت الإنسان.وبما إن حالة ميت الدماغ من الحالات المشكوك فيها لاستمرار القلب بالنبض وتقبل الجسم للغذاء وعدم تغير لونه، لذا وجب الانتظار لحين التأكد من حصول الوفاة.[1]

بالإضافة إلى إن الأطباء أنفسهم مختلفين حيال هذه المسألة مما يجب اعتبار موت الدماغ كمعيار لتحديد لحظة الوفاة معيارا غير مسلم به كحقيقة علمية.[2]

خامسا: إن اعتماد معيار الموت الدماغي يفتح بابا واسعا أمام تجارة الأعضاء البشرية وجعلها سلعة رائجة، لذا يجب غلق هذه الباب سدا للذرائع، على اعتبار أن كل ما يؤدي إلى الحرام فهو حرام.[3]

ويؤيد هذا الاتجاه العديد من علماء الشريعة المعاصرين على غرار الاتجاه الأول، وسواء على المستوى الفردي أو الجماعي.

فعلى المستوى الفردي، يرى البعض بان اعتماد موت الدماغ كمعيار للوفاة فيه نوع من العجلة والتي قد تكون بهدف الحصول على أعضاء بشرية وهي في حالة جيدة، فذهب إلى القول " بأن الموت الدماغي لا يمثل حالة موت حقيقة... ولا يحكم بموت ميت الدماغ، ولا يستعجل عليه و ينتظر حتى يموت موتا لاشك فيه،

---

(1) د. بكر بن عبد الله أبو زيد، أجهزة الانعاش وحقيقة الوفاة بين الفقهاء والأطباء، مجلة مجمع الفقه الإسلامي، ج2، ع3، 1987، ص539

(2).توفيق الراعي، حقيقة الموت والحياة في القران الكريم والأحكام الشرعية، مجلة مجمع الفقه الإسلامي، ج2، ع3، 1987، ص712

(3) د.افتكار مهيوب المخلافي، مصدر سابق، ص231

وهذا عجلة من بعض الأطباء حتى يأخذوا منه قطعا أو أعضاء ويتلاعبوا بالموتى، وهذا كله لا يجوز.." [1]

ويرى آخر بان:"موت الدماغ لا يعد وحده في ميزان الشريعة الإسلامية دليلا قاطعا على حلول الموت فعلا، بل هو في أكثر الأحيان نذير موت محقق... ولعدم الاعتبار بهذا الدليل الطبي من قبل الشريعة الإسلامية سببان:

1. إن أحكام الموت إنما تترتب على وقوعه الفعلي التام لا على توقعاته مهما كانت يقينية جازمة.
2. إن هذه الدلالات أو التوقعات مهما استندت إلى اليقين العلمي فان انتعاش المريض وتوجهه مرة أخرى للحياة ليس مستحيلا عقليا". [2]

أما على الصعيد الجماعي فنجد إن مجمع البحوث الإسلامية المنعقد في 1992/6/25 في الأزهر قد رفض الأخذ بمعيار موت الدماغ، وقضى بأن من يقوم بانتزاع الأعضاء من أي جسد لم يزل ينبض ولم تزل فيه بقية للحياة يعتبر قاتل لنفس حرم الله قتلها إلا بالحق، وتجب محاكمته جنائيا.[3]

وبعد استعراض أدلة كلا الفريقين ومناقشتها نرى - و الله أعلم - بأنه لا يمكن عَدْ موت الدماغ وحده علامة يمكن على أساسها الحكم بنهاية الحياة الإنسانية، بل لابد بالإضافة إلى ذلك من توقف القلب وتوقف التنفس التلقائي، أي غياب جميع الأفعال الحيوية بتوقف الأجهزة الرئيسية الثلاث في الجسم ليحكم بوفاة الإنسان، أخذا بما تقرره القواعد الفقهية والمعقول الذي يقضي بالمحافظة على النفس بوصفها

---

(1) نقلا عن محمد بن ناصر بن محمد المسعد، القرارات الجنائية الطبية لهيئة كبار العلماء، رسالة ماجستير إلى كلية الدراسات العليا، جامعة نايف العربية للعلوم الأمنية، 2003، ص183.

(2) د.محمد سعيد رمضان البوطي، انتفاع الإنسان بأعضاء جسم إنسان أخر حيا أو ميتا، مجلة مجمع الفقه الإسلامي، ج1، ع2، 1987، ص406.

(3) ينظر د.محمود احمد طه، مصدر سابق، ص41.

مقصدا من مقاصد الشريعة.وبالتالي فإن أي إعتداء على شخص ميت دماغيا يعد إعتداء واقعا على إنسان حي، وليس إعتداء على جثة، وبالتالي فمن المتصور وقوع جريمة قتل على مثل هذا الشخص إذا ما أقترن سلوك الجاني بنية قتله.

المبحث الثالث
تحديد لحظة الوفاة من الناحية القانونية

قبل التطرق إلى الموقف القانوني من مسألة تحديد لحظة الوفاة، هناك تساؤل يطرح في هذا الصدد حول ما إذا كانت مسألة تحديد لحظة الوفاة تعد شأنا طبيا محضا وبالتالي وجوب ترك المسألة برمتها إلى أهل الاختصاص من الأطباء ليتولوا الحكم فيها ووضع المعيار المناسب لها، أم إن للسلطة التشريعية نصيب من تنظيم هذه المسألة وتقنينها انطلاقا من الدور الذي يلعبه القانون بوصفه المرجعية الأولى في رسم ووضع الحدود بين المحظور والمباح.

لذا سنتعرف في هذا المبحث على مدى ملائمة التدخل التشريعي في تحديد لحظة الوفاة في مطلب أول، ونتطرق في المطلب الثاني إلى موقف التشريعات من تحديد هذه اللحظة، أما المطلب الثالث فقد افرد لبيان موقف القضاء ومدى اعتماده لأي من المعايير المطروحة.

المطلب الأول
مدى ملائمة التدخل التشريعي في تحديد لحظة الوفاة

الحقيقة إن تحديد لحظة الوفاة والتيقن من حصولها يعد في الأساس عملا طبيا بحيث لا يتاح لغير الأطباء تقريره وفقا للأصول الفنية لمهنة الطب.

ولكن هناك جانب من رجال القانون تأخذهم الريبة من ترك المسألة برمتها إلى الأطباء، خشية قيام الأطباء بإعلان وفاة إنسان قبل التأكد من وفاته بشكل نهائي بدافع تحقيق سبق علمي في مجال نقل الأعضاء، والتي تعتمد بشكل مباشر على معيار الوفاة لاسيما الأعضاء التي لا يمكن للإنسان البقاء على قيد الحياة من غيرها كالقلب والكبد وغيرها.

لذا فقد تنازع هذه المسألة اتجاهان لكل منهما مسوغاته نبينها في الفرعين التاليين:

الفرع الأول
الاتجاه المؤيد لاعتبار تحديد لحظة الوفاة واقعة طبية

يرى أنصار هذا الاتجاه بأن مسألة تحديد لحظة الوفاة واقعة طبية وعلمية, وبالتالي لا بد من ترك تحديد ماهيتها ومفهومها للأطباء على أساس أنهم الجهة الوحيدة القادرة على البت في هذه المسألة كونها فنية بحتة.

ويسوغ أنصار هذا الاتجاه رأيهم بعدة مبررات, منها إن تحديد لحظة الوفاة وفقا لمعيار ما تدخل في صميم العمل الطبي ولا علاقة لها بالقانون.[1]

كما إن إيراد أي معيار قانوني يحدد لحظة الوفاة قد يقيد الأطباء, لأنه قد يكون معيارا قديما وغير مواكب للتطورات العلمية التي قد تحدث في مجال الطب, إذ تعد النصوص القانونية بطيئة التغيير واللحاق بهذا التقدم مما يستوجب عندها تعديل التشريع.[2]

ولكن أنصار هذا الاتجاه وان كانوا يعدون مسالة تحديد الوفاة مسالة بيولوجية فنية بحتة إلا إنهم لا يستبعدون القانون في هذا المجال بشكل مطلق, بل يرون إن بإمكان القانون أن يلعب دورا معينا يتمثل في وضع بعض المبادئ والإجراءات والقواعد و التي تمكن من تسهيل عمل الأطباء ولكن دون الدخول في التفاصيل الفنية, وتدرج هذه الإجراءات والقواعد في القوانين التي تنظم الممارسات الطبية المستحدثة وقد يكتفى بصدور لائحة أو قرار وزاري يتولى أمر ذلك.[3] ولقد سايرت بعض القوانين هذا الاتجاه منها التشريع الإماراتي الخاص بنقل وزراعة

---

[1] حسام عبد الواحد كاظم، مصدر سابق، ص47

[2] د.عوني محمد فخري، مصدر سابق، ص89. د.سميرة عايد الديات، مصدر سابق، ص280

[3] د.مهند صلاح العزة، الحماية الجنائية للجسم البشري، دار الجامعة الجديدة، الإسكندرية، 2002، ص47-48

الأعضاء رقم15 الصادر سنة 1993[1]. وكذلك التشريع اللبناني الحديث الخاص باستئصال وزرع الأنسجة والأعضاء البشرية لسنة1983.[2]

هذا وأوصت بعض المؤتمرات الطبية الدولية بضرورة تبني هذا النهج منها المؤتمر الطبي الدولي المنعقد في العاصمة الاسترالية سدني سنة 1968، ومؤتمر بروجيا الذي عقد في ايطاليا سنة 1969.[3]

الفرع الثاني
الاتجاه المؤيد لتدخل المشرع في تحديد لحظة الوفاة

ويرى أنصار هذا الاتجاه بضرورة صدور تشريع في كل دولة ينص على تحديد لحظة الوفاة بغض النظر على المعيار المعتمد في ذلك التحديد، وذلك بأنه وان كان صحيحا بأن الأطباء هم من يناط بهم تحديد لحظة الوفاة من الناحية الفنية، إلا إن ذلك لا يعني بحال انتفاء الأهمية من وجود تحديد قانوني لهذه المسالة. وينطلق أنصار هذا الاتجاه في رأيهم من عدة مسوغات أهمها:

1. إنه من غير الممكن إفساح المجال أمام الأطباء بشكل مطلق في مسألة تحديد لحظة الوفاة، فقد تختلف الضوابط والمعايير المتبناة من قبلهم وهم

---

[1] حيث تنص المادة السادسة منه على انه: (يتم التحقق من الوفاة بصورة قاطعة بواسطة لجنة تشكل من ثلاث أطباء متخصصين ممن يوثق فيهم من بينهم طبيب متخصص في الإمراض العصبية على أن لا يكون من بين أعضاء اللجنة الطبيب المنفذ للعملية).

[2] إذ تنص المادة السادسة منه على انه: (تحدد بمراسيم بناء على اقتراح من وزير الصحة العامة أصول وقواعد اخذ الأنسجة والأعضاء البشرية من الأحياء والأموات والأسس المعتمدة علميا لإثبات الوفاة وتشريح الجثث والمستشفيات التي يحق لها إجراء العمليات ونوعها، وذلك بعد أخذ رأي لجنة من الأطباء الاختصاصيين).

[3] ينظر شعبان أبو عجيلة، مسؤولية الطبيب الجنائية عن استخدام الوسائل العلمية المستحدثة في الطب والجراحة، رسالة دكتوراه مقدمة إلى كلية القانون، جامعة بغداد، 2001، ص148.

بصدد تحديد هذه اللحظة تبعا للأهداف التي يرمون إلى تحقيقها، كأن تكون الرغبة في سحب أجهزة الإنعاش وتركيبها على شخص آخر، أو لغرض الاستفادة من أعضاء المريض ونقلها إلى الغير، أو القيام ببعض التجارب الطبية، فغريزة تحقيق السبق الطبي والشهرة قد تقود أحياناَ إلى الالتفاف حول مسألة التأكد من لحظة الوفاة واستئصال العضو لا سيما القلب من إنسان لا يزال على قيد الحياة. هذه الأهداف بمجموعها قد تشكل دافعا على تبني هؤلاء معيارا مرنا قد يختلف بحسب كل حالة مما يثير بعض المشاكل القانونية، لذا لا بد من تحديد قانوني لمسألة لحظة الوفاة يبين المعيار الواجب الإتباع ووسائل التثبت منه.[1]

2. إن من شأن تقنين مسالة تحديد لحظة الوفاة إشاعة نوع من الاطمئنان لدى المرضى من أن يقعوا ضحية لاستغلال الأطباء ضعاف النفوس، وكذلك الأمر بالنسبة للأطباء فتقنين هذه المسألة أمر يحبذه الأطباء, إذ لم يتوقف إبداء الأطباء لتخوفهم وقلقهم من التعرض إلى المسائلة الأخلاقية والقانونية، فالطبيب يرغب دائما أن يعلم مدى شرعية الأعمال التي يقوم بها.[2]

3. إن تنظيم مسألة تحديد لحظة الوفاة من خلال قواعد مهنة الطب وآدابها هو تنظيم غير كاف، ذلك لأن هذه القواعد لا تحظى من قبل أفراد المجتمع بذات التقدير والاحترامٍ الذي يكنه لها رجال الطب، ولأن لمسألة تحديد لحظة الوفاة أبعادها الأخلاقية والدينية والقانونية، لذا بات من

---

(1) د.مهند صلاح العزة، مصدر سابق، ص4

(2) شعبان أبو عجيلة، مصدر سابق، ص147. جابر مهنا الشبل، مدى مشروعية عمليات نقل وزرع الأعضاء البشرية، رسالة دكتوراه مقدمة إلى كلية القانون، جامعة بغداد، 1999، ص247

الضروري معالجة هذه المسألة في إطار تشريع مستوحى من الضمير الاجتماعي والإنساني، ومراعيا الاعتبارات الطبية والقانونية.[1]

4. ويضيف أنصار هذا الاتجاه إن من واجب الدولة حماية الإنسان، وبالتالي لن يكون بمقدورها حماية هذا الإنسان ما لم تتبين متى يكون هذا الإنسان جديرا بالحماية ومتى يكون غير ذلك. والوفاة ظاهرة يدق معها تمييز الإنسان الحي عن الميت بالنظر إلى تطور العلوم الطبية بشكل كبير، لذا من الضروري أن تصدر الدولة تشريعا تحدد فيه بداية الحياة الإنسانية ونهايتها.[2]

ولقد أخذت بهذا الاتجاه العديد من التشريعات منها قانون نقل وزراعة الأعضاء العراقي رقم (85) لسنة 1985 (المعدل)[3]، والقانون (21) لسنة1997 بشأن تنظيم نقل وزراعة الأعضاء البشرية القطري.[4]

والحقيقة إن مسالة تحديد لحظة الوفاة مسالة غاية في الأهمية ويجب أن لا يوكل الحسم فيها إلى الأطباء وحدهم وذلك للخشية من تضارب مواقف هؤلاء الأطباء بشان هذه المسالة، آخذين في الاعتبار أمرا أساسيا وهو إن تحديد لحظة الوفاة محل اختلاف بين الأوساط الطبية، وإن من شان ترك هذه المسالة لتقدير

---

(1) المصدر نفسه، ص148

(2) د.مهند صلاح العزة، مصدر سابق، ص49

(3) حيث نصت م/2 منه على انه:(يتم الحصول على الأعضاء لأجل إجراء عمليات الزرع من:...... ب- المصاب بموت الدماغ وحسب الأدلة العلمية الحديثة المعمول بها التي تصدر بتعليمات في حالة موافقة احد أقاربه الكامل الأهلية من الدرجة الأولى والثانية وموافقة لجنة مشكلة من ثلاث أطباء اختصاصين ضمنهم طبيب مختص)

(4) حيث أشار هذا القانون إلى معيار الوفاة في المادة الأولى منه والتي تحصل بأحد أمرين:

ا. توقف القلب والتنفس توقفا تاما

ب.تعطل وظائف الدماغ تعطلا كاملا لا رجعة فيه.

الأطباء تمكينهم من الاعتداء على حق الإنسان في الحياة ومن دون إثارة أي مسؤولية قانونية اتجاههم.

ولا تقتصر خطورة تحديد لحظة الوفاة على النواحي الطبية بل تمتد آثارها إلى تطبيق القواعد القانونية خصوصا ما تعلق منها بالمسؤولية الجنائية عن جرائم الاعتداء على حياة الإنسان وسلامة بدنه، بحيث قد تتوقف المسؤولية الجنائية عن جريمة القتل مثلا على ما يقرره الأطباء من اعتبار الشخص المجنى عليه ميتا أو لا يزال على قيد الحياة، بحسب ما يطبقونه من المعايير التي تحكم مسألة تحديد لحظة الوفاة.

فلو اعتدى شخص على آخر بالضرب مسببا للمجني عليه تلفا في خلايا الدماغ، فإذا ما قرر الأطباء تبني معيار الموت الدماغي عُدَّ مرتكب الجريمة قاتلا، ولو كانت سائر أعضاء جسم المجنى عليه لا تزال تؤدي وظائفها الطبيعية، أما إذا أرتؤي تطبيق معيار الموت الظاهري أو الجسدي، كنا بصدد شروع في جريمة قتل، وشتان ما بين الأمرين.[1]

لذا نرى من الأفضل أن لا يلقى بهذه المهمة على عاتق الأطباء وحدهم نظرا لما يفضي إليه هذا النهج من إرباك في تطبيق القواعد القانونية خصوصا ما يتعلق منها بالمسؤولية الجنائية ناهيك عن الجوانب الأخرى، بل لا بد من التصدي من قبل المشرع لهذه المسالة وتحديد المعيار الواجب الإتباع والقواعد والإجراءات التي يستعان بها من قبل الأطباء لتحديد لحظة الوفاة.ولا يخشى من أن يتخلف القانون عن مواكبة التطور العلمي، فلا مانع من تعديل التشريعات بما ينسجم مع التطورات العلمية في أي مجال كان.

---

[1] د.مهند صلاح العزة، مصدر سابق، ص49

المطلب الثاني
موقف القوانين الوضعية من مسالة تحديد لحظة الوفاة

اختلفت نظرة التشريعات إلى مسالة تحديد لحظة الوفاة بين اعتبارها مسالة طبية فنية لا دخل للقانون في تحديدها، أو اعتبارها واقعة قانونية تتطلب تدخل من قبل المشرع. فمنها من نظم هذه المسالة وحدد لها معيار وإجراءات يجب إتباعها على خلاف موقف التشريعات الأخرى التي التزمت جانب الصمت مقررة ترك هذه المسالة لذوي الاختصاص من الأطباء، وسنتناول مواقف هذه التشريعات من خلال الفرعين الآتيين:

الفرع الأول
القوانين التي حددت معيارا للوفاة

تناولت تشريعات بعض الدول مسالة تحديد لحظة الوفاة، فعلى صعيد الدول الغربية حددت تشريعات كل من الولايات المتحدة الأمريكية وايطاليا واسبانيا معايير للوفاة والإجراءات المتبعة، وكذا الحال بالنسبة لبعض التشريعات العربية كالعراق والسعودية وسورية ولبنان.وفيما يلي بيان للأحكام ذات العلاقة، وقد أخترنا نموذجين من كل مجموعة من التشريعات في فقرتين:

أولا- التشريعات الغربية:
1. القانون الأمريكي:
لم يكن المشرع الأمريكي في بادئ الأمر يتدخل في تحديد لحظة الوفاة أو بيان علاماتها، تاركا المسألة برمتها إلى الأطباء اعتمادا على ما قررته لجنة آد هوك (ADHOC) في جامعة هارفارد والتي حددت علامات الوفاة بما يلي:
أ. انعدام أي رد فعل للجسم في مواجهة المؤثرات الخارجية، وخاصة المؤثرات شديدة الألم.

ب. انعدام الانعكاسات الحدقية.
ج. انعدام الحركات العضلية اللاشعورية وخاصة التنفس.
د. التوقف النهائي لأي اثر لنشاط المخ بظهور مخطط جهاز رسم المخ الكهربائي مسطحا.

وفي ضوء ما قررته هذه اللجنة وضع مشروع قانون نقل الأعضاء البشرية الموحد للولايات المتحدة الأميركية عام 1968، والذي أوكلت المادة السابعة منه مهمة تحديد لحظة الوفاة إلى الأطباء.[1]

ولم يعرِّف القانون الأميركي الموت حتى عام1971 بصدور تشريع ولاية تكساس الذي عرف الموت وحدد الوسائل التي يمكن التثبت بها من حصوله قبل إعلان الوفاة، وعرف الموت بأنه التوقف التام والنهائي لجميع وظائف المخ، ولقد تم تبني هذا المفهوم من قبل غالبية الولايات الأميركية عام 1981.[2] ومن هنا يتضح إن معيار الموت الدماغي هو المعول عليه في الولايات المتحدة الأميركية.

2. القانون الايطالي:

لم يحدد المشرع الايطالي معيارا محددا للوفاة أو علامات يستدل بها على حصولها وهذا ما نصت عليه المادة الخامسة من القانون رقم(235) لسنة1957 والتي قضت بأن يتم التأكد من حدوث الوفاة وفقا للوسائل التي يحددها الأمر الصادر من اللجنة العليا للصحة العامة، كما يجب أن تثبت هذه الوسائل في محضر يوقعه الأطباء الذين تحققوا من الوفاة.[3]

---

[1] د.محمد عبد الوهاب الخولي، مصدر سابق، ص243

[2] د.محمود احمد طه، مصدر سابق، ص19

[3] المصدر نفسه، ص20

ولم يحدد القانون المذكور معيارا بذاته، إلى أن تبنى المرسوم رقم (408) لسنة 1977 والخاص بتطبيق القانون رقم (644) لسنة1975 الخاص باستئصال الأعضاء البشرية معيار موت الدماغ.[1]

ثانيا- التشريعات العربية:

1. القانون العراقي

اعتد المشرع العراقي بمعيار الموت الدماغي لأول مرة في قانون عمليات زرع الأعضاء البشرية رقم 85 لسنة 1986[2] وذلك بحسب الفقرة (ب) من المادة الثانية من هذا القانون والتي أجازت أخذ الأعضاء من ((المصاب بموت الدماغ وحسب الأدلة العلمية الحديثة المعمول بها التي تصدر بتعليمات...)).

ولقد أصدر وزير الصحة هذه التعليمات برقم(3) لسنة1987[3], فعرفت الفقرة الأولى منها موت الدماغ بأنه ((حالة الفقدان اللاعائد للوعي المصحوب بالفقدان اللاعائد لقابلية التنفس التلقائي والانعدام التام للأفعال الانعكاسية لعرق الدماغ)).

هذا وقد حددت هذه التعليمات في فقرتها الثانية/آ شروط تشخيص موت الدماغ والتي تقترب كثيرا من الشروط التشخيصية التي وضعتها الجمعية الملكية البريطانية، ويمكن إجمال هذه الشروط في:

---

[1] د.محمد عبد الوهاب الخولي، مصدر سابق، ص243

[2] حيث صدر قبل قانون عمليات زرع الأعضاء البشرية رقم 85 لسنة 1986 أكثر من قانون برزت الحاجة فيه إلى تحديد لحظة الوفاة إلا إن المشرع العراقي لم يتطرق فيها إلى معيار تحديد هذه اللحظة مثل قانون مصارف العيون رقم13 لسنة 1970 وقانون عمليات زرع الكلى رقم 60 لسنة1981الملغي.

[3] صدرت هذه التعليمات بموجب المادة السادسة من قانون عمليات زرع الأعضاء البشرية رقم 85 لسنة1986 والمنشورة في جريدة الوقائع العراقية بالعدد3180 في 1987/12/14.

1. فقدان الوعي التام اللاعائد ويشمل ذلك انعدام القابلية على فتح العين وفقدان الاستجابة الحركية لكافة المحفزات.

2. اعتماد تنفس المريض على جهاز خاص على أن لا يكون تحت تأثير أي عقاقير مثبطة للجهاز العصبي أو الحركي.

3. سبب الحالة المرضية مرض عضوي واضح وغير قابل للعلاج مثل الشدة على الرأس، النزف داخل الدماغ والتهابات وأورام الدماغ.

أما الفحوص اللازمة لتشخيص موت الدماغ والتي تجرى على المريض بعد تحقق الشروط السابقة فقد حددها البند/ب من نفس الفقرة والتي تشتمل على ما يلي:

1. فحوص المنعكسات العصبية

2. فحص انعدام التنفس

3. الاستعانة بأي فحوص أخرى مختبرية أو فسلجية كهربائية أو شعاعيه إذا ارتأت ذلك اللجنة المشرفة على المريض.

وفيما يتعلق بتوقيت إجراء الفحوصات فقد اشترطت نفس المادة في البند/ج القيام بالفحوصات اللازمة لمدة 24 ساعة تبدأ من وقت توافر شروط التشخيص الأولية سالفة الذكر ويعاد بعد ست ساعات، على أن تقوم بتشخيص موت الدماغ لجنة متخصصة مكونة من ثلاثة أطباء اختصاصيين بضمنهم طبيب اختصاص بالأمراض العصبية، وعلى أن لايكون من بينهم لطبيب المعالج ولا الطبيب المنفذ لعملية زرع العضو استنادا لأحكام البند/د من الفقرة الثانية، وذلك لضمان الحياد في اتخاذ القرار الذي تراه اللجنة مناسبا.

وعلى الرغم من تأييدنا تدخل المشرع في مسألة تحديد لحظة لوفاة بغض النظر عن المعيار المعتمد في هذا الشأن. إلا إن تدخل المشرع العراقي لم يكن موفقا للأسباب التالية:

1. اختلاف معالجة المشرع العراقي لمسألة تحديد لحظة الوفاة بين القوانين المختلفة، فلم يتطرق المشرع العراقي في قوانين أخرى متعلقة بالموتى كقانون نقل الجنائز رقم(69) لسنة1968 (الملغي) وقانون تسجيل الولادات والوفيات رقم(148) لسنة1971وقانون الصحة العامة رقم(89) لسنة1981[1] إلى كيفية تحديد لحظة الوفاة أو تحديد المعيار المعتمد في تحديدها، بل ترك المسألة برمتها إلى تقدير الطبيب المعالج أو الطبيب المسؤول في المؤسسة الصحية لإصدار شهادة الوفاة ودون التقيد بمعيار معين.

2. بعد أن أخذ قانون عمليات زرع الأعضاء البشرية بمعيار الموت الدماغي ونصت التعليمات على تعريفه وعد موت عرق الدماغ دليلا عليه، كان التناقض واضحا في تحديد لحظة الوفاة، فبينما تعد الفقرة الأولى من التعليمات إن تشخيص موت الدماغ هو تشخيص لحالة الموت الذي حدث قبل التشخيص، تنص

(1) حيث نصت المادة(7) من قانون تسجيل الولادات والوفيات رقم 148لسنة1970على أنه:((على الطبيب المعالج عند حدوث الوفاة في المؤسسات الصحية الحكومية وغير الحكومية تنظيم الشهادة بها بعد الكشف على الجثة والتأكد من صحة الوفاة وكونها طبيعية...)). ومن ثم عدلت بمقتضى المادة (6) من قانون التعديل الثاني الصادر بتاريخ 1982/12/6، إلا إنها لم تأتي بجديد في ما يخص معيار لحظة الوفاة، وأبقت على اختصاص الطبيب في تحديد لحظة الوفاة، وكذا الحال بالنسبة لقانون التعديل الثالث الصادر في 1986/8/9 والذي نصت مادته الأولى على أنه:((تلغى المادة الثامنة من قانون تسجيل الولادات والوفيات رقم 148لسنة 1971ويحل محلها:المادة الثامنة:على الطبيب المعالج عند وفاة مريض سبق أن عالجه خارج المؤسسة الصحية أن يزود ذوي العلاقة في حالة طلبهم باستشهاد يبين فيه المرض الذي كان يعاني منه والأسباب المحتملة التي أدت الى وفاته لتقديمه الى اقرب مؤسسة صحية خلال أربع وعشرين ساعة من تاريخ الوفاة...)).كما لم يتطرق قانون نقل الجنائز رقم (52) لسنة 1967 إلى تحديد لحظة الوفاة أو المعايير الدالة عليها، والذي الغي بمقتضى قانون الصحة العامة رقم(89) لسنة1981 والذي قضت المادة(62) منه على أنه:((لا يجوز دفن الجثة إلا بشهادة وفاة تنظم وفقا للقانون بعد الكشف عليها من قبل الطبيب المعالج أو من الطبيب في مؤسسة صحية للتأكد من صحة الوفاة...)).

الفقرة الثانية/هـ من نفس التعليمات على إن المريض يعد ميتا بعد توقيع تقرير لجنة التشخيص وتنظيم شهادة وفاة له.[1]

3. يتضح من التعليمات إن هناك فترة تفصل ما بين الموت الفعلي ـ أي موت عرق الدماغ كما ينص على ذلك المشرع العراقي ـ وما بين الموت الرسمي بعد التشخيص وتوقيع تقرير لجنة التشخيص، إذ من المعلوم إن إجراء الفحوصات وإعادتها يستغرق وقتا لحين تحقق القناعة لدى اللجنة بتوافر الشروط اللازمة لتشخيص موت الدماغ استنادا إلى أحكام الفقرة الثانية/ج من التعليمات، هذا إذا افترضنا القيام بهذه الفحوصات مباشرة بعد ظهور أعراض تدل على الموت الدماغي.وقد يحدث خلال هذه الفترة بين الموت الفعلي والموت الرسمي وقائع مادية وتصرفات قانونية تترك آثارها في حقوق والتزامات المريض ميت الدماغ، كما قد تمس آخرين لهم معه علاقات وروابط قانونية، ومن هنا تتأتى أهمية تدخل المشرع بتحديد لحظة الوفاة، إذ تتوقف على هذا التحديد طبيعة ومدى آثار هذه الوقائع والتصرفات.لا سيما بالنسبة للفريق الطبي المتكون من الطبيب ومساعديه عندما يقدمون على بعض التصرفات كنقل الأعضاء البشرية أو إيقاف أجهزة الإنعاش الصناعي والتي سنرجئ بحثها إلى مواضع لاحقة، بالإضافة إلى أفعال الاعتداء التي يتصور أن تقع على موتى الدماغ فهل تصنف على إنها اعتداءات واقعة على إنسان حي أم اعتداءات واقعة على جثة إنسان ميت؟ ولا يخفى الفرق مابين الحالتين من حيث الآثار المترتبة على كل نوع من هذه الاعتداءات[2].

وبناءا على ما تقدم نرى بضرورة رفع الالتباس الحاصل في تحديد لحظة الوفاة في التعليمات رقم(3) لسنة 1987 وذلك بنص قاطع الدلالة وهو ما يقتضي إلغاء عبارة ((بعدها يعد المريض ميتا)) من الفقرة الثانية/هـ/4، لا سيما إذا أخذنا

---

[1] د.عوني محمد فخري، مصدر سابق، ص95

[2] المصدر نفسه، ص96

بنظر الاعتبار إن تشخيص موت الدماغ يحدث بعد الموت الفعلي ويكشف عن تحقق الموت والتأكد منه كما تشير التعليمات إلى ذلك.

يضاف إلى ما تقدم من أسباب نسجل تحفظنا حول اعتماد المشرع العراقي للموت الدماغي كمعيار لتحديد لحظة الوفاة، ذلك بأن الموت الدماغي مشكوك فيه إذ لم يصل بعد إلى مرتبة الحقيقة العلمية، وبالتالي فهو لا يعبر عن موت الشخص يقينا، فالتيقن من الموت هو أساس التشخيص وذلك بالتوقف التام والنهائي لجميع الوظائف الحيوية في الجسم، وليس من المعقول أن تكون احتياجات مثل العلاج بنقل الأعضاء سببا كافيا لكي نتخلى وبسهولة عن المعيار الحقيقي للموت.

2. القانون اللبناني:

يعد القانون اللبناني في مقدمة القوانين التي تطرقت إلى مسألة تحديد معيار لحظة الوفاة، وذلك في المرسوم الاشتراعي رقم(109)الصادر في16 أيلول 1983 بعنوان(أخذ الأنسجة والأعضاء البشرية لحاجات طبية وعلمية)، الذي أباح نقل الأعضاء البشرية من الإحياء والأموات وفقا لشروط محددة، ولكن نقل الأعضاء من الأموات يقتضي تحديد لحظة الوفاة أولا، فأحال ذلك إلى مراسيم لاحقة[1]. وبناء على اقتراح من وزير الصحة العامة صدر المرسوم الاشتراعي رقم(1442) في1984/1/4والذي نصت مادته الأولى على أنه:(لتطبيق إحكام هذا المرسوم الاشتراعي يعتبر الإنسان ميتا الذي توقفت فيه بشكل غير قابل للعكس وظائف الجهاز الدموي أو وظائف كامل الدماغ بما فيه جسر المخيخ والنخاع المستطيل)[2].

---

[1] حيث نصت المادة السادسة من هذا المرسوم على أنه:(تحدد بمراسيم بناء على اقتراح من وزير الصحة العامة أصول وقواعد أخذ الأنسجة والأعضاء البشرية من الأحياء والأموات والأسس المعتمدة علميا لإثبات الوفاة وتشريح الجثث...).

[2] د.افتكار مهيوب المخلافي، مصدر سابق، ص406

في حين تناولت المادة (2) من نفس المرسوم قرائن موت الدماغ, حيث نصت على أنـه: (يثبت الموت الدماغي طبيبان عـلى أن يكـون احـدهما اختصاصـيا بـالإمراض العصـبية، وأن تتوافر لدى الإنسان المعتبر ميتا الشروط التالية مجتمعة:

1. سبات وعدم استجابة لأي حث أو تنبيه مؤلم.
2. وجود حالة اللاتنفس واللاحركة.
3. غياب المنعكسات الرأسية.
4. توسع بؤبؤ العينين.
5. سكون كهربائي تام في تخطيط الدماغ لمدة عشر دقائق على الأقل، وشرط ألا تتعدى حرارة الجسم عن(32.2) درجة مئوية، وأن لا يكون المريض تحت تـأثير مسـكنات الجهاز العصبي المركزي وبحالة هبوط.
6. يراقب المريض لمدة لا تقل عن نصف ساعة بعد انصرام ست ساعات كاملة من بدء حالة السبات[1].

الفرع الثاني
القوانين التي لم تحدد معيارا للوفاة

هناك بعض التشريعات تجاهلت مسألة تحديد لحظة الوفاة نظرا لما يـرتبط بهـا مـن إشكاليات علمية وفنية، وإنما اكتفت بالنص على بعض الإرشـادات العامـة وتركـت التفاصـيل الفنية لذوي الاختصاص حيث أوكلت إليهم تحديد لحظة الوفاة وفقا للأصول الفنية المعمـول بها، ومن هذه التشريعات:

[1] د.مصطفى العوجي، التشريع اللبناني الخاص بنقل وزراعة الأعضاء البشرية، بحث مقدم الى مؤتمر الطب والقـانون، كليـة الشريعة والقـانون، جامعـة الإمـارات العربيـة المتحـدة، 1998، ص235.

أولا- القانون الفرنسي:

على الرغم من أن فرنسا أول دولة يصدر فيها تشريع يوصف موت الدماغ، وذلك بموجب المذكرة الصادرة عن وزارة الشؤون الاجتماعية في 1968/4/24، والتي نصت على أن: (التثبت من تشخيص موت الدماغ يستند بصورة أساسية على تطابق الأدلة، أي الفحص السريري مع تخطيط كهربائية الدماغ) [1]، إلا أن المشرع الفرنسي لم يحدد معيارا معينا بذاته لتحديد لحظة الوفاة رغم صدور الكثير من القوانين والمراسيم المتعاقبة. فقد أشار المرسوم رقم(1947/2057) والخاص بتشريح الجثث لأغراض علمية، وكذلك القانون رقم(1949/890) الخاص بترقيع القرنية إلى إن إثبات مسألة الوفاة لا تكون إلا بمعرفة طبيبين يتبعان الأساليب العلمية المطبقة في هذا الشأن والتي يصدر بها قرار من وزير الصحة [2].

وحتى بعد صدور قانون نقل الأعضاء البشرية رقم(1976/1181) والذي أشار في مادته الرابعة إلى إصدار قرار بشأن الإجراءات الخاصة بإثبات الوفاة من دون أن يحدد معيارا للوفاة، وبالفعل صدر هذا القرار ذو الرقم (1978/501) وجاء في المادة(20) منه (إن إثبات الوفاة يقوم على أدلة متفق عليها طبيا، تسمح للطبيب أن يقتنع بموت الشخص، على أن يكون ذلك المعيار مقبولا من وزير الصحة بعد أخذ رأي الأكاديمية الطبية الفرنسية) [3].

ويتضح لدينا مما سبق إن المشرع الفرنسي- لم يحدد معيارا للوفاة ,وإنما ترك ذلك لتقدير الأطباء وهو الأسلوب نفسه في قانون احترام الجسم البشري عام 1994 الذي لم يتضمن في ثنايا نصوصه معيارا محددا للوفاة [4].

---

[1] Pallis C. Harley DH. The Position of United States and else Where , in ABC of Brain stem Death , 2nd edition BMJ Publishing groups-2002-p224

[2] د.احمد شوقي عمر أبو خطوة، مصدر سابق، ص192. د.محمد سامي الشوا، مصدر سابق، ص108

[3] د.محمود احمد طه، مصدر سابق، ص16

[4] د.محمد عبد الوهاب الخولي، مصدر سابق، ص247

ثانيا- القانون المصري:

لم يتضمن التشريع المصري أيضا أي تحديد لمعيار لحظة الوفاة وقضت تشريعاته بترك المسالة لتقدير الأطباء، فنجد إن هناك أكثر من قانون سار وفقاَ لهذا النهج, فمثلا ألقى القانون الخاص بالمواليد والوفيات رقم(31) لسنة 1946 مهمة تقرير الوفاة وبيان سببها على الطبيب دون إلزامه بإتباع أساليب معينة، وكذا الحال بالنسبة للقانون رقم(103) لسنة 1962 الخاص بالتنازل عن العيون الذي لم يلزم الطبيب بذكر ساعة الوفاة وسببها قبل استئصال العين، كما لم يحدد طرق التحقق من الوفاة[1].

كذلك لم يحدد قانون الأحوال المدنية المصري رقم(26) لسنة 1960 والمعدل بالقانون رقم (58) لسنة 1980 معيارا الوفاة، تاركا ذلك لتقدير الطبيب وبحسب أصول مهنة الطب، إذ أحال تشخيص الوفاة إلى مفتش الصحة المختص محليا بتوقيع الكشف الطبي على الجثة كما ورد قي المادة 23 /1 من القانون المذكور.[2]

ثالثا- القانون الأردني:

لم يحدد المشرع الأردني مفهوم الوفاة أو يحدد معيارا يمكن من خلاله تحديد لحظتها. إلا انه اشترط في القانون رقم (23) لسنة 1977 الخاص بالانتفاع بأعضاء جسم الإنسان ووفقا للمادة الثامنة عدم فتح الجثة لأي غرض من الأغراض المنصوص عليها في هذا القانون إلا بعد التأكد من حدوث الوفاة بتقرير طبي, واشترط أن يكون الطبيب المقرر للوفاة غير الطبيب الذي سيقوم بعملية نقل العضو من الجثة إلى إنسان حي[3].

وحتى بعد دراسة موضوع الموت الدماغي من قبل اللجنة الطبية المختصة عام1985، والتي أقرت بالموت الدماغي كمعيار لتحديد لحظة الوفاة، إلا إن

[1] د.محمود احمد طه، مصدر سابق، ص25

[2] د.محمد عبد الوهاب الخولي، مصدر سابق، ص249

[3] د.افتكار مهيوب المخلافي، مصدر سابق، ص420. شعبان أبو عجيلة، مصدر سابق، ص145

المشرع الأردني لم يجري أي تعديل على مفهوم الموت في أي من التشريعات الأردنية سواء الجزائية أو المدنية أو التشريعات الخاصة بالانتفاع بأعضاء الإنسان[1].

المطلب الثالث

موقف القضاء من تحديد لحظة الوفاة

بعد أن اطلعنا على موقف الطب والفقه والقانون من تحديد لحظة الوفاة والمعيار المتبع في ذلك, لابد لنا من الإشارة إلى موقف القضاء من هذه المسالة ومدى اعتماده لأي من المعايير السابقة.

ومن القضايا المثارة في هذا الصدد دعوتين أقيمت أمام الدائرة الجنائية لمحكمة الاستئناف الانكليزية عام 1981 يمكن من خلالها الكشف عن موقف القضاء, وهاتين الدعويين هما حالة (R.V.malchark) وحالة (R.V.steel), وموضوع كلا الدعويين جريمة قتل، حيث نقلت المجني عليها في الحالتين إلى المستشفى عقب الاعتداء عليها بالضرب الذي أدى إلى إحداث أضرار بالغة في الرأس وخصوصا في المخ أدت إلى توقف وظائفه في الحالتين ووضعت تحت أجهزة الإنعاش الصناعي، ثم رفعت الأجهزة بعد إثبات حصول الوفاة بموت المخ وبعد استئصال بعض الأعضاء منها.

ولقد وجهت في الحالتين إلى الأطباء الذين قاموا برفع أجهزة الإنعاش تهمة القتل ,على اعتبار أن رفع هذه الأجهزة كان السبب المباشر في حصول الوفاة، إلا إن القضاة أكدوا ووفقا لرأي جانب كبير من الأطباء من أصحاب الاختصاص في هذا المجال أن هناك اختبارا حقيقيا واحدا حول حدوث الوفاة، وهو الذي يستند إلى

---

[1] د.سمر الأشقر، المركز القانوني للميت دماغيا، بحث مقدم إلى نقابة المحامين الأردنيين لنيل إجازة المحاماة، 1998، منشور على الموقع: www.nashiri.net

الموت النهائي لجذع المخ الذي يحكم الوظائف الأساسية في الجسم، فإذا ما توقفت هذه الوظائف كان ذلك دليلا قاطعا على الوفاة حتى وان استمرت بعض الوظائف الأخرى بالعمل نتيجة استخدام أجهزة الإنعاش الصناعي.(1)

لكن المحكمة وان تناولت معيار إثبات الوفاة، إلا إن حكمها لم يكن صريحا وقاطعا، وذلك لأنها لو اتخذت معيار موت المخ دليلا كافيا لحصول الوفاة لما تطرقت إلى بحث العلاقة السببية وأثر رفع أجهزة الإنعاش الصناعي، ولكن بعد ذلك أخذ القضاء يتجه تدريجيا إلى اعتماد موت المخ كمعيار للوفاة وبشكل مباشر.(2)

أما في الولايات المتحدة الأميركية فأن المعيار المعمول به لتحديد لحظة الوفاة وخلال الفترات السابقة كان معيار الموت الظاهري بتوقف القلب والرئتين، ففي قضية Dougla.V. (south) والتي تتلخص وقائعها بأن رجلا أصيب في حادث نقل على أثره إلى المستشفى, وتبين إنه مصاب بتلف في الدماغ وتم وضعه على أجهزة الإنعاش، واتضح أن المصاب مؤمن على حياته لدى إحدى شركات التأمين وان المدة المتبقية على انتهاء التأمين هي تسعين يوما من تاريخ الإصابة وحدث أن توقف قلب وتنفس المصاب بعد انتهاء مدة العقد.

وعند رفع الدعوى أمام محكمة تكساس ضد شركة التأمين للمطالبة بالتعويض رفضت الدعوى، وردت المحكمة بعدم أحقية الورثة بالتعويض على أساس إن المصاب المؤمن له قد فارق الحياة عند لحظة توقف القلب والرئتين بعد انتهاء عقد التامين مما يدل على تبني المحكمة لمعيار الموت الظاهري.(3)

إلا إن القضاء الأمريكي تراجع عن موقفه هذا في قضية أخرى , وأخذ بمعيار الموت الدماغي في تحديد لحظة الوفاة، ففي قضية Tucker V.lower أدين

---

(1)M. Brazier.medicine patients and the law, London, penguin book ,1992,p438.

(2) د.محمد عبد الوهاب الخولي، مصدر سابق، ص251

(3) جابر مهنا الشبل، مصدر سابق، ص253

الطبيب الجراح بتهمة القتل نتيجة لاستئصاله قلب المصاب بموت الدماغ، إلا إن القضاء حذر المحلفين من الاعتماد على معيار الموت الظاهري، وأشار إلى اعتماد معيار الموت الدماغي. وبالفعل اصدر المحلفون قرارهم لصالح الطبيب الجراح على أساس أن الاستئصال كان بعد موت المصاب أي موت دماغه.[1]

ومما تقدم نلاحظ اتجاه القضاء إلى اعتماد معيار الموت الدماغي في الغالب من أحكامه نتيجة التأييد الواسع من الخبراء في هذا المجال من الأطباء على الرغم من المخاطر التي قد تصاحب الأخذ بهذا المعيار.

أما في العراق حيث يختص الطب العدلي في بيان أسباب الوفاة في الحوادث الجنائية، يبدو من خلال استقراء الوقائع أنه يتخذ من موت الدماغ معيارا لتحديد لحظة الوفاة، كما إن القضاء العراقي يعتمد التقارير التشريحية أساسا في تحديدها. ففي قضية عرضت وقائعها على محكمة جنايات صلاح الدين الاتحادية في الدعوى المرقمة 89/ج/2008 حيث تعرض المجنى عليه(ك) إلى ضرب بعصا غليظة على رأسه فأدخل المستشفى قسم(العناية المركزة في شعبة الجراحة العصبية لإصابته بشدة على الرأس مع فقدان الوعي التام، وبقي راقدا في المستشفى من تاريخ 2008/8/12 لغاية يوم 2008/8/19، وقد ثبت بفحص جهاز المفراس الالكتروني إصابته بنزف دموي تحت الأم العنكبوتية، مع فقدان الوعي وحصول حالة موت الدماغ). وقد كان التقرير التشريحي المتقدم محلا للمناقشة مع باقي الأدلة فأصدرت المحكمة قرارا بتاريخ 2009/2/18 تضمن إدانة المتهم والحكم عليه وفقا لأحكام المادة 406/عقوبات وحكمت عليه بمقتضاها.[2]

من جانب آخر يبدو أن القضاء العراقي مستقر منذ زمن على الاعتداد برأي المختصين من الأطباء في تحديد سبب ولحظة الوفاة بغض النظر عن تباين

---

[1] المصدر نفسه، ص254
[2] قرار محكمة جنايات صلاح الدين الاتحادية رقم89/ج/2008 في 2009/2/18(قرار غير منشور).

المعايير الطبية كون البت في مثل هذه المسائل يتطلب خبرة طبية بحتة, ففي قضية أدين فيها المتهم (ع.ح) وفق المادة (214) من قانون العقوبات البغدادي (الملغي) لقتله والدته المجنى عليها (ح.ع) قصدا بخنقه إياها بفوطتها. إلا إن محكمة التمييز قررت بتاريخ 1964/9/14 وبعدد1258/ج/964 الامتناع عن تصديق قرارات التجريم والحكم وإعادة الأوراق إلى محكمتها لإجراء المحاكمة مجددا بغية الاستماع إلى أقوال الأطباء الذين نظموا استمارتي التشريح على ضوء ما جاء باعترافات المتهم. وإتباعا للقرار المشار إليه فقد أجرت المحكمة الكبرى -الجنايات حاليا- لمنطقة البصرة المحاكمة مجددا واستمعت إلى شهادات الأطباء كل من (و.ز) و(ص.ش) و(هـ.أ) وقررت بتاريخ 1964/11/17) تجريم (ع.ح) وفقا للفقرة (7) من المادة (214) من قانون العقوبات البغدادي وحكمت عليه بمقتضاها.

وبتاريخ 1965/1/27 وبعدد2105/ج/965 قررت محكمة التمييز إعادة الأوراق إلى محكمتها لإعادة النظر في قرارات التجريم والحكم... حيث إن ما تضمنته التقارير الطبية التشريحية التي تشير صراحة إلى أن وفاة المجنى عليها لم تكن بعامل الخنق وإنما كان على وجه الترديد والاحتمال بحصولها نتيجة تصّلب الشرايين أو السكتة القلبية أو الصدأ العصبي، وحيث أن شهادات الأطباء التي استمعتها المحكمة لم تنفِ ما تضمنته هذه التقارير فإن وفاة المجنى عليها نتيجة الخنق يعتبر غير متحقق. ونظرا للشك الحاصل في كيفية الوفاة بسبب غير الخنق فأنه لا بد من الذهاب لصالح المتهم في كيفية حصول الوفاة، وعلى ذلك اعتبرت المحكمة المتهم شارعا في ارتكاب جريمة مستحيلة التنفيذ استحالة مطلقة.

هذا الحكم أُرسل مع جميع أوراق الدعوى إلى محكمة التمييز لإجراء التدقيقات التمييزية و(لدى التدقيق والمداولة وُجد إن اعتراف المتهم أمام حاكم التحقيق ـ قاضي التحقيق حاليا ـ بأنه خنق المجنى عليها وهو الاعتراف الذي عدل عنه أمام المحكمة الكبرى قد كذبه تقرير التشريح وأقوال الأطباء الذين سمعتهم المحكمة والتي ثبت فيها إن جثة المجنى عليها وجدت خالية من آثار الخنق وأن

الوفاة طبيعية ونتيجة أزمة قلبية. ونظرا لعدم قيام دليل آخر في الدعوى على ارتكاب المتهم جريمة القتل، لذا قرر الامتناع عن تصديق قرارات التجريم والحكم...وإطلاق سراح المتهم (ع.ح) من السجن حالا ما لم يكن موقوفا أو مسجونا لسبب آخر). [1]

ويبدو من استقراء القرارات القضائية في العراق أن القضاء العراقي يجدُ في ترك البت في المسائل التي تحتاج إلى الخبرة الطبية لأصحابها من المختصين بها حلا يكفيهم عن الخوض في النظريات والمعايير الطبية. ففي قرار لمحكمة التمييز جاء فيه: (... الطب علم سريع التطور يتصارع قديمه وحديثه صراعا مستمرا وتتباين آراء علماء الطب، مثلا في التشخيص والدواء والجراحة،كما تتردد في تأييد نظرية استغرقت زمانا وفي نقضها زمانا آخر، وإن كثيرا من المسائل الطبية لا زالت محل خلاف عند الأطباء ,فما يراه بعضهم صحيحا يراه آخرون خطأ، كما إن الحكمة في التزام الخطأ الجسيم هي ألا يكون الخوف من المسؤولية مانعا للطبيب عن مزاولة مهنته بمطلق حريته وعن الاعتماد التام على علمه وفنه وعن الإقدام على توسيع خبرته، وبهذا يسهل على الطبيب مسايرة النظريات العلمية الحديثة والانتفاع بها بعد التأكد من صحتها. وتأسيسا على ما تقدم لا يصح تدخل القضاء في المجالات العلمية أو في تقدير النظريات الطبية، ولكن هذا لا يمنع الحاكم – القاضي- من استعمال سلطته الواسعة في تقدير المسؤولية الطبية طبقا للقواعد المسلم بها فقها وقضاء..) [2].

---

[1] قرار محكمة التمييز رقم 843/جنايات/965 في 1965/7/19.نقلا عن د.عباس الحسني و كامل السامرائي، الفقه الجنائي في قرارات محاكم التمييز (المدنية-العسكرية-أمن الدولة) المجلد الثاني،مطبعة الإرشاد، بغداد، 1969، ص188-190

[2] قرار محكمة التمييز رقم 535/تمييز/968 في 1968/11/30. ينظر د.عباس الحسني وكامل السامرائي، مصدر سابق، ص217-220

لذا لا يمكن القـول بـأن القضـاء في العـراق يأخـذ بمعيـار مـوت الـدماغ أو بغـيره مـن المعايير، بل هو يوكل الأخذ بالمعيار المناسب في الحالة المناسبة التي يقررها الأطبـاء مـن ذوي الاختصاص.

الفصل الثاني
وقف أجهزة الانعاش الصناعي

الفصل الثاني
وقف أجهزة الانعاش الصناعي

لقد أنتج تطور العلوم الطبية وتقدمها أساليب علمية جديدة لم تكن معروفة من قبل مكنت من علاج الكثير من الحالات المرضية التي كانت قد استعصت على الطب حتى وقت قريب. ومن بين هذه الأساليب العلاجية المستحدثة وسائل الإنعاش الصناعي التي يلجأ إليها الأطباء في الحالات الخطرة لاسيما المصابين الذين تتوقف نشاطات دورتهم الدموية وتتوقف لديهم عملية التنفس مما كان يرتب الوفاة فيما مضى ـ من الوقت، ولكن بفضل أجهزة الإنعاش الصناعي فقد أصبح بمقدور الأطباء أن يعيدوا نبض القلب أو يحافظوا على انتظام ضرباته على اقل تقدير وتمكنوا أيضا من الإبقاء على عملية التنفس، الأمر الذي مكن الكثير من الحالات من استعادة الوعي واستئناف الجسم لوظائفه الحيوية وتجاوز مرحلة الخطر.

إلا إن هذا الأجهزة سمحت بالمقابل بالإبقاء على الحياة بصفة صناعية وبشكل ليست له نهاية محددة بالنسبة لبعض المرضى دون أن يكون هناك أي أمل واقعي في الشفاء وإيجاد حالات مرضية تحتفظ ببعض مقومات الحياة في حين تفتقد إلى الأخرى. هذه الحالات كانت مثار جدل واسع بين الأطباء وعلماء الشريعة ورجال القانون حول ما يتوجب القيام به إزاء هؤلاء المرضى في مراحلهم النهائية عندما يتم تشخيص إصابة قاتلة أو أي إصابة من المؤكد علميا إنها ستؤدي إلى الوفاة. ويظهر ذلك جليا في حالة الموت الدماغي والحالة النباتية وغيرها من الحالات التي جُل ما يستطيع الطب فيها هو مراوحة المريض بين أشكال الموت, من موت القشرة الخارجية ثم موت الدماغ أو موت القلب ومن ثم موت الجسد بالكامل. فبدون تدخل الطب سيموت الجسد بوقت اقرب، وبتدخله سيموت أيضا ولكنه سيمر بكل شكل من أشكال الموت الجسدي.[1]

---

[1] د.محمد الحاج علي، مصدر سابق، ص 134-135

ولا خلاف حول عدم مسؤولية الطبيب جنائيا في حالة امتناعه عن تركيب أجهزة الإنعاش أو إيقافها بالنسبة للمريض متى ما تأكد من وفاته وفقا لمعيار الموت الجسدي على عكس الأمر بالنسبة للمرضى الأحياء.(1)

لذا فقد ازدادت مسألة تحديد لحظة الوفاة تعقيدا وإشكالا مع تطور أجهزة الإنعاش الصناعي، لصعوبة معرفة أي من هذه المراحل التي يمر بها المريض تمثل النهاية الحقيقية للحياة البشرية، فمتى يمكن للطبيب رفع هذه الأجهزة وإيقافها عن المريض؟وما مدى مسؤولية الطبيب الجنائية عن استخدامه لهذه الوسائل؟

للإجابة عن هذه التساؤلات يتعين علينا بحث تصرفات الطبيب المتوقعة في مواجهة المرضى الموضوعين تحت أجهزة الإنعاش الصناعي, وهي لا تخرج عن أحد الفروض الثلاثة الآتية، فالطبيب إما أن يوقف أجهزة الإنعاش الصناعي نتيجة

_____

(1) ولا يسال الطبيب في حالة عدم إيقافه لأجهزة الإنعاش عن المريض بعد ثبوت وفاته بهدف الحفاظ على خلايا وأنسجة الجسم حية، كي يمكن الانتفاع بها لدى الغير من الأحياء عن طريق زرعها، فأن ذلك من شأنه تحقيق مصلحة للمرضى الأحياء الذين هم في أمس الحاجة للانتفاع بهذه الأعضاء البشرية التي لا تزال حية رغم وفاة صاحبها وذلك لفترة قد تطول أو تقصر بحسب كل عضو، خاصة وأن إيقاف عمل هذه الأجهزة سوف يعجل بموت هذه الأنسجة والخلايا مما يفوت فرصة الانتفاع بها، ويشترط لعدم مساءلة الطبيب توافر شروط استئصال الأعضاء البشرية التي سنتناولها لاحقا.

أما إذا لم يرفع الطبيب أجهزة الإنعاش بعد ثبوت وفاة المريض ولم يكن يقصد من ذلك الحفاظ على أنسجة وخلايا الجسم فأنه يعد مسؤولا جنائيا عن فعله هذا. كما يسأل أيضا إذا كان يقصد الانتقام من أسرة المريض أو زيادة التكلفة الاقتصادية عليها، أو زيادة آلامها النفسية الناجمة عن حالة المريض المتردية. وأساس مسؤولية الطبيب في هذه الحالة إن من شأن فعله هذا إلحاق الأضرار بالغير دون مصلحة متوقعة. وهذا التصرف يتعارض مع رسالة الطبيب وأخلاقياته والتي تتطلب منه أن يكون صريحا مع أسرة المريض، وألا يقدم على أي فعل يلحق الضرر بها. لمزيد من التفاصيل ينظر د.محمود احمد طه، مصدر سابق، ص126 وما بعدها.

التشخيص الخاطئ لاعتقاده بوفاة المريض وهو لايزال حيا يصارع الموت[1]، وأما أن يوقفها بناء على طلب المريض أو ذويه استنادا إلى حق المريض في رفض العلاج، أو لشعوره بعدم جدوى تركيب أجهزة الإنعاش للمريض وذلك لكون المريض ميؤوس من شفائه ورغبته في تخليصه من آلام المرض المبرحة.

ولا يثير الفرض الأول أي إشكال من الناحية الجنائية, ذلك بأنه متى ثبت حصول الخطأ سواء في صورة الامتناع عن تركيب الأجهزة أو وقفها قامت مسؤولية الطبيب بغض النظر عن نوع الخطأ.[2]

---

[1] ويعرف الخطأ بشكل عام بأنه إخلال الجاني عند تصرفه بواجبات الحيطة والحذر التي يفرضها القانون وعدم حيلولته تبعا لذلك دون أن يفضي- تصرفه إلى إحداث النتيجة الجرمية في حين كان ذلك باستطاعته وكان واجبا عليه. د.محمود نجيب حسني، شرح قانون العقوبات، القسم العام، النظرية العامة للجريمة، دار النهضة العربية، القاهرة، 1962،

ص763

[2] هناك نوعين من الخطأ يمكن للطبيب أن يقع فيهما، أولهما الخطأ المادي ويقصد به الإخلال بالالتزام المفروض على الناس كافة باتخاذ العناية اللازمة عند القيام بسلوك معين أو إتيان فعل ما لتجنب ما قد يؤدي هذا السلوك إليه من نتيجة غير مشروعة ومثاله حالة ما إذا نسي- الطبيب إحدى أدوات الجراحة في بطن المريض.

وأما النوع الثاني فهو الخطأ الفني: ويقصد به إخلال الطبيب بالقواعد العلمية والفنية التي تحددها الأصول العامة لمباشرة المهنة.

وانقسم الفقه بشأن المسؤولية المترتبة على كل نوع من أنواع الخطأ على رأيين. يذهب الأول إلى التمييز ما بين الخطأ المادي والخطأ الفني ويرى بعدم قيام مسؤولية الطبيب عن الخطأ الفني إلا إذا كان جسيما، وأما الخطأ المادي فهو يخضع للقواعد العامة، واستند هؤلاء إلى حجة وهي إن القاضي يواجه صعوبة عندما يقحم نفسه في المناقشات الفنية التي تبتعد عن اختصاصه, وهذا ما يقتضي- اقتصار رقابة القضاء على الأخطاء المادية وعدم امتدادها إلى الأخطاء الفنية إلا إذا كانت جسيمة وواضحة.

أما الرأي الثاني فيذهب إلى قيام مسؤولية الطبيب عن كل خطأ يرتكبه عاديا كان أو فنيا جسيما كان أو يسيرا، وهذا لا يعني بأي حال عدم تمكن الطبيب من أن يطبق الآراء والنظريات الحديثة لأن مسؤولية الطبيب لا تقوم إلا إذا ثبت الخطأ في حقه بأن خالف أحد المبادئ الطبية الثابتة والمستقرة التي لا مجال فيها لخلاف الرأي.أما القواعد العلمية التي تكون محل خلاف في الرأي فهنا يترك فيها التقدير للطبيب ولا يثبت الخطأ في حقه إذا فضل

ولكن الإشكال يثور بالنسبة للفرضين الآخرين, فما مدى أحقية الطبيب في إيقاف أجهزة الإنعاش الصناعي؟ وما مدى حق المريض في رفض العلاج؟ وهل يمكن للطبيب أن يوقف أجهزة الإنعاش الصناعي بداع الإشفاق على المريض ووضع حد لآلامه وهو ما يطلق عليه (القتل بدافع الشفقة)؟

وللتعرف على مدى مسؤولية الطبيب في كلا الحالتين نرى ضرورة إفراد مبحث مستقل لكل منها، ولكن قبل ذلك يتعين علينا التعرف على مفهوم الإنعاش الصناعي ووسائله والدور الذي تقوم به هذه الوسائل بالنسبة للمريض المحتضر ـ إذ يتوقف على هذا الدور تحديد التكييف القانوني لرفع هذه الأجهزة عن الشخص الواقع تحت أجهزة الإنعاش. وعليه سيقسم هذا الفصل إلى ثلاث مباحث نخصص أولها لبيان مفهوم الإنعاش الصناعي ودوره ووسائله، ونتعرض في الثاني لإيقاف أجهزة الإنعاش الصناعي بناء على طلب المريض ومدى تأثير ذلك على مسؤولية الطبيب الجنائية، ونتناول في الثالث إيقاف أجهزة الإنعاش الصناعي تخليصا للمريض من الآمة في إطار ما يعرف بتسهيل الموت أو القتل بدافع الشفقة.

رأي على رأي آخر طالما يستند هذا الرأي إلى أسانيد علمية واضحة، وعندما يتعذر على القضاء القطع برأي في مسألة فنية بحتة فله أن يلجأ إلى أهل الخبرة ليسترشد برأيهم. ومن الجدير بالذكر إن هذا الرأي قد لاقى تأييدا واسعا من جانب الفقه مما انعكس على مواقف القضاء واتجاهات التشريع. لمزيد من التفاصيل ينظر د.محمد حسين منصور، المسؤولية الطبية، منشأة المعارف، الإسكندرية، 1990، ص14 وما بعدها. د.شريف الطباخ، جرائم الخطأ الطبي والتعويض عنها في ضوء الفقه والقضاء، دار الفكر الجامعي، الإسكندرية، 2005، ص12 وما بعدها. د.معوض عبد التواب، الوسيط في شرح جرائم القتل والإصابة الخطأ، الطبعة الثالثة، منشاة المعارف، الإسكندرية، 1986، ص34. د.رءوف عبيد، جرائم الاعتداء على الأشخاص، ط8 دار الفكر العربي، القاهرة، 1985، ص180. د.إسماعيل ادهم البسيوني، حدود مسؤولية الدولة عن أخطاء الأطباء ومساعديهم في المستشفيات العامة والخاصة، بحث مقدم إلى مؤتمر الطب والقانون، كلية الشريعة والقانون، جامعة الامارات العربية المتحدة، 1998، ص1019.

المبحث الأول
مفهوم الإنعـاش الصناعي

نحاول من خلال هذا المبحث بيان المقصود من الإنعاش الصناعي والتعرف على وسائله والدور الذي تلعبه هذه الوسائل وذلك من خلال المطلبين الآتيين:

المطلب الأول
المقصود بالإنعاش الصناعي ووسائله

يقصد بالإنعاش الصناعي: العناية الطبية المركزة باستخدام أجهزة صناعية, ومعالجة دوائية تحت مراقبة فائقة يقدمها فريق طبي متخصص لمعالجة مرضى الحالات الحرجة التي تتوقف فيها وظائف أحد الأعضاء الحيوية إلى أن تعود هذه الأعضاء إلى وظائفها الطبيعية وبصورة تلقائية.[1]

وعرف أيضا بأنه مجموعة الوسائل والإجراءات الطبية المعقدة التي تستخدم لفترة ما قد تطول أو تقصر لتحل محل الوظائف العضوية الأساسية للمريض, أو تساعده حتى يتمكن من اجتياز فترة حرجة يكون فيها المريض معرضا لاحتمال الموت إذا لم تستعمل هذه الأجهزة.[2]

وعليه فان حقيقة الإنعاش تقوم على محاولة الطبيب إعطاء فرصة للمصاب لتعود فيها وظائف قلبه ورئتيه أو دماغه إلى العمل مرة أخرى, أو الوصول إلى

[1] د.إبراهيم صادق الجندي، مصدر سابق، ص67. د. افتكار مهيوب المخلافي، مصدر سابق، ص431

[2] د.احمد جلال الجوهري، الإنعاش الصناعي من الناحية الطبية والإنسانية، مجلة الحقوق والشريعة، جامعة الكويت، العدد الثاني، السنة الخامسة، 1981، ص122.

حالة أفضل مما كان عليه قبل الإصابة على اقل تقدير.[1] وأما الوسائل المستخدمة في الإنعاش الصناعي فتنحصر في:

1. جهاز التنفس الصناعي: وهو عبارة عن جهاز كهربائي يقوم بإدخال الهواء إلى الرئتين وإخراجه منها مع إمكانية التحكم في نسبة الأوكسجين الداخل مع الهواء. ويوصل الجهاز بالمريض من خلال أنبوب يصل الرغامي بهذا الجهاز، ويستخدم هذا الجهاز عند توقف تنفس المريض أو أوشك على التوقف, كما ويستخدم في العمليات الجراحية التي يحتاج فيها المريض إلى التخدير العام.[2]

2. جهاز منع الذبذبات أو مزيل الرجفان: هو جهاز يعطي صدمات كهربائية لقلب اضطرب نبضه اضطرابا شديدا، بحيث إذا لم يجر إنعاش القلب بهذا الجهاز فمن الممكن أن يتوقف وهو ما يعني عدم وصول التغذية إلى الدماغ وموته بالتالي، وإذا مات الدماغ وخصوصا جذعه فان ذلك يعني استحالة عودة الشخص المصاب إلى وضعه الطبيعي. ويقوم الطبيب بوضع جهاز مزيل الرجفان على صدر

---

[1] وأبرز الحالات التي تستوجب استخدام وسائل الإنعاش الصناعي والعناية المركزة هي الحالات الحرجة المهددة للحياة ويمكن إجمالها بما يأتي:

1. الجراحات الخطيرة، مثل عمليات جراحة انفجار تمدد دموي في الشريان الأورطي.
2. الجراحات الاختيارية, والتي تتم من خلال مراحل طويلة كجراحات المخ والقلب المفتوح وغيرها.
3. الإصابات والحوادث التي ينجم عنها مضاعفات خطيرة، كالغيبوبة والنزف الشديد لاسيما إصابات الرأس المباشرة.
4. الحالات الحرجة الأخرى الناجمة عن حالات التسمم المختلفة, كالتسمم بالمنومات والمخدرات, وحالات السكتة القلبية وحالات رجفان القلب وعدم انتظام نبضه ,بالإضافة إلى حالات الفشل التنفسي. ولمزيد من التفاصيل ينظر: د.محمد عبد الجواد النتشة، مصدر سابق، 37. د.إبراهيم صادق الجندي، مصدر سابق، ص68- 69.

[2] د.بكر بن عبدالله أبو زيد، مصدر سابق، ص530. د.علي محمد محمد رمضان، مصدر سابق، ص62

المصاب ويمرر تيارا كهربائيا يعمل على إيقاف الذبذبات وإعادة القلب إلى نبضه، وكذلك يستخدم الجهاز في حالة توقف القلب, حيث يمكن للصدمة الكهربائية إعادة القلب إلى العمل.[1]

3. جهاز منظم ضربات القلب: وهو عبارة عن جهاز صغير موصول بسلك، يتم إدخال هذا السلك إلى أجواف القلب وبعدها يقوم الجهاز بتوليد شرارات كهربائية وبشكل منتظم.[2] ويستخدم هذا الجهاز عندما تكون ضربات القلب بطيئة جدا مما يؤدي إلى هبوط ضغط الدم بحيث لا يصل الدم إلى الدماغ بكمية كافية أو ينقطع لفترة تمتد إلى ثوان ومن ثم يعود, مما يتسبب في حصول الإغماء وفقدان الوعي المتكرر.[3]

4. أجهزة الكلية الصناعية: وهي أجهزة تعوض عن وظيفة الكلى في تنقية الدم والجسم من السموم والماء المحتبس فيه.[4]

5. مجموعة من العقاقير تستخدم لإنعاش التنفس والقلب, أو لرفع ضغط الدم.[5]

المطلب الثاني
دور أجهزة الإنعاش الصناعي

تضطلع أجهزة الإنعاش الصناعي بدور كبير وعلى درجة من الأهمية، فكما هو معلوم إن الغرض المتوخى من استخدام هذه الأجهزة هو المحافظة على أرواح

---

[1] محمد عبد الجواد النتشة، المصدر السابق، ص39
[2] د.علي محمد محمد رمضان، مصدر سابق، ص62
[3] محمد عبد الجواد النتشة، مصدر سابق، ص 39
[4] د.محمد علي البار، موت القلب أم موت الدماغ، مصدر سابق، ص84
[5] د.بكر بن عبدالله أبو زيد، مصدر سابق، ص530

الناس وإبقائهم على قيد الحياة, وخصوصا في الأوقات الحرجة التي يمر بها المرضى ويتعرضون فيها لخطر الموت كحالات السكتة القلبية وغيرها.

والمبدأ الذي يقوم عليه عمل هذه الأجهزة بسيط , ويقتضيـ الاستعاضة عـن القلب والرئتين عند عجزهما أو عجز احدهما عن أداء وظيفته بأجهزة تحل محلها للقيـام بوظائفهـا بغية الحيلولة دون تلف خلايا المخ بشكل رئيسي لتوقف حياة الإنسان عليها بالإضافة إلى خلايا الأعضاء الأخرى من خلال المحافظة على استمرارية وصول الدم المحمل بالأوكسجين إلى تلك الأعضاء, لان توقف القلب والرئتين يعقبها مباشرة حصول اختلال وظيفـي في الـدماغ تتوقف فيه خلاياه عن العمل، وسرعان ما تموت هذه الخلايا بعد مرور خمسة دقائق من بداية الموت السريري(توقف القلب والرئتين).[1]

وعليه يتبين أن هناك حالتين يمكن أن تركب عليها أجهزة الإنعاش الصناعي وتتضح من خلالها الدور الذي تلعبه تلك الأجهزة.

الحالة الأولى:

هي حالة الشخص الذي يتضرر فيها قلبه ورئتاه ولم يعد بإمكانهما القيام بوظائفهما مع بقاء الدماغ سليما، فتاتي أجهزة الإنعاش الصناعي لتحل محلها وتقـوم بضـخ الـدم لكافـة أنحاء الجسم، وتقوم أيضا بإدخال الهواء وإخراجه من خلال عملية التنفس الصناعي. وعلى الرغم من قصر هذه الفترة إلا إن الشخص لا يزال حيا, ويتعين إنقـاذه قبـل أن تتلـف خلايا مخه.

ويقع ضمن هذه الحالة حالة موت القشرة الخارجية والأجزاء العليا مـن الـدماغ ,لان هذا الشخص لم يفقد القدرة على التنفس التلقائي، كما إن قلبه لم يفقد قدرته هو الأخر عـلى التقلص والانبساط ,وتأتي أجهزة الإنعاش هنا لتعمل على انتظام ضربات القلب. ويترتب عـلى اعتبار الشخص حيا خلال هذه الفترة الوجيزة نتائج

---

[1] حسام عبد الواحد كاظم، مصدر سابق، ص 108

قانونية هامة ,منها وجوب أن يقوم الطبيب بتنفيذ التزامه تجاه المريض بمحاولة إنقاذه من خلال تركيب أجهزة الإنعاش الصناعي.[1]

وعليه فكل من يزيل عن هذا المريض الذي توقف قلبه وجهازه التنفسي- قبل موت مخه ما بقي له من حياته بنزع أجهزة الإنعاش الصناعي عنه يستحق العقوبة المخصصة للقتل, حيث إن المريض لا يزال على قيد الحياة من الناحية القانونية.[2]

وتأسيسا على ذلك فأن الطبيب الذي قام بتركيب أجهزة الإنعاش الصناعي على مريض لا يجوز له طالما لم تثبت وفاة مريضه بصفة قطعية أن يفصل عنه هذه الأجهزة, وإلا تسبب في موت شخص ويصبح مسؤولا جزائيا عن هذا الفعل، وليس له أن يحتج بأنه قام بفصل الأجهزة عنه ليقوم باستغلالها في إنقاذ حياة مريض آخر، ذلك أن جميع الناس يتمتعون بالحماية القانونية لحرمتهم الجسدية وهم في ذلك على قدم المساواة.[3]

ولا تثير هذه الحالة أي إشكال ما دامت هناك أجهزة إنعاش متوفرة لاستقبال مثل هذه الحالات, ولكن الأمر لا يسير على هذا النحو غالبا, فقد يكون الجهاز مشغول من قبل مريض آخر يعاني أيضا من توقف وظائف القلب والرئتين آخذين بالاعتبار محدودية هذه الأجهزة وقلتها، فما يكون بوسع الطبيب أن يفعله إزاء مثل هذه الأحوال؟ الحقيقة إن مبدأ تكافؤ دماء بني البشر وعصمة دمائهم[4] ,والقاعدة

---

[1] يوسف عبد الرحيم بوبس وندى محمد نعيم الدقر، مصدر سابق، ص45.حسام عبد الواحد كاظم، مصدر سابق، ص110

[2] د.احمد شوقي عمر أبو خطوة، مصدر سابق، ص180

[3] د.احمد شرف الدين، الأحكام الشرعية للأعمال الطبية، ط2، المجلس الوطني للثقافة والفنون والآداب الكويتية، 1987، ص164. د.حسن عودة زعال، مصدر سابق، ص140

[4] كما جاء في الحديث النبوي الشريف قوله صلى الله عليه وسلم:(المسلمون تتكافأ دمائهم ويسعى بذمتهم أدناهم, وهم يد على من سواهم , ولا يقتل مسلم بكافر ولا ذو عهد في عهده إلا من احدث حدثاَ أو آوى محدثا فعليه لعنة الله والملائكة والناس أجمعين).ينظر: احمد بن علي بن موسى البيهقي، سنن البيهقي الكبرى، ج4، تحقيق محمد عبد القادر عطا، مكتبة دار الباز، مكة المكرمة، 1414هـ- 1994، رقم الحديث 15688

الفقهية التي تقضي بان الضرر لا يزال بمثله تمنع التضحية بإنسان لإنقاذ إنسان أخر. وعليه لا يجوز أن يرفع الجهاز عن أي مريض ليوضع على مريض آخر تتساوى حاجتهم إلى أجهزة الإنعاش. ولكن المسالة تزداد صعوبة في حال وصول حالتين أو أكثر وعدم توفر أجهزة إنعاش تكفي لكل حالة، ويطلق الأصوليون على مثل هذه الحالة بحالة تساوي المصالح مع تعذر جمعها, وأوجبوا فيها حكما وهو التخيير المطلق[1]. ويكون الطبيب فيها مخيرا عند مواجهته لمثل هذه الحالات, لكن اختياره ينبغي أن يستند إلى اعتبارات موضوعية ترتبط بتقدير كل حالة من الناحية الطبية والاجتماعية وغيرها من الاعتبارات، وإذا استمر تشغيل أجهزة الإنعاش لم يجز للطبيب إيقافها تحت أي عذر أو ظرف ويعتبر إيقافها عن عمد ومن ثم موت المريض ارتكابا لجريمة قتل عمد.[2]

الحالة الثانية:

فهي حالة من مات دماغه بسبب حادث أو إصابة مرضية دون أن يلحق الموت بباقي أعضاء الجسم الأخرى, وتم ربط هذا الشخص إلى أجهزة الإنعاش التي حفزت القلب والرئتين على العمل، واستمر الجسد حيا دون الدماغ.

ولقد ثار الخلاف والجدل بشأن هذه الحالة ومن نواح عدة وخاصة من الناحية القانونية، فمنهم من رأى في موت الدماغ موتا حقيقيا للإنسان ودعا إلى ضرورة أن تنسحب جميع آثار الموت عليه، وبالتالي إمكانية رفع أجهزة الإنعاش الصناعي عنه إذا لم يكن قد امتنع عن تركيبها منذ البداية.كذلك نقل الأعضاء منه بشكل عام والقلب بصورة خاصة على أساس إن النقل يتم من جثة إنسان ميت بالإضافة إلى غيرها من الآثار.

---

[1] أشار لهذه الحالة د.مصطفى إبراهيم الزلمي، مصدر سابق، ص262-263
[2] د.احمد شرف الدين، الأحكام الشرعية للأعمال الطبية، مصدر سابق، ص 165

في حين ذهب معارضو معيار الموت الدماغي إلى اعتبار الشخص في مثل هذا الحال لا يزال حيا طالما إن القلب ينبض والتنفس مستمر.ولا تعلن وفاته إلا بعد رفع أجهزة الإنعاش عنه مع وجوب الانتظار لفترة معينة حتى يتم التيقن بشكل قطعي من توقف جميع أعضاء الجسم بما فيها القلب والرئتين.[1]

هذا التباين في وجهتي النظر السابقتين بشأن الموت الدماغي يؤدي في الواقع إلى إرباك من الناحية الجنائية نظرا لاختلاف النظرة القانونية لميت الدماغ، فهب إن اعتداءا وقع على شخص ميت دماغيا أثناء وجوده في غرفة العناية المركزة بالمستشفى، حيث أقدم غريمه على قتله بالرصاص، فهل يسأل الفاعل جزائيا عن فعلته باعتباره قتلا لإنسان حي أم هو اعتداء على جثة ميت[2]؟

والحقيقة إن أهمية تحديد المركز القانوني لموتى الدماغ تبرز وبشكل جلي في الأنظمة القانونية التي لا تحدد معيار لحظة الوفاة والتشريعات التي ألقت بهذه المهمة صراحة على عاتق الأطباء. لذا نؤكد على ضرورة تولي المشرع الفصل في هذه المسألة وإيراد معيار للوفاة واجب الإتباع لتجنب الإرباك الحاصل عن عدم تحديده.

أما بالنسبة للتشريعات التي نظمت هذه المسألة واعتمدت معيارا محددا، ففي حال اعتماد المشرع لموت الدماغ فأرى ضرورة أن لا يقتصر التنظيم على تحديد المعيار وتعريفه وتحديد شروط تحققه, بل لابد بالإضافة إلى ذلك من إيجاد التكييفات القانونية لأفعال الاعتداء الواقعة على الشخص الميت دماغيا فيما لو وقعت عليه أثناء ربطه بالأجهزة والعقوبة, التي من الممكن أن تفرض على مرتكبي مثل هذه الاعتداءات، وخاصة إذا ما أخذنا بالاعتبار مسألة الانتفاع

---

[1] د.بكر بن عبد الله أبو زيد، مصدر سابق، ص538 د.افتكار مهيوب المخلافي، مصدر سابق، ص433

[2] د.سمر الأشقر، مصدر سابق، ص93

بأعضائه على فرض مشروعيتها، لأن بعض هذه الاعتداءات قد يؤدي إلى حرمان شخص آخر من الانتفاع بها على الرغم من وجود موافقة المتوفى أو ذويه.[1]

هذه الإشكاليات في الواقع هي غيض من فيض مما قد تثيره مسألة إغفال تعريف الوفاة وتحديد المعيار الدال عليها بصورة لا لبس فيها في تشريعاتنا الجزائية، الأمر الذي يقودنا في النهاية إلى القول بضرورة أن يولي المشرع اهتماما وعناية خاصة لموضوع استخدام أجهزة الإنعاش الصناعي, وتحديد المركز القانوني لميت الدماغ الموصول بها، وهي دعوة لمشرعنا العراقي مرة أخرى إلى إعادة النظر في تحديده للحظة الوفاة ورفع التناقض الذي وقع فيه لتجنب الاشكاليات المشار إليها آنفا أو أي إشكالات قد تنجم مستقبلا عن مثل هذا الوضع.

ومن خلال ما تقدم يتضح لنا الدور الجوهري والخطير الذي تضطلع به أجهزة الإنعاش الصناعي في إنقاذ المصابين الذين يفقدون إحدى وظائف أجسامهم الرئيسية أو أكثر,الأمر الذي يستلزم من الطبيب التدخل السريع بتركيب أجهزة الإنعاش الصناعي لإنقاذ حياتهم من الموت متى كان في إمكانه ذلك، أو تحويله إلى وحدات العناية المركزة التي تتوفر فيها الأجهزة اللازمة والأطباء المتخصصين حتى تتحسن حالة المريض ويتعدى مرحلة الخطر ويصبح في غير حاجة لها، أو أن يثبت لدى الطبيب وفاته.

وفي حال إخلال الطبيب بالتزامه هذا تجاه المرضى, بالامتناع عن تركيب أجهزة الإنعاش أو وقفها, فأن هناك الكثير من الآثار القانونية التي تترتب على هذا الإخلال, أولها اعتبار الطبيب مرتكبا لجريمة قد تصل إلى جناية القتل العمد وتحقق مسؤوليته الجنائية عنها بالإضافة إلى المسؤولية المدنية.

---

[1] د.سمرالأشقر، مصدر سابق، ص93.

أما إذا أوفى الطبيب بالتزامه السابق فأنه لا يسأل عن أي نتائج قـد تحـدث لمريضـه, وأساس ذلك إن الطبيب ملزم ببذل عناية وليس تحقيق نتيجة ,فإذا قام الطبيب ببذل عنايـة الطبيب اليقظ في مثل ظروفه فأنه يكون قد أوفى بالتزامه نحـو المـريض ولـو لم يـتم الشـفاء, لكن على الطبيب أن يبذل الجهود الصادقة التي تتفق مع الظروف التي يعالج فيهـا المـريض ومع الأصول العلمية المستقرة في مجال الطب بهدف علاج المريض وتحسين حالته الصحية.[1]

---

[1] د.عبد الرشيد مأمون، المسؤولية عن أخطاء الأطباء في المستشفيات الخاصة، بحث مقدم إلى مؤتمر الطب والقـــانون، كليـــة الشـــريعة والقانون، جامعـــة الإمـــارات العربيـــة المتحـــدة، 1998، ص660

المبحث الثاني
إيقاف أجهزة الإنعاش الصناعي بناء على طلب المريض

يعتبر الحق في الحياة من أقوى الحقوق التصاقا بالشخصية وأشدها تعبيرا عن كيانها المادي، وأهمية هذا الحق متأتية من كونه يعد شرطا أساسيا للتمتع ببقية الحقوق الأخرى، وتكاد تجمع القوانين الوضعية والشرائع السماوية على ضرورة حمايته, وتعمل على تهيئة مستلزمات التمتع به وتضع العقوبات الشديدة على من يعبث به. ينصرف مفهوم الحياة إلى الجسم الطبيعي الذي يباشر مجموعة من الوظائف الحياتية، وتعطيل هذه الوظائف الحياتية بمجموعها يفضي إلى فقدان الجسم لصفة الحياة.[1]

غير إننا نجد ووفقا لمعطيات العلم الحديث إن هناك تغييرا طرأ على هذا المفهوم مرده إسهام تطور تقنيات أجهزة الإنعاش بشكل خاص والتقنيات الطبية بشكل عام في إيجاد مستويات مختلفة في الحياة الإنسانية[2]، فالعلم الحديث يقول

---

[1] حسين عبد الصاحب عبد الكريم الربيعي، جرائم الاعتداء على حق الإنسان في التكامل الجسدي، دراسة مقارنة، رسالة دكتوراه مقدمة إلى كلية القانون، جامعة بغداد، 2005، ص36

[2] وتتمثل هذه المستويات في:
● الحياة الإنسانية اليقظة: وهي الحياة الطبيعية
● الحياة الإنسانية غير الواعية: وهي حياة لا تحتوي على حس أو حركة أو وعي , كما في حالة الغيبوبة المؤقتة أو الغيبوبة النهائية والتي تنجم عن إصابات الدماغ الشديدة المصاحبة لتلف في القشرة الخارجية من المخ والتي تحتوي على مراكز الحس والحركة الاختيارية.
● الحياة العضوية: وهي ما تبقى من حياة أعضاء الإنسان بعد موت دماغه شريطة وجود أجهزة العناية المركزة من تنفس اصطناعي وغيرها من سبل العناية اللازمة، فالقلب ينبض ويضخ الدم لأعضاء الجسم باستثناء الدماغ، والكليتان تفرزان البول، والجهاز الهضمي يهضم الغذاء ويمتصه، وتمتد هذه الحياة لفترة لا تتجاوز في حدها الأقصى أسبوعين.
● الحياة النسيجية: وهي حياة مجموعة من الخلايا البشرية غالبا ما تكون في وسط زراعي في مختبر ما.
● الحياة الخلوية: وهي حياة الخلية الإنسانية الواحدة. ينظر د.مختار المهدي، مصدر سابق، ص20-21

122

بوجود مستويات للحياة يكون الإنسان فيها حيا وأخرى لا يكون فيها كذلك، بالرغم من وجود أعضاء وخلايا حية تؤدي عملها البالغ التعقيد إلى حد الإعجاز[1]، وبالتالي إمكانية وجود إنسان على نوع من الحياة ليس له من حياته إلا عمل بعض أعضاء جسمه وبمساعدة أجهزة العناية المركزة في ظل غياب كامل للوعي والإدراك, أي فقدان جهاز الاستقبال من العالم الخارجي وأجهزة التعامل أو التفاعل معه. ومن ثم لا يتحصل من الاستمرار في عمل أجهزة الإنعاش الصناعي سوى إطالة لمرحلة احتضار المريض وزيادة له في آلامه, ناهيك عن معاناة ذوي المريض وهم يرونه يتعذب ويقاسي بانتظار لحظة الأجل المحتوم.

لذا تنامت الدعوات سيما في الغرب التي تنادي باحترام حق الإنسان في الموت, ومن مقتضى هذا الاحترام أن يجد الإنسان في نهاية حياته موتا هادئا ومريحا، وأن يعطى الإنسان الحق في التخلي عن العيش في معاناة وعذاب نتيجة أمراض ميؤوس منها طالما إن الموت شرط طبيعي ولازم للحياة.[2]

وذهب البعض إلى إن حق المريض في إنهاء حياته حق أصيل باعتبار إن هذا الفرد يجب أن يكون سيد حياته وصاحب القرار النهائي وانه حر في مغادرة هذا الألم في الوقت الذي يريده. وكانعكاس لمثل هذه التوجهات ظهر ما يعرف بوصية الحياة (living will), وهي وثيقة يكتبها المرضى وهم في كامل قواهم العقلية, يعطون بها تعليمات للطبيب في حالة ما إذا أصبحوا غير قادرين على التعبير عن إرادتهم ويوصون بها بمنع الإنعاش الصناعي عنهم أو العلاج غير النافع عندما لا يكون هناك أي أمل في الشفاء. ويستخدم هذا المستند عندما يكون الإنسان في الطور الأخير من حياته, حينما يكون الإنسان غير قادر على اتخاذ القرارات التي يريدها لنفسه، ومن هنا جاءت الفكرة في أن يقوم المريض بفرض

[1] المصدر نفسه، ص21

[2] Elisabeth kubler. Ross.On Death and Dying.Newyork.1997.p18

القرارات التي يرغب فيها كتابتها، يعرب فيها عن رفضه لوسائل العلاج التي تمد في حياته صناعيا ما دام موقنا أن لا جدوى ترجى من هذه الوسائل.[1]

ولكن ما مدى الاعتراف بهذا الحق للمريض على الصعيد الشرعي والقانوني؟ وما هو أثر ذلك على قيام مسؤولية الطبيب الجنائية؟ الإجابة عن هذا التساؤل تقتضي ـ منا التعرض لمواقف من تصدى لبحث هذه المسألة من علماء الطب وفقهاء الشريعة ورجال القانون, وكذلك التعرف على مواقف التشريعات المختلفة من هذا الحق، وهو ما سنتناوله في ثلاثة مطالب، نخصص أولها لبيان الموقف على الصعيد الطبي، ونبحث في الثاني في موقف الشريعة الإسلامية، ونتناول في الثالث البحث في مدى إقرار الفقه القانوني بمثل هذا الحق وبيان موقف التشريعات المختلفة.

المطلب الأول
موقف علماء الطب

اختلف الأطباء بشان الإقرار بحق المريض في رفض العلاج وإنهاء حياته. ويمكن التمييز في هذا الصدد بين اتجاهين, يرى الأول بأن من حق المريض رفض العلاج وعدم ترتب أي مسؤولية على الطبيب في حال إيقافه لأجهزة الإنعاش الصناعي، في حين يذهب الاتجاه الثاني إلى القول بعدم أحقية المريض في رفض العلاج وقيام مسؤولية الطبيب إذا ما أقدم على وقف أجهزة الإنعاش، وسأتعرض لكلا الاتجاهين وحججه من خلال الفرعين الآتيين:

---

[1] د.السيد عتيق، القتل بدافع الشفقة، دار النهضة العربية، القاهرة، 2004، ص58

الفرع الأول
الاتجاه المؤيد لحق المريض في رفض العلاج

يرى أصحاب هـذا الاتجـاه بأنـه يجـب أن يكـون الإنسـان حـرا ,ومـن علامـات حريـة الإنسان حقه في عدم التألم ووضع حد لحياته, خاصة عندما يجعلها الألم صعبة للغاية وخاليـة من أي متعة. فليس بالإمكان إجبار الإنسان على أن يعيش حياة رغما عنه, ومن غير المنطقي إطالة آلام إنسان بدلا من إعطاءه الحق في وضع نهايـة لهـذه الآلام وتسـهيل العبـور لـه مـن هذه الحياة إلى الموت.[1]

ويمضي أنصار هذا الاتجاه إلى القول بأن المريض إذا كان ميؤوسا من حالتـه ولا يرجـى شفاؤه فانه يجب تجنب التصميم العلاجي بإبقاء أجهزة الإنعاش الصناعي, وللمريض في هذه الأحوال رفض إطالة حياته بوسائل صناعية لا طائل من ورائها سـوى إطالـة عذابـه، ولا يمكـن القول بإعطاء الأطباء الحق في إبقاء أجهزة الإنعاش موصولة بجسم المريض لمدة غير معلومـة قد تصل إلى أسابيع أو شهور، إذ لا يعبر هذا الإجراء سـوى عـن تعنـت في العـلاج مبـالغ فيـه وعلى حساب المريض ومعاناته، لا سيما عندما تعجز الوسـائل العلاجيـة المختلفـة والمهـدئات عن تخفيف الآلام. لذا يكون من الحكمة في مثل هذه الحالات الاعـتراف للمـريض بـالحق في ميتة طبيعية لا تعوقها وسائل الإنعاش الصناعي.[2]

ويضيف آخرون بأنه على الرغم من إن رغبة الإنسان في موت هادئ بلا عذاب خاصـة إن كان ميؤوسا من شفائه تصطدم بالآداب الطبية التي يمكنها أن تتعنت وتصمم على بقـاءه حيا على غير رغبته، وتعمل على استمرار الحياة

---

[1] ريم بنت جعفر بن يوسف، جريمة القتـل بـدافع الرحمـة، رسـالة ماجسـتير مقدمـة إلى كليـة القـانون، جامعة بغداد، 2000، ص21. د.عبد الكريم مأمون، حق الموافقة على الأعمال الطبية وجزاء الإخلال به، دار النهضة العربية، القاهرة، 2006، ص76.

[2] د.السيد عتيق، مصدر سابق، ص104-105.

باستخدام وسائل الإنعاش ووسائل أخرى غير عادية لإطالة الحياة.إلا إننا إذا أمعنـا النظر في حقيقة الموت نجد إن لكل إنسان الحرية في قبوله مثل حرية مكافحته، فكـما إن للمريض الحق في الحرية والسلامة الشخصية والحق في الإفادة والمعرفة وغيرها فأن له الحـق أيضا في الحق في رفض العلاج متى كان العلاج يسبب عذابا وألما للمريض دون جدوى ترجى من وراءه.(1)

ويرى بعض الأطباء إن عقلية الطبيب تلعب دورا حاسـما في تحديد مـدى جدوى المعالجة من عدمها، وعلى الطبيب بذل قصارى جهده من أجل المحافظة على حياة المريض، ولكن ليس هناك أي تبعات قانونية على الطبيب أو الكادر الطبي الذي ليس بحوزته وسائل فعالة مـن شـأنها إنقـاذ المريض إذا ما رفض الطبيب أو الكـادر الشروع بـإجراءات إنقـاذ الحياة.(2)

ويمضي أنصار هذا الاتجاه إلى القول بأنه لا شي أكثر مطابقة لطبيعة الإنسان من حب الحياة السعيدة والجميلة، والذي يفسد هذه الحياة هو المرض الذي لا شفاء منه، لـذا يكون الموت تكملة لهذه السعادة بالخروج من هذه الحياة دون معاناة. فالمريض الذي ليس فيه ما يـدل عـلى ارتباطـه بهـذه الحيـاة وبالحـد الأدنى مـن وعـي وإدراك أو أي ردود فعـل تكون المحافظة على حياته اهانة للطابع المقدس للحياة,وترك الإنسان ليموت براحـة تعد شـهادة احترام تجاه الفرد وحياة الإنسان بوجه عام، فالموت مطلوب في مثل هذه الحالات لأنه المنقذ الوحيد من العذاب وهو ما يتفق مع إرادة المريض الذي يروم إنهاء حياته.(3)

---

(1) Jean. Louis baudouin. Deanielle blobdean , Ethique de la mort et droit a la mort , Paris, p.51.

-Francois.Regis Cerruti. L euthanasia , Approche medicala et juridique , Paris ,1987,p.100

(2) ريم بنت جعفر، مصدر سابق، ص86

(3) Francois.Regis Cerruti,op,sit,p.39

حيث يقول الدكتور (ليونارد كولبارك) لقد رأيت أناسا يموتون بتعاسـة مـن السـل والسرطان, ورأيـت أصدقاء وأقرباء معمرين يموتون شر ميتـة في ردهـات العجـزة والمقعـدين والأمـراض العقليـة المليئـة بالحطام البشري، وإذا كان أقوى المخدرات والمهدئات لا يمكنها أن تسيطر

والواقع إن التأييد لم يقتصر ـ على المواقف الفردية, بل نجد الكثير من المؤتمرات والندوات الطبية الدولية قد أعلنت تأييدها لهذا الاتجاه ومنها ما ذهبت إليه الجمعية الطبية في نيويورك سنة 1903 والتي أقرت بأن رفض المريض للعلاج ليس فقط حقا للمريض فحسب بل واجب على الطبيب في حالات معينة.[1] ومن المؤيدين لهذا الاتجاه أيضا على الصعيد الدولي المجلس الطبي الدولي في فينسيا سنة1983والذي رأى بأن من حق الطبيب إيقاف علاج المريض في مراحل إصابته النهائية سواء برضا المريض أو رضا الغير من أقاربه وذلك إذا كان المريض غير قادر على التعبير عن إرادته. وهو ذات ما ذهب إليه المجلس الطبي الدولي في مدريد سنة1987 والذي قرر معارضة فكرة القتل بدافع الشفقة للأخلاق, إلا إن ذلك لا يمنع الطبيب من احترام إرادة المريض في تركه ليموت موتا طبيعياً في المرحلة الأخيرة من مرضه.[2]

الفرع الثاني
الاتجاه المعارض لحق المريض في رفض العلاج

يذهب أنصار هذا الاتجاه إلى عدم أحقية المريض في رفض العلاج ولو كان ميؤوسا من شفائه. لأن الإقرار بمثل هذا الحق يتعارض مع أخلاقيات مهنة الطب والتزامات الطبيب نفسه، فالأخير ملزم بموجب العلاقة التي تربطه بالمريض

- سواء أكانت علاقة عقدية أو تنظيمية - ببذل أقصى ما لديه من علم وفن طبي

على آلام المزمنين، أفلا يحق للإنسان إذاً أن يموت موتة سريعة وهادئة؟. وتضيف الدكتورة (شارلوت جيلمان) وهي مشرفة على الموت قبل أن تنتحر جراء إصابتها بالسرطان:"عندما تستنفد كل الوسائل ويتأكد الإنسان من الموت لا محالة، فان من حقه الإنساني أن يختار الموت السهل السريع بدلا من الموت البطيء الممل القاسي".ينظر: ريم بنت جعفر، مصدر سابق، ص22

[1] د.محمود احمد طه، مصدر سابق، ص78

[2] د.هدى قشقوش، القتل بدافع الشفقة، ط2، دار النهضة العربية، القاهرة، 1996، ص93

لعلاج المريض من المرض الذي يعانيه بصفة أساسية وتخفيف آلامه بصـفة ثانويـة. ولا ينبغي للطبيب أن يستهدف الهدف الثانوي على حساب الهـدف الأسـاسي.[1] علـما إن التـزام الطبيب غير مرتبط بتحقيق النتيجة بالعلاج النهائي أو تخفيـف الآلام, لأن الشـافي هـو اللــه سبحانه وتعالى.

وعليه فأن المريض إذا كان يعاني من اضطرابات أو توقف لأحد أجهزة الجسـم أو أكـثر كتوقف القلب والرئتين أو حتى فقدان لبعض وظائف المخ,فأن الطبيب ملزم تجاهه بموجـب علاقته بالمريض وبموجب شرف المهنة بتركيب أجهـزة الإنعـاش لمحاولـة إنقـاذه والاسـتمرار في تركيبها حتى تتحسن حالته أو يتم التيقن من وفاته. وبالتالي لا يجـوز للطبيـب الامتنـاع عـن تركيب أجهزة الإنعاش أو إيقافها قبل التأكد من وفاة المريض بداعٍ من حقه في رفـض العـلاج والموت بدون عناء وألم، لأن مثل هذا الهدف يمثل هـدفا ثانويـا قياسـا بالمحافظـة عـلى حيـاة المريض التي تمثل الهدف الأساسي والأسمى بالنسبة للطبيب, والقول بخلاف ذلك يرتـب قيـام مسؤولية الطبيب الجنائية.[2]

وفي الحقيقـة يسـتبعد تصـور إنسـان يـرضى الاعتـداء عـلى حياتـه أو سـلامة جسـده، فالإنسان مجبول على حب الحياة شديد التعلق بها ويأبى فراقها ولو في أحلـك الظـروف، وإذا ما انتقصت لديه هذه الرغبة في الحياة فـلا بـد مـن أن هنـاك أسـبابا أدت بهـذا الإنسـان إلى طلب الموت ورفض العلاج. وأهم هذه الأسباب بالإضافة إلى الألم الذي يستشعره المريض هـو الإحساس بعدم الاهتمام لأن نفسية المـريض تتـأثر إلى حـد كبـير بمحيطـه الاجتماعـي، فمـن المعلوم إن الساهرين على المريض يلعبون دورا كبيرا في مدى تعلق المـريض بالحيـاة أو الرضـا بـالموت ورفـض العـلاج، وكـذلك شـعور المـريض بالعزلـة والوحـدة نتيجـة مواجهتـه الألم بمفرده.ولقد أثبت الأطباء النفسيون ومن خلال الدراسات الميدانية إن المـريض الميـؤوس مـن شفائه إذا

---

[1] د.محمود احمد طه، مصدر سابق، ص93. د.عبد الرشيد مأمون، مصدر سابق، ص660

[2] المصدر نفسه، ص94

ما طلب الموت فلا بد من أن يكون هناك أحد ما قد دفعه بقصدٍ أو من غير قصدْ إلى ذلك وغالبا ما يكون الطبيب.[1]

ولهذا نجد تأكيد أخلاقيات مهنة الطب على ضرورة أن يبتعد الطبيب عن اليأس, وأن يحاول على الأقل إبعاده عن مريضه، والسعي الجاد لإيجاد العلاج المناسب أو المساهمة في تخفيف آلامه وإعانته نفسيا على مواجهة مرضه, لأن ثقة المريض بنفسه تساعد على الشفاء، وكل هذا يقتضي عدم الاعتراف للمريض بالحق في رفض العلاج.[2]

ومما يوجب عدم الاعتراف للمريض بهذا الحق أيضا كونه ميؤوس من شفائه هو احتمال الخطأ من قبل الطبيب في تشخيص حالة مريضه، فقد يشخصها على أنها موت خلايا المخ وفي الحقيقة يتضح إن المخ يعاني فقط من اضطرابات أو توقف جزئي دون التيقن من موته بالكامل، فليس من المعقول أن يلم الطبيب بكل فروع العلم ودقائق الحياة الإنسانية،[3] هذا من ناحية.ومن ناحية أخرى فحتى وإن كان التشخيص صحيحا فأن احتمال الخطأ لا يزال قائما ليس في تشخيص الحالة هذه المرة بل في اعتبار المرض ميؤوسا منه، والأساس في ذلك إن معيار اليأس من الشفاء لدى الطبيب قائم على أساس النظر إلى الوسائل العلاجية الطبية المتاحة.إلا انه يجب ألا ننسى إن هذه الأجهزة والوسائل في تطور مستمر مع تطور العلم بشكل عام, وإغفال هذا التطور من شأنه إلغاء الأمل في البحث عن علاج لهذه الإمراض، ففي كل يوم يكتشف العلم علاجا لحالات كانت تعد حالات مرضية مستعصية، والدليل على ذلك إمكانية إنقاذ من توقف قلبه ورئتيه عن العمل بفضل أجهزة الإنعاش بعد أن كانت هذه الحالة تعد ضمن عداد الأموات.[4]

---

(1) ريم بنت جعفر، مصدر سابق، ص54-55

(2) المصدر نفسه، ص55

(3) د.محمود احمد طه، مصدر سابق، ص97

(4) د.هدى قشقوش، مصدر سابق، ص45

ولقد ناصرت هذا الاتجاه العديد من المؤسسات الطبية والمؤتمرات الطبية الدولية، منها ما قرره مجلس نقابة الأطباء الأميركي سنة 1950 بشأن قضية الطبيب ساندرا والذي جاء فيه: (إن مجلس نقابة الأطباء يعلن عن استنكار كل عملية من شانها إنهاء الآلام الجسدية بالقضاء على الحياة الإنسانية).[1] وكذلك المؤتمر الدولي للنقابات الطبية, حيث أكد في المادة الثانية من مبادئ السلوك الطبي في أوروبا على (إن الطب يستوجب في جميع الظروف الاحترام الدائم للحياة والاستقلالية المعنوية وحرية اختيار المريض، ومع ذلك يستطيع الطبيب في حالة مرض ميؤوس من شفاءه أن يكتفي بمعالجة الآلام البدنية والإبقاء قدر المستطاع على نوعية الحياة ولو أوشكت على الانتهاء).[2]

هذا بالإضافة إلى مؤتمرات ومواقف أخرى لا مجال لذكرها, لكنها انعكست على تشريعات الدول التي عقدت فيها, نتناولها لاحقا.

المطلب الثاني
موقف الشريعة الإسلامية

إن المحافظة على الحياة واجب، وهي من الضروريات الخمس في مقاصد الشريعة الإسلامية، وان تحقيق هذا المقصد يقتضي اتخاذ كافة وسائل وأصناف العلاج لأجل التداوي ما دامت هناك حياة نابضة ومعتبرة, ويدخل ضمن صور هذا التداوي تركيب أجهزة الإنعاش الصناعي.وعليه ليس للمريض حق رفض العلاج إذ يعتبر إهلاكا للنفس من حيث النتيجة والمآل، وهو منهي عنه شرعا، إذ قال تعالى:﴿ولا تلقوا بأيديكم إلى التهلكة﴾[3] كذلك نهى الله عن التسبب في قتل النفس حيث قال تعالى:﴿ ولا تقتلوا أنفسكم إن الله كان بكم رحيما﴿۞﴾ ومن يفعل ذلك عدوانا

---

[1] د.محمود احمد طه، مصدر سابق، ص97
[2] د.السيد عتيق، مصدر سابق، ص113
[3] سورة البقرة، الآية195

وظلما فسوف نصليه نارا﴾[1]. ذلك بأن حق الحياة ليس خالصا للعبد, فكما هو معلوم إن الحقوق في الإسلام ثلاثة أقسام منها ما يكون لله خالصا وهي حقوق الله المحضة، ومنها ما يكون للعبد خالصا كحق الإنسان في بيته وغيره وهي ما يمكن فيها التنازل والصلح والانتقال، إلا إن هناك حقوقا مشتركة بين الله سبحانه وبين العبد، كحق الإنسان في حياته فلا يستطيع الإنسان أن يتنازل عنها أو يعرضها للخطر بمحض إرادته، لان حق الحياة ليس حقا خالصا له وحده.[2]

وقد أمر الرسول صلى الله عليه وسلم بالتداوي عندما سأله قوم من الأعراب أعلينا جناح أن نتداوى؟ فقال:صلى الله عليه وسلم (تداووا عباد الله فأن الله لم يضع داء إلا ووضع له دواء).[3] وكان النبي صلى الله عليه وسلم يديم التطبب في صحته ومرضه، وكان من هديه فعل التداوي في نفسه والأمر به لمن مرض من أهله وأصحابه، ولقد استفاضت الأحاديث عنه والتي تدل على استحباب التداوي.[4]

إلا إن التداوي ليس بواجب عند جمهور الأئمة، إنما أوجبته طائفة قليلة من أصحاب الشافعي واحمد. ولقد تنازع العلماء أيهما أفضل العلاج أم الصبر، فذهب بعضهم إلى إن التداوي أفضل لعموم قول النبي صلى الله عليه وسلم (تداووا). في حين يرى آخرون بأن الصبر أفضل للحديث الصحيح المروي عن ابن عباس عن الجارية التي كانت تُصرع وسألت النبي صلى الله عليه وسلم أن يدعوا لها فقال: (إن أحببت أن تصبري ولك الجنة وان أحببت دعوت الله أن يشفيك")، فقالت بل اصبر ولكني أتكشف فادع الله لي أن لا

---

[1] سورة النساء، الآيتين 30,29

[2] د.مصطفى إبراهيم الزلمي، مصدر سابق، 467-477

[3] محمد بن حيان بن احمد أبو حاتم التميمي، صحيح ابن حيان، ج3، مؤسسة الرسالة، بيروت، 1993 م، 1414 هـ ص156 رقم الحديث 1061

[4] ابن القيم الجوزيه، زاد المعاد في هدي خير العباد، ج4، ط14، مؤسسة الرسالة، مكتبة المنار الإسلامية، بيروت، الكويت1986م، 1407هـ ص12

أتكشف, فدعا الـلـه لها أن لا تتكشف. ولان خلقا من الصحابة والتابعين لم يكونـوا يتـداوون بل اختاروا المرض فلم ينكر عليهم ذلك.[(1)]

والحقيقة إن التداوي يتدرج من الوجوب إلى التحريم بحسب خطورة المـرض ونجاعـة العلاج, فهو واجب إن كان من شأنه الإبقاء على الـنفس ولا بقـاء لهـا بغـيره,وهـو محـرم إذا ترتب عليه ضرر يفوق المصلحة المرجـوة منـه,[(2)] أو كـان التـداوي بمحـرم كـالخمر مـثلا. وفي الواقع إن نجاعة العلاج ليست على درجـة واحـدة,فمـن العـلاج مـا يقطـع بحصـول الفائـدة منه,ومنه ما يكون مظنون بحصول ثمرته,ومنه ما يكون موهوم بحصول ثمرته.ويكون للتداوي حكم الوجوب في حالات هي:

1. حالة المرض الذي يذهب بالنفس أو بمنفعة العضـو، فـإذا كـان العـلاج متـيقن مـن حصول فائدته يكون الإقدام عليه هنا واجبا وليس للمريض حق رفض العلاج.
2. في حالة المرض المعدي إذا توفر الدواء لـزم العـلاج وإلا سـيتعدى المـرض إلى الغـير, والرسولصلى الـلـه عليـه وسـلم يقـول:(لا ضرر ولا ضرار).ولا يتوقـف العـلاج هنـا أيضا على إذن المريض أو وليه.
3. الأمراض المخوفة التي تؤدي إلى التهلكة, ومنها الحوادث الخطـيرة, فيكـون الامتنـاع عن العلاج محرما لقوله تعالى:﴿ولا تلقوا بأيديكم إلى التهلكة﴾.[(3)]

---

(1) احمد بن عبد الحليم بن تيمية الحراني أبو العباس، الفتاوى الكبرى، ج3، دار المعرفة، بيروت، 1386 هـ ص6

(2) ندى محمد نعيم الدقر، موت الدماغ بين الطب والإسلام، مصدر سابق، ص197

(3) سورة البقرة، الآية 195

4. إذا كان المرض غير معدي ولا مخوف ولكن يؤدي إلى الإعاقة الدائمة أو يطول إذا لم يتداوَ منه ويشق على أهل المريض تمريضه وكان العلاج ممكنا ومتوافرا.

أما إذا ظن المريض بحصول الشفاء من التداوي، فقد اتفق العلماء على استحباب التداوي. في حين يكون ترك العلاج أفضل إذا كانت ثمرة العلاج موهومة الحصول. [1]

وفيما يخص إيقاف أجهزة الإنعاش الصناعي بطلب من المريض يذهب البعض إلى انه لا يجوز، فليس للمريض قتل نفسه ويحرم على غيره فعل ذلك حتى لو أذن المريض في قتله، لأن الأول انتحار والثاني عدوان على الغير بالقتل [2]،

---

[1] د.موسى البسيط، تيسير الموت للمريض بين الحكم الشرعي والموقف الطبي، بحث مقدم إلى ندوة التعريف الطبي للموت، المنظمة الإسلامية للعلوم الطبية، الكويت، 1997، ص3

[2] اتفق فقهاء المذاهب على إن رضا المجني عليه بالقتل لا يبيح الفعل ولكنهم اختلفوا في هل إن إباحة المجني عليه لدمه ترفع القصاص عمن يقتله.

يرى أبو حنيفة وأصحابه إن الإذن بالقتل لا يبيح الفعل، لأن عصمة النفس لا يباح إلا بما نص عليه الشرع والإذن بالقتل ليس منها، فكان الإذن عدم لا أثر له ، ويبقى الفعل محرما ومعاقبا عليه باعتباره قتلا عمدا ، ولكنهم اختلفوا فيما بينهم بشأن العقوبة التي توقع على الجاني. فذهب أبو حنيفة وأبو يوسف ومحمد إلى إن الإذن يدرأ القصاص وتكون العقوبة الدية على أساس إن الإذن بالقتل شبهة والرسولصلى الله عليه وسلم يقول: (ادرؤوا الحدود بالشبهات). وذهب زفر إلى إن الإذن لا يصلح أن يكون شبهة ومن ثم فهو لا يدرأ القصاص.

ويذهب الإمام مالك إلى إن الإذن بالقتل لا يبيح الفعل ولا يسقط العقوبة، ولو أبرأ المجني عليه الجاني من دمه، لأنه أبرأه ما لم يستحقه بعد،وعليه يعتبر الجاني قاتلا عمدا مما يوجب القصاص وهو الراجح.

وفي مذهب الشافعي رأيان، أولهما إن الإذن لا يبيح الفعل ولكنه يسقط عقوبتي الدية والقصاص، وثانيهما هو إن الإذن لا يبيح الفعل واختلفوا بشأن العقوبة أيضا بين الدية والقصاص.

ويرى الإمام احمد وأصحابه بأن الإذن يسقط العقوبة عن الجاني، لأن من حق المجني عليه العفو عن العقوبة والإذن بالقتل يساوي العفو عن عقوبة القتل. لمزيد من التفاصيل ينظر نظام الدين عبد الحميد، جريمة القتل العمد في الشريعة الإسلامية والقانون الوضعي، مطبعة اليرموك، بغداد، 1975، ص433 وما بعدها. د.عبد القادر عودة، التشريع الجنائي الإسلامي مقارنة بالقانون الوضعي، ط3، دار الرسالة، بيروت، 1963، ص440

فأذنه لا يحلل الحرام فهو لا يملك نفسه حتى يأذن للغير أن يقضي عليها، والروح ملك لله ولا يضحى بها إلا فيما شرع اللـه من جهاد ونحوه.[1]

في حين يرى آخرون إن للمريض أن يرفض العلاج متى ما انعدمت الفائدة المرجوة منه, حيث أشترط أن لا يكون هناك أي جدوى مـن استمرار العلاج والإبقاء على أجهزة الإنعاش.[2]

ويرى آخرون بضرورة إعطاء الإنسان فرصة ليموت ميتة طبيعية, فذهب إلى القول " بأنه يحق للأطباء نزع أجهزة الإنعاش التي توضع عليه والانتظار إلى أن يحكم اللـه بموته وأن تتاح له الفرصة لموته موتا طبيعيا".[3]

وفي ضوء ما تقدم يمكن القول بأن الشريعة الإسلامية لا تعطي الحـق للمريض في أن يرفض العلاج – يقع بضمنه وسائل الإنعاش الصناعي– ما لم ينقطع الأمل في شفائه، وإمكانيـة الشفاء لدى المريض تفرض التزاما على الطبيب مقتضاه الاستمرار في علاج المريض وعدم إيقاف أجهزة الإنعاش وعدم اليأس,لأن الإسلام ينهى عن اليأس فهو مـن رحمة اللـه ولأن اللـه رحيم بعباده ولا يرتضي لعباده اليأس من رحمته لقوله تعالى: ﴿ولا تيأسوا مـن روح اللـه انه لا ييئس من روح اللـه إلا القوم الكافرون﴾.[4]

_____

[1] د.محمود احمد طه، مصدر سابق، ص90

[2] فقد جاء في فتوى د.يوسف القرضاوي أنه:" إذا لم يكن يرجى لـه الشفاء وفـق سـنن الله في الأسباب والمسببات التي يعرفها أهلها وخبراؤها من أرباب الطب والاختصاص فلا يقول أحد باستحباب ذلك فضلا عن وجوبه، وإذا كان تعريض المريض للعلاج بأي صـورة كانـت أو توصيله بـأجهزة التـنفس والإنعاش الصناعي يطيل عليه المرض ويبقي عليه الآلام زمنا أطول فمن باب أولى ألا يكون ذلك مستحبا بل لعل العكس هو الواجب المستحب".ينظر د.يوسف القرضاوي، مصدر سابق، ص527

[3] فتوى الشيخ عبد الله بن سليمان المنيع عضو هيئة كبار العلماء في السعودية.نقلا عن د.إبراهيم صادق الجندي، مصدر سابق، ص76

[4] سورة يوسف، الآية 87

134

ولكن إذا جزم الأطباء بأن استمرار تركيب أجهزة الإنعاش الصناعي على المريض أصبح دون جدوى، وأن المريض لا يرجى شفائه، فأن للمريض بناء على ما تقدم أن يرفض استمرار عمل الأجهزة بعد الحصول على إذنه إذا كان قد صرح به, أو إذن وليه الشرعي، وبصدور قرار من لجنة طبية مختصة لا يقل عدد أعضائها عن ثلاثة أطباء.

وفي الواقع إن هذه الحالة لا تتحقق إلا في حالة موت جذع الدماغ أو الموت الدماغي متى ما تم التأكد منها بشكل قطعي ووفقا للأصول العلمية المتبعة. لان إيقاف أجهزة الإنعاش في مثل هذه الحالة لا يمثل وقفا لعلاج يرجى به شفاء المريض وإنما إيقاف لإجراء لا طائل من وراءه لمريض يحتضر.بل من الواجب على الطبيب ألا يستمر فيما يطيل على المريض آلامه ومعاناته.

المطلب الثالث

موقف القانون الوضعي

لم يجمع الفقه القانوني على حق المريض في رفض العلاج ووضع حد لحياته، ولم تزل المناقشات دائرة لم تجد طريقها إلى الحل النهائي بسبب اختلاف الآراء وتعدد وجهات النظر الناجمة عن تبني معتقدات وفلسفات متعددة تختلف في نظرتها إلى الحياة. هذا الاختلاف في وجهات النظر ألقى بظلاله على مواقف التشريعات واتجاهات القضاء. وسأتناول ابتداء موقف الفقه القانوني ومدى اعترافه بهذا الحق في الفرع الأول، ومن ثم أتعرض لبيان مواقف التشريعات في الفرع الثاني,واتجاهات القضاء في الفرع الثالث, وعلى النحو الآتي:

الفرع الأول
موقف الفقه القانوني

انقسم الفقه بشأن حق المريض في رفض العلاج إلى اتجاهين, يؤيـد الأول الإقـرار بمثل هذا الحق للمريض، وبالتالي عدم تحمل الطبيب لأي مسؤولية إذا ما أوقف وسـائل الإنعـاش عن المريض.في حين يعارض الاتجاه الثاني ذلك ويرى تحقق مسؤولية الطبيب حـال إقدامـه على وقف وسائل الإنعاش.وسأتعرض فيما يلي لحجج وأسانيد كلا الاتجاهين:

أولا- الاتجاه المؤيد:

يذهب أنصار هذا الاتجاه إلى إن عدم مسؤولية الطبيب الجنائية في حال الامتنـاع عـن تركيب أجهزة الإنعاش الصناعي أو رفعها عن المريض يجد أساسـه في حـق المـريض في رفـض العلاج الذي عبر عنه قبل دخوله في حالته المرضية أو عـن طريـق ممثلـه القـانوني، ويسـوغ أنصار هذا الاتجاه رأيهم ببعض المبررات أبرزها:

1. انه على الرغم من مطابقة التصميم العلاجي- بالإبقاء على عمـل أجهـزة الإنعـاش الصناعي- لأخلاقيات وآداب مهنة الطب، والتي تجعـل مـن احـترام الحيـاة مبـدأ جوهريا ومقدسا,والتي قد تصطدم مع رغبة المريض في موت هـادئ دون عـذاب, إلا إن هذا لا ينفي عن المريض حقه في رفض وسائل العلاج غـير التقليديـة والتـي قد تطيل في حياته, أو رفض استمرار علاج مؤلم, وبوجه خاص إذا كان لا يتضمن احتمال حقيقي للشفاء، إذ لا إلزام على الطبيب في مثل هذه الأحوال بـأن يبقـي صناعيا على حياة مريض لم يعد يريد الحياة ويرغـب في ميتـة طبيعيـة بـدلا مـن إطالة عذابه.[1]

---

[1] Francois.Regis Cerruti ,op, cit , p20

2. إن الإقرار بحق الإنسان في الحياة يستلزم الإقرار له بحقه في الموت وعدم قبول الحياة. لهذا كان الانتحار غير معاقب عليه قانونا، وعليه يجب أن لا يعاقب على إزهاق الروح إذا ما تم من قبل الإنسان نفسه أو بواسطة شخص آخر ما دام بناءا على طلبه ورضاه.[1]

3. لا يمكن من الناحية القانونية قبول المنطق الذي يقضي بالإبقاء على أجهزة الإنعاش الصناعي على مريض ميؤوس من شفائه نزولا عند رغبة أهل المريض وتعاطفا معهم وحرمان شخص آخر من فرصة لا تعوض لإنقاذ حياته. ذلك بأن مراكز العناية الفائقة قد جعلت لإنقاذ أرواح الناس وليس لتأجيل الوفاة، وبالتالي يتعين إيقاف أجهزة الإنعاش الصناعي المركبة على مريض ميؤوس من شفائه لاستعمالها في إنقاذ أخر.[2]

4. إن الاقتناع بعدم جدوى العلاج مع الاستمرار فيه لا معنى له سوى تأخير الموت أكثر منه إطالة للحياة، ومهنة الطب ليست الإبقاء على الحياة بأي ثمن وليست الحيلولة دون الموت الطبيعي إنما تفادي الموت والوقاية منه قبل أن يحل أوانه، فليس للطبيب الحق في سرقة الموت من المريض، وترك المريض بدون استخدام وسائل الإنعاش الصناعي لا يعني قتله.لان ترك المريض بالامتناع عن تقديم علاج غير نافع له لا يشكل سببا مباشرا أو غير مباشر في موته في هذه الحالة، وإنما يكون موت المريض لأسباب لا قبل للطب لمحاربتها.[3]

---

(1) د.حميد السعدي، جرائم الاعتداء على الأشخاص، مطبعة المعارف، بغداد، 1981، ص393

(2) د.احمد شرف الدين، الحدود الإنسانية والقانونية للإنعاش الصناعي، المجلة الجنائية القومية، القاهرة، المجلد19، العدد3، 1976، ص451

(3)Francois.Regis Cerruti , op , sit,p16

5. عدم إمكانية قيام مسؤولية الطبيب إذا ما قام بالامتناع عن تركيب أجهزة الإنعاش, أو قام بإيقافها إذا كان ذلك راجعا إلى رفض المريض العلاج بهذا الشكل, بشرط أن يقوم الطبيب بتبصرة المريض بخطورة المرض وأهمية العلاج، أو تبصرة المسؤول عنه إذا كان المريض غائبا عن الوعي. وأساس عدم مساءلته في هذه الحالة إن الطبيب لا يجوز له إجبار المريض على تلقي العلاج.[1]

ولهذا الاتجاه مناصروه على المستوى الجماعي. ففي عام 1980 نشأت في فرنسا جمعية الحق في الموت بكرامة (A.D.M.D) على اثر مقال للسيد Michel lauda ظهر في جريدة (لوموند)، طالب فيه بحق الموت في كرامة وان يصبح هذا الحق ضرورة واجبة و واضحة طالما إن الحياة لا يمكن حمايتها حتى آخر لحظة، ولا تطالب جمعية A.D.M.D بموت الآدمي فقط بل تناضل أيضا من أجل تطوير العلاج بالمسكنات، وتهدف الجمعية في الأخير إلى جعل السلطات العامة تقر بإرادة الموت بكرامة.[2] وهو أيضا ذات ما ذهبت إليه لجنة البيئة والصحة العامة في البرلمان الأوروبي في قرارها الصادر في 1991/4/25 والذي أوصت فيه على تطوير العلاج بالمسكنات، وأوصت أيضا بالموت المريح الايجابي لدى المحتضرين الذين يطلبون ذلك بعد فشل كل العلاجات الممكنة.[3]

ثانيا- الاتجاه المعارض:

يذهب أنصار هذا الاتجاه إلى ما يخالف الاتجاه السابق ويرون بعدم أحقية المريض في رفض العلاج، ولا يجوز للطبيب أن يمتنع عن تركيب أجهزة الإنعاش الصناعي أو يرفعها بناءا على طلب المريض أو إلحاح أسرته وإلا قامت مسؤوليته

[1] د.محمود احمد طه، مصدر سابق، ص103
[2] د.السيد عتيق، مصدر سابق، ص71-72
[3] المصدر نفسه، ص68

الجنائية، ويستند أصحاب هذا الاتجاه في رأيهم هذا إلى عدة أسانيد يمكن إجمالها في الأتي:

1. لا يمكن الاعتداد برضا المجني عليه كمبرر للسلوك الإجرامي إلا على سبيل الاستثناء وفي بعض الجرائم والتي ليس بضمنها جريمة القتل وذلك استنادا للقواعد العامة للقانون الجنائي. والأساس في ذلك إن معصومية الجسد لا يمكن أن تباح, وبالتالي لا يملك الشخص حق التصرف في جسده, وأي تصرف من هذا القبيل يعد مخالفا للنظام العام لما في هذه التصرفات من إهدار لحق المجتمع، فكما هو معلوم إن حق الفرد ليس حقا مطلقا بل يتعلق به حق المجتمع أيضا ومن ثم لا يحق للمريض رفض العلاج.[1]
2. ويضيف أنصار هذا الاتجاه بأنه حتى وان افترضنا جدلا أحقية المريض برفض العلاج، فأنه لا يمكن الاعتداد بإرادته لأنها إرادة معيبة لوجود الكثير من العوامل التي أدت إلى ظهورها بهذا الشكل مثل عوامل المرض والألم والرهبة من الموت والطابع المادي للمجتمع، والقول بخلاف ذلك من شأنه تحريض المريض على القتل أو على الأقل التحكم بحياة البشر.[2]

كذلك لا يمكن القول بعدم مساءلة الطبيب جنائيا استنادا إلى عقد تيسير الموت المفترض بين المريض والطبيب، لكون هذا العقد باطل في الأساس لبطلان شروط الاتفاق وهي الرضا والمحل والسبب. فلا يمكن الاعتداد برضا المريض لكون إرادته معيبة على النحو السابق بيانه، كما إن محل العقد غير مشروع لخروجه عن دائرة التعامل، فحياة الإنسان ليست محلا للتعامل، والمريض لا يمكنه أن يتنازل عن حياته، كما أن

(1) د.محمود احمد طه، مصدر سابق، ص89

(2) د.محمد سامي الشوا، مصدر سابق، ص70

الطبيب يعالج ولا يقتل مريضه. وأما السبب فهو غـير مشـروع أيضا لان المـريض يريد التخلص من آلامه ولو أدى ذلك إلى نهاية حياته.[1]

3. إن من أهم ما يتعارض مع التزامات الطبيب هو أن يقصر في علاج مريضه وان كان في لحظاته الأخيرة. فبموجب عقد العلاج الطبي يلتزم الطبيب بالمحافظة عـلى حياة مريضه أو ما تبقى منها ولا ينفرد بتقدير مدى إمكانية حصول الشفاء، فما يعتبر مستحيلا اليوم قد يكون ممكنا غدا، ودور الطبيب ينحصر في المحافظة على حياة الناس وليس من حقه أن يحكم بموت المريض.[2]

4. لا يمكن الإقرار بحق المريض برفض العلاج إذ لا يقين من حالة المريض، والعديد من الأطبـاء يحـذرون مـن الخطـأ في التشخيص، فحكـم الطبيب نسبي وهو لـيس معصوما من الخطأ، وان معيار عدم القابلية للحياة صعب جدا، ومن ثم لا يمكن الجزم بكون الشخص ميؤوس منه بشكل نهائي.[3] ويضاف إلى احتمال خطأ الطبيب في التشخيص احتمال الخطأ في اعتبـار المـرض ميؤوسـا منـه نظرا إلى إن الوسائل العلاجية في تطور مستمر، وبالتـالي إمكانيـة عـلاج الإمـراض التـي تعـد مستعصية على الطب في الوقت الحاضر.[4]

5. قد يشجع تبرير رفع وسائل الإنعاش الصناعي أو عدم تركيبها مـن البدايـة الأطبـاء على عدم الاعتناء بمرضاهم مـا دامـوا قـد أمِنوا المسؤولية، فقد يخضع المـريض لعناية ثم فجأة يقرر الطبيب التوقف عن علاجه وهـو يعلـم إن التوقـف سـوف يؤدي إلى نهاية حياته لا لشيء سوى إن المريض

[1] د.محمود احمد طه، مصدر سابق، ص91
[2] ريم بنت جعفر بن يوسف، مصدر سابق، 86-87
[3] د.السيد عتيق، مصدر سابق، ص111
[4] د.محمود احمد طه، مصدر سابق، ص98

قد اقر له بحق رفض العلاج أو وَقَّع على ما يعرف بوثيقة الحياة. لا سيما إذا أخذنا بعين الاعتبار التقدم العلمي الكبير في مجال نقل الأعضاء.[1]

6. لا يمكن التذرع بوجود حالات تكون بحاجة ماسة إلى أجهزة الإنعاش الصناعي حتى يمكن رفعها ممن ركبت عليهم، فالناس متساوون في جميع الحقوق والواجبات,ولا يمكن التضحية بإنسان كون حالته المرضية ميؤوس منها لمصلحة إنسان أخر.[2]

لكن الأمور لا تجري على هذا النحو غالبا, فقد توجد حالات بحاجة إلى أجهزة الإنعاش الصناعي تفوقها عددا, وعندها يتعين على الطبيب أن يختار من بين هذه الحالات ويقوم بتركيب أجهزة الإنعاش الصناعي عليها، ويفضل أن تشكل لجنة طبية بهذا الخصوص يضاف لها عنصر قضائي نظرا لأهمية وخطورة الإشكال, ولا بد من أن تعتمد هذه اللجنة معاييرا موضوعية علمية عند اختيارها للحالات تقوم على مدى استفادة الحالة من جهاز الإنعاش وقابليتها للشفاء.

الفرع الثاني
موقف التشريعات المقارنة

تباينت مواقف التشريعات المقارنة إزاء حق المريض في رفض العلاج شأنها في ذلك شأن الفقه القانوني.فهناك تشريعات أقرت بهذا الحق للمريض,في حين رفضت تشريعات أخرى ذلك,وسأتعرض لمواقف هذه التشريعات من خلال مايلي:

(1) المصدر نفسه، ص99

(2) د.محمد عبد الوهاب الخولي، مصدر سابق، ص288

أولا- التشريعات التي أقرت بحق المريض في رفض العلاج:

1.القوانين الأمريكية:

- تشريع ولاية كاليفورنيا:

حيث اقر هذا التشريع بحق المريض في رفض العلاج من خلال إصدار ما يعرف بوثيقة الحياة في عام 1976, يحق للمريض بموجبها رفض إطالة حياته بوسائل صناعية في حال تعرضه لمرض أو إصابة لا يرجى شفاؤه منها. ولكي لا يسأل الطبيب جنائيا عن امتناعه عن تركيب أجهزة الإنعاش أو رفعها, تشترط وثيقة الحياة عدة شروط يمكن إجمالها في الآتي:

1. توقيع وثيقة الحياة من قبل المريض نفسه بحضور شاهدين ممن ليس لديهم مصلحة في وفاته.
2. إلا يكون الطبيب المعالج من بين الشاهدين الموقعين على هذه الوثيقة.
3. ألا تتعدى مدة وثيقة الحياة خمس سنوات تبدأ من تأريخ تحريرها.
4. أن تصدر الوثيقة عن إرادة حرة واعية.
5. أن تصدر الوثيقة قبل تشخيص المرض بأسبوعين على الأقل.

ولا يعمل بهذه الوثيقة إلا بناءا على تقرير طبي موقع عليه من طبيبين على الأقل يفيد باستحالة عودة المريض إلى حالته الطبيعية وان لا أمل في شفاءه، وتعبر هذه الوثيقة عن رضا المريض بوقف أجهزة الإنعاش أو عدم تركيبها مما يتسبب في وفاته.

- تشريع ولاية آلاسكا 1986:

يقر هذا التشريع أيضا بأحقية المريض في عدم اللجوء إلى وسائل علاجية تهدف إلى الإبقاء على حياته متى ما بلغ مرحلة متأخرة من مرضه.حيث نصت المادة الأولى من هذا القانون على انه يحق لكل شخص بلغ سن الثامنة عشر من عمره أن يعلن في أي لحظة عن إرادته في عدم اللجوء إلى أي وسائل علاجية

تستهدف الإبقاء على حياتـه، وذلـك عنـدما يصـل المـريض إلى مرحلـة لا يمكـن معهـا الشفاء.[1]

تشريع ولاية تكساس 1986:

أقر هذا التشريع للمريض حقـه في عـدم اللجـوء إلى وسـائل علاجيـة تطيـل في حياتـه بشكل صناعي, وأجاز له أن يعين وكيلا عنه ليأخذ عنه نيابة القرارات التي تتعلـق بحياتـه إذا وصل إلى حالة اللاوعي من حيث طلب إيقاف أجهزة الإنعاش الصناعي أو استمرارها.[2]

2. التشريع الايطالي:

أقر الدستور الايطالي بحق المريض في رفض العلاج عندما نص على عدم جـواز خضـوع أي شخص لأي تدخل جراحي رغما عنه مهما كانت نتيجة رفضه لهذا التدخل.[3]

وجاءت فيما بعد التشريعات الايطالية وقضت بأن كل تدخل علاجي قهـرا عـلى إرادة المريض يعد اعتداءا على حقه في كيانه الجسماني وحريته في أن يقرر برضاه التـدخل أو عـدم التدخل.[4]

3. مشروع قانون العقوبات الفرنسي:

في عام 1978 أودع السيد (هنري كافايي) العضو بمجلس الشيوخ اقتراحا حول الحق في الموت ورفض وسائل التصميم العلاجي، ولقد جاء قي نصـوص الاقـتراح مـا يـدل عـلى ضرورة الإقرار بحق المريض في رفض العلاج, فقضت المـادة الأولى منـه عـلى (أن يكـون لكـل بـالغ أو قاصر سليم العقل له حق إقرار إرادته

---

[1] د.هدى قشقوش، مصدر سابق، ص 82

[2] المصدر نفسه، ص83

[3] د.السيد عتيق، مصدر سابق، ص84

[4] د.هدى قشقوش، مصدر سابق، ص53

في رفض وسائل التصميم العلاجي، ومنع استخدام أي وسيلة طبية أو جراحية - غير المخصصة لتهدئة عذابه - تعمل على إطالة حياته صناعيا إذا أصيب بحادث أو مرض مستعص).

واشترطت المادة الثانية من نفس الاقتراح بأن يكون الإقرار محررا تمهيدا لممارسة الحق المنصوص عليه في المادة السابقة, وبحضور شاهدين بالغين وإلا كان باطلا, من غير أن يكون الطبيب المعالج ولا الزوج أو الزوجة أو الورثة المحتملين ولا الأشخاص الذين يمكن أن تكون لهم مصلحة في وفاته من ضمن الشهود. بيد أن هذا الاقتراح أثار اعتراضات كثيرة وخلق صعوبات عديدة لأنه ثبت من الصعب وضع إطار قانوني للحظات التي تسبق الموت, لذا رفضت لجنة صياغة القوانين في مجلس الشيوخ اقتراح السيد كافايي.[1]

وفي عام 1987م قدم اقتراحا آخر من قبل السيناتور الفرنسي(collavet)جاء فيه أن " يكون لكل شخص بالغ أو قاصر مأذون له بإدارة أمواله ويتمتع بملكاته العقلية له الحق في رفضه تلقي أي وسائل طبية أو جراحية لإطالة حياته صناعيا إذا أصيب بمرض ميؤوس من الشفاء منه". ولم يكتب لهذا المشروع النجاح أيضا، ولا تزال هناك محاولات مستمرة للإقرار بهذا الحق قانوناً.[2]

ثانيا- التشريعات التي لا تقر بحق المريض في رفض العلاج:

لم تقر اغلب التشريعات حق المريض في رفض العلاج وإنهاء حياته, ومن هذه التشريعات ما نص على ذلك بنصوص صريحة، واكتفت تشريعات أخرى بالمبادئ العامة المقررة في القانون الجنائي والتي تقضي بأن رضا المجني عليه بالجريمة لا يعفي مرتكبها من المسؤولية الجنائية, في حين عمدت بعض التشريعات

---

(1) د.السيد عتيق، مصدر سابق، ص73-74

Francois.Regis Cerruti ,op, cit , p30

(2) د.محمود احمد طه، مصدر سابق، ص73

إلى إقرار إصدار تعليمات أو لوائح خاصة رفضت بدورها حق المريض في رفض العلاج وسنتصدى فيما يلي لمواقف هذه التشريعات:

1. قانون الأخلاق الطبية الفرنسي:

رفض هذا القانون الصادر عام 1979 الإقرار بحق المريض في رفض العلاج, مؤكدا أن هذا الفعل يتعارض مع واجبات الطبيب الأساسية بصفته الحارس الغيور على الصحة، فهو المدافع عن تخليص المريض من آلامه وليس التخلص من المريض نفسه.

ولقد أكدت المادة (20) منه هذا القول والتي نصت على انه: (يجب على الطبيب أن يسعى إلى تخفيف آلام المريض، ولا يجوز له حتى في الحالات التي تبدو إنها ميؤوس منها أن يعجل بموت المريض بصورة متعمدة).[1]

2. تعليمات السلوك المهني العراقية:

صدرت هذه التعليمات بموجب قانون نقابة الأطباء رقم81 لسنة 1984 والتي قررت بأن رضا المريض لا يبرر قيام الطبيب بعمل غير قانوني، ولا حاجة للطبيب لاستحصال الرضا في وقائع العوارض التي يفقد فيها المريض وعيه وإرادته ويتطلب إسعافا مستعجلا.[2]

ويعني ذلك أن رضا المريض في غير حالة الإسعاف (المستعجل) واجب على الطبيب، وهذا الاتجاه واضح الدلالة كذلك في قانون الصحة العامة رقم (89) لسنة 1981، حيث تنص المادة (91/ب) منه على أن:(لا يجوز إجراء عملية جراحية إلا بموافقة المريض ذاته، إذا كان واعيا، أو أحد أقاربه المرافقين له إذا كان فاقد الوعي أو قاصرا، ويستثنى من ذلك تعرض حياة المريض إلى موت أو

---

[1] د.السيد عتيق، مصدر سابق، ص107. د.محمود احمد طه، مصدر سابق، ص95
[2] ريم بنت جعفر بن يوسف، مصدر سابق، ص86

خطر حال عند تأخر إجرائها، فيجوز عندئذ إجراء العملية الجراحية إنقاذا لحياة المريض دون تحقق الموافقة المذكورة).

3. لائحة آداب مهنة الطب المصرية:

حيث نصت المادة(12) من هذه اللائحة بان(على الطبيب أن يبذل كل ما في وسعه نحو مرضاه، وان يعمل على تخفيف آلامهم...).[1] ويفهم من عبارة(العمل على تخفيف آلامهم)،أخذ رأي المريض وموافقته على العلاج أو تركه.ومن صورها رأي المريض ـ أو من ينوب عنه ـ في رفض استخدام أجهزة الانعاش أو رفعها إذا كان في استخدامها ما يخلق حالة من الألم لدى المريض.

هذا بالإضافة إلى الكثير من القوانين والتعليمات الأخرى التي لا مجال لذكرها،[2] والتي حرصت على جعل الحق في الحياة حقا مقدسا ولا يمكن التنازل عنه.

الفرع الثالث

الاتجاهات القضائية المختلفة

تشتت موقف القضاء بخصوص حق المريض في رفض العلاج بين مؤيد ومعارض وسنرى ذلك من خلال ما يأتي:

أولا- القضاء المؤيد لحق المريض في رفض العلاج:

لم يتردد القضاء الأمريكي في إعلان تأييده لحق المريض في رفض العلاج وإيقاف أجهزة الإنعاش الصناعي، جاء ذلك على يد المحكمة العليا في ولاية نيوجرسي عام 1976 بمناسبة قضية الفتاة (كارين كونيلان) التي دخلت إحدى

---

[1] ريم بنت جعفر بن يوسف، مصدر سابق، ص85

[2] لمزيد من المعلومات ينظر د.السيد عتيق، مصدر سابق، ص150. كذلك ريم بنت جعفر، مصدر سابق، ص85

المستشفيات الأميركية وكانت فاقدة لكل إحساس أو شعور مع استمرار قلبها بالنبض، حيث قام الطبيب بوضعها تحت أجهزة الإنعاش الصناعي، ولكن الفتاة لم تتحسن وإنما بقيت على حالتها تلك ولفترة طويلة، الأمر الذي دفع والدا الفتاة إلى اللجوء إلى المحكمة مطالبين إياها بإصدار أمر للطبيب برفع أجهزة الإنعاش عن الفتاة، وقد قضت المحكمة برفع أجهزة الإنعاش، معللة حكمها بالقول: (إننا مقتنعون في ظل هذه الظروف الأليمة أن كارين لو استطاعت أن تستعيد لحظة واحدة إفاقتها و إحساسها والتي هي من قبيل المعجزات, وأدركت حقيقة وضعها الميؤوس منه نهائيا لكانت قد اختارت وقف هذه الأجهزة التي تبقيها حية، وإننا لا نتردد عن القول بأن الواجب الذي يقع على عاتق الدولة لصيانة حياة الناس يجب أن ينحني في هذه الحالة الشاذة أمام حقوق الأفراد الخاصة، وبالتالي لا يجوز إرغام (كارين) على أن تتحمل ما لا يمكن تحمله، لمجرد أن تظل في حياة نباتية (اصطناعية) بضعة أشهر أخرى، دون أن يكون لها أدنى أمل حقيقي في الشفاء. وفي الوضع الحالي فأن لولي كارين الشرعي أن يمارس باسمها هذه الحقوق).[1]

وفي قضية أخرى مماثلة اعترفت المحكمة العليا في الولايات المتحدة في حكمها الصادر عام 1991 بدستورية الحق في الموت، كان ذلك بخصوص امرأة شابة تعيش في خمول عصبي لمدة ثمان سنوات، وجاء قي حكمها:(... أن للمريض أو المحتضر ـ الحق في رفض التكنولوجيا الطبية فهي غير إنسانية، وله حق تفضيل الموت على امتداد آلامه وفي حال تكون فيه أطرافه مقيدة لمنع تحريك الأنابيب, وله حق تفضيل الموت وهو يخاطر بعائلته وأصدقائه بدلا من الماكينات التي يديرها غريب, وان للمريض حق تحديد نوعية الحياة, وبالتالي يمكنه في أي وقت رفض العلاج واتخاذ قرار الموت بسلام).[2]

---

[1] د.محمود احمد طه، مصدر سابق، ص76

[2] د.السيد عتيق، مصدر سابق، ص61

ويسير القضاء الانكليزي في ذات الاتجاه من خلال إقرار المحكمة بحق المريض في رفض العلاج. فقد حدث في 1993/8/22 أن أوقف الدكتور جيم هارد (Jam Hard) أجهزة الإنعاش الصناعي والتغذية عن الشاب (توني) الذي يبلغ من العمر 22 سنة وتوفي نتيجة لإيقاف عمل كليته بعد أن كان قد دخل في غيبوبة دائمة منذ عام 1989، وبرأت المحكمة الطبيب من تهمة القتل.

وعلى اثر ذلك نشرت الجمعية الطبية البريطانية وكذلك المستشفيات الملكية تعليمات للأطباء المعالجين، وتوضح هذه التعليمات بأنه يجب الاعتراف لبعض المرضى بحقهم في الموت دون الخضوع لعلاجات إحياء ثقيلة ومؤلمة.[(1)]

كما أعلن مجلس اللوردات في انكلترا في 12/4 /1993 تأييده لهذا الحكم بالقول انه: (لم يعد هناك شيء يحول دون أن يموت الفرد ميتة هادئة).[(2)]

ومما يؤكد سير القضاء الانكليزي بهذا الاتجاه قضية أنتوني بلاند Anthony bland عام 1993 الذي أصيب في ملعب لكرة القدم عندما كان في السابعة عشر من عمره، ونتيجة لذلك فقد عانى من إصابة شديدة في المخ ودخوله في حياة خاملة (الحالة النباتية). وطلبت عائلته من قسم الرعاية الصحية المسؤول عن معالجته إبطال جهاز دعم الحياة الخاص به، ولكن ولكي يضمنوا عدم قيام مسؤوليتهم عن هذا الفعل فقد ذهبوا إلى المحكمة العليا لطلب تصريح بأنهم إذا أقدموا على ذلك فأنهم لن يتهموا بارتكاب جريمة قتل, ولقد تم منحهم هذا التصريح بواسطة المحكمة العليا وتم تأييده من قبل مجلس اللوردات.[(3)]

---

(1) Francois.Regis Cerruti ,op, cit , p30

(2) Francois.Regis Cerruti ,op, cit , p39

(3).Mike Molan.LLm, Barrister. Principles of criminal law. London. Oct 2000.p476

ثانيا- القضاء المعارض لحق المريض في رفض العلاج:

يأتي القضاء الفرنسي في مقدمة الاتجاهات الرافضة لحق المريض في رفض العلاج، إذ عبر في أكثر من قضية عن موقفه من مسألة رفض العلاج وحق المريض في ذلك.

ولعـل أقـدم قـرار في هـذا الصـدد مـا صـدر عـن محكمـة التعقيـب الفرنسـية في 1827/11/11 والذي رفض الطعن في حكم المحكمة الابتدائية بفنيستير finistere القاضي بإعدام السيد لوفلوش الذي قتل ضحيته بإرادتها وتحقق طلبها الملح والمتكرر وبالرغم من أن المتهم لديه تصريح مكتوب من الضحية للغرض المذكور، إلا أن المحكمة رفضت ذلك وجاء في تعليلاتها ما يلي:

(أن رضا الضحية أو طلبها أو حتى أمرها لا يشكل عـذرا معفيا ولا مانع مـن موانـع المسؤولية، وان الجرم المقترف لا يعتبر مساعدة على الانتحار وإنما قتلا عمدا مع سبق الإضمار لا يتسامح معه القانون، ثم لا يمكن لأي إرادة خاصة أن تشرع أو تبيح جرما أعلنت القوانين صراحة انه معاقب عليه. مع العلم إن القوانين التي تحمي حياة الأشخاص هـي مـن النظـام العام).[1]

كما أكدت محكمة استئناف بوردو في 1994/4/18 على حرمة حياة الإنسان حتـى وان كانت حياة خالية من بعض المعطيات الحياتية، حيث قررت(أن حياة الإنسان لها حرمة حتى وان كانت حياة صناعية، وإنها تظل صاحبة حـق حتى إذا كانت حسب المعطيات الطبية وكأنها مجردة من الوعي أو لا تملك إلا حياة خاملة لا رمق فيها ولا رجوع لها، فهذا الحق يسود بين الإنسان الواعي وغير الواعي، وحيث أن انعـدام الـوعي لا يمـس شخصية الإنسـان، فالإنسان المجرد من الوعي يحتفظ بكرامته الإنسانية والآدمية.[2]

---

[1] ريم بنت جعفر، مصدر سابق، ص72

[2] د.السيد عتيق، مصدر سابق، ص109-110

المبحث الثالث

إيقاف أجهزة الإنعاش الصناعي والقتل إشفاقا

من الإشكاليات التي انطوى عليها استخدام وسائل الإنعـاش الصناعي مـا يعـرف بالاوثانازيا الطبية Euthanasia medicals.[1] ذلك بأن هذه الوسائل أسهمت وبشكل واسع في زيادة الحالات المرضية الميؤوس من شفائها وخاصة موتى

---

[1] وأصـل كلمـة "euthanasia" إغريقـي ويـأتي مـن شـقين " EU " بمعنـى الخـير أو الحسـن ومـن كلمـة "Thanakatos" وتعني الموت, فيكون معنى كلمة "Euthanasia" المـوت الحسـن أو الهـادئ, ودخـل هذا المصطلح إلى معجم اللغات أول مرة عام 1771 واستعمل في جميع اللغات الأوربيـة مـع فـارق بسيط في الكتابة أو في طريقة اللفظ, إلا أن العلمـاء البريطانيون يفضلون استعمال عبـارة mercy killing.

أما في اللغة العربية فقد تعددت الألفاظ التي أطلقت على مصطلح "Euthanasia"منها القتل بـدافع الرحمة، والقتل بدافع الشفقة، والقتل الرحيم, وقتل الخلاص، والموت السهل.

ويفضل البعض استخدام مصطلح تيسير الموت أو الموت السهل، لان عبارة قتل الشفقة على الرغم مـن دلالتها على أن القصد من القتل هو الشفقة أو الرحمة بالمريض بإنهاء آلامه عـن طريـق وضـع حـد لحياته، إلا أن القتل والرحمـة متناقضان مـن حيـث المعنـى والمضمون، فالقتـل والشفاء رسـالتان متناقضتان ومتعارضتان، وبالتالي لا مكان للاعتراف بأنه يمكن إتمامهما بـذات اليـد.ولا تقل إمكانيـة التوفيق بينهما صعوبة من الناحية القانونية، إذ كيف يمكن أن يتسنى القول بـأن القتـل وهـو إزهـاق روح إنسان وإنهاء حياته واعتداء على هذه الحياة يكون مبعثه الرحمة والشفقة، وكيف يمكن تبريـره. لذا فلفظ القتل غير مقبول ولا يتلاءم جوهرا ولا أخلاقيا مع تسكين الألم، فالهدف المقصود هو تسكين الألم وليس التسبب في الموت. ومن هنا يميل هؤلاء إلى إطلاق لفظ الموت السهل أو الهـادئ عـلى هـذا المصطلح كونه أكثر انسجاما مع الترجمة الحرفية المصطلح وأكثر اتفاقـا مـع مـا يرمـي إليـه مـن هـذا القتل. ولكن على الرغم من كل ذلك نجد إن هذا لا ينفي باعث الإشفاق لدى الجاني عند إقدامه عـلى قتل المجنى عليه لا سيما إذا كان الأخير احد فروع أو أصول الجـاني، فمـن المعلوم أن القتـل بـدافع الشفقة لا يقع فقط من قبل الأطباء بل يقع أيضا مـن أقربـاء المـريض كقتـل الأم لطفلهـا المـريض أو المعوق الذي يعاني من آلام غير محتملة وهي تراه أمامها دون أن تستطيع أن تخفف شيئا مـن آلامـه. ينظر ريم بنت جعفر بن يوسف، مصدر سابق، ص8. د.سليم حربة، القتل العمد وأوصـافه المختلفـة، ط1، بغداد، 1988، ص129. د.سميرة عايد الديات، مصدر سابق، ص285. شعبان أبـو عجيلـة، مصدر سابق، ص 208. د.السيد عتيق، مصدر سابق، ص9

150

الدماغ ومرضى الحالة النباتية التي تفتقد إلى ابرز مقومات الحياة الأساسية مـن وعـي وإدراك ولا يكون لها من هـذه المقومـات سـوى اسـتمرار للـدورة الدمويـة وخفقـان القلـب واستمرار عملية التنفس بواسطة أجهزة الإنعاش الصناعي وغيرها من المقومات بحسب كل حالة، ولكن على حساب معاناة المريض ببقائه علـى هـذه الحـال وإطالـة احتضاره دون أن يكون هناك أي أمل في شفائه وعودته إلى حياته الطبيعية، بالإضافة إلى معانـاة ذوي المـريض وهم يشاهدون مريضهم على هذا الحال بانتظار لحظة الأجل المحتوم.

لذا فقد تعالت الصيحات التي تدعو إلى تبرير عمل الأطباء بإيقافهم لأجهـزة الإنعـاش الصناعي تخليصا للمرضى من آلامهم ومعاناتهم ووضع حد لحياتهم، في إطار ما يعرف بالقتل بدافع الشفقة أو تسهيل الموت.

وينصرف مفهوم القتل بدافع الشفقة إلى وضع حد لحياة المريض الميؤوس مـن شفائه بدافع الشفقة، لإنهاء معاناته من آلامه التي لا يحتملها ولا يُرجى شـفاؤه منها.[1] كـما عرفه بعض فقهاء القانون بأنه كل فعل ايجابي أو سلبي من شأنه أن ينهي آلام مريض ميؤوس مـن مرضه ولا يرجى شفاءه بالقضاء عليه رحمة به.[2]

والحقيقة أن إنهاء حياة إنسان تخليصـا لـه مـن مـرض عضال مسـتعص علـى الطـب ويسبب آلاما وعذابا يجعل من حياة المريض جحيما لا يطـاق ومـن مماتـه راحـة لـه لا يمثـل سوى المعنى الضيق للمصطلح, ذلك بأن هناك معنى أوسع للقتل إشفاقا يتمثل في إنهاء حياة إنسان لأسباب مختلفة قد تكون اقتصادية أو اجتماعية أو بتأثير فلسفة معينة كالقضاء علـى حياة العجزة والمعوقين عقليا أو بدنيا أو التخلص

---

[1] Simone Pettetier, Del' euthanaisie, l'orthanaisie et la dysthanasie, R. I. D.P, 1967,p219.

[2] د.احمد شوقي عمر أبو خطـوة، مصـدر سـابق، ص186 د. سـليم حربـة، مصـدر سـابق، ص129 د.عبـد الوهاب حومد، المسؤولية الطبية الجزائية، مجلة الحقـوق والشريعة، السنة الخامسـة، العـدد الثـاني، الكويت، 1981، ص176

من المشوهين وغير الطبيعيين كالقتل الذي مارسه هتلر إبان الحرب العالمية الثانية.[1]

ولهذه الصورة من صور القتل جذورها التاريخية الطاعنة في القدم والتي تمتد إلى عهد الإمبراطوريتين اليونانية والرومانية وهما في أوج حضارتهما الفكرية والسياسية، فهي ظاهرة قديمة قدم الإنسان وقدم المرض والطب، وقد ثبت وجود مواقف رسمية وقانونية بشأن هذه الظاهرة.[2]

أما المفهوم الحديث للقتل بدافع الشفقة أو القتل الطبي Euthanasia medicals الذي أشرنا إليه سابقا، فلم يظهر إلا في منتصف القرن الماضي نتيجة للتطور العلمي في المجال الطبي بظهور وتطور أجهزة الإنعاش الصناعي. ويمكن أن يتخذ القتل وفقا لهذا المفهوم صورتين هما:

1. القتل بدافع الشفقة الايجابي (Euth Activist):

ويتحقق بكل فعل ايجابي يرمي به الجاني إلى إحداث وفاة المريض الميؤوس من حالته لإنهاء عذابه واحتضاره المؤلم بإعطائه مثلا جرعات من المهدئات إلى أن تصل الجرعة إلى حد مميت، أو حقنه بالهواء في الوريد أو إعطائه مادة سامة أو قتله بأي وسيلة يكون من شأنها إحداث الموت الهادئ للمجنى عليه، وغالبا ما تقع هذه الصورة أما على يد شخص عادي من أقرباء المريض أو من قبل الطبيب المعالج.[3]

---

[1] د. ضاري خليل محمود، اثر رضا المجني عليه في المسؤولية الجنائية، دار القادسية للطباعة، بغداد، 1982، ص44. ريم بنت جعفر، مصدر سابق، ص11

[2] لمزيد من التفاصيل ينظر: ريم بنت جعفر بن يوسف، مصدر سابق، ص12 وما بعدها. د.احمد شوقي عمر أبو خطوة، مصدر سابق، ص187- 188. عادل عبد إبراهيم، حق الطبيب في ممارسة الأعمال الطبية ومسؤوليته الجنائية، رسالة ماجستير مقدمة إلى كلية القانون، جامعة بغداد، 1977، ص154. د.السيد عتيق، مصدر سابق، ص22 وما بعدها..

[3] Van Der.Euthanasia and other medical decisions concerning the end life.1991.p669.

2. القتل بدافع الشفقة السلبي (Euth Passive):

وهو ترك المريض يموت موتة طبيعية بالامتناع عن تقديم وسائل الرعاية والعلاج المحتمل معها إطالة الحياة بقصد إحداث الوفاة، وتتم هذه الصورة من القتل بوقف الطبيب لوسائل العلاج غير العادية من وسائل إنعاش صناعي وتغذية وغيرها، فهو قتل سلبي بالترك أو الامتناع.[1]

والقتل بدافع الشفقة كأي ظاهرة اجتماعية اختلفت الآراء بشأنها، فأيد البعض هذه الفكرة وناهضها البعض الآخر. وسنستعرض هذه الآراء من خلال مطالب ثلاثة, خصص أولها لبيان كلمة الطب في فكرة القتل بدافع الشفقة, والمطلب الثاني يتناول بالبحث موقف الشريعة الإسلامية، في حين يتولى المطلب الثالث بيان وجهة نظر القانون, نستعرض فيه اتجاهات التشريع والفقه والقضاء.

المطلب الأول

موقف علماء الطب

احتل موضوع القتل بدافع الشفقة جزءا كبيرا من الجدل والنقاش الدائر في الوسط الطبي، ومثار هذا الجدل هو التعارض الحاصل بين التكنولوجيا الطبية الحديثة التي تؤكد وبشدة على انعدام أي جدوى من استمرار رعاية المصابين بموت دماغي وأمراض ميؤوس من علاجها، وبين أخلاقيات مهنة الطب التي تحتم على احترام حياة الإنسان مهما كانت فرصه بالحياة ضئيلة، فالطبيب هو المدافع الأول عن حياة الإنسان، كما انه أكثر الناس مساعدة للمريض للتخلص من آلامه، ولقد انقسم الطب بشأن هذا الموضوع في اتجاهين، يذهب الاتجاه الأول إلى إباحة القتل بدافع الشفقة ويجد لذلك مبررات عدة، في حين يرفض الاتجاه الثاني مثل هذا

---

[1] د.السيد عتيق، مصدر سابق، ص30

التوجه ويعارض جميع صور القتل بدافع الشفقة، وسأتعرض لكلا الاتجاهين والمواقف الداعمة لهما من خلال الفرعين الآتيين:

الفرع الأول
الاتجاه المؤيد للقتل إشفاقا

يدعو أنصار هذا الاتجاه إلى التعامل مع موضوع القتل بدافع الشفقة بموضوعية وواقعية بعيدا عن المواقف العاطفية، مؤكدين على انعدام الفائدة من الإصرار على إبقاء حياة بعض المرضى الذين لا يرجى شفائهم، وخاصة المصابين بموت الدماغ الداخلين في غيبوبة نهائية لا يقظة منها، والفاقدين لشعورهم وإدراكهم مع استمرار أعضائهم بالعمل لتخرج فضلات وإفرازات أجسامهم، فيفقدوا حقهم في الاحتفاظ بكرامتهم واعتبارهم , بالإضافة إلى معاناة ذويهم وتحملهم لنفقات باهظة، وبالتالي تبرز الحاجة هنا إلى من يأخذ بيد هؤلاء المرضى للخلاص من هذه الحياة.[1]

ويضيف أنصار هذا الاتجاه بأنه من غير المعقول أن نرى شخصا يتألم بوحشية والجميع ينظر إليه دون أن يخلصه احد من آلامه ومعاناته, ولا نحتمل هذا عندما ننظر إلى حيوان يتألم.[2]

ويرى أنصار هذا الاتجاه بأنه وان كان صحيحا بأن قيمة العلم في المجال الطبي تتمثل فيما يقدمه من خدمات للإنسانية، إلا أن هذا الهدف يجب أن لا يفسر تفسيرا ضيقا يقتصر على الهدف التقليدي وهو وصول الطب لعلاج الأمراض التي

---

(1) د.ضاري خليل محمود، موت الدماغ من الناحية الجنائية، مصدر سابق، ص 108.

(2) حيث يقول الدكتور أوكس" إننا لا نتردد في الحكم بالموت على جواد يتعذب ويكون في حالة غير قابلة للشفاء، ونحن عندما نقتل هذا الجواد فإننا نقتله بدافع الشفقة، ولا يصح أن نكون اقل شفقة على الإنسان من الحيوان". ينظر: د. محمود احمد طه، مصدر سابق، ص82

يعاني منها الإنسان, بل يكون الطب في خدمة الإنسان أيضا إن سهل له طريقة الموت، ومن ثم كيف يعاقب الطبيب عن نواياه الحسنة التي دفعته لتخليص المريض من آلامه المبرحة.[1]

ولقد اقر العديد من الأطباء بالقتل بدافع الشفقة وتسهيل الموت, إذ يرى الدكتور زينو في القتل بدافع الشفقة عملا من أعمال التضامن الاجتماعي والإحساس السلمي، ويؤكد ذلك بقوله:" إن هذه الفكرة قد تصدم عددا كبيرا من الناس بسبب عقائدهم الدينية التي تجعلهم لا يجرؤون على التمشي مع عواطفهم نحو الآخرين، ولكن لا يستبعد أن يأتي اليوم الذي يعد فيه قتل المريض عملا من أعمال التضامن الاجتماعي والإحساس السلمي".[2]

كما صرح بذلك الدكتور ساندر الذي حوكم عن قتله لمريض إشفاقا عليه أمام المحكمة الأمريكية التي حاكمته فقال:" إنني اعلم بمخالفتي للقانون، إلا إنني لم ارتكب إثما أو جرما من الناحية الأخلاقية، فالأخلاق تمنحني هذا الحق".[3]

ولم يقتصر التأييد على المواقف الفردية، بل نجد الكثير من الجمعيات والمؤتمرات الطبية الدولية قد تبنت هذا الاتجاه لا سيما في الولايات المتحدة الأميركية فكانت أول دولة تأسست فيها مثل هذه الجمعيات والمنظمات.

ففي عام 1903 طالب ألف طبيب من نيويورك بتطبيق القتل بدافع الشفقة، مما أدى إلى مناقشة الجمعية العمومية للأطباء في نيويورك حق الإجهاز على المريض الميؤوس من شفاءه في حالات خاصة عندما يكون المريض مصابا بالسرطان في العمود الفقري مع الشلل، ووافقت الجمعية على إعطاء هؤلاء المرضى الحق في موت هادئ واعتبرت هذا واجبا.[4]

---

[1] ريم بنت جعفر، مصدر سابق، ص23-24

[2] د. محمود احمد طه، مصدر سابق، ص83.

[3] ريم بنت جعفر، مصدر سابق، ص24

[4] عادل عبد إبراهيم، مصدر سابق، ص156.

وأوصى بذلك المجلس الطبي الأوربي عام 1976, الذي قرر بأن (الحياة يجب ألا تكون الهدف الأوحد للممارسة الطبية، وإنما يجب أن تتجه إلى تخفيف المعاناة أيضا). وفي نفس العام صدر تقرير الأكاديمية السويسرية للعلوم الطبية والذي برر من الناحية الطبية التخلي عن المعالجة والاكتفاء بتسكين الآلام أكثر مما تتحمله الطاقة البشرية شريطة أن يكون المرض قد أصبح في حالة لا أمل في الشفاء منه.[1]

الفرع الثاني

الاتجاه المعارض للقتل بدافع الشفقة

يذهب أنصار هذا الاتجاه إلى رفض جميع صور القتل بدافع الشفقة بشكل قاطع سواء كان ايجابيا أم سلبيا، ومن ثم لا يجوز للأطباء إيقاف أجهزة الإنعاش الصناعي عن المريض ولو كان ميؤوسا من حالته وكان تصرف الطبيب بهدف وضع حد لآلامه.[2]

ويرى أنصار هذا الاتجاه انه مهما كانت المبررات والدوافع التي قيلت في تسويغ القتل بدافع الشفقة كون المريض يعاني من عذاب غير محتمل، وان تصرف الطبيب كان مرده الشعور بالإشفاق والرحمة، ومهما وصفت هذه المبررات بأنها نبيلة وشريفة، غير إنها في الحقيقة ليست سوى غطاء لوحشية مغلفة بادعاء الرحمة تهدف إلى تحقيق مصالح ضيقة, تبدأ بالتخلص من أعباء العناية بالمريض وتنتهي إلى نقل أعضاءه البشرية في إطار عمليات موضع شك وريبة قد يكون الهدف منها الحصول على منافع مادية بحتة.[3] ويستند أنصار هذا الاتجاه في رأيهم إلى عدة حجج ومبررات أهمها:

---

[1] د.محمود احمد طه، مصدر سابق، ص82.

[2] المصدر نفسه، ص91.

[3] د.ضاري خليل محمود، موت الدماغ من الناحية الجنائية، مصدر سابق، ص110

أولا: إن أخلاقيات مهنة الطب تقر وبصورة لا تقبل الجدل بأن واجب الطبيب هو السعي لإنقاذ المريض دون أن يتجه تفكيره نحو اليأس من حالة المريض أو التفكير بوضع نهاية لحياته لتخليصه من آلامه، فمهمة الطبيب تتمثل في البحث عن العلاج لمريضه حتى آخر لحظة من حياته. كما يجب أن تقوم العلاقة بين المريض وطبيبه على أساس الثقة المتبادلة، لأنه متى ما انعدمت هذه الثقة وأصبح المريض يخشى الطبيب ويحترز منه عندئذ ستصبح الإنسانية نهبا للأمراض الفتاكة، وسيؤثر المريض البقاء في بيته على أن يسعى إلى حتفه على يد طبيبه.[1]

وعليه لا يمكن بأي حال من الأحوال القول بأن تتحول مهمة الطبيب إلى إنهاء حياة المريض مهما كانت المبررات، وليس من الأخلاق أن نسوي بين اليد التي تعالج واليد التي تقتل، وهذا ما أكد عليه طبيب نابليون Des Genette عندما طلب منه نابليون قتل المرضى من جنوده في عكا فرفض قائلا" إن واجبي المحافظة على الحياة وليس إنهائها".[2]

بالإضافة إلى خطورة تبرير القتل بدافع الشفقة، إذ استغل هذا المفهوم أبشع استغلال من قبل النازية الألمانية والفاشية الايطالية بالقضاء على العاجزين و المعوقين عقليا وبدنيا، تأسيسا على حجج واهية كتخليصهم من حياة الألم والعذاب أو حجج بغيضة كتحسين النسل.[3]

ثانيا: على الرغم من التقدم الكبير في المجال الطبي وتطور تقنياته، إلا إن الخطأ لا زال واردا لا سيما من الطبيب في مرحلة التشخيص، كونه إنسانا وسمة

---

[1] ريم بنت جعفر، مصدر سابق، ص31

[2] د.محمود احمد طه، مصدر سابق، ص94

[3] ريم بنت جعفر، مصدر سابق، ص17

الإنسان النقص والقصور. وهناك من الشواهد الطبية الكثير التي تدل على احتمالية الخطأ هذه.[1]

ثالثا: إن من شأن تبرير القتل بدافع الشفقة واليأس من حالة المريض إلغاء الأمل في البحث عن علاج لهذه الأمراض، فإذا اعتبرنا إن مرضا ما لا يقبل العلاج وفقا لمعايير اليوم ووسائله، فإن هذا لا يعني انه ليس من الممكن أن يتغير الحال في المستقبل مع التقدم السريع للعلوم، فهناك الكثير من الاكتشافات والاختراعات الطبية التي قضت على أمراض فتاكة كانت بالأمس القريب غير قابلة للعلاج، فقد غير الطب مجرى حياة الآلاف من الناس الذين كانوا يعانون آلاما قاسية ويتهددهم خطر الموت، وهذا ما حصل فعلا بالنسبة لمرضى السل عندما تم اكتشاف دواء الريميفون (Rimifon)، إذ كان المصابون بهذا المرض يعتبرون بحكم الموتى في نظر الطب، وكذا الحال عندما اكتشف المصل المضاد لمرض الديفتيريا وغيرها من الأمراض.[2]

ولهذا الاتجاه مؤيدوه سواء على المستوى الفردي أو الجماعي، فعلى المستوى الفردي نذكر ما ذهب إليه رئيس المجلس الوطني لأطباء فرنسا عام 1949 لدى تعليقه على قضية قتل بدافع الإشفاق فقال:" إن أكاديمية الطب ترفض وبشدة كل الوسائل التي تهدف إلى إزهاق أرواح المشوهين والممسوخين والمجانين والمرضى الذين لا يرجى شفاؤهم...وإن قانون الأخلاق الطبية قاطع وجازم حين

---

[1] ففي إحدى الحالات المرضية فقدت طفلة التوازن تماما فظلت لا تتحرك إطلاقا، وبعد علاج استمر لمدة عشرة أشهر هجرها الأطباء وأكدوا لأمها بأن هذه الطفلة وان عاشت وهو احتمال ضعيف فتعيش صماء وبكماء، وخيَّر الطبيب ذوي الطفلة الإجهاز عليها فرفضت الطفلة ذلك، ولما بلغت الطفلة سنتها الأولى أصيبت بالحصبة، وبعد أسبوع أصبحت الطفلة تتحكم في رأسها، وبعد أسبوعين أخذت تجلس. فأخذتها أمها إلى نفس الطبيب وأجرى لها فحوصات بالأشعة, واعترف قائلا:"سيدتي إن العلم عاجز عن التعبير، وهذه ابنتك قد شفيت تماما". ريم بنت جعفر، مصدر سابق، ص31.

[2] عادل عبد إبراهيم، مصدر سابق، ص160

نص على احترام الحياة وتكريم شخص الإنسان، وهو واجب الطبيب الأساسي وهذا المبدأ لا يقبل أي استثناء".[1]

وهذا ما يتفق مع قول الدكتور فليشترFleshter أستاذ سلوك مهنة الطب بجامعة فيرجينيا في الولايات المتحدة الأمريكية خلال المؤتمر العالمي حول الاوثانازيا المنعقد بنيويورك عام 1974حيث قال:" أنه لابد من أن نعلن ثورة ضد عالم الغد اللإنساني، ونحاول فهم المعنى الحقيقي للحياة الذي يفرض نفسه على وعي الطبيب، وذلك بمعالجة مكونات شخصيته أولا ثم تفكيره بواجباته الأساسية تجاه مرضاه، لأنه توجد عدة قوى تطغى على شخصية الطبيب، عندها سندرك أن حياة المريض هي أسمى ما يمكن أن نحافظ عليه".[2]

أما على المستوى الجماعي، فقد أدانت الجمعية الطبية العالمية بنيويورك عام 1950 القتل بدافع الشفقة عندما هاجمت وبشدة ما دعا إليه الطبيبان الانكليزي Gregg والهندي Sen. من ضرورة إباحة الاوثانازيا.وكذلك أكاديمية العلوم الأخلاقية والسياسية في فرنسا عام 1954 حيث أصدرت توصية تدين ذلك. وكنتيجة لمثل هذه التوجهات صدر قانون أخلاق الطب الفرنسي الذي جعل أسمى واجبات الطبيب حفظ حياة المريض.[3]

المطلب الثاني
موقف الشريعة الإسلامية

إن القتل بدافع الشفقة محرم من المنظور الإسلامي, وآية ذلك تحريم الشريعة الإسلامية لقتل النفس ولو كان صاحبها ميؤوس من شفائه، ولقد استفاض ذكر حرمة قتل النفس في آيات القرآن الكريم التي توعدت من يقدم على هذا الفعل

---

(1) د.محمود احمد طه، مصدر سابق، ص94-95

(2) ريم بنت جعفر، مصدر سابق، ص32

(3) المصدر نفسه، ص32

بالعذاب الأليم, لقوله تعالى:﴿ ومن يقتل مؤمنا متعمداً فجزاؤه جهنم خالدا فيها وغضب الله عليه ولعنه وأعد له عذابا عظيما﴾.[1]

فالمرض ابتلاء من الله سبحانه وتعالى ليتبين صبر العبد ومدى طاعته، ومن ثم فلا بد من أن يتعامل العبد مع المرض بهدي الله، فقد يطول المرض بصاحبه مما يولد لديه شعورا بالموت المحقق واليأس من الحياة يتمنى المريض معه أن يموت فيكون الموت خلاصا له من آلامه، وهو أمر منهي عنه شرعا لقوله:صلى الله عليه وسلم (لا يتمنين أحدكم الموت لضر ألم به، فان كان ولا بد فليقل أحدكم اللهم أحييني ما كانت الحياة زيادة لي في كل خير، وأمتني إن كان الموت راحة لي من كل شيء).[2]

فقد أصيب بعض الصحابة في بعض الغزوات بإصابات قاتلة، وظلوا أياما يعانون من الآلام المبرحة قبل أن يتوفاهم الله. ولكن لم يبادر إلى ذهن أحدهم أن يضعوا حدا لهذه الآلام المبرحة عن طريق قتلهم.[3]

وعليه فان دب اليأس من الشفاء ليس لدى المريض فقط بل لدى الطبيب نفسه, مما يجعله ومن منطلق الرحمة بالمريض والإشفاق عليه يفكر في إنهاء حياته ووضع حد لآلامه. فان هذه الدوافع لا تغير من حقيقة الفعل شيء وان أقدم عليه كان قاتلا متعمدا في حكم الشريعة ويلقى الجزاء الذي توعده الله به. فان ادعى بأنه حقق رغبة المريض، رُدَّ عليه بأن ليس له الحق ولا للمريض في هذا الفعل، لأنه هدم لما أقامه الله عز وجل لا يتأتى للإنسان فعله، فجسم الإنسان وحياته من بنيان الله,إذ يقول تعالى:﴿الذي أحسن كل شيء خلقه وبدأ خلق الإنسان من طين۞ ثم جعل نسله من سلالة من ماء مهين۞ثم سواه ونفخ فيه من روحه وجعل لكم السمع والأبصار والأفئدة قليلا ما تشكرون۞﴾.[4]

---

(1) سورة النساء، الآية 93

(2) مسلم بن الحجاج القشيري النيسابوري، مصدر سابق، ج4، ص2064، رقم الحديث2680

(3) د.محمد عبد الوهاب الخولي، مصدر سابق، ص287

(4) سورة السجدة، الآيات7-8-9

ومن ثم لا يحق للمريض الـذي لا يرجـى شـفاؤه أن ينهـي حياتـه بيـده أو بيـد غـيره لحرمة قتل النفس إلا بالحق, وهو مبدأ أكدت عليـه الشريـعة الإسلامية لقـول رسـول اللـه صلى اللـه عليه وسلم(من قتل نفسه بحديدة فحديدته في يـده, يتوجـأ بهـا في بطنـه في نـار جهنم خالدا مخلدا فيها أبدا، ومن شرب سما فقتل نفسه فهـو يتحسـاه في نـار جهنم خالدا مخلدا فيها أبدا، ومن تردى من جبل فقتل نفسه فهو يتردى في نار جهنم خالدا مخلدا فيها أبدا).[1]

وهذا ما أكد عليه الفقه الإسلامي المعاصر أيضا، فقد أجمع على تحريم القتل بـدافع الشفقة، وذهب البعض إلى القول" إن قتل الرحمة ليس من الحق، بل من المحرم قطعا بهذه النصوص وغيرها﴿ مـا كان لنفس أن تموت إلا بأذن اللـه كتابا مؤجلا ﴾ كقتل المـريض بمـرض استعصى طبه على الأطباء وعلى الدواء ويعاني مـن مرضه آلامـا قاسية، حيث لا يبـاح قتلـه لأراحته من الآلام. وتجريم القتل راجع لأنه هدم لما أقامه اللـه ورسوله وسلب لحياة المجني عليه واعتداء على أهله، ولذلك فأن قتل المرحمة محرم في الإسلام وذلك سـواء كـان لتخليصـه من آلامه أو اليأس من شفاءه".[2]

وأخيرا نطلع على فتوى رئيس قسم الشريعة في جامعة الكويـت ردا علـى سـؤال وجـه إليه بشأن قضية القتل بدافع الشفقة وجاء في فتواه:

أولا: اتفق رأينا على ما يلي:

1. إن إقدام الطبيب على مثل هذا مهما كان الدافع جريمة عظمى، فأنـه قتل لـنفس معصومة الدم، وانه لا يحل دم امـرؤ إلا بإحـدى ثـلاث، ردة بعد إسـلام، ونفـس بنفس، وزنا بعد إحصان، وهذه الجريمة تعتبر ثاني الجرائم

---

[1] أبو زكريا بن شرف بن مري النووي، شرح النووي على صحيح مسلم، ج2، ط2، دار إحياء التراث العربي، بيروت، 1392هـ ص118

[2] الشيخ جاد الحق علي جاد الحق، بحوث وفتـاوى إسلامية في قضايا معـاصرة، الأزهـر الشريـف,الأمانـة العامة للجنة العليا للدعوة الإسلامية، القاهرة، 1993، ص 508

بعد الشرك بالله، فمن ناحية الحل لا سبيل للقول به في مثل هذه الظروف.

2. إذا كان القتل بـأذن المريض نفسـه – وهو بكامـل عقلـه – سقط القصاص عـن الطبيب, ولكن لم يسقط عنه الإثم فأن النفوس البشرية لا تحتمـل البـراءة، وإنمـا سقط القصاص لوجود شبهة بشأنه تدفع القصاص.

3. إذا أعفى أولياء المريض المقتول بعد موته عـن الطبيب سقط القصاص، ولا عبرة بأذنهم قبل الوفاة تصريحا وتلميحـا، وإلا كان تواطـؤ مـنهم معـه عـلى التعجيل بموته، ويكونون شركاء له في الجريمة.

4. في الأحوال التي يسقط فيها القصاص لا يسقط مبدأ العقوبة التعزيرية.

ثانيا: اختلف رأينا حول وجوب القصاص، إذا لم يكن هناك إذن سابق ولا عفو لاحق من أولياء الدم، فذهب البعض منا إلى وجوب القصاص لأنه قتل عمد لنفس معصومة لها حق الحياة، فكم من مريض ميؤوس منه شفى، ولان ترك القصاص يفتح التآمر بـين ورثة المريض وبعض الأطباء ضعاف الأخلاق، فبإسم الرحمة تزهـق روح بريئة، وأمـا المشوهون فواجب على المجتمع أن ييسر لهم حياة فيها شيء من الراحة، وكم من مشوه نبغ من نواح لم تخطر على بال.

وذهب بعضنا إلى أن القصاص سقط متـى ثبت يقينا أن الـدافع هـو الرحمة، فـأن الشبهة مسقطة للحد، ولكن لا يسقط عنه الإثم أو العقوبـة التعزيرية، وإذا قال قائـل أن الطبيب اجتهد فكان له اجر المجتهد وأن اخطأ على فرض الخطأ، فنقول: أن الخطأ هنا واضح في مقابل النص ولولا اشتباه الأمر على بعض الناس لوجب أن يقتص منه، عـلى انه بعد أن يشتهر الحكم يصبح القصاص واجب من الطبيب الذي يقدم عليـه، ولا نفـرق بـين أن يكون القتل بسبب من شأنه القتل مباشرة أو مفضيا إلى قتل بطريق غير مباشر، كإكثار المخدر كـثرة لا يتحملها جسم الإنسان العادي وهذا رأي أكثر الفقهاء).[1]

---

[1] عبد الوهاب حومد، المسؤولية الطبية الجزائية، مصدر سابق، ص320 وما بعدها

ونخلص مما تقدم إلى أن الطبيب الذي يعمد إلى تعجيل وفاة الإنسان بأي طريقة كانت إيجابية بحقن المريض مما يعجل في وفاته أو سلبية بالامتناع عن تقديم الرعاية والعلاج التي يحتاجها المريض يعد قاتلا، ولا يزيل عن فعله هذا صفة الجرمية دافعه إلى قتل المريض رحمة به وتخليصا له من آلامه، وهذا طبعا لا يشمل إيقاف أجهزة الإنعاش الصناعي عن موتى الدماغ لإعطائهم الفرصة كي يموتوا موته طبيعية، لان الحياة الإنسانية هي تلك التي تنبعث من جسم الإنسان وبقاء الروح فيه وليست تلك التي تنبعث من أجهزة الإنعاش الصناعي، ولا يعني هذا بأي حال اعتبار الإنسان ميتا لمجرد إيقاف أجهزة الإنعاش الصناعي بل لابد من تحقق موت جميع الأجهزة الحيوية الثلاثة في الجسم وفقا لمعيار الموت الجسدي حتى تعلن وفاة المريض.

المطلب الثالث
موقف القانون الوضعي

تضاربت الاتجاهات القانونية بشأن موضوع القتل بدافع الرحمة سواء على مستوى الفقه أو التشريع أو القضاء، وذلك لاختلاف الآراء وتباين وجهات النظر التي تحكمها فلسفات ومعتقدات مختلفة من جهة، ولارتباط هذا الموضوع بمسألة أخرى وهي تحديد لحظة الوفاة واختلاف المعايير المطروحة في هذا الشأن من جهة أخرى. إذ لم تكن هذه المسألة محل إجماع بين الأطباء أنفسهم قبل غيرهم، هذا التذبذب والارتباك في الآراء أدى إلى تباين مواقف الاتجاهات المختلفة، فكانت تناهض فكرة القتل بدافع الشفقة تارة، وتؤيده تارة أخرى، وتنهج اتجاها معتدلا أحيانا. وسوف نستعرض الاتجاهات المتضاربة في ثلاث فروع , تتناول على التوالي اتجاهات الفقه القانوني وحججه، والاتجاهات التشريعية المختلفة، وأخيرا اتجاهات القضاء من هذه المسألة.

الفرع الأول
اتجاهات الفقه القانوني

اختلفت اتجاهات الفقه القانوني بشأن مسألة القتل بـدافع الشـفقة، فقـد أيـد بعـض فقهاء القانون هذه الفكرة واستندوا في ذلك إلى بعض الحجج والأسانيد. في حين ذهب اتجاه ثاني إلى ما يخالف أصحاب الاتجاه الأول تماما، ورفضوا فكـرة القتل بـدافع الشـفقة رفضا مطلقا. وظهر اتجاه ثالث اختط لنفسه طريقا وسطا بين كل من الاتجاهين السـابقين. وفيما يلي بيان لكل من هذه الاتجاهات:

أولا- رأي الفقه المؤيد وحججه:

يؤيد أنصار هذا الاتجاه فكـرة القتل بـدافع الشـفقة, ويـرون بـأن مـن حـق الطبيـب الامتناع عن تركيب أجهزة الإنعاش الصناعي أو رفعها متى كان المريض لا يرجـى شـفاؤه، وان المريض في طريقه إلى الموت، وإن اشترط لذلك أن يكون فعل الطبيب نابعا عن رغبته في عدم تعذيب المريض المحتضر وطلبا لراحته وراحة أهله. ويسوغ أنصار هـذا الاتجاه رأيهـم هـذا بعدة مبررات وحجج أبرزها:

1. يرى أنصار هذا الاتجاه بأن مهمة الطبيب لا تقتصر عـلى العـلاج وتخفيف الآلام, وإنما تشمل أيضا مساعدة المريض في الحصول على موت هادئ متى كان الشفاء ميؤوسا منه، وكان المريض يعاني آلاما مبرحة. لان القول بغير ذلك يجعل مـن عمـل الطبيب ليس سوى إطالة لألام المريض البدنية والنفسية. [1]

وأساس هذه الحجة هو أن العلم وخاصة في المجال الطبي ينبغي أن يكـون في خدمـة الأحياء، وعليه فإذا أيقن الطبيب بأن لا جدوى ترجى من التـدخل الطبـي والمـريض ميؤوس مــن مرضـه، عندئـذ يتعـين عـلى الطبيـب تسـهيل طريـق المـوت لـذلك

---

[1] د. عبد الوهاب حومد، دراسات في الفقه الجنائي المعاصر، جامعة الكويت، 1983، ص316

164

المريض. فإذا كان الموت دليلا على فشل العلم، فلا بد أن نجعله على اقل تقدير يقدم للإنسان موتا هادئا وسهلا.[1]

2. يذهب أنصار هذا الاتجاه أيضا إلى أن القانون لا يعاقب على الجريمة إن وقعت تحت وطأة الإكراه المعنوي الذي يشل إرادة الفاعل، ولما كانت الإرادة تمثل احد عنصري القصد الجنائي إلى جانب العلم، لذا فأن غياب احدهما سيؤدي إلى انتفاء وجود القصد الجنائي، وبالتالي ينعدم احد أركان جريمة القتل العمد وهو الركن المعنوي، وبناءا على ذلك تكون المسؤولية الجنائية للفاعل موضع شك.[2]

ويتعزز هذا القول بأن إرادة الطبيب أو قريب المريض الذي يقدم على الإجهاز على هذا المريض نتيجة شعوره بالإشفاق عليه وعدم قدرته على تحمل توسلاته بإراحته، هي إرادة نقص فيها جانب الاختيار فيها نقصا ظاهرا ومعتبرا، ولما كان القانون يعتد بالإرادة إذا توافر لها شرطان هما التمييز وحرية الاختيار، فأن انتفاء احد هذين الشرطين أو كلاهما يجرد هذه الإرادة من القيمة القانونية.[3] وعليه فكيف نتوقع أن تظل إرادة الطبيب حرة في اتخاذ قراره وهو يستقبل حالة مريض ميؤوس من شفاءها ويشعر بمقدار الألم الذي يعانيه، ويعلم بأن تدخله بوسائل الإنعاش الصناعي محكوم عليه بالفشل ولن يجدي سوى مزيدا من الآلام للمريض وأسرته نفسيا واقتصاديا؟ فمما لاشك فيه أن كل ذلك من شأنه أن يؤثر على إرادة الطبيب ويدفعه إلى اتخاذ قراره هذا الذي اضطر إلى اتخاذه في مثل هذه الظروف.[4]

---

[1] د. محمود احمد طه، مصدر سابق، ص86. د.محمد عبد الوهاب الخولي، مصدر سابق، ص291

[2] د.عبد الوهاب حومد، دراسات في الفقه الجنائي المعاصر، مصدر سابق، ص31

[3] ريم بنت جعفر، مصدر سابق، ص26

[4] د.محمود احمد طه، مصدر سابق، ص86-87

3. ويضيف أنصار هـذا الاتجاه أن القانون يبيح الإجهاض- في الدول التي تأخذ بجوازه-وان الطبيب يمكن أن يقوم به ولو بعد الأشهر الثلاث من الحمل حفاظا على صحة الأم والجنين إذا تراءى للطبيب إن الجنين سيولد معاقا حتى يتم التخلص من ذلك الجنين، وهي حالة من حالات القتل بدافع الشفقة. وقياسا على هذا يمكن للطبيب أن يقتل شخصـا معاقا أو مريضا لا يرجى شفاؤه، وعليه لا بد من أن يتدخل المشرـع ويبيح صراحـة قتل الشفقة.[1]

4. طالما إن المشرع قد اعترف بحق الموت عندما سن عقوبة الإعدام، أو حـق القتل في الحرب، أو الدفاع عن النفس، كان عليه أن يعطي الطبيب حق قتل مريضه لتخليصه من آلامه. لذا ليس هناك أفضل من أن يتدخل الطبيب بعملية بسيطة لاختصار آلام المريض ومعاناته الجسمية والنفسية.[2]

5. انتفاء صفة القتل عن فعل إنهاء حياة مريض إشفاقا عليه، لان القتل هـو ذلك الذي يرتكب بسوء نية تحت تأثير عاطفة غير مشروعة كالحقد أو الانتقام والقسوة, وهو ما لا يتوافر في الطبيب أو الشخص الذي يقدم على هذا الفعل، لأنه يتم بحسن نية وتحت تأثير عاطفة مشروعة كالحب أو الإشفاق أو المساعدة.[3]

6. ضرورة ترجيح المرضى الذين يرجى شفاؤهم على المرضى الميؤوس من شفائهم، لذا فان من شأن تجريم فعل الطبيب بالامتناع عن تركيب أجهزة الإنعاش الصناعي أو إيقافها، حرمان مرضى آخرين يكونوا في أمس الحاجة إلى هذه الأجهزة ويتوقع أن تكون هذه الأجهزة شافية لهم. فهل من المنطق أن تضيع المستشفيات أوقاتها على مرضى ميؤوس مـن شفائهم, خاصة وان هناك مرضى آخرين ينتظرون دورهـم لـدخول المستشفى وتلقي العلاج. هذا بالإضافة إلى إمكانية

---

[1] ريم بنت جعفر، مصدر سابق، ص26
[2] المصدر نفسه، ص27
[3] د.محمود احمد طه، مصدر سابق، ص87

166

الاستفادة من أعضاء هؤلاء المرضى وزرعها لمرضى آخرين هم في أمس الحاجة لها.[1]

7. إقرار الرأي العام للطبيب بحقه في الامتناع عن تركيب أجهزة الإنعاش الصناعي أو إيقافها عن المرضى الميؤوس من شفائهم، وهذا ما تدل عليه استطلاعات الرأي والاستبيانات التي أقيمت في هذا الشأن. ففي عام 1987 أقامت جمعية الحق في الموت بسلام استفتاءا في فرنسا اظهر إن 85٪ من الفرنسيين يؤيدون القتل الرحيم بناءا على طلب المريض، وان تجري مساعدتهم على تنفيذ ذلك إذا لم يتملكوا الشجاعة على تنفيذه. وهناك 46٪ يؤيدون القتل بدافع الشفقة دون حاجة إلى طلب المريض. وطالب 76٪ بتعديل قانون العقوبات بإباحة القتل بدافع الشفقة.[2]

ثانيا- رأي الفقه المعارض وحججه:

يذهب أنصار هذا الاتجاه الذي نؤيده إلى عدم أحقية الطبيب في إيقاف أجهزة الإنعاش الصناعي عن المريض الميؤوس من شفاءه، وان كان الطبيب يستهدف تخليص المريض من آلامه ومعاناته القاسية، ويستند هؤلاء إلى عدة أسانيد أهمها:

1. إن الطبيب ملتزم بموجب العلاقة التي تربطه بالمريض, سواء كانت هذه العلاقة عقدية أو تنظيمية ببذل العناية، أي بذل أقصى ما لديه من علم وفن لعلاج المريض من المرض الذي يعانيه بصفة أساسية. لذا فإن المريض الذي يعاني اضطرابا أو توقفا لأحد أجهزة الجسم الرئيسية كاضطرابات القلب أو توقف جزئي لبعض وظائف المخ، لا بد من أن يستمر الطبيب في علاجه حتى تتحسن حالته, أو تتأكد وفاته وفقا للتحديد السابق للوفاة.[3]

---

[1] د.محمود احمد طه، مصدر سابق، ص86

[2] المصدر نفسه، ص87. ريم بنت جعفر، المصدر السابق، ص29.

[3] المصدر نفسه، ص93-94

2. إن إطلاق اليد للقتل الرحيم سيضعف وينتهك مبدأ حماية الحياة، إذ إن من شأن إباحة هذا الفعل جعل الحياة موضع تصرف من قبل الإنسان مما يؤدي إلى انتفاء وجود حرمة المساس بها، وهذا كله ما يخالف حقيقة الحق في الحياة، فلم يعد هذا الحق في التشريعات الحديثة حقا خالصا وحده بل هو حق مشترك بين الفرد والمجتمع[1]. وعليه لا يجوز للفرد والمجتمع أن يحدث موت شخص متى شاء، بل إن حفظ الحياة لأصحابها يعد من الواجبات الأساسية التي على المجتمع أن يكفلها، لذا كان من البديهي أن يحتج أي مجتمع سليم على القتل والقتلة ويطردهم من صفوفه مهما كان الدافع[2].

3. إن محل الحماية القانونية هو الإنسان بالمعنى المجرد، والقانون لا يتطلب صفة معينة في هذا الإنسان ولا حالة بذاتها، فحياة الناس لها قيمة واحدة في نظر القانون ولا محل لأي تفرقة ترجع لنوع المجني عليه أو سنه أو حالته الصحية أو مرضه ولو كان مرضا عضالا لا يتوقع شفاؤه أو كان مشوها أو معوقا[3]. وعليه فالإنسان الذي يقدم على الفعل يعتبر قاتلا، ويقع تحت طائلة القانون لقيام جريمة القتل بأركانها في حقه. فالركن المعنوي متوافر لوجود نية إزهاق روح إنسان، وكذلك الركن المادي لحدوث فعل الاعتداء سواء كان ايجابيا أم سلبيا، فضلا عن الركن الشرعي بوجود نص يجرم فعل القتل، فالقاتل بدافع الشفقة هو قاتل متعمد في نظر القانون.

4. إن القتل بدافع الشفقة في حقيقته جناية قتل يعاقب عليها القانون، فالقانون الجنائي لا يعتد بالبواعث بصفة أصلية في مجال التجريم. مهما كان الباعث شريفا، وكل ما لها من تأثير لا يتعدى التأثير على درجة العقاب, وان كانت هناك بعض

---

[1] د. محمد زكي أبو عامر ود.علي عبد القادر القهوجي، القانون الجنائي، القسم الخاص، الدار الجامعية، بلا مكان طبع، 1986، ص37

[2] عبد الوهاب حومد، دراسات في الفقه الجنائي المعاصر، مصدر سابق، ص222-223

[3] محمد زكي أبو عامر وعلي عبد القادر القهوجي، المصدر السابق، ص38

الحالات الاستثنائية التي يعتد بها بالباعث كما هو حال الزوج الذي يقتل زوجته حـال تلبسها بالزنا لعذر الاستفزاز الخطير. فجريمة القتل لا تشترط لاكتمال ركنها المعنوي أن يكون الباعث على الجريمة الانتقام أو الحقد أو الكراهية، إذ يسـتوي فيهـا أن يكـون الباعث دنيئا أو على العكس تماما كالإشفاق والرحمة بالمريض.[1]

لذا يعد الشخص المقدم على القتل بدافع الإشفاق قاتلا وإن اقتصر فعله على التعجيل بوفاة المريض أو إنهاء حياته في وقت مقارب للوقت الذي يتوقع أن يقضي ـ فيه المريض، لأن الحياة انتهت هنا بفعل إنسان وليس بفعل المرض، أو على الأقل قد سـاهم الطبيب بفعله مع جملة عوامل طبيعية أخرى في إحداث الوفاة.[2]

5. ويضيف أنصار هذا الاتجاه انه لا يمكن إباحة القتل بدافع الشفقة, في الوقت الذي نشهد فيه دعوات لإلغاء عقوبة الإعدام على أساس احـترام كرامـة الإنسـان وحقـه في الحريـة وفي الحرمة الجسدية. ويتساءل هؤلاء أيهما أفضـل بالرعايـة والتكـريم, أهـو المحكوم عليـه بالإعدام والذي تقع المطالبة باستبدال حكمه بالسجن المؤبد، مع العلم انه ليس سوى مجرما خطيرا هدد كيان المجتمع وسلامته، وبالتالي يستحق الرحمة، أم ذلك المريض أو المعوق الـذي يتمتع بكل أو بعض مقومات الحياة ولا ينقصه سوى رعاية أهله ومجتمعه, وهـو في المراحـل الأخيرة من حياته أو بذل الطبيب لمجهوده معه بتخفيف الآلام عنه؟.[3]

6. لا يمكن تبرير القتل بدافع الشفقة على أساس وقوع الجاني تحـت ظرف الإكراه, فالوضع ونحن بصدد هذه الحالة لا يستجمع شروط الإكراه المعنـوي القانونيـة، مـن صـدوره من إنسان بقصد حمل الغير على القيام بعمل أو امتناع,

---

[1] د.السيد عتيق، مصدر سابق، ص107. د.محمد عبد الوهاب الخـولي، مصـدر سـابق، ص290. د.محمـود احمد طه، مصدر سابق، ص93

[2] ريم بنت جعفر، مصدر سابق، ص32-33

[3] المصدر نفسه، مصدر سابق، ص33

فتنتقص لدى المكره حرية الاختيار بقدر الخطر الذي يتهدده، وهذا غير متوافر عند القاتل بدافع الإشفاق.[1]

7. لا يمكن القياس على حالة إباحة الإجهاض لتبرير القتل بدافع الشفقة, لأنه قياس مع الفارق ومقارنة غير متكافئة، إذ لا يجوز التسوية بين حياة جنين في بطن أمه وحياة إنسان مكتمل.[2]

واستند جانب من الفقه القانوني أيضا إلى الحجج التي أوردها علماء الطب من عدم جواز تفضيل مريض على آخر في استخدام أجهزة الإنعاش الصناعي، والخشية من إن إباحة القتل بدافع الشفقة قد تدفع الأطباء إلى عدم الاهتمام بمرضاهم ما داموا قد أمِنوا المسؤولية، بالإضافة إلى انعدام الثقة بين المريض وطبيبه المترتبة على الإقرار بمثل هذا الفعل.

ثالثا- رأي الفقه المعتدل:

حاول هذا الاتجاه أن يختط لنفسه طريقا وسطا و يوفق بين الرأي المناهض والمؤيد للقتل بدافع الشفقة، فلم يقر بالإباحة المطلقة للقتل ولا التشديد المطلق على نحو ما ذهب إليه الاتجاه المعارض، بل حاول الجمع بين محاسن كلا الاتجاهين ونادى بتضييق نطاق المشمولين بالقتل الرحيم. و دعوة هذا الاتجاه تقوم على أساس التمييز بين نوعين من الموت السهل نبينها فيما يلي بإيجاز:

1. **الموت السهل الايجابي:** ويقصد به قيام شخص, كأن يكون الطبيب أو أحد أقرباء المريض أو أصدقائه، بإنهاء حياة المريض بدافع الشفقة, وذلك بارتكاب فعل ايجابي يؤدي إلى موت المريض، ككتم أنفاس المريض أو حقنه بمواد كيماوية تؤدي إلى وفاته.[3]

---

[1] المصدر نفسه,ص34

[2] المصدر نفسه، ص34.

[3] د.ضاري خليل محمود، موت الدماغ من الناحية الجنائية، مصدر سابق، ص109

2. **الموت السهل السلبي:** ويقصد بهذا النوع من القتل أن لا يرتكب بفعل ايجابي يقوم به الفاعل بإنهاء حياة المريض وإنما بأي فعل من أفعال الامتناع تصدر عن الفاعل تؤدي إلى وفاة المريض. ومثال قتل الرحمة السلبي عدم قيام الطبيب المعالج بتركيب وسائل الإنعاش والتغذية والتنفس الصناعي.[1]

ويذهب هذا النوع من الفقه الذي يعد الفقه الهولندي أنموذجا له إلى ضرورة تخفيف العقاب عن القتل بدافع الشفقة الايجابي إذا كان بناءا على طلب المريض، وقام الطبيب بتنفيذه بفعل ايجابي، كأن يقوم بحقن المريض بجرعة من مخدر تؤدي إلى وفاته ولكن بدون إباحة الفعل بصورة مطلقة، فهم يعتبرون إن القتل بدافع الشفقة تصرف طبي أكثر من كونه جريمة يعاقب عليها القانون الجنائي، ولكنهم لا ينكرون كونه جريمة في النهاية. ونظرا لكونه معبرا عن تصرف طبي كصفة غالبة فيه. وحل لمعاناة أصبحت غير محتملة بالنسبة للمريض نجد أن هذا الفقه لا يطالب بمشروعية القتل بدافع الشفقة الايجابي، بل ينادي فقط بتخفيف المسؤولية.[2]

أما فيما يتعلق بالقتل بدافع الشفقة السلبي، فالفقه الهولندي لا يعتبره قتل شفقة بمعناه المفهوم بل يعتبره تصرفا طبيعيا. إذ إن الطبيب غير ملزم بإتباع عناية طبية علاجية يطبقها على المريض لا طائل من ورائها ولا تسفر عن أية فائدة علاجية. فالخضوع للعلاج والاستمرار فيه يتوقف على اعتبارين، الأول عائد إلى مدى توافر الوسائل العلاجية في المستشفى، والثاني عائد إلى ضرورة عدم رفض المريض للعلاج، فأن رفضه فهذا حق له. فلا تثور في حالة القتل بدافع الشفقة السلبي أي شبهة جنائية، فهو لا يعبر عن جريمة من وجهة نظر هذا الفقه.[3]

_____

[1] المصدر نفسه، ص110

[2] د.هدى قشقوش، مصدر سابق، ص61

[3] المصدر نفسه، ص62 وما بعدها

الفرع الثاني
الاتجاهات التشريعيـة المختلفـة

اختلفت مواقف وسياسة التجريم للقوانين العقابية من مسألة القتل بـدافع الشـفقة, وانقسمت إلى ثلاثة اتجاهات, نستعرضها من خلال ما يأتي:

أولا- القوانين التي تبيح القتل بدافع الشفقة:

1. قانون ولاية أوهايو الأميركية 1906:

حيث أباح هذا القانون القتل الرحيم، وذلك عندما نـص عـلى إن(كـل شـخص مصـاب بمرض مستعصٍ مصاحب لآلام كبيرة يمكنه طلـب عقـد لجنـة مكونـة عـلى الأقـل مـن أربعـة أشخاص، تفصل في ملاءمة وضع حدٍ لهذه الحياة المؤلمة).[1]

2. القانون الهولندي:

لقد شهد موقف القانون الهولندي تغيرات وتطـورات متلاحقـة بشـأن القتـل الـرحيم، فلقد تضمن قانون العقوبات الهولندي الصادر عام 1891نصا يتعلق بالقتل بناءا عـلى طلـب، واشترط القانون أن يكون الطلب صريحا وجادا ولكنه على الرغم من ذلك أبقـى عـلى عقوبـة الفاعل والمتمثلة بالسجن لمدة تصل إلى اثنـا عشر عامـا مـع الغرامـة. وفي سـنة 1987 وضـع اقتراح بمشروع قانون لتعديل عقوبة السجن وجعلها تصل إلى أربعة أعوام ونصف، كما نصت المادة 40 منه على أن لا عقاب على الجاني إن كان القتل قد وقع نتيجة لقوة لا تقاوم.

وظل هذا الوضع إلى أن جاء قانون إتمـام الجنـازة الصـادر في12/2/ 1993 الـذي أبـاح القتل بدافع الشفقة، وصدر مرسوم استنادا إليه يحـدد الإجـراءات المتعلقـة بـه. فقـد نصـت المادة العاشرة من هذا القانون على انه: (إذا اعتبر الطبيب انه لا يمكنه إصدار شـهادة الوفـاة لكون الوفاة غير طبيعية فيجب عليه أن يقوم بكتابة

---

[1] د.السيد عتيق، مصدر سابق، ص89. ريم بنت جعفر، مصدر سابق، ص42

تقرير إلى النائب العام عن طريق إجراءات إدارية معينة منصوص عليها في اللائحة المتعلقة بهذا القانون، ويخطر مكتب الحالة المدنية إذا تعلق الأمر بموت راجع لأسباب غير طبيعية أي بتدخل طبي).[1]

وفي الأول من تموز سنة 1994 أصبح إجباريا إتباع الإجراءات المتعلقة بإعلان القتل بدافع الشفقة بموجب اللائحة التنفيذية التي بررت القتل بدافع الشفقة بالاستناد إلى حالة الطوارئ والقوة القاهرة في نطاق النصوص الجنائية، وبنشر هذه الإجراءات يستطيع النائب العام بعد إتمامها تقدير كل حالة على حدة بالاعتماد على القواعد الجنائية السارية والتفسير القضائي المتبع، وتطبيق هذه الإجراءات لا يتضمن أي اعتداء على القواعد الجنائية السارية مثل نصوص المواد (293-234-287-289) من قانون العقوبات والمتعلقة بالقتل عموما. وان كانت الإجراءات تشير إلى انه على الطبيب الشرعي إذا وجد ما يبرر حالة الضرورة، يجب أن يمد النائب العام بالمعلومات اللازمة ليمارس رقابته وذلك دون اتخاذ أي إجراءات جنائية ضد الطبيب.[2]

وعلى الطبيب المختص بعمل التقرير أن يبين إن الموت راجع إلى تدخل طبي وليس موتا طبيعيا وراجع لحالة من الحالات الآتية:

الحالة الأولى: قتل بدافع الشفقة بناءا على طلب من المريض.

الحالة الثانية: قتل بدافع الشفقة بدون طلب من المريض.

الحالة الثالثة: إن الموت كان راجعا لتدخل طبي بالمساعدة على الانتحار.

وبالتالي يستطيع النائب العام تقدير كل حالة على حدة، وعلى الطبيب الشرعي أن يشير في التقرير المقدم إلى النائب العام انه قد تلقى تقريرا مفصلا من الطبيب المعالج وانه تأكد مما ورد في تقريره. ويجب أن يشتمل التقرير المقدم

---

(1) د.هدى قشقوش، مصدر سابق، ص57

(2) المصدر نفسه، ص65 وما بعدها

بالإضافة إلى ذلك خمسة عناصر أساسية, وهي تاريخ الحالة المرضية وطلب لإنهاء الحياة، أو إن الإنهاء كان ايجابيا بدون طلب من المريض، وفحص الأطباء للحالة المرضية، وأخيرا كيفية تنفيذ إنهاء الحياة. ويشتمل كل بند من هذه البنود على عدة نقاط واستفسارات يهدف بها التقرير إلى تغطية كافة الأسئلة الممكن طرحها في حالة التحقيق لضمان إن التدخل الطبي قد تم بدافع الإشفاق لإنهاء معاناة المريض وبرضا المريض الحر في حالة الطلب الصريح، وبيان العوامل الحقيقية من وجهة النظر الطبية في غير حالة الطلب الصريح وذلك منعا للتوسع في استخدام هذا التدخل.[1]

ثانيا- القوانين التي تعارض القتل بدافع الشفقة:

1. القانون الانكليزي:

ادخل القانون الانكليزي عام 1957 تعديلات على مفهوم القتل العمد لم يطرأ فيها أي اهتمام للقتل بدافع الشفقة، بل إن هذا القانون بما اشتهر به من التثبت بالتقاليد والأعراف، قد اثبت تشددا مطلقا عندما اعتبر القتل العمد درجة واحدة متى تحقق القصد لدى القاتل. وقد بلغ التشدد ذروته في الفصل 174 الذي عرف القتل المقصود بتطرف بالغ، فاعتبر مجرد الرعونة أو الإهمال ونية الإضرار بالضحية وكل فعل كان من الواجب احتمال وقوع الموت منه قتلا عمدا. وقد قدمت إلى مجلس الشيوخ البريطاني عدة مشاريع قوانين ترمي إلى إباحة القتل بدافع الشفقة، منها ما تقدم به اللورد مونهام بقصد إباحة القتل بدافع الشفقة سنة 1936 تحت بعض الشروط إلا انه رفض، وكذلك محاولة اللورد شورلي سنة 1950 لنفس الغاية إلا إنها فشلت أيضا. وعلل بعض مؤيدوا فكرة القتل بدافع الشفقة هذا الرفض بأن المشروع لم يكن بالمستوى المطلوب أو مستوى الإقناع.[2]

---

[1] د.هدى قشقوش، مصدر سابق، ص76.
[2] ريم بنت جعفر، مصدر سابق، ص46

2. القانون الفرنسي:

يعتبر القانون الفرنسي- من القوانين الكلاسيكية التي ولدت و ترعرعت في كنف العقيدة المسيحية التي ما انفكت تنظر بتقديس إلى حياة الإنسان، فالمتصفح في نصوصها يدرك إن قتل اليأس يعتبر قتلا عمدا رغم عدم النص عليه صراحة, لأنه لا يخرج عن دائرة القتل الإرادي.

ومن الجدير بالذكر إن لجنة مراجعة القانون الجنائي الفرنسي سنة 1980 كانت ترمي إلى تشريع القتل بدافع الشفقة بالنسبة للمحتضرين المصابين بأمراض معضلة تحت شروط معينة, إلا أنها وحفاظا على طابع الردع فقد اقترحت أن ينظم هذا النوع من القتل ضمن جرائم الدرجة الرابعة أي أن يجابه بعقوبة مخففة. إلا انه لوحظ على هذا المشروع انه يخلق الكثير من السلبيات يبرز في مقدمتها صعوبة وضع تعريف مجرد للقتل بدافع الشفقة يُعتمد في التطبيق، بالإضافة إلى آثارها السلبية على الأخلاق.[1]

3. قانون العقوبات العراقي:

لم يتضمن قانون العقوبات العراقي نصا خاصا بالقتل بدافع الشفقة، وعليه تظل هذه الصورة من صور القتل خاضعة لنصوص المادتين(405-406) منه وذلك بحسب ظروف الحادث ووقائعه. بمعنى أنه يكيف قانونا على أنه جريمة قتل عمد، وتختلف عقوبة الفاعل بحسب الظروف المتوافرة وفقا للمادة 405 أو المادة 406 منه.

وهذا ما أكدت عليه تعليمات السلوك المهني للأطباء عن القتل إشفاقا التي عرفت القتل بدافع الشفقة بالنص: (ويقصد بذلك وقائع الأمراض المستعصية وغير القابلة للشفاء والمترافقة بالآم مستديمة، مما يجعل موضوعه عبئا على المريض أو المحيطين به، فيلجأ إلى الطبيب بطلب حد لهذا الوضع والتخلص من مثل هذه

---

[1] المصدر نفسه، ص47

الظروف، ويعد قتل المريض في مثل هذه الظروف جناية قتـل، ولـو تـم ذلك بموافقـة المريض ورضاه).[1]

ثالثا- القوانين التوفيقية:

تنص معظم القوانين الجنائية التوفيقية على عقوبة مخففة،من خلال نص خاص للقتل بدافع الشفقة ومن هذه القوانين:

1. القانون الايطالي:

حددت المادة 239 من قانون العقوبات الايطالي عقوبة القتل بدافع الشفقة بالسجن مع الأشغال الشاقة لمدة تتراوح ما بين ست سنوات إلى عشر سنين، دون جواز لتشديدها. بل على العكس ترك للقاضي حق التخفيف، إلا إذا كان عمر الضحية اقل مـن 18 سـنة، أو كـان عقله مختلا نتيجة عاهة أو تأثير كحولي، أو كانت الموافقة مختلسة اختلاسا.

والمشرع الايطالي اعتبر رضا الضحية وحده كافيا لجعل الواقعـة الإجراميـة نوعـا مـن أنواع القتل المقصود المخفـف. ويتضـح مـن مضمون المـادة 579 أنه لا يسـتلزم مـن اجل التخفيف أن تنبع فكرة الموت من المجني عليه أو أن يطلب من الجـاني صراحـة تنفيـذ هـذه الفكرة.[2]

2. القانون اللبناني:

حيث عاقب المشرع اللبناني الجاني في جريمة القتل بدافع الشفقة بعقوبـة مخففـة، إذ تنص المادة 552 على أنه:(يعاقب بالاعتقال 10 سـنوات علـى الأكـثر مـن قتـل أنسانا قصدا بعامل الشفقة بناءا على إلحاحه بالطلب).ووفقا لهذا النص يعاقب

---

[1] ينظر قانون نقابة الأطباء العراقية رقم 81 لسنة 1984 وتعليمات السلوك المهني.
[2] ريم بنت جعفر، مصدر سابق، ص48

الطبيب بقتل مريضه إشفاقا عليه، وذلك متى كان بناءا على إلحاحه له بالطلب بـأن يخلصه من حياته بعقوبة مخففة لا تزيد على عشر سنوات.[1]

3. القانون السوري:

حيث نصت المادة 538 من قانون العقوبات السوري على أنه:(يعاقب بالاعتقال من 3 إلى 10 سنوات من قتل إنسانا قصدا بعامـل الإشـفاق بنـاءا عـلى إلحاحـه بالطلـب)، وكـذلك نصت المادة 942 عقوبات على انه: (يعتبر القتل بناءا على رضا الطـرف الآخـر ظرفـا مخففـا للعقاب). ووفقا لهذا النص فأن إقدام الطبيب على قتل مريضه بدافع الشفقة المقـترن برضـا المريض يكون ظرفا مخففا للعقاب، ويعاقب بعقوبة مخففة. ولم يشترط للتخفيـف أن يكـون الباعث على القتل الإشفاق عليه، ورغبة في تخليصه من آلام مرضه القاسية.[2]

الفرع الثالث
الاتجاهات القضائية المختلفة

شهد موقف القضاء تشتتا واختلافا كبيرا بشأن موضوع القتل بدافع الشفقة حتى على مستوى القضاء في البلد الواحد أحيانا، فتارة نجده يدين القتـل بـدافع الشـفقة, ويقـره تـارة أخرى مبررا موقفه بحالة الضرورة والباعث الشريف لدى الجاني. وسنرى ذلـك مـن خـلال مـا يأتي:

أولا- القضاء المؤيد للقتل بدافع الشفقة:

1. القضاء الفرنسي:

لعل من أقدم الأحكام القضائية المؤيدة للقتل بدافع الشـفقة هـو الحكـم الصـادر في 28 أيلول 1909 والذي قضت فيه محكمة لاسين la seine ببراءة العامل بودان

[1] المصدر نفسه، ص49. د.محمود احمد طه، مصدر سابق، ص112

[2] د. محمود احمد طه، مصدر سابق، ص112

Boudin الذي قتل زوجته على أساس انه لم يفعل أكثر من الاستجابة لتوسلاتها بتخليصها من آلامها ومعاناتها.[1] وتوالت من بعد ذلك الأحكام المؤيدة، ففي عام 1912 برأ القاضي احد وكلاء النيابة الفرنسيين لقتله زوجته المصابة بشلل نصفي ناشئ عن إصابة دماغية، وقد علل المتهم لقتله زوجته بأنها كانت تعاني آلاما لا تطاق، واعتبر نفسه قد قام بما يتوجب عليه لانعدام الأمل في شفائها.[2]

وفي عام 1925 برأت محكمة استئناف باريس فتاة من تهمة قتلها لخطيبها الذي كان يعاني آلاما مبرحة نتيجة لمرض لا يرجى منه الشفاء، وبررت المحكمة حكمها بأن: (لا جناح على من يقتل نفسا بقصد تخليصها من آلامها ومن عذاب داء عضال لا يرجى للمرء منه شفاء، وذلك بناءا على إن نية قتل نفس غير موجودة، حيث حلت محلها النية بوضع حد لآلام طال عليها العهد ولا أمل في الشفاء منها).[3]

2. القضاء الأميركي:

من ابرز القضايا التي أثيرت في القضاء الأميركي واهتزت لها المحافل الطبية والقانونية في حينها هي قضية الدكتور ساندر Sander, والذي أقدم على قتل زوجة احد أصدقائه وهي السيدة باروتو Baratto وعمرها 29 سنة، والمصابة بسرطان خبيث بعد أن فشلت جميع العمليات الجراحية في علاجها ووصل الأمر إلى تناقص وزنها من 60 إلى 35 كغم، ولم تعد المسكنات تجدي نفعا حتى في تسكين آلامها. وفي يوم 24 كانون الأول من عام 1949 طلب الطبيب ساندر من ممرضة تعقيم حقنة، فملأها بعشر سنتمترات من الهواء وحقنها في ساعد المريضة، ثم كرر العملية عدة مرات فماتت المريضة على الفور، وعندئذ ابلغ الطبيب أهلها بوفاتها وحرر تقريرا يتضمن فيه إن الموت كان نتيجة السرطان.

---

[1] د. محمد زكي أبو عامر ود.عبد القادر القهوجي، مصدر سابق، ص33
[2] د. محمود احمد طه، مصدر سابق، ص84. ريم بنت جعفر، مصدر سابق، ص68
[3] د.محمود احمد طه، مصدر سابق، ص85. د.السيد عتيق، مصدر سابق، ص124

إلا انه تراجع بعد ذلك فطلب من السكرتيرة أن تسجل في صفحة الملاحظات إن المريضة حقنت أربع مرات بالهواء فماتت خلال عشر دقائق، فأبلغت السكرتيرة على الفور مدير المستشفى، الذي ابلغ بدوره السلطات القضائية، فوقع استجواب الدكتور ساندر الذي صرح بأن زوج المريضة قد ترجاه بأن ينهي آلام زوجته، وانه كان يتألم شخصيا لالآمها فأقدم على إنقاذها منها. فعقب عليه ضابط الشرطة بأنه لا يوجد قانون بالولايات المتحدة يبيح هذا الفعل، فأجاب الدكتور إني اعرف ذلك وكل الأطباء يعرفون ومن المحتمل أن يكون ما عملته مخالفا للقانون، ولكن من وجهة نظر الأخلاق لا أظن إن عملي هذا يعد جريمة. واعتقل الطبيب على أثرها ليومين، وأفرج عنه بعد ذلك بكفالة. وصرح على اثر ذلك نقيب الأطباء بأن مجلس النقابة لا يستطيع أن يتخذ موقفا ضد الطبيب المتهم، لان العدالة وضعت يدها على القضية، وانه مقتنع بأن الطبيب ساندر طبيب كفء ويتمتع بصفات أخلاقية عالية.

واستمر الطبيب ساندر يزاول المهنة ومثل أمام هيئة المحلفين في 5 كانون الثاني1950 لأجراء التحقيق معه، فاتهمته بارتكاب القتل من الدرجة الأولى، والذي يعرضه لعقوبة السجن مدى الحياة، فأحالته إلى المحكمة المختصة. وقد أيد الطبيب الشرعي بأن الموت لم يكن نتيجة للسرطان بل نتج عن حقن الهواء التي تلقتها المريضة، كما طعن بادعاء المتهم بان زوج القتيلة هو الذي طلب ذلك مما زاد الأمر سوءا بالنسبة للطبيب.

إلا إن الممرضة خففت من حدة الوضع بأن شهدت بأن المريضة لم تعد تشعر بشيء وان جسمها كان متصلبا وأطرافها باردة، وإنها استدعت أحد الأطباء فوضع السماعة على صدرها ولم يسمع نبضات القلب، وفي تلك اللحظة حضر الطبيب ساندر وحقنها بالهواء.

وهذه هي الحجة التي يمسك بها الدفاع وان كان ذلك زعما يناقض ما ثبت في التحقيق، وختم المحامي قائلا:" إن النيابة العامة لم تستطع أن تثبت إن الضحية

كانت على قيد الحياة حين حقنها الطبيب بالهواء، مع العلـم إن الشـك يفسر ـ لصـالح المتهم على الرغم من أن التعامل الطبي لا يبرر حقن المريض بالهواء".

ولقد لخص القاضي وقائع القضية للمحلفين باختصار بالغ، وألح بصورة ملفتة عـلى قضية الشك في حياة المريضة قائلا:" إذا وجدتم إن ممثلي الاتهام قد عجزوا عـن إقامة دليـل قاطع على إن المريضة كانت على قيد الحياة حين حقنها المتهم بالهواء فأنه يتوجب عليكم إعلان براءته من التهمة".

وردا على قرار البراءة قررت نقابة الأطباء مثول الطبيب المتهم أمام المجلس التـأديبي لعدم تقيده بالواجبات الأخلاقية التي يفرضها القانون وقواعد المهنة، وقرر المجلس شطب اسمه من النقابة، إلا إن هذا الشطب لم يدم أكثر من سنتين عاد الطبيب مـن بعدها لمزاولـة المهنة. [1]

3. القضاء الانكليزي:

أيد القضاء الانكليزي القتـل بـدافع الشـفقة في أحكـام متعـددة, منهـا مـا قضت بـه محكمة (CHESTER) ببراءة الوالد من تهمة قتل ابنته التي كانت تعاني مـن آلام نتيجة إصابتها بمرض مستعص لا شفاء منه، ولقد برر الوالد إقدامه على هذا الفعل بأنه لم يستطع رؤية ابنته تعاني الآلام المبرحة مـع انعدام فرصة شفائها دون أن يحرك سـاكنا. وقد بررت المحكمة حكمها بتبرئة الأب المتهم بأن الباعث الوحيد على قتلها هو وضع حد للعذاب الـذي كانت تقاسيه. [2]

وفي قضية أخرى حـول موضوع القتـل بـدافع الشـفقة بـرأت محكمـة نيوكاسيل في 1995/9/11 الطبيب(ديفيد مور), حيث كان قد أتهم بالتسبب في مـوت مـريض لـه مصـاب بالسرطان بإعطائه جرعة زائدة من مخدر لتخفيف آلامه، رغم علمـه بـان الجرعـة تـؤدي إلى التعجيل بوفاته. وكانت هيئة الاتهام قد قالت للمحلفين انه أعطى

---

[1] د.محمد عبد الوهاب الخولي، مصدر سابق، ص293. ريم بنت جعفر، مصدر سابق، ص69-70. د.السيد عتيق، مصدر سابق، ص126
[2] د.محمود احمد طه، مصدر سابق، ص85

اختياريا مريضه (جورج ليدل) البالغ من العمر 85عاما أقراصا مهدئة زائدة بعد عملية لإزالة سرطان المعدة، إلا إن هيئة المحلفين أجمعت على إن الطبيب غير مذنب.

وكان الدكتور مور قد استدعي للتحقيق اثر تصريحه للصحفيين وحديث في برنامج تلفزيوني من انه ساعد 300 شخص لإنهاء آلامهم، فأوقفت السلطات الأمنية دفن جورج ليدل المريض الذي حوكم من أجله - وعلق رئيس المحققين في القضية بأنه "لا يمكن في عملنا أن نوجه الاتهام لشخص دون اعتبار لكافة الأدلة، وبالنسبة للشرطة ونظام العدل تجاه الجريمة فان مفردات مثل القتل الرحيم والقتل بدافع إنساني لا تعني شيئا، فلو قصرت عمر شخص لدقائق فأنك بموجب القانون تتهم بالقتل".

إلا إن الدكتور مايكل - رئيس لجنة أخلاق المهنة التابعة للمجلس الطبي البريطاني- أوضح بأن دافع الطبيب المعالج في إعطاء الجرعات المزيلة للألم بالنسبة لحالات المرض الميؤوس منها يجب أن يكون القصد منها رفع المعاناة وليس تسريع حدوث الوفاة، واعتبر إن دافع الدكتور مور كان تخليص المريض ليدل من الألم غير المحتمل، واستنادا إلى ذلك تمت تبرئة الدكتور من تهمة القتل.[1]

4. القضاء السويسري:

في كانون الثاني من عام 1975 أوقفت السلطات الأمنية الدكتور هايمر (HEAMMERLI) رئيس قسم بمستشفى زيورخ عن عمله على الرغم مما كان يتحلى به هذا الطبيب من سمعة طيبة، نتيجة إبداله المادة الغذائية التي يحتوي عليها المصل بماء نقي معقم خال من تلك المادة المستخدمة لمرضى ميؤوس من شفائهم تجاوزوا الثمانين من أعمارهم، بعدما طالت بهم الغيبوبة لبضعة أشهر جراء

---

[1] ريم بنت جعفر، مصدر سابق، ص72

احتقانات دماغية. وقد قام أهالي المدينة بتوقيع عرائض يطالبون فيها السلطات القضائية بعدم ملاحقة الطبيب أو مساءلته، كما طالبوا أيضا بسن تشريع يبيح هذا النوع من القتل، وتم تبرئة الطبيب بناءا على ذلك وأعيد إلى العمل.[1]

ثانيا- الاتجاه المعارض للقتل بدافع الشفقة:

وهو مذهب القضاء الفرنسي القديم، وهو ما يؤكده قرار محكمة التعقيب الفرنسية الصادر في 1816/8/2 بخصوص القتل بدافع الشفقة، حيث رفضت هذه المحكمة الطعن المرفوع أمامها ضد حكم أدينت فيه الآنسة لروث LERUTH بتهمة محاولة القتل- والتي كانت لها نفس عقوبة القتل العمد- رغم إن ما قامت به الآنسة لروث كان استجابة لتوسلات صديقها بأن تطعنه بسكين في صدره لتخليصه من معاناته الناتجة عن مرض عضال، على اعتبار إن ظروف التخفيف محددة في الفصلين(321-322) من قانون العقوبات الفرنسي، وإن رضا المجنى عليه بالموت أو طلبه له لا يدخل في إطار التخفيف أو الإعفاء.[2]

ويلاحظ على القضاء الفرنسي أنه كان يقيم المسؤولية على أساس عدم إباحة رضا المجنى عليه للقتل المجرم قانونا. وهذا ما ثبت أيضا في قضية أخرى مماثلة في عام 1838، عندما اتفق عاشقان على تبادل القتل حيث صوَّب كل منهما مسدسه نحو صدر الآخر، إلا إن المرأة التي أعطت الإذن بإطلاق الرصاص ماتت ونجا عشيقها بعد أن تم إنقاذه ليصبح متهما بجريمة القتل. وقد احتج النائب العام بشدة على تعليلات الحكم الذي كان في صالح المتهم، مما أجبر المحكمة على مسايرة منطق النائب العام، فنقضت حكمها معللة ذلك (بان حماية الإفراد تشكل الضمانة أو كفالة عامة، ومن ثم فان رضا المجنى عليه بالقتل لا يعتبر مبررا، كما إن محاولة القاتل أن ينتحر لا تشكل استثناءا لهذا المبدأ).[3]

---

(1) د.عبد الوهاب حومد، دراسات في الفقه الجنائي المعاصر، مصدر سابق، ص313

(2) ريم بنت جعفر، مصدر سابق، ص73

(3) ريم بنت جعفر، مصدر سابق، ص74

كما يسير في ذات الاتجاه القضاء الألماني عندما أصدرت المحكمة الاتحادية الألمانية العليا حكمها الصادر في 1952/1/28 والذي أدانت فيه جميع عمليات القتل إشفاقا الواقعة على المعوقين بناءا على الأمر الهتلري الصادر عام 1939 والذي يقضي بتوسيع اختصاص بعض الأطباء ليمنحوا موتا رحيما لبعض المرضى الميؤوس من شفائهم وذلك في محاكمات إنسانية، وقد اعتبرت المحكمة المذكورة أعمال القتل تلك قتلا عمدا مع سبق الإصرار والترصد.[1]

ثالثا- موقف القضاء المعتدل من القتل بدافع الشفقة:

اختط جانب من القضاء لنفسه نهجا جديدا يختلف عما ذهبت إليه الاتجاهات السابقة، فهو لم يبيح القتل بدافع الشفقة، وإنما عاقب عليه ولكن بعقوبة مخففة، أخذا بالظروف والبواعث التي دفعت الجاني إلى الإقدام على هذا الفعل. ومن هنا جاء اعتدال هذا الاتجاه، وأبرز الاقضية التي سايرت هذا الاتجاه هي:

1. القضاء الفرنسي:

في 28/8/ 1940 ابلغ رئيس بلدية اورساي وكيل النيابة بوجود سلسلة حوادث من الموت غير الطبيعي تمت في ظروف مشبوهة إبان الاحتلال الألماني لفرنسا، وكان الأمر يتعلق بستة أشخاص تتراوح أعمارهم بين 27- 93 سنة ماتوا بمستشفى ارشانج Archange، وقد أثبت التحقيق إنهم كانوا في حالة صحية متردية ولا يمكن نقلهم إلى مكان آخر عندما أحدقت الجيوش الألمانية بباريس، مما أدى إلى فرار الفرنسيين وعدم صمودهم أمام الهجمات الألمانية. حينها أقدمت أربع ممرضات على حقن هؤلاء المرضى بخليط قاتل، إنقاذا لهم من آلامهم، وخوفا أن لا يكون هناك من يرعاهم بعد الهجرة الجماعية من المدينة. وعند عرض أمرهن

---

[1] د.عبد الوهاب حومد، دراسات في الفقه الجنائي المعاصر، مصدر سابق، ص315

على المحكمة قضت عليهن بعقوبات مخففة تتراوح بين 3-5 سنوات مع تأجيل التنفيذ نظرا لبواعثهن، وقد اشتهرت هذه القضية بقضية Les Piquéuses D' Orsay.[1]

وفي 1950/10/2 بموناكو، قامت إحدى المشرفات على المرضى بقتل السيدة سيلبرباك رئيستها في العمل البالغة 84 سنة والتي كانت مصابة بالشلل، وادعت المتهمة أمام المحكمة الجنائية بموناكو إنها لم تفعل أكثر من الاستجابة لتوسلات الضحية لتخليصها من آلامها، ونظرا لكون الجريمة قد ارتكبت ليلة طرد القتيلة للمشرفة (المتهمة) من عملها، فأن المحكمة لم تعتد بباعث الإشفاق المزعوم,واحتملت أن يكون الدافع وراء القتل هو الانتقام.ولكنها مع ذلك حكمت عليها بحكم مخفف قدره خمس سنوات مراعاة لسمعة الممرضة الطيبة.[2]

2. القضاء الهولندي

تعتبر هولندا من الدول التي أباحت القتل بدافع الشفقة بموجب قانونها الصادر2/ 12/ 1993.الأمر الذي يستلزم منا التعرض لموقف القضاء قبل صدور هذا التشريع.

والملاحظ على الوضع السابق على نفاذ هذا القانون ومن خلال استقراء أحكام القضاء يؤكد بأن السلطات القضائية كانت لا تباشر الدعوى الجزائية ضد الأطباء الممارسين للقتل بدافع الرحمة الذي يتم بناءا على طلب المريض الصريح والمباشر إلا نادرا، تؤكد ذلك إحصائيات الحالات التي تم عرضها على المحاكم المختصة والتي تبلغ في المتوسط 200 حالة سنويا، بينما بلغت الممارسات الواقعة للقتل بدافع الشفقة 5000 سنويا.

---

(1) ريم بنت جعفر، مصدر سابق، ص74

(2) المصدر نفسه، ص75

وفي الفترة ما بين 1973 و 1984 أقرت محكمة النقض قبول الطعن في العديد من أحكام الإدانة الصادرة ضد الأطباء فتم نقض هذه الإحكام وتبرئة المحكوم عليهم بمقتضاها. وفي عام 1984 أعلنت المحكمة العليا إن" التدخل الطبي يجب أن ينظر إليه في نطاق مواد قانون العقوبات المتعلقة بالقتل بدافع الشفقة، وإذا كان المشرع غير قادر على صياغة نصوص لحسم هذه المشكلة، فإننا كقضاة نجد أنفسنا في مواجهة نزاع تشريعي وانعدام أساس قانوني يمكن الارتكان إليه، ولذلك فإننا يجب أن نتجه إلى قواعد مهنة الطب".

والمحكمة العليا كانت تنظر إلى القتل بدافع الشفقة الايجابي على انه جريمة، ولكنها تختلف عن القتل بمعناه التقليدي، فالرضا وان كان لديها لا يمكنه إلغاء الجزاء الجنائي إلا انه يخفف منه، أي إنها كانت تقبل المسؤولية المخففة في هذه الحالة, وجاءت أحكامها متواترة على هذا النحو.

وحقيقة الأمر هي إن المحكمة كانت تتبنى في معظم أحكامها التفسير الأصلح للمتهم، فحين نصت المادة (40) من قانون العقوبات على إن القتل لا عقاب عليه إذا وقع نتيجة قوة لا تقاوم. فسرت المحكمة هذا التعبير بتعبير آخر مضمونه تنازع الواجبات le conflit de devoir، أي إن الطبيب الملقى على عاتقه مجموعة واجبات قد يتعرض في موقف محدد لتحديد اختياره، فأمام رضا المريض الصريح والملح واحترام رغبته، وواجب الطبيب في الإبقاء على أجهزة الإنعاش واستمرار العلاج، مع تأكده من عدم وجود فائدة من إطالة حياة المريض صناعيا، تتنازع واجبات الطبيب، مما يحتم عليه ترجيح جانب دون آخر، وفي سبيل هذا الترجيح يتعرض الطبيب لضغط نفسي وقوة لا تقاوم يمكن أن تعتبر مبررا لتدخله بإنهاء حياة المريض. وعلى هذا الأساس لا يعاقب الطبيب لتعرضه لقوة ضاغطة وهذا ما استقر عليه تفسير المحكمة العليا لنص المادة (40)، واشترطت المحكمة لتحقق حالة (تنازع الواجبات) عدة شروط أساسية هي:

1. قرار المريض الذي يتمتع بالوعي والإرادة الحرة، والذي يصيغه بشكل مكتوب.

2. اليأس من حالته المرضية, بأن تكون حالته غير قابلة للشفاء وتخلق له معاناة غير محتملة.

3. ضرورة الحصول على تقرير لطبيب آخر غير تقرير الطبيب المعالج يؤكد طلب القتل بدافع الشفقة ووجهة نظر الطبيب المعالج.

4. استخدام مادة محددة الكمية لإنهاء الحياة، وإعلام أسرة المريض و الأطباء والممرضين القائمين على التنفيذ. [1]

3. القضاء السويسري:

ساير القضاء السويسري الاتجاه المعتدل وذلك في أكثر من قضية عرضت عليه، ففي مقاطعة فالي بسويسرا أقدم الشاب (بيدروجو) البالغ من العمر 22 سنة على قتل أخته" كارولينا" 15 سنة، بناءا على طلبها من أخيها ذات ليلة أن يساعدها في التخلص من آلام السرطان التي لا تطاق, فقتلها ثم سلم نفسه، فقضت عليه المحكمة بالحبس مدة أربعة أشهر مع وقف التنفيذ.

وفي قضية أخرى مماثلة أصدرت إحدى المحاكم حكما يقضي بسجن أم خمسة سنوات مع وقف التنفيذ بسبب قتل ابنتها الوحيدة (صوفي) عمدا لتخليصها من عذابها جراء إصابتها بالشلل. [2]

وفي ضوء ما تقدم نجد تخبط موقف القضاء وعدم استقراره على رأي محدد في أغلب دول العالم ودول الغرب على وجه الخصوص. ويرجع ذلك في اعتقادنا إلى عدة أسباب, منها عدم وجود نصوص قانونية تحدد ملامح هذه الجريمة في

[1] هدى قشقوش، مصدر سابق، ص59 وما بعدها.
[2] ريم بنت جعفر، مصدر سابق، ص77

الدول التي تتخذ موقفا معارضا من قتل الرحمة، وانعدام الأساس القانوني للإعفاء من المسؤولية في الدول التي تبيح مثل هذا الفعل.

كذلك تعدد الاتجاهات الفقهية حيال هذه القضية والتي ساعدت إلى حد ما في عدم تبني القضاء لموقف واضح، حتى على صعيد قضاء البلد الواحد، كما لاحظنا بالنسبة للقضاء الفرنسي والسويسري. بالإضافة إلى انقسامات الرأي العام إزاء هذه القضية لا سيما في الدول التي تتبع نظام المحلفين كصورة من صور إسهام المواطنين في إقامة العدالة, الذي جعل اغلب الأحكام القضائية تتجه نحو التبرئة أو الحكم بالعقاب المخفف مع وقف التنفيذ، بحيث يكاد يصبح الإعفاء أو البراءة هو الأصل بينما تبقى الإدانة مجرد استثناء ضيق.

ومن الجدير بالذكر إن هذا النظام قد تعرض لانتقادات عديدة، ذلك بأن المحلفين كثيرا ما يتأثرون بعوامل نفسية داخلية أو عوامل خارجية كلباقة الخصوم أو الدفاع, ومن أجل ذلك كانت أحكامهم تتسم غالبا بالميل والانحياز وكثيرا ما يسودها التناقض، بحيث أصبح الحكم في أي قضية موكول إلى مقدرة وكفاءة الدفاع في إقناع هيئة المحلفين، وهو ما أدى بالتالي إلى ابتعاد مثل هذه الإحكام عن تكوين سوابق قضائية يمكن الركون إليها.[1]

وبالفحص المتأني لأحكام القضاء في موضوع القتل بدافع الشفقة، نجد إن المحاكم لم تتجرأ على طرح هذه القضية بشجاعة، فنجدها تحاول إيجاد مبرر قانوني لكل حالة على حدة تعرض عليها أو ترفضها لانعدام الأساس القانوني، ومع ذلك تصدر أحكامها بالبراءة دون أن تعترف برضا المجنى عليه أو الباعث الشريف كأساس أو مبرر قانوني للإعفاء من المسؤولية وهو نهج تنتقد عليه.

---

(1) محمد أبو شادي، نظام المحلفين في التشريع الجزائي المقارن، منشاة المعارف، الإسكندرية، 1980، ص4-5

الفصل الثالث
نقل الأعضاء البشرية والمسؤولية الجنائية للطبيب

الفصل الثالث
نقل الأعضاء البشرية والمسؤولية الجنائية للطبيب

لعل ابرز ما يميز العصر الحالي هو التغير المستمر وفي شتى المجالات الإنسانية، بفضل التقدم العلمي وتطور وسائل التقنية الحديثة، فكل شيء يتغير يوميا أو على الأقل صائر إلى التغير، ولم يكن الطب ليبتعد كثيرا عن هذا التغيير، بل على العكس نجده في بؤر اهتمامه ومشكلاته.

إلا إن الملاحظ على التطورات العلمية ومن بينها التطور الحاصل في المجال الطبي إنها كثيرا ما تسبق العلوم الإنسانية الأخرى وعلى الأخص العلوم القانونية الوضعية، مخلفة لظاهرة يظل القانون فيها يسعى وراء هذه الاكتشافات العلمية، محاولا ضبط إيقاع حركتها بما ينسجم وقيم المجتمع. فمع ظهور أساليب علاجية جديدة غاية في التقنية والتعقيد برز التفاوت واضحا في بعض مراحل البشرية بين التقدم العلمي بثوراته العلمية الهائلة والتطور الفكري والثقافي، مما ترتب عليه أن وجد المجتمع نفسه أمام اختيارات صعبة بين قيم متعارضة لابد أن يميل إلى جانب على حساب جانب آخر مرجحا لقيمة على أخرى[1].

هذا الموقف الصعب يتجسد على نحو أكثر وضوحا وتحديدا عندما تتصل هذه الاختيارات بصحة الإنسان ومستقبله، وأبرز صور هذه الحالة هي عمليات نقل الأعضاء البشرية حيث إن العديد من الأعضاء البشرية لا يجوز نقلها من الأحياء كالقلب وقرنية العين الأمر الذي دفع بالكثير من المهتمين بهذه العمليات إلى التحايل على بعض الحقائق العلمية ومنها تحديد لحظة الوفاة، والاعتماد على معيار يضمن الحصول على أعضاء سليمة تؤمن نجاح عمليات زرعها وبنسب عالية.

---

[1] د.حمدي عبد الرحمن احمد، الضوابط الشرعية والقانونية لنقل وزراعة الأعضاء، بحث مقدم إلى مؤتمر الطب والقانون، كلية الشريعة والقانون، جامعة الإمارات العربية المتحدة، 1998، ص423

ومن هنا كان لا بد من التعرف على القواعد القانونية التي تنظم مثل هذا العمليات، لمعرفة متى تعد هذه العمليات جائزة قانونا، ومتى تعد انتهاكا لأحكام القانون، وتشكل جريمة تستوجب عقاب من ارتكبها.

ولغرض تسليط الضوء على هذه العمليات وبحثها بشكل مفصل، فقد ارتأينا تقسيم هذا الفصل إلى ثلاثة مباحث، نتطرق في الأول إلى بيان مفهوم عمليات نقل الأعضاء البشرية، ونتعرض في الثاني إلى مدى مشروعية نقل الأعضاء البشرية. ونبين أخيرا وفي مبحث ثالث ضوابط عمليات نقل الأعضاء البشرية.

المبحث الأول
مفهوم نقل الأعضاء البشرية

لقد فتح نجاح عمليات نقل الأعضاء آفاقا كبيرة للعلاج بعد انتقال هذه العمليات من مستوى التجارب الطبية إلى مستوى الممارسة العادية، وبالفعل حققت هـذه العمليات نجاحات متميزة سواء بنقل الأعضاء من الأحياء أو المتوفين حديثا، وزرعها لدى مـرضى فقدوا وظائف تلك الأعضاء. وتتنوع مصادر الحصول على تلك الأعضاء، فقد يتم الحصول عليها مـن المريض نفسه.[1] وقد يتم الحصول عليها من شخص آخر حيا كان أم ميتا، وهو ما يثير العديد من الإشكاليات ومن مختلف النواحي، وقد يلجأ إلى أعضاء الحيوانات للاستفادة منها في هـذا الشأن، وقد يستعاض عن كل ذلك في بعض الحالات باستخدام الأعضاء الصناعية[2].

وللوقوف على مفهوم عمليات نقل الأعضاء البشرية أرى ابتداء ضرورة تحديد ماهيـة العضو البشري وأنواعه، نتطرق من بعدها إلى تحديد مفهوم عمليات نقل الأعضاء.وعليـه سيكون هـذا المبحث في مطلبـين: يتولى الأول بحـث ماهيـة العضـو البشري، ويقوم الثـاني بتسليط الضوء على مفهوم عمليات نقل الأعضاء البشرية وما تتضمنه من عمليات.

---

[1] مثل استئصال احد أوردة ساق المريض لمعالجة انسداد شريان قلبه، وتعرف هذه العملية طبيا بـ (Auto Graft).ولا يثير هذا النوع من العمليات أي مشاكل من الناحية الطبية أو الشرعية أو القانونية. ينظـر د. محمود احمد طه، مصدر سابق ص133.

[2] د.محمد عبد الوهاب الخولي، مصدر سابق، ص146.د.إبراهيم صادق الجندي، مصدر سابق، ص85.

المطلب الأول
ماهية الأعضاء البشرية

تقتضي دراسة هذه الماهية تبيان تعريف العضو البشري وبيان أنواعه. وفي الحقيقة هو أمر لا يخلو من صعوبة، ليس فقط لتشابك هذا المصطلح وتداخله في علوم اللغة والطب والفقه الإسلامي والقانون، بـل لأن وضع تعريف مـن الناحية الطبية لا يتسم بالاهمية والضرورة التي يتسم بها من الناحية القانونية, لاسيما فيما يخص ترتيب الأحكام على ما يشتمله هذا المصطلح ويدخل في نطاقه.وعليه سنتناول بيان ماهية العضو البشري من خلال تقسيم هذا المطلب إلى فرعين، نستعرض في الأول تعريف العضو البشري وعلى مختلف المستويات، ونبين في الثاني أنواع الأعضاء البشرية ومعايير تقسيمها.

الفرع الأول
تعريف العضو البشري

أولا- تعريف العضو البشري لغة:

العضو في اللغة -بضم العين وكسرها- كل عظم وافر بلحمه.[1] وعرف أيضا بأنه جـزء من جسد الإنسان كاليد والرجل والأنف وغيره.[2]

والحقيقة إن الأخذ بالمعنى اللغوي للعضو قد لا يحقق الغاية في نطاق عمليات نقـل وزراعة الأعضاء البشرية، لأنه يـؤدي إلى إخـراج طائفـة كبيرة مـن الأعضاء. إذ قـد نصطدم بحالات لا يمكن أن نصفها بعمليات نقل وزراعة عضو بشري كعملية نقـل وزراعة الجلـد، لعدم انطباق التعريف اللغوي للعضو عليه، ومن

[1] ابن منظور، ج15، مصدر سابق، ص68.
[2] الشيخ عبد اللـه البستاني، الوافي، معجم اللغة العربية، مكتبة لبنان، بيروت، 1980، ص413

هنا برزت الحاجة إلى إيجاد تعريف يتجاوز المعنى اللغوي لتغطية مثل هذه الحالات.

ثانيا- تعريف العضو البشري من الناحية الطبية:

العضو من الناحية الطبية يعبر عن مجموعة من العناصر الخلوية المتشابكة والقادرة على أداء وظيفة محددة.[1] أو هو عبارة عن مجموعة من الأنسجة تعمل مع بعضها البعض لتؤدي وظيفة معينة كالمعدة التي تقوم بعملية الهضم. في حين ينصرف مفهوم الأنسجة إلى مجموعة الخلايا التي تعمل مع بعضها البعض لتؤدي وظيفة معينة.[2]

وعرفت الأنسجة أيضا بأنها خليط محدد من مركبات عضوية كالخلايا والألياف والتي تعطي في مجموعها ذاتية تشريحية تتفق وعملها كالنسيج العام والنسيج العضلي والعصبي.[3] وبالتالي فالعضو البشري وفقا للمفهوم الطبي يمكن القول عنه أنه أي جزء أي جزء من جسم الإنسان يؤدي وظيفة معينة.

ثالثا- تعريف العضو البشري في الفقه الإسلامي:

أطلق الفقهاء لفظ العضو وأرادوا به: كل ما له وظيفة متميزة عن وظيفة غيره كاليد والرجل والعين واللسان ونحو ذلك، فهم في الجناية الخطأ يوجبون الدية الكاملة في إزالة جنس العضو أو منفعته، فما ليس منه في الجسم إلا واحد وجبت الدية كاللسان، وما كان في الجسم منه اثنان وجبت فيهما الدية, وفي احدهما نصف الدية وهكذا.[4]

---

[1] د. حسن عودة زعال، مصدر سابق، ص50

[2] هيثم حامد المصاروة، عمليات زرع الأعضاء البشرية، دراسة مقارنة، رسالة ماجستير مقدمة إلى كلية القانون، جامعة الموصل، 1999، ص6

[3] محمد سامي الشوا، مصدر سابق، ص555. د.حسن عودة زعال، مصدر سابق, ص51

[4] د.أسامة نهاد رفعت وآخرون، مصدر سابق، ص16

والملاحظ على هذا التعريف انه حدد العضو بأداء وظيفة محددة أو وظائف محددة. ومن ثم فأن الأخذ به يؤدي إلى استبعاد بعض الخلايا من مفهوم العضو لأنها لا تؤدي لوحدها وظيفة محددة، فمثلا خلايا الجهاز العصبي لا يمكن لوحدها أن تؤدي وظيفة محددة ومستقلة إلا إذا ارتبطت بمكونات الجهاز العصبي الأخرى. لذا لا يمكن الاعتداد بمعيار الوظيفة لتحديد العضو، لأنه يستبعد أي مجموعة من الخلايا لا تؤدي لوحدها وظيفة مستقلة من معنى العضو، وبالتالي استبعادها من عمليات نقل الأعضاء. الأمر الذي دفع جانب من الفقه الإسلامي إلى اتخاذ تعريف أكثر اتساعا وشمولية، حيث عرف مجمع الفقه الإسلامي العضو البشري وهو بمناسبة تحديد مدى مشروعية انتفاع الإنسان بأعضاء جسم إنسان آخر حيا كان أم ميتا، فعرفه بأنه أي جزء من الإنسان من أنسجة وخلايا ودماء ونحوها، كقرنية العين، سواء كان متصلا به أم انفصل عنه.[1]

إلا إن ما يؤخذ على هذه التعريفات هو اتساعها لتشمل جميع الأجزاء البشرية مع إن الكثير منها لا يعد من قبيل الأعضاء، فهذه التعريفات تعتبر الدم عضوا وهو ما لا يعد دقيقا من الناحية اللغوية والطبية.

رابعا- تعريف العضو البشري في القانون الوضعي:

لقد أحجمت معظم التشريعات العربية والغربية عن إيراد تعريف للعضو البشري، ذلك لأن مهمة إيراد التعريفات هي بالدرجة الأولى من اختصاص الفقه والقضاء وتدخل المشرع فيها أمر غير جدير بالتأييد، إلا إننا ومع ذلك نجد هناك تعريفات للعضو أوردتها بعض التشريعات,منها قانون الانتفاع بأعضاء جسم

---

(1) ينظر: عارف علي عارف، مدى شرعية التصرف بالأعضاء البشرية، رسالة دكتوراه مقدمة إلى كلية العلوم الإسلامية، جامعة بغداد، 1991، ص11. وينظر قرار مجمع الفقه الإسلامي المنعقد في دورة مؤتمره الرابع بجدة في المملكة العربية السعودية, 1408 منشور على الموقع الالكتروني: http://www.islampedia.com/mie2/maininter/dafult/fataw.htm. آخر زيارة للموقع في 2008/9/29

الإنسان الأردني رقم23 لسنة 1977، الذي عرف العضو في مادته الثانية بأنه:(أي عضو من أعضاء جسم الإنسان أو جزء منه).

ويؤخذ على هذا التعريف انه عرف الشيء بنفسه، بالإضافة إلى انه وسع من نطاق الأعضاء البشرية ليشمل جميع أجزاء الجسم، مما يصعب معه وضع ضابط محدد لتمييز ما يعد عضوا بشريا وما لا يعد كذلك.

ومن التشريعات الأخرى التي أوردت تعريفا منضبطا للعضو البشري القانون الانكليزي الخاص بنقل وزراعة الأعضاء البشرية الصادرعام 1989، وهو ما نميل إليه، حيث نصت المادة (2/7) على انه:(يقصد بكلمة عضو في تطبيق أحكام هذا القانون كل جزء من جسم الإنسان يتكون من مجموعة مركبة ومتناغمة من الأنسجة، والذي لا يمكن للجسم استبداله بشكل تلقائي إذا ما تم استئصاله بالكامل).[1]

ولا تقتصر ملائمة هذا التعريف عند بحث الجوانب القانونية للممارسات الطبية المستحدثة والواقعة على الأعضاء البشرية، بل تمتد لتشمل تحديد الآثار القانونية الناشئة عن أفعال الاعتداء وانتهاك احد أعضاء الجسم.

أما على صعيد الفقه القانوني فلم تختلف تعريفات فقهاء القانون عن تلك التي أوردها فقهاء الشريعة، فقد عرف العضو البشري جانب من الفقه القانوني بأنه: جزء من الإنسان من أنسجة وخلايا ودماء ونحوها سواء أكان متصلا به أم انفصل عنه.[2] كما عرف أيضا بأنه جزء من أجزاء الجسم سواء أكان خارجيا أو داخليا وسواء أدى دورا لمنفعة الجسم أو لغيره.[3] وتتميز أيضا تعريفات الفقه القانوني بالاتساع في نطاقها بحيث يضم مصطلح العضو البشري وفقا لها كل أعضاء الجسم البشري وأجزاءه على النحو الذي وجدناه في تعريفات الفقه الإسلامي.

---

(1) د. مهند صلاح العزة، مصدر سابق، ص15

(2) د. منذر الفضل، مصدر سابق، ص17

(3) د.حسن عودة زعال، مصدر سابق، ص53

ونرى بضرورة التمييز بين الأعضاء البشرية وبين المنتجات البشرية، والتي يمكن تعريفها وفقا لمفهوم المخالفة للتعريف- الذي سبق وان أيدناه- على أنها كافة العناصر والمواد البشرية التي لا تشكل في ذاتها وحدة نسيجية متكاملة, ولا يترتب على استئصالها فقدانها للأبد، بل يمكن للجسم استبدالها وتعويضها من تلقاء نفسه ودون الحاجة إلى زراعتها كما هو الحال في الأعضاء. ومن أمثلة هذه المنتجات الدم، حيث لا يخفى على احد ما يتمتع به هذا العنصر البشري من خاصية التجدد المستمر مما يتيح التبرع به دون أن يؤثر ذلك على وجوده أو الانتقاص من الكم الواجب توافره لاستمرار الحياة.وما يصدق على الدم يصدق على كافة السوائل الأخرى التي تفرزها الغدد على اختلاف أنواعها داخل الجسم، كاللعاب والسائل المنوي والهرمونات وغيرها.

وضرورة التمييز هنا يقتضيها تفاوت الآثار القانونية التي ترتبها الممارسات الطبية بحسب العنصر الذي تنصب عليه، سواء كان ذلك التفاوت من حيث شروط وقيود الممارسة ذاتها أو من حيث العقاب الموقع عند مخالفة هذه الشروط. فتنازل شخص عن كمية محددة من دمه بموجب رضاه الحر يعد أمرا مشروعا حتى وان كان ذلك مقابل اجر مادي إذ لا غضاضة في الأمر، بخلاف ما تقتضي به القواعد العامة من عدم جواز تنازل الشخص عن جزء من جسده إعمالا لمبدأ عدم قابلية التصرف بالحقوق اللصيقة بالشخصية، ومن هنا نجد ضرورة أن تحظى المنتجات البشرية بتنظيم قانوني يميزها عن غيرها من سائر الأعضاء.

الفرع الثاني
أنواع الأعضاء البشرية

إن لتقسيم وتصنيف الأعضاء البشرية أهمية كبيرة في نطاق عمليات نقل الأعضاء, وبشكل خاص إذا كان الإنسان المعطي حيا، وذلك لأنه على أساس هذا التصنيف يتم تحديد كون العضو من الأعضاء الجائز نقلها أم من الأعضاء التي لا

يجوز فيها ذلك. فمن حيث المبدأ فأن معظم الأعضاء يمكن نقلها من الناحية الطبية الفنية، إلا إن هناك أعضاء لا يجوز نقلها من الناحية الشرعية والقانونية. ولا ننسى ـ أن نشير إلى إن هذا التصنيف تقل أهميته، ولكنها لا تنعدم في نطاق عمليات نقل الأعضاء من الموتى، ويمكن تقسيم الأعضاء البشرية إلى عدة أنواع بحسب المعيار الذي يركن إليه. وسنبحث فيما يلي كل من هذه الأعضاء بحسب معايير تقسيمها بشيء من التفصيل:

أولا- من حيث القابلية على التجدد:

ويمكن أن نقسم الأعضاء البشرية من حيث القابلية على التجدد إلى نوعين. فالأعضاء إما أن تكون متجددة كبعض أجزاء الإنسان وخلاياه بحيث يمكن للجسم إعادة بنائها وتكوينها إذا تعرضت لما يؤثر فيها بالفناء أو التغيير مثل الجلد ونخاع العظم، فهذه الأعضاء لما لم يكن نقلها ليخلف أضرارا وعاهات مستديمة، بل على العكس من ذلك تتجدد خلايا الجسم ونخاع العظم، لذا جاز التبرع بها إذا ما توفرت الشروط اللازمة للنقل والزرع.[1]

ومن الأعضاء ما يفتقد هذه الميزة بحيث إن أي قطع للعضو أو لجزء منه فأنه لا يترتب عليه استعادة الجسم للعضو المستأصل أو إعادة بناءه.[2] ومثل هذه الأعضاء لا يجوز التبرع بها من الأحياء.

ثانيا- من حيث القابلية على الزرع:

تنقسم الأعضاء البشرية من حيث القابلية على الزرع لدى الشخص المنقول إليه إلى نوعين: فمن الأعضاء ما هو قابل للزرع ويشمل معظم الأعضاء نتيجة للتطور العلمي الكبير الحاصل في مجال نقل الأعضاء البشرية، ومن أمثلة هذه الأعضاء القلب والكبد والبنكرياس وغيرها. أما الأعضاء غير القابلة للزرع فهي

---

[1] د. أسامة نهاد رفعت وآخرون، مصدر سابق، ص58
[2] د. حسن عودة زعال، مصدر سابق، ص55

الأعضاء التي لا يمكن نقلها وزرعها في جسم إنسان أخر, حيث لم تثبت إمكانية نقلها على الأقل في الوقت الحاضر مثل نقل وزراعة المخ, فهو أمر بعيد المنال وبعيد عن الواقع العملي حتى وان كان نقلا جزئيا لبعض خلايا المخ لتحل محل الخلايا التالفة كما في مرض الرعاش, أو نقل جزء من الغدة الكظرية حيث لا تزال نسبة النجاح في مثل هذه العمليات ضئيلة جدا.[1]

ثالثا- من حيث الأهمية:

يمكن تقسيم أعضاء جسم الإنسان من حيث الأهمية وأثرها على حياة الإنسان إلى نوعين من الأعضاء, منها ما يترتب على فصله وفاة الإنسان, وهي غالبا ما تكون الأعضاء المفردة من الجسم كالقلب والكبد والأمعاء. أما النوع الثاني فهي الأعضاء التي لا يترتب على فصلها وفاة الإنسان, مثل بعض أنواع الأعضاء المزدوجة كالكليتين والرئتين وغيرها.[2] لذا فأن استئصال احد هذه الأعضاء كالكلية مثلا لا يؤدي إلى انتهاء الحياة لحلول العضو الثاني محل العضو المستأصل في أداء وظيفته التي يحتاجها جسم الإنسان.

المطلب الثاني
مفهوم عمليات نقل الأعضاء البشرية

يقصد بعملية نقل العضو البشري: نقل جهاز حي معقد مشتمل على عنصر- وظيفي مع عروقه ونظام الحس فيه من جسم إلى جسم.[3] أو هو إدماج عنصر جديد

---

[1] د. حسن عودة زعال، مصدر سابق، ص55

[2] د. احمد السيد إبراهيم الهاشمي، نقل وزراعة الأعضاء للإنسان، بحث مقدم إلى مؤتمر الطب والقانون، كلية الشريعة والقانون، جامعة الإمارات العربية المتحدة، 1997، ص415.

[3] وجيه خاطر، نقل أعضاء الجسم البشري وزراعتها، دراسة نظرية قانونية، بحث منشور في مجلة المحامون السورية، ع 7-8-9، س 1988، ص630

في جسم الإنسان الحي للإسهام في سد ما تعانيه وظائفه الفسيولوجية من أوجه نقص [1].

وتفترض مثل هذه العمليات وجود شخص مريض لم تعد وسائل العلاج التقليدية تجدي معه، بل لا شفاء له إلا بزرع عضو أو نسيج له عوضا عن العنصر ـ التالف أو المصاب في جسده، ينقل له من إنسان آخر سواء كان حيا أم ميتا بحسب الأحوال. لذا فأن عملية نقل العضو البشري تتضمن ثلاث عمليات جراحية مرتبطة مع بعضها، وهي عملية استقطاع العضو السليم من المنقول منه، وعملية استئصال العضو التالف من المنقول إليه وهو المريض، وأخيرا عملية زرع العضو السليم محل العضو التالف أو المصاب.

إلا إن عملية نقل وزراعة عضو بشري معين في جسم مريض ما على النحو السابق بيانه لا يتم مرة واحدة، بل إن الأمر يتطلب القيام بالعديد من العمليات المتلاحقة يمكن إجمالها على النحو التالي:

أولا. مرحلة التشخيص الطبي: يجب إجراء فحص طبي لتحديد الحالة السريرية والنفسية للمريض، ودراسة فرص النجاح والكشف عن احتمال وجود آفة مرضية غير متوقعة. ويجرى هذا الفحص عادة من خلال الإقامة في المستشفى المتخصص لمدة قد تصل إلى أسبوع لمراقبة حالة المريض وتقييم فاعلية الجهاز المناعي لديه. وبنهاية هذه المرحلة يتخذ قرار إجراء العملية بشكل جماعي أثناء مؤتمر يجمع الأطباء المعنيين. [2]

ثانيا. استئصال العضو السليم من المعطي أو من الجثة، وحفظ العضو المستأصل إلى حين العملية، فقد لا تتم عمليتي الاستئصال والزرع في الوقت نفسه لظرف ما.

---

[1] وجيه خاطر، مصدر سابق، ص632

[2] د. احمد عبد الدائم، أعضاء جسم الإنسان ضمن التعامل القانوني، منشورات الحلبي الحقوقية، لبنان، 1999، ص90.

ثالثا: استئصال العضو التالف من جسد الشخص المريض وزرع العضو السليم مكانه.[(1)] وتتطلب العملية الجراحية لنقل بعض الأعضاء وخاصة القلب وجود طاقمين من الجراحين، يكلف الأول بالاقتطاع والثاني بالزرع، ويجب أن يتصرفوا بسرعة وبنفس الوقت، لان مدة حفظ الأعضاء كالقلب والرئتين قصيرة فهي لا تتجاوز مدة الأربع ساعات.[(2)]

رابعا: متابعة حالة الشخصين المشتركين في العملية، لاسيما الشخص المنقول إليه العضو البشري، إذ يحتاج هذا الشخص إلى رعاية خاصة نظرا لخطورة حالته التي تتطلب مواصلة تثبيط جهاز المناعة لديه للتغلب على مشكلة رفض الجسم للأجسام الغريبة, ويتم ذلك من خلال استخدام المصول المضادة للكريات اللمفاوية وخصوصا (cyclosporine)، وغالبا ما يتم نقل هذا الشخص إلى وحدات العناية المركزة ليتم فيه تلقيه العلاج. إذ من الممكن أن تضطرب حالته الصحية وهو في العناية المركزة بحدوث مضاعفات، وبعد تجاوز مرحلة الإنعاش الحرجة يستمر الشخص بالخضوع للعناية المركزة لمدة تتراوح 3-4 أسابيع يبقى فيها الشخص معرضا لأخطار قد تنتج عنها مضاعفات جراحية، ثم يخرج الشخص من المشفى بعد 30-40 يوما مع استمرار خضوعه للمراقبة بشكل نظامي حتى تمر المرحلة الصعبة للأشهر الستة الأولى.[(3)]

---

(1) هيثم حامد المصاروة، مصدر سابق، ص15. د.السيد ألجميلي، نقل الأعضاء البشرية وزراعتها، ط1، دار الأمين، القاهرة، 1998، ص60

(2) د.احمد عبد الدائم، المصدر السابق، ص153

(3) د.احمد عبد الدائم، المصدر السابق، ص157-158

المبحث الثاني
مدى مشروعية نقل وزراعة الأعضاء البشرية

بالرغم من النجاحات التي حظيت بها عمليات نقل وزراعة الأعضاء البشرية إلا أنها أثارت ولا تزال العديد من الإشكاليات سواء من الناحية الفنية أو الأخلاقية وكانت محل جدل واسع ومتشعب بين رجال الدين والقانون، وسنتعرض في هذا المبحث لبيان مدى مشروعية نقل وزراعة الأعضاء من خلال تقسيمه إلى مطلبين، نتناول في الأول مشروعية نقل الأعضاء في الشريعة الإسلامية، ونخصص الثاني لبيان مدى هذه المشروعية في القانون الوضعي.

المطلب الأول
مشروعية نقل الأعضاء في الشريعة الإسلامية

لقد اجمع الفقهاء على حرمة جسم الإنسان، وان الآدمي محترم حيا وميتا انطلاقا من قوله تعالى: ﴿ولقد كرمنا بني ادم وحملناهم في البر والبحر ورزقناهم من الطيبات﴾.[1] إلا إن هناك أوضاعا استجدت دعت إلى المساس بجسم الإنسان ومنها مسألة نقل الأعضاء، اختلف الفقهاء حول مدى مشروعيتها وبالتالي ترتب استثناء على حرمة جسد الإنسان، فانقسموا إلى اتجاهين، يذهب الأول إلى إباحة مثل هذه العمليات.في حين يذهب الاتجاه الثاني إلى رفض هذه العمليات رفضا مطلقا بعدها من قبيل الإعمال غير المشروعة والتي تفتقد إلى الأساس الشرعي.وفيما يلي نفرد مطلبا مستقلا لكل من الاتجاهين، نستعرض فيها حجج وأسانيد كل اتجاه، وبيان أراء الباحثين والمؤتمرات والمجاميع العلمية الداعمة له وعلى النحو الأتي:

---

[1] سورة الإسراء، الآية 70

الفرع الأول
الاتجاه المؤيد لمشروعية نقل الأعضاء

يرى جانب كبير من الفقه الإسلامي المعاصر مشروعية عمليات نقل وزراعة الأعضاء البشرية لدى مرضى آخرين هم في أمس الحاجة إليها.وينطلق أنصار هذا الاتجاه من اعتبارات وأسانيد عديدة حاولوا من خلالها إضفاء صفة الشرعية على هذه العمليات، ويمكن إجمالها بما يأتي:

أولا- إباحة التداوي بالمحرمات:

يبرر أنصار هذا الاتجاه مشروعية نقل الأعضاء بالاستناد إلى إمكانية التداوي بالمحرمات، ومن بينها أعضاء الجسم الآدمي.فإذا كان الأصل يقضي- بعدم جواز الانتفاع بأعضاء الآدمي لحرمتها، إلا إن هذا الأصل لا يمنع الإنسان من الانتفاع بأعضائه إذا انفصلت عنه وتعينت كدواء للمريض ولا يوجد شيء أخر يقوم مقامها، لان المحرم إذا تعين دواء وحيدا للمريض فأنه يحل الانتفاع به.[1]

ويشترط البعض إضافة إلى عدم وجود شيء مباح يقوم مقام عضو الآدمي، أن يترتب الشفاء بصورة قطعية عند التداوي بالمحرم، فعندئذ فقط تكون الحرمة ساقطة.[2]

وبما إن زرع عضو من أعضاء جسم الإنسان لا يخرج عن كونه نوعا من أنواع الدواء الذي فيه حفظ النفوس وإنقاذها من التهلكة، فانه يدخل في عموم التداوي الذي أمر به الشرع الحنيف واجمع عليه جمهور الفقهاء.[3]

---

(1) محي الدين بن شرف النووي، مصدر سابق، ج3، ص138

(2) محمد بن عابدين، ج1، مصدر سابق، ص147.زين بن إبراهيم بن محمد بن بكر، البحر الرائق شرح كنز الدقائق، ج6، دار المعرفة، بيروت، بلا سنة طبع، ص88.

(3) د. عبد المطلب عبد الرزاق بن حمدان، مدى مشروعية الانتفاع بأعضاء الآدمي حيا أو ميتا في الفقه الإسلامي، دار الفكر الجامعي، الإسكندرية، 2005، ص20

ثانيا- مالية أعضاء الإنسان:

ثمة مبدأ في الفقه الإسلامي قوامه إن محل العقود هي الأموال وليس الأشياء[1]، فالمـال وحده يصلح أن يكون محلا للعقود والحقـوق، وعكسـه الشيـء، إلا إذا كـان يعـد مـن قبيـل الأموال.[2]

ويعرف المال بأنه: اسم لغير الآدمي، خلق لصالح الآدمي، وأمكن إحرازه والتصرف فيه عـلى وجـه الاختيـار.[3] كـما عرفـه آخـرون بتعريفـات أخـرى دارت في مجموعهـا حـول بيـان خصائص المال بشكل عام والتي يمكن إجمالها بثلاث خصائص أساسية هي:

1. أن يكون مما يميل إليه الطبع ويمكن ادخاره.
2. أن يكون مما يباح الانتفاع به ويمكن تداوله.
3. أن يكون مقوما.[4]

وعلى الرغم من إجماع الفقهاء على عدم إمكانية أن يكون جسم الإنسان وأعضاؤه محلا ممكنا للمعاملات، إلا إن هناك رأي قال به بعض علمـاء الحنفيـة يـرى بإمكانيـة جعل أطراف الإنسان من قبيل الأموال بالنسبة لصاحبها، ومعنى الأطراف هنا ينسحب إلى أي عضو أو جزء من جسم الإنسان بصفته المنفردة، أي منعزلا عن باقي الأعضاء التي لا يجـوز أن يـرد التصرف على مجموعها.[5] وعليه فإذا كان الإنسان لا يستطيع التصرف في جميع جسده لكونه محل حقه في السلامة

---

[1] شمس الدين السرخسي، المبسوط، ج13، دار المعرفة للطباعة والنشر، بيروت، بلا سنة طبع، ص122

[2] د.حسن عودة زعال، مصدر سابق، ص52

[3] علاء الدين أبو بكر بن مسعود الكاسـاني، بدائع الصـنائع في ترتيـب الشـرائع، ج7، دار الكتاب العربي، بيروت، 1984، ص352

[4] محمد بن عابدين، ج4، مصدر سابق، ص162

[5] علاء الدين أبو بكر بن مسعود الكاساني، مصدر سابق، 202

الجسدية، ومن باب أولى عدم استطاعته التصرف بحياته لأنهما ليستا من الأموال، لكنه على العكس من ذلك يستطيع أن يتصرف في جزء من أجزاء جسمه لغاية مشروعة، كما في حالة العلاج، فهي كالأموال خلقت وقاية للنفس.[1]

كما ويرى بعض أنصار مشروعية نقل الأعضاء من المعاصرين بانطباق خصائص المال على العضو البشري، فقد تمكن التقدم العلمي الكبير الحاصل في مجال الطب من التوصل إلى حفظ الأعضاء لفترة من الوقت لحين الحاجة إليها, مما ترتب عليه ظهور ما يعرف ببنوك الأعضاء البشرية، وبالتالي إمكانية الانتفاع بهذه الأعضاء وتداولها ونقلها من إنسان إلى آخر دون أن تفقد منفعتها، مما يشير إلى توافر شرطي الادخار والانتفاع في العضو البشري.[2]

أما فيما يخص شرط التقويم فيرى أنصار هذا الاتجاه بإمكانية القول بقابلية جسم الإنسان وأعضائه للتقويم، ويستندون في ذلك إلى أحكام الدية في الإسلام، حيث يقدر كل عضو من جسم الإنسان بقيمة مادية محددة كما في حالة القتل العمد والقتل الخطأ، كما إن هناك قيمة مادية لكل عضو في حال هلاكها في الجنايات التي لا قصاص فيها.[3]

ثالثا- حق الإنسان على جسده:

يجمع الفقه على إن حق الإنسان على جسده لا يتعدى حق الانتفاع، فالإنسان ينتفع بجسده ليعمر الكون وينهض برسالته التي خلق من أجلها ومالك الجسد طبعا هو الله عز وجل[4]، لقوله تعالى: ﴿قل لمن الأرض ومن فيها إن كنتم تعلمون ۞ سيقولون لله قل أفلا تذكرون﴾.[5]

---

[1] د.أحمد شرف الدين، الأحكام الشرعية للأعمال الطبية، مصدر سابق، ص98
[2] د.محمود أحمد طه، مصدر سابق، ص162
[3] المصدر نفسه، ص162. د.عبد القادر عودة، مصدر سابق، 285
[4] د.عبد المطلب عبد الرزاق بن حمدان، مصدر سابق، ص111
[5] سورة المؤمنون، الايات84-85

ومع ذلك يرى أنصار هذا الاتجاه بأن لا تعارض بين إباحة تبرع الإنسان بعضو من أعضائه وبين كون حقه على جسده لا يتعدى حق انتفاع، [1] وأساسهم في ذلك إن جسم الإنسان يرد عليه نوعان من الحقوق، حق الله عز وجل وحق العبد. والإنسان مخول بالتصرف في جسده في نطاق حقه وبما لا يتعارض مع حق المولى عز وجل والذي يتجسد في ضرورة أن يحافظ الإنسان على جسده بالصورة التي تمكنه من أداء رسالته التي خلق لها، وبموجب ذلك إذا كان تصرف الإنسان في عضو من جسده لاستعماله في ما اعد له ولا يعيق وظيفته الاجتماعية كان تصرفه مشروعا. [2]

رابعا- الإيثار والتعاون:

حاول بعض الفقهاء المحدثون بيان حكم الشريعة الإسلامية بشأن نقل الأعضاء البشرية استنادا للمبادئ الجليلة التي أقرتها الشريعة في المجال نفسه ومنها التعاون, لقوله تعالى: ﴿وتعاونوا على البر والتقوى ولا تعاونوا على الإثم والعدوان﴾. [3] ولقوله صلى الله عليه وسلم: (من كان في حاجة أخيه كان الله في حاجته، ومن فرج عن مسلم كربة من كرب الدنيا فرج الله عنه كربة من كرب يوم القيامة). [4] وتشديده على التعاون بقوله: (مثل المؤمنين في توادهم وتراحمهم كمثل الجسد الواحد إذا اشتكى منه عضو تداعى له سائر الجسد بالسهر والحمى). [5]

ومن هنا يرى أنصار هذا الاتجاه بأن لا شك في أن التبرع بالأعضاء البشرية إلى الغير ممن هو في أمس الحاجة إليها لإنقاذ حياته أو تمكينه من أداء

---

[1] د.يوسف القرضاوي، مصدر سابق، ص318
[2] د.محمود احمد طه، مصدر لسابق، ص168
[3] سورة المائدة، الآية2
[4] سليمان بن احمد أبو قاسم الطبراني، المعجم الكبير، ج4، ط2، تحقيق عبد المجيد السلفي، مكتبة العلوم والحكم، الموصل، 1983، ص270
[5] مسلم بن الحجاج النيسابوري القشيري، مصدر سابق، ج4، ص1999,رقم الحديث2586

وظيفته الاجتماعية يقع ضمن باب التعاون وإيثار الغير، وأنه عمل محمود يؤجر عن فعله، ونوع من الصدقة إذ لا تقتصر الصدقة على المال وإنما كل معروف صدقة، والتبرع بالأعضاء أعلى أنواع الصدقة وأفضلها، لان البدن أفضل من المال والمرء يجود بماله من أجل بدنه، ومن ثم يعد تبرعه بعضو من جسمه قربة لله تعالى من أفضل القربات وأعظمها.[1]

خامسا- تحصيل أعظم المصلحتين أو درء أعظم المفسدتين:

يذهب بعض الفقهاء إلى إن إذن الشرع يمكن استخلاصه من خلال الترجيح بين المصالح المتعارضة, لقوله تعالى:﴿ أتستبدلون الذي هو أدنى بالذي هو خير﴾.[2] فالآية تشير وبوضوح إلى ضرورة ترجيح المصلحة الأعلى على المصلحة الأدنى.[3] فيقول ابن عبد السلام في هذا الصدد:" إذا اجتمعت مصالح ومفاسد، فان أمكن تحصيل المصالح ودرء المفاسد فعلنا ذلك، وإن تعذر تحصيل المنفعة ودرء المفسدة، فإن كانت المفسدة أعظم من المصلحة درأنا المفسدة ولا نبالي بفوات المصلحة، وإذا استوت المصالح والمفاسد فقد يتخير بينهما وقد يتوقف فيهما".[4]

والمفهوم المستخلص من هذه القاعدة هو إنه إذا وقع تعارض بين مفسدتين فأنه بتوجب النظر إلى أيهما أشد فنقدمها على التي أخف منها.[5] ويبني الفقهاء على هذه القاعدة الكثير من المسائل، فالمرأة الحامل إذا ماتت وفي بطنها ولد وعلم إنه حي، شق بطنها لإخراج ولدها وان كان في ذلك انتهاك لحرمتها، لأن فيه الإبقاء

---

[1] د.يوسف القرضاوي، مصدر سابق، ص531

[2] سورة البقرة ,الآية 61

[3] د.عبد المطلب عبد الرزاق بن حمدان، مصدر سابق، ص34

[4] ابن عبد السلام، قواعد الأحكام في مصالح الأنام، ط1، ج1، المكتبة الحسينية المصرية، القاهرة، 1353هـ ص92

[5] د.افتكار مهيوب المخلافي، مصدر سابق، ص84

على حياة الحمل، فأوجب الكثير من الفقهاء شق البطن إن لم يمكن إخراج الولد منها حيا إلا بذلك، إيثارا لمصلحة الولد الحي على مصلحة الموتى في عدم المساس بهم.[1]

وكذلك أجاز الفقهاء استنادا إلى هذه القاعدة أكل ميتة الإنسان وتناول النجاسات،لأن مفسدة فوات النفس أعظم من تلك المحرمات، بشرط أن تكون المصلحة المرجوة أعظم من مصلحة ترك العضو.[2]

ولا شك في إن هذا التعارض واقع في مسألة نقل الأعضاء, فهو حادث بين مفسدة أخذ العضو من المعطي وبين مفسدة هلاك المريض الـذي يحتاج العضو لإنقاذ حياته. وعنـد الموازنة بين المفاسد نجد إن المفسدة الواقعة على المريض المهدد بالهلاك أعظم مـن المفسـدة الواقعة على المعطي لأحد أعضائه فنقدم المفسدة الأولى لأنها الأعظم ضررا.[3]

ومن هنا يرى أنصار هذا الاتجاه بأن نقل الأعضاء يحقق مصلحة كـبرى للمريض، إذ من شـأنه إنقـاذ حياتـه، وهـذه المصلحة تفـوق بكثير الأضرار التي تصيب المعطي نتيجـة لاستئصال عضو منه.[4]

ويعترف بعض أنصار هذا الاتجاه بصعوبة تحديد أعظم المصلحتين بالنسبة لعملية نقل الأعضاء، وبشكل خاص إذا كان العضو المستأصل من إنسان حي. فالمتوفى الذي يستأصل منه عضو لزراعته لـدى مـريض يحقـق مصلحة راجحة للمتلقي دون إلحـاق ضرر بـالمتوفى باستثناء بعض الأضرار التي يتصور أن تلحق بالموتى مثل المساس بكرامته وتشويه جثته.وهذا بخلاف الإنسان الحي، فمما لاشك

---

[1] محمد بـن عابـدين، ج1، مصدر سـابق، ص840. ابـن قدامـه المقـدسي، ج2، مصـدر سـابق، ص413.

[2] ابن القيم، زاد المعاد، ج4، مصدر سابق، ص114

[3] د.افتكار مهيوب المخلافي، مصدر سابق، ص86

[4] د.احمد شرف الدين, الأحكام الشرعية للأعمال الطبية.مصدر سابق، ص133.

فيه إنه سيصاب بأضرار صحية وأخرى نفسية واجتماعية جراء استئصال العضو منه، لذا وجب التأكد من رجحان المصلحة الناجمة من نقل العضو من إنسان حي إلى مريض على الضرر الذي قد يلحق بالمعطي وضمان نجاح العملية بالنسبة للطرفين.[1]

في حين تذهب الغالبية من أنصار هذا الاتجاه إلى إنه على الرغم من الأضرار التي قد تلحق بالمعطي، إلا إنها لا تقارن بالمصلحة المتحققة بالنسبة للمتلقي والتي تفوقها بكثير. بالإضافة إلى إن التجارب العملية لنقل وزراعة الأعضاء تقدمت كثيرا في السنوات الأخيرة، بعد نجاح الطب في اكتشاف العقاقير المثبطة لمناعة الجسم ومساعدته على قبول العضو الغريب الذي زرع فيه. وضآلة المخاطر المتوقعة بالنسبة للمعطي، فقد أثبت الطب الحديث إمكانية أن يعيش الإنسان بكلية واحدة أو حتى بثلث كلية.[2]

وأما الأضرار النفسية التي قد تلحق بالمعطي فهي سرعان ما تتلاشى بل وقد تنعكس، وخاصة عندما يكون المريض المتلقي قريبا للمعطي. فمما لا ريب فيه إن حرمان الأخ من التبرع بعضو من أعضائه لإنقاذ شقيقه من الموت، وهو قادر على ذلك، من شأنه أن يصيبه بمتاعب نفسية كبيرة تفوق تلك التي قد يصاب بها إذا ما تبرع بأحد أعضائه لقريبه المريض.[3]

سادسا- قيام حالة الضرورة:

يؤسس جانب كبير من الفقه مشروعية نقل الأعضاء البشرية على أساس توافر حالة الضرورة، التي تعتد بها الشريعة الإسلامية وتجعلها سببا لإباحة ما هو غير مشروع أصلا، لقوله تعالى: ﴿إنما حرم عليكم الميتة والدم ولحم الخنزير وما

---

[1] د.محمود احمد طه، مصدر سابق، ص195

[2] شعبان أبو عجيلة، مصدر سابق، ص91

[3] د.محمود احمد طه، مصدر سابق، ص192وما بعدها.

أهل به لغير الله فمن اضطر غير باغٍ ولا عادٍ فلا إثم عليه إن الله غفور رحيم﴾.[1]

وينصرف مفهوم الضرورة عند الفقهاء إلى الدرجة الأخيرة التي لا تبقى بدونها حياة الإنسان، أو على الأقل يكون اليقين بتلف عضو من الأعضاء، ففي هذه الدرجة القصوى فقط تتحقق الضرورة وتحل أشياء محرمة، أي تباح المحرمات التي تنقذ حياة الإنسان.[2] أو هي بلوغ الإنسان حدا إن لم يتناول الممنوع هلك أو قارب، وهذا ما يبيح الحرام.[3] ومن الأمثلة على حالة الضرورة إباحة التداوي بالمحرمات بالنسبة للمضطر إبقاء لأصل الحياة، فقد أباح الفقهاء التداوي بحافر الميتة وعظامها وأبوال الإبل وألبانها وقطع اليد المتآكلة وإن كان فسادا لما فيه من إنقاذ لحياة المصاب.[4] وقد اشترط لإباحة ذلك توافر شروط الضرورة والمتمثلة في وجود خطر جسيم يهدد حياة المريض، وألا يكون أمامه وسيلة أخرى للعلاج إلا التداوي بالمحرم، وأن يقصد بذلك التداوي مجرد دفع الضرر عن نفسه.[5]

وعلى أساس مما تقدم استنتج أنصار هذا الاتجاه مشروعية نقل الأعضاء، ذلك بأن الشارع الحكيم قد رفع الحرج عن المريض أيا كان مصدره، وإذا كان حكم الإباحة في الاضطرار حكما عاما يسري على جميع المحرمات، فانه يسري أيضا على الانتفاع بأجزاء الآدمي، لأن الحكم الشرعي العام لا يجوز تخصيصه أو تقييده دون نص. وعليه فإذا وجدت إحدى حالات الضرورة وجب إعمال نتائجها بتحصيل أعلى المصلحتين أو درء أعظم المفسدتين، فان توقف علاج المريض المهدد بخطر

---

[1] سورة البقرة، الآية173

[2] محمد برهان السنبهلي، قضايا فقهية معاصرة، ط1، دار القلم، دمشق، 1988، ص58

[3] عبد الرحمن بن أبي بكر السيوطي، الأشباه والنظائر، ط1، دار الكتب العلمية، بيروت، 1403هـ ص94

[4] محمد إدريس الشافعي، ج6، مصدر سابق، ص354.

[5] ابن قدامة المقدسي، ج2، مصدر سابق، ص141

الموت على زرع عضو لإنقاذ حياته, فان مصلحة الشفاء تعلو على مصلحة اجتناب المحرمات, مما يترتب عليه إباحة التداوي بالمحرم واستئصال العضو من جسم الآدمي حيا كان أم ميتا للتداوي به وإنقاذ حياة المريض.[1]

هذا وقد أيد جانب كبير من الفقه الإسلامي المعاصر مشروعية نقل الأعضاء سواء على المستوى الجماعي عبر الندوات والمؤتمرات التي عنيت بهذه المسألة,أو على المستوى الفردي إذ أبدى الكثير من علماء الشريعة الإسلامية موافقتهم على إجراء عمليات نقل الأعضاء.[2]

---

[1] د.احمد شرف الدين، الأحكام الشرعية للأعمال الطبية، مصدر سابق، ص134. د.محمود احمد طه، مصدر سابق، ص199

[2] فعلى المستوى الجماعي أصدر مجمع الفقه الإسلامي في دورته الثامنة المنعقدة بمبنى رابطة العالم الإسلامي بمكة المكرمة عام 1985 قرارا تضمن ما يأتي:(إن أخذ عضو من إنسان حي وزرعه في جسم إنسان آخر مضطر إليه لإنقاذ حياته، أو لاستعادة وظيفة من وظائف أعضائه الأساسية, هو عمل جائز وحميد، ولا يتنافى مع الكرامة الإسلامية بالنسبة للمأخوذ منه، كما إن فيه مصلحة وإعانة خيرة للمزروع فيه...).

كما أوصت المنظمة الإسلامية للعلوم الطبية في ندوتها الطبية الفقهية الخامسة المنعقدة في الكويت عام1989 بما يفيد إباحة إجراء عمليات نقل الأعضاء، إذ نصت بعض وصاياها على إنه:(...

• يجوز نقل العضو من ميت إلى حي تتوقف حياته على ذلك العضو، أو تتوقف سلامة وظيفة أساسية فيه على ذلك...)

وأفتت هيئة كبار العلماء بالمملكة العربية السعودية في قرارها الصادر عام 1400هـ بجواز نقل عضو أو جزئه من إنسان حي مسلم أو ذمي إلى مسلم إذا دعت الحاجة إليه وأمن الخطر في نزعه وغلب على الظن نجاح زرعه، كما وأقرت في ذات الفتوى بجواز النقل من الأموات دون أدنى تفرقة بين النقل من الأحياء أو الأموات.

أما على المستوى الفردي فقد أفتى العديد من علماء الشريعة المعاصرين بمشروعية نقل الأعضاء في فتاواهم، فقد أجاز مفتي جمهورية مصر العربية في فتواه الصادرة عام1979 بما يفيد إباحة مثل هذه العمليات، كما ورد في فتواه من إنه:"...نجد إذا جزم طبيب مسلم ذو خبرة، أو غير مسلم كما هو مذهب الإمام مالك، بأن شق أي جزء من جسم الإنسان الحي بإذنه، واخذ عضو منه أو بعضه، لنقله إلى جسم إنسان حي آخر لعلاجه، لا يضر بالمأخوذ منه إذ إن الضرر لا يزال بضرر مثله، ويفيد المنقول إليه، جاز هذا شرعا بشرط ألا يكون على سبيل البيع أو بمقابل...."

الفرع الثاني
الاتجاه المعارض لمشروعية نقل الأعضاء

لم تفلح الأسانيد والأدلة التي ساقها أنصار الاتجاه السابق وما صدر من فتاوى في هـذا الشأن في إقناع جانب لا يستهان بـه مـن علـماء الشرـيعة وفقهائهـا بمشرـوعية نقـل وزراعـة الأعضاء من الوجهة الدينية، حيث يرى هذا الجانب من الفقه إن هذه العمليات غـير جـائزة شرعا، واستندوا في ذلك إلى العديد من الأدلة والحجج نستعرضها على النحو التالي:

أولا- النهي عن التداوي بالمحرمات:

يذهب بعض الفقهاء إلى حرمة التداوي بأعضاء الإنسان، ذلك أن كل ما فصل أو قطـع عن جسم الآدمي الحي وكان فيه دم فهو نجس لا يجوز الانتفاع بـه.[1] إذ لا يتصـور الانتفـاع به إلا إذا تم زرعه وهو يدمي, وهو ما لا يقره الإسـلام، وبالتـالي دخولـه في عمـوم المحرمـات التي نهى النبيصلى الـلـه عليه وسلم عن التداوي بها لقولـه: (إن الـلـه انـزل الـداء والـدواء، وجعل لكل داء دواء فتداووا، ولا تتداووا بحرام).[2]

وذهب د.يوسف القرضاوي إلى جواز التـبرع بالأعضـاء قياسـا عـلى التـبرع بـالأموال فـأفتى "بـأن تـبرع الإنسان إنما يجوز فيما يملكه، فكما يجوز للإنسان التبرع بجزء من ماله لمصلحة غيره ممن يحتاج إليـه، فكذلك يجوز التبرع بجزء من بدنه لمن يحتاج إليه".ينظر د.محمد عبد الوهاب الخولي، مصدر سـابق، ص164. شعبان أبو عجيلة، مصدر سابق، ص91. محمود احمد طه، مصـدر سـابق، ص140. د.يوسـف القرضاوي، مصدر سابق، ص529 وما بعدها.

(1) محمد بن عابدين، ج2، مصدر سابق، ص142.

(2) أبو عمر يوسف بن عبـد الـلـه النمـري، الاسـتذكار، ج8، ط1، تحقيـق سـالم محمـد عطـا، محمـد عـلي معوض، دار الكتب العلمية بيروت، 2000، ص414

ثانيا- حرمة الجسد البشري وكرامته:

إن حرمة الإنسان حيا كان أم ميتا لا يجوز انتهاكها، وإذا كانت حرمة الميت أقل من حرمة الحي, فأنه مما لاشك فيه إن سماح الشخص لنفسه أو لغيره بأن يقتطع جزء منه لغيره يعد اعتداءا على هذه الحرمة وانتهاك لكرامته الثابتة بأحكام الشريعة.[1] واستدلوا على ذلك بالعديد من النصوص الشرعية منها قوله تعالى: ﴿ولقد كرمنا بني آدم﴾.[2] ومسألة قطع الأعضاء تتنافى مع قضية تكريم الإنسان، وقوله صلى الله عليه وسلم: (كسرـ عظم الميت ككسره حيا).[3] ونهيه صلى الله عليه وسلم عن المثلة لما روي عن النبيصلى الله عليه وسلم: (اغزوا باسم الله في سبيل الله، قاتلوا من كفر بالله اغزوا ولا تغلوا ولا تغدروا ولا تمثلوا ولا تقتلوا وليدا...).[4]

كما نهى النبي صلى الله عليه وسلم عن استخدام شعر الآدمي لقوله: (لعن الله الواصلة والمستوصلة).[5] فهذه النصوص كلها تدل على كرامة الإنسان والمساواة الإنسانية، فليس المنقول إليه بأحق من المنقول منه، وكذا الحال بالنسبة لنقل الأعضاء، لذا كانت هذه العمليات غير جائزة شرعا.[6]

رد أنصار الاتجاه السابق بأنه لا يمكن الاستناد إلى مفهوم التكريم الإنساني كدليل على حرمة الانتفاع بأعضاء الآدمي، استنادا إلى الأحكام الخاصة بالميت وهي احترام جثته وحرمة كسر عظمه وتحريم المثلة والنهي عن وصل شعر الآدمي, على أساس دخول هذه المعاني ضمن هذا التكريم, ذلك بأن هذه المعاني

---

[1] محمد عبد الوهاب الخولي، مصدر سابق، ص172. شعبان أبو عجيلة، مصدر سابق، ص84

[2] سورة الإسراء، الاية70

[3] احمد بن علي بن موسى البيهقي، ج4، مصدر سابق، ص58

[4] مسلم بن الحجاج القشيري النيسابوري، ج3، مصدر سابق، ص1356

[5] محمد بن إسماعيل أبو عبد الله البخاري، الجامع الصحيح المختصر، ج5، ط3، تحقيق مصطفى ديب البغا، دار ابن كثير، بيروت,1987م، 1407هـ ص2216، رقم الحديث5602

[6] د.محمد برهان الدين السنبهلي، مصدر سابق، ص62.

مستقلة عن هذا المفهوم في دليلها واستنباطهان ويمكن الاستناد إليها مباشرة إن كان فيها دليل.[1]

ونرى بأنه حتى مع عدم إمكانية الاستناد إلى مفهوم التكريم الإنساني كدليل للأحكام، إلا إن ذلك لا ينفي حرمة جسم الآدمي لقوله صلى الـلـه عليه وسلم:(فإن دماءكم وأموالكم وأعراضكم عليكم حرام، كحرمة يومكم هذا في شهركم هذا في بلدكم هذا...).[2]

ثالثا- مالية أعضاء الإنسان:

يذهب أنصار هذا الاتجاه إلى عدم إمكانية اعتبار الأعضاء البشرية من قبيل الأموال، لعدم انطباق خصائص المال عليها، فليس من المعقول أن يدخر إنسانا آخر أو أن يدخر عضو من أعضائه لوقت الحاجة، وما ذلك إلا لطبيعة جسم الإنسان، فمنفعته متعددة ومستمرة ولا تنقطع. فإذا قطع عضو توقف عن أدائه الوظيفي ومن هنا لا يكون قابلا للإدخار، كذلك إن في ادخار أعضاء الإنسان إعاقة له عن أداء عمله، فالإنسان خلـق للقيام بواجباته تجاه نفسه وتجاه الـلـه تعالى ولم يخلـق للادخار.[3] ويضيف هـؤلاء بـأن طبيعـة جسم الإنسان العضوية تحول دون قابلية أعضائه للتداول لأن هذه الأعضاء إذا انفصلت عن الجسم فقدت منفعتها،

---

[1] ويمضي هؤلاء إلى أن نص القرآن الكريم على التكريم، مبني على الإخبار عـن أصـل خلقـة الإنسان، وإن التكريم منحة من الخالق للإنسان لا يرفعهـا شيء. وبالتـالي لا يمكـن القـول بـأن الـدليل علـى حرمـة الإنسان وحرمة كسر عظمه وتحريم المثلة والنهي عن وصل شعر الآدمي هـو التكريم الإنساني، وإنمـا الأدلة النقلية من أحاديث النبي ﷺ التي وردت بشأنها، مما يبطل الاستناد إلى التكريم الإنساني كدليل للأحكام السابقة من الناحية الفقهية. ينظر: د.محمد بن يحيى بن حسن النجيمي، الاتجار بالأعضـاء البشرية بين الحظر والإباحة في الشريعة وفي القانون، بحث مقدم إلى ندوة الجريمة المعاصرة والأبعاد الأمنية، كلية الملك فهد الأمنية، 2005، ص12.

[2] الإمام مسلم، ج3، مصدر سابق، ص1305، رقم الحديث1679.

[3] د.محمود احمد طه، مصدر سابق، ص162

وهو ما عبر عنه بعض الفقهاء بالقول:"إنما حرم بيع الحر لأنه ليس مملوكا وحرم بيع العضو المقطوع منه لأنه لا نفع فيه".[1]

واعتقد إن في هذا القول مجانبة للصواب، إذ أصبح من الممكن بفضل التقدم العلمي في ميدان الطب تداول هذه الأعضاء ونقلها من المعطي إلى المتلقي دون أن تفقد منفعتها.

أما فيما يخص شرط التقويم فيرى أنصار هذا الاتجاه بعدم قابلية جسم الإنسان للتقويم فليس لجسم الإنسان أو أعضائه سعر معين في السوق بحيث يمكن القول بأن جسم الإنسان يمكن أن يقوم بمال ولا يمكن أن يعامل معاملة الأشياء[2].وهو ما نؤيدهم فيه ذلك إن جسم الإنسان لا يمكن وصفه بأنه من الأموال مطلقا حتى في حالة إلزام المعتدي بالدية، ولأن الاستدلال بالدية على مالية أعضاء الإنسان استدلال غير مقبول من أساسه، لأن الأصل في الضمان في الفقه الإسلامي هو القضاء الكامل صورة ومعنى، أي إن القصاص هو الأساس، والدية في العمد والخطأ بعد إسقاط القصاص إنما جاءت من أجل احترام الإنسان وصيانة له عن الهدر بعد أن تعذر القصاص لعفو أو صلح. فالدية ليست ثمنا للإنسان، ولذلك قيل بأن الدية توجب للمجنى عليه عوضا عن حقه الأصلي في القصاص لا عن حقه في السلامة الجسدية نتيجة الاعتداء الذي وقع عليه.وحتى لو فرضنا جدلا بأن الدية تعويض عن السلامة الجسدية للإنسان، فإنها تبقى إستثناء والاستثناء لا يقاس عليه وهي في كل الأحوال أشبه بالعقوبة من التعويض.[3] ومن هنا لا يمكن إسباغ صفة المال على الأعضاء البشرية حتى وإن انطبقت عليها بعض خصائص الأموال كالانتفاع بها أو تداولها.

---

[1] ابن قدامة المقدسي، ج4، مصدر سابق، ص304
[2] د.محمود احمد طه، مصدر سابق، ص162-163
[3] د.حسن عودة زعال، مصدر سابق، ص60

رابعا- عدم أحقية تصرف الإنسان في جسده:

استدل المجيزون للنقل بأن تبرع الإنسان بأحد أعضائه وان لزم منه إسقاط حق اللـه بالنسبة له، إلا إن فيه رعاية لحق اللـه بالنسبة للغير، بصيانة نفسه من الهلاك، وهـو مـا لا يتعارض مع حق الإنسان على جسده وان كان لا يتعدى حق الانتفاع، [1] ولكن اعترض أنصـار هذا الاتجاه على هذا من جهتين:

الأولى: إن هناك إجماعا على إن حق الإنسان في سلامة جسمه حق مشترك بين الإنسان وبين خالقه، إلا إن حق اللـه هو الغالب، وبالتالي لا يجوز أن يتنازل الإنسان عـن جـزء مـن جسمه أو عضو من أعضائه، لأن هذا الحق غير قابل للتنازل بالإجماع أيضا.

الثانية: على الرغم من إن في التبرع بالأعضاء إنقـاذ نفـس مـن الهلكـة، إلا إنـه عمل خطير، لأنه يؤدي إلى وجود شخصين مريضين في المجتمع بدلا من شخص واحد، فانتزاع الكلية مثلا من شخص يؤدي إلى ضعف قواه وحاجته المستمرة إلى العناية الصحية مما يـؤثر علـى قيامه بواجباته نحو ربه ونحو أسرته ومجتمعه فضلا عن المتاعب النفسية التي تحدث له. [2] بالإضافة إلى ضرورة أن يبدأ الإنسان بنفسه ويحقق مصلحتها لما روي عن النبي صلى اللـه عليه وسلم انه قال:(ابدأ بنفسك فتصدق عليها، فأن فضل شيء فلأهلك، فأن فضل من اهلك شيء فلذي قرابتك..). ووجه الدلالة من الحديث هو إن النبيصلى اللـه عليه وسلم قد وضع أساس الترتيب على أن يبدأ الإنسان بنفسه، وبالتالي فمن باب أولى ألا يتلف الإنسـان نفسـه لأحياء غيره. [3]

---

[1] د.يوسف القرضاوي، مصدر سابق، ص318

[2] د.محمود محمد عوض سلامة، مصدر سابق، ص22

[3] د.محمد عبد الوهاب الخولي، مصدر سابق، ص173

خامسا- الإيثار والتعاون:

ويرى أنصار ها الاتجاه بأنه لا يمكن أن تصنف عمليات نقل الأعضاء ضمن باب الإيثار والتعاون، ذلك بأن الإيثار المحمود إنما يكون في إطار ما يأذن به الشرع، وما يكون في مقدور الإنسان وفي حدود ما يملك، أما أن يتبرع الإنسان بعضو من أعضائه حال حياته أو بعد وفاته فهذا مما لا يملك، لأن التبرع فرع الملكية وبما إن الإنسان لا يملك جسده بل هو ملك لخالقه وملكيته له عبارة عن ملكية انتفاع، [1] وبالتالي لا يصح تطبيق مبدأ الإيثار، لأن الإيثار لا يكون مشروعا إذا كان تصرفه في حق الله تعالى دون مسوغ شرعي، ويكون مشروعا متى كان في حق خالص للمتبرع. ولا يخفى من إن جسم الإنسان يرد عليه حقان حق الله عز وجل وآخر للعبد. [2] كما إن واقع نقل الأعضاء يدحض إلى حد كبير الزعم بأن هذه العمليات تقوم على أساس الإيثار والتعاون والتضحية، إذ غالبا ما يكون الدافع على التبرع بالأعضاء هو الجوع والفقر والرغبة في الحصول على مكاسب مادية. [3]

---

(1) د.محمود محمد عوض سلامة، مصدر سابق، ص27

(2) د. محمود احمد طه، مصدر سابق، ص182

(3) كما يشير إلى ذلك تقرير اللجنة العالمية للمهنيين الصحيين المقدم إلى المؤتمر الدولي لأخلاقيات زراعة الأعضاء المنعقد بمدينة (اوتو) بكندا عام 1989، والذي جاء فيه:" إن بعض العصابات تستخدم الأطفال والقصر والمتخلفين عقليا كمصدر لزرع الأعضاء، وان هناك تجارة عالمية في هذا الصدد تدور في الخفاء، وان ما يدل على صدق هذه التقارير وجود حالات كثيرة من تزوير شهادات الميلاد، ووجود مراكز خاصة لهؤلاء المخطوفين تعرف ببيوت التسمين، حيث يحاط الأطفال الرضع بالرعاية والعناية، كما جاء في جريدة الأهرام الصادرة في 1990/10/6 نقلا عن جريدة الكارديان خبر عن فضيحة بيع الأطفال لاستخدام أجسادهم كقطع غيار بشرية، وجاء في الخبر، إن وزير العدل البرازيلي قد طلب من شرطة بلاده التحقيق في المعلومات التي تدور حول الاتجار بأطفال البرازيل وبيعهم إلى الأسر الايطالية لاستخدامهم في عمليات غير مشروعة لزراعة الأعضاء البشرية..كما ذكرت التحريات إن نحو أربعة آلاف طفل برازيلي تم نقلهم إلى ايطاليا خلال السنوات(1984 -1990) تحت ستار عمليات التبني.ولمزيد من التفاصيل ينظر:د. علي محمد محمد رمضان، مصدر سابق، ص158 وما بعدها. ود. يحيى هاشم حسن فرغل، مصدر سابق، 105 وما بعدها.

سادسا- تحصيل أعظم المصلحتين أو درء أعظم المفسدتين:

ويذهب أنصار هذا الاتجاه إلى انه لا يمكن القول بمشروعية نقل الأعضاء البشرية استنادا إلى القاعدة الفقهية والتي تقضي بتحصيل أعظم المصلحتين أو درء أعظم المفسدتين، إذ إن دفع ضرر المفسدة يجب أن لا يكون بضرر اكبر منه لما روي عن النبي صلى الله عليه وسلم من انه قال: (لا ضرر ولا ضرار).[1] والحديث أصل القاعدة (الضرر يزال)، فقطع عضو من شخص للتبرع لأخر فيه ضرر محقق للشخص المعطي، وشرط إصلاح الضرر لا يكون بأحداث أضرار أخرى فالضرر محرم شرعا.[2] ولا يحول دون القول بعدم مشروعية نقل الأعضاء استهدافه شفاء المريض، إذ إن الضرر لا يزال بمثله.[3]

وتتنوع الأضرار الناجمة عن عمليات نقل الأعضاء كما يرى أنصار هذا الاتجاه، فمنها ما يلحق بالمعطي، ومنها ما يلحق بالمعطى له أو المتلقي، وأخرى تصيب المجتمع بشكل عام نبينها على النحو التالي:

1. **الأضرار التي تصيب المعطي:**

ثمة حذر ثابت دون شك ينجم عن نقل العضو من المعطي، ذلك بأن العضو الذي يتم استئصاله هو عضو سليم يؤدي وظيفة في جسم المعطي وإلا لما تم نقله إلى المريض, وهذا يؤدي إلى الانتقاص من كفاءة عمل بقية الأعضاء، فضلا عن تحميل الأعضاء الأخرى أعباء جديدة لتعويض عمل العضو المستأصل، وهذا من شأنه الأضرار بجسم المعطي ككل حتى وان كان العضو مزدوجا، إذ يترتب على عملية النقل مضاعفات أخرى يترتب على الجسم تحملها.[4] وفضلا عن الأضرار

---

[1] مالك بن انس أبو عبد الله الاصبحي، موطأ الإمام مالك، ط1، ج3، تحقيق د.تقي الدين النداوي، دار القلم، دمشق، 1991، ص244

[2] د.محمد عبد الوهاب الخولي، مصدر سابق، ص 173

[3] د.عبد المطلب عبد الرزاق حمدان، مصدر سابق، ص121

[4] د.محمود احمد طه، مصدر سابق، ص186

الصحية التي تلحق بالمعطي، فأن الفائدة من عملية استئصال العضو بالنسبة للمعطي منعدمة كليا، إذ لا يستهدف من هذه العملية أي غرض علاجي مما يضفي على عمل الطبيب عدم المشروعية، لأنه وفقا للأصول الطبية لا بد أن يستهدف الطبيب من تدخله الطبي تحقيق مصلحة علاجية، وهذه المصلحة وان توافرت بالنسبة للمريض المتلقي فإنها تنعدم بالنسبة للمعطي.[1] ولا تقتصر الأضرار التي تصيب المعطي على الأضرار الصحية وإنما يصاب المعطي بأضرار نفسية أيضا سواء قبل عملية استئصال العضو أو بعدها، ونستدل على ذلك بقول احد أساتذة الطب النفسي:" الاستئصال للعضو يدخل الشخص كي يقرر التبرع من عدمه بأحد أعضاء جسمه لشخص مريض آخر في اختبار نفسي صعب يسبب له إرهاقا نفسيا كبيرا، فلنا أن نتصور شخصا يطالب آخر بالتبرع بأحد أعضاء جسمه، فأنه يكون أمام اختيار صعب للغاية وبخاصة إذا كان المريض قريبا له وذلك أمام نفسه أولا وأمام أسرته ثانيا. وحتى لو افترضنا نجاحه في اتخاذ القرار بالتبرع فأنه كثيرا ما يتردد بالقرار بعد ذلك, وهذا ما يسبب له متاعب نفسية كبيرة....".[2]

2. الأضرار بالمعطى له:

هنالك من الأضرار ما يلحق بالمعطي له أو المتلقي ناجمة عن عملية نقل العضو إليه,وهي بدورها لا تقتصر على الأضرار الصحية بل توجد إلى جانبها أضرار نفسية تصيب المتلقي.فعلى الرغم من إن الغاية من نقل العضو إلى المريض هي شفاؤه من مرضه أو على الأقل تحسين حالته الصحية، إلا انه قد يتعرض إلى أمراض خطيرة معدية مثل التهاب الكبد الوبائي أو الايدز، [3] كما تزداد إليه نسبة الإصابة بالسرطان بمعدل مائتي ضعف، أو قد يموت أثناء العملية، أو قد تتعرض العملية للفشل لرفض الجسم العضو الغريب، فضلا عن الآثار

---

[1] د.إبراهيم صادق الجندي، مصدر سابق، ص91
[2] نقلا عن د.محمود احمد طه، مصدر سابق، ص187
[3] د.محمد سامي الشوا، مصدر سابق، ص648. د.محمود احمد طه، مصدر سابق، ص188

الجانبية الناتجة عن تعاطي الأدوية المثبطة للمناعة لكي يقبل الجسم العضو الغريب، ولذا فأن رفض الجسم للعضو المزروع يؤكد إن اللـه لم يجعل ذلك عبثا وإنما لحكمـة قـد تكون حماية الجسم مـن تقطيع أجزائـه ومنع التـداوي بهـا.[1] هـذا عـدا الأضرار النفسـية للمريض قبل نقل العضو إليه أو بعده، فكثيرا ما يصاحب عملية التلقي شـعور بالـذنب والمنبعث من كونه أخذ حق غيره، وفي انه سـلب أخـاه جزءا مـن جسده إلى آخر هـذه التصورات.[2]

3. الإضرار بالمجتمع:

إن من شأن إباحة عملية نقل الأعضاء البشرية أن تشهد المجتمعات ازدواجية مطردة في نفس المرض, وبالتالي ارتفاع نسبة العجز في المجتمـع، فبـدلا مـن أن يكـون هنـاك مريض واحد يعاني من فشل كلوي مثلا يصبح هنالك مريضان، وبالتالي الزيادة من انتشار المـرض.[3] بالإضافة إلى ما يشير إليه الواقع العلمي لعمليات نقل الأعضاء البشرية مـن ظهـور عصابات متخصصة في تجارة الأعضاء البشرية وعلى المستوى العالمي، فأصبحنا نسمع عن عصابات مـن الأطباء استغلوا حالة المرضى المحتضرين أثناء القيام بعمليات جراحية لهـم وتقوم باستئصـال أعضاء منهم وبيعها إلى مرضى آخرين.ويستدل على ذلك مـن تقريـر أصدرته لجنة فيدراليـة طبية أمريكية أفاد بأنه مـا بيـن 18-20 ألـف مـن المـرضى يفقدون أعضاء مـن أجسادهم سنويا,إذ يقدم بعض الجراحين على سرقة أعضاء حيوية من المرضى وبيعها بالسوق السـوداء لزراعتها لدى آخرين، بالإضافة إلى غيرها من الوقائع التي تشير وبقوة إلى انتشـار مثـل هـذه التجارة وعلى نطاق واسع.[4]

---

[1] د.إبراهيم صادق الجندي، مصدر سابق، ص91-92
[2] د.محمود احمد طه، مصدر سابق، ص189
[3] د.إبراهيم صادق الجندي، مصدر سابق، ص92
[4] ينظر في بيان هذه الوقائع، د.يحيى هاشم حسن فرغل، مصدر سابق، ص105 وما بعدها. كذلك د.علي محمد محمد رمضان، ص158 وما بعدها

سابعـا- انتفاء حالة الضرورة:

يرى أنصار هذا الاتجاه بانتفاء حالة الضرورة في حالة نقل الأعضاء, ومن ثـم لا مجـال لتطبيق قاعدة الضرورات تبيح المحظورات، واستندوا في ذلك إلى ما يأتي:

1. يشترط لتطبيق هذه القاعدة توافر حالة الخطر التي تستلزم التدخل الطبـي بنقـل العضو، وهو ما يتوافر إزاء تدخل الطبيب لإنقـاذ حيـاة المريض بزراعـة عضو لـه بـدلا عـن العضو التالف الذي يتهدد حياته بالخطر، ولكن هذا التدخل ينعدم مبرره بالنسبة للشخص المعطي، وذلك لانتفاء الغرض العلاجي في هذه الحالة، فالاستئصال مـن جسم الإنسـان لـكي يكون مشروعا يجب أن يكون في مصلحة المتنازل نفسه وهو ما لا يتوافر في هذه الحالة.[1]

2. عدم توافر حالة الضرر الجسيم في حالة استئصال القرنية من شخص حـي أو ميـت لزرعها لدى مريض آخر. ويجد هذا القول أساسه في أن من فقد نعمة البصر لم يعـد يواجهـه خطرا جسيما يهدد حياته أو حتى صحته.فعلى الرغم من إن نعمة البصر على غايـة الأهميـة إلا انه لا يترتب على الاستغناء عنها الخطر الجسيم بل ينتهي عند هذا الحد.[2]

كذلك فأن حالة الضرورة تنعدم في حالة استئصال الأعضاء لحين الحاجة إليها سواء من الأحياء أو الأموات وإيداعها بنوك الأعضاء، نظرا لأن استئصال الأعضاء على افتراض مشروعيتها لا يتم لمواجهة خطر جسيم وحال يهدد الغير وإنما لادخارها لحين الحاجة.[3]

3. إن نقل الأعضاء البشرية لم تعد الطريقة الوحيدة التي يمكن مـن خلالهـا مواجهـة الخطر الجسيم الذي يتهدد حياة المرضى المحتاجين إليها، إذ من الممكن

---

[1] د.محمود احمد طه، مصدر سابق، ص202
[2] د.محمود احمد طه، مصدر سابق، ص203
[3] د.إبراهيم صادق الجندي، مصدر سابق، ص100. د.محمود احمد طه، مصدر سابق، ص203

الحصول على بعض هذه الأعضاء أو مكوناتها من خلال عملية الاستنساخ، كما يمكن الاستفادة من الأعضاء الحيوانية الصناعية في هذا المجال أيضا.[1]

تلك الأسانيد المتمثلة في أدلة الاتجاه المعارض لمشروعية نقل الأعضاء، وجدت تأييدها الواسع من قبل فقهاء الشريعة القدامى[2]، وناصرهم قلة من الفقه الإسلامي المعاصر[3]، على خلاف الاتجاه المؤيد لمشروعية نقل الأعضاء.

---

(1) حيث يقول البروفيسور(أيان ويلموت) قائد الفريق العلمي الذي ابتكر الاستنساخ، انه يمكن الحصول على أعضاء من جسم الإنسان نفسه وذلك بأخذ خلية جسدية وزرعها في بويضة متبرع بها مسحوبة مادتها الوراثية, حيث يتم إنماء الجنين في الأوساط المختبرية لدرجة محددة تسمح بالحصول على الخلايا المطلوبة كالخلايا القلبية الكبدية والكلوية وغيرها.

أما في مجال الاستفادة من أعضاء الحيوانات فقد قطع الأطباء شوطا لا بأس به وإذا أغلق أمام الأطباء باب زرع الأعضاء البشرية فسوف يركزون جهودهم في هذا المجال وقد يجدون مجالا خصبا جديدا بديلا عن الأعضاء البشرية.وفيما يتعلق بالأعضاء الصناعية فعلى الرغم من إن الطب لم يتقدم كثيرا في هذا المجال، إلا أن من الممكن تلمس بوادر النجاح في هذا الصدد من خلال الجهود الكبيرة المبذولة من قبل الأطباء، والتي تبشر بالقرب من الوصول إلى استبدال قلب الإنسان بقلب صناعي وبصورة دائمة، وبوجود مشروع ايطالي لإنتاجه خلال ثلاث سنوات. وتمكن الأطباء من الاستعاضة عن بعض الأعضاء، فقد تمكن (توسون ماسياج) عام 1990 من صنع كبد من البلاستيك بعد إضافة عينة من كبد المستفيد إليه ليرتدي بصمته الجينية فلا يلفظه الجسم.وما يسري على الكبد الذي يعد من أصعب الأعضاء تصنيعا يسري على باقي الأعضاء. ينظر: د. يحيى حسن فرغل، مصدر سابق، ص121. د.إبراهيم صادق الجندي، مصدر سابق، ص99. د.محمود احمد طه، مصدر سابق، ص203. شعبان أبو عجيلة، مصدر سابق، ص87.

(2) ينظر: علاء الدين بن أبي بكر الكاساني، ج7، مصدر سابق، ص177. الشيخ نظام الدين وجماعة من علماء الهند، الفتاوى الهندية، ج4، دار إحياء التراث العربي، بيروت، بلا سنة طبع، ص354. محمد الشربيني الخطيب، مغني الحاج إلى معرفة ألفاظ المنهاج، ج4، المكتبة التجارية الكبرى القاهرة، 1347هـ ص310. شمس الدين محمد بن أبي العباس بن شهاب الدين الرملي، نهاية المحتاج إلى شرح المنهاج، ج8، القاهرة، 1304هـ ص163.

(3) أما في الفقه الإسلامي المعاصر فقد ناصر قلة من الفقهاء المعاصرين الاتجاه القائل بعدم مشروعية نقل الأعضاء، فذهب الشيخ محمد متولي الشعراوي إلى عدم امتلاك الإنسان لجسمه حتى يمكن أن تقبل منه بعض التصرفات كالتبرع بالأعضاء، وأفتى " بأن الإسلام يمنع تنازل المسلم عن أي عضو من أعضائه بالبيع أو بالهدية لا في حياته ولا في موته، لأن هذه التصرفات من تصرفات الملكية التي لا يملكها الإنسان في جسمه لا كله ولا بعضه لأن مالك الجسم كله هو الله".نقلا عن د.محمود احمد طه، مصدر سابق، ص147

رأينا في الموضوع بعد استعراضنا للاتجاهات السابقة من مسألة مشروعية نقل الأعضاء البشرية، أرى برجحان كفة الاتجاه المعارض وذلك لقوة حججه المدعمة بالأدلة الشرعية، إلا إنني لا أنكر تماما الاتجاه القائل بمشروعية نقل الأعضاء وأقر بجواز نقل الأعضاء ولكن في نطاق ضيق، إذ ثمة نقاط التقاء بين الاتجاهين. فمن خلال تأمل الآراء نجد بان كلاهما يتفقان على عدم مشروعية نقل الأعضاء في حالة وجود وسيلة أخرى أمام الطب لإنقاذ المريض، وذلك في حالة تساوي الضرر أو زيادته على المصلحة المترتبة على استئصال الأعضاء وزرعها، ولكنهم اختلفوا في تقدير تلك الأضرار المترتبة على عملية نقل الأعضاء سواء بالنسبة للمعطي أو المتلقي أو المجتمع بشكل عام، وبالتالي اختلافهم في تقدير أعظم المصلحتين، كما اختلفوا أيضا في مدى اتفاق هذه العمليات مع حرمة الجسد الآدمي ومبدأ التكريم الإنساني حتى ذهب البعض إلى إنكاره ضمن هذا السياق.

واري بأن الحكم بمشروعية أو عدم مشروعية نقل الأعضاء يعتمد إلى حد كبير على نوعية العضو المراد نقله، وحالة المعطي حيا كان أم ميتا، وعلى التفصيل التالي:

أولا- النقل من الأحياء:

يختلف الحكم بمشروعية النقل من الأحياء بحسب ما إذا كان العضو مفردا أو مزدوجا، متجددا أو غير متجدد.

1. الأعضاء المفردة و المزدوجة:

أرى بعدم جواز نقل الأعضاء المفردة مهما كانت الأسباب لتعارضها مع حق الإنسان في الحياة، كما إن مبدأ تكافؤ دماء المسلمين لا يسمح بالتضحية بحياة شخص لإنقاذ شخص آخر، لذا يحرم نقل القلب والكبد وغيرها من الأعضاء المفردة التي لا عيش للإنسان بدونها، كما يحرم نقل الأعضاء المفردة التي لا تتوقف عليها حياة الإنسان كالبنكرياس والطحال وغيرها لتأثيرها الكبير على حياة

المعطي وقدرته على ممارسة وظيفته الاجتماعية، كما إن الضرر لا يزال بمثله الحاصل عند نقل هذه الأعضاء.

أما الأعضاء المزدوجة مثل الكليتين والرئتين والعينين والرجلين واليدين والأذنين وغيرها، فهذه الأعضاء تضطلع بوظائف هامة للجسم، إلا إن نقل احدها لا يرتب وفاة صاحبه, وان ترتب عليه إلحاق أضرار جسيمة بالمعطي من شأنها إعاقته عن أداء دوره الاجتماعي. وهذه الحالة هي محل الخلاف الرئيسي بين الاتجاهين السابقين، حيث اختلفوا بشأن تقدير الأضرار المترتبة على نقل مثل هذه الأعضاء، والذي يترجح لنا هو القول بعدم مشروعية نقل مثل هذه الأعضاء لعظم الضرر المترتب عليها قياسا بالمنفعة المرجوة. فقد اثبت العلم الحديث كما يقول احد أساتذة الطب المختصين:"إن العضو المزروع كثيرا ما يصاب بنفس المرض الأصلي الذي كان مصابا به الشخص قبل النقل إليه وذلك بنسبة تصل إلى 38 %، كذلك فأن العلاج بنقل العضو لا يخرج عن كونه عملية تسكين لأن المريض المنقول إليه العضو يظل مريضا مدى الحياة، ويظل يتعاطى الأدوية المثبطة ضد الطرد والتي تبطل مناعة الجسم, ويظل تحت مضاعفات شديدة مما يجعل المريض عرضة وبشكل كبير إلى الأمراض الانتهازية... ويظل يتردد على المستشفيات طوال حياته".[1] هذا عدا الأضرار المحضة التي تصيب المعطي والتي لا يمكن أن تقارن بالمنفعة التي يحصل عليها إذا ما انعدمت مثل هذه المنفعة، بالإضافة إلى الأضرار التي تصيب المجتمع ككل والتي تتمثل في زيادة الحالات المرضية فيه إلى الضعف.

---

(1) د.يحيى هاشم حسن فرغل، مصدر سابق، ص112

2. الأعضاء المتجددة وغير المتجددة:

أرى بمشروعية نقل الأعضاء المتجددة كخلايا الجلد وغيرها.[1] إذ ليس ثمة ما يحول دون نقلها إلى من يحتاج إليها متى ما تعينت علاجا وحيدا للمريض، على أن يتم ذلك وفقا للشروط والضوابط الطبية المتعارف عليها للحيلولة دون الإضرار بصاحبها وضمان عدم الاتجار فيها. وأساس إباحة نقل مثل هذه الأعضاء هو قابلية الأنسجة المكونة لها على التجدد تلقائيا, ومن ثم لا يصاب المتبرع بأضرار تقارن بالمصلحة المتحققة من استفادة الغير بها.

أما فيما يتعلق بالأعضاء غير المتجددة فهي لا تعدو إن تكون أما أعضاء مفردة أو أعضاء مزدوجة ولقد بينا حكمها آنفا.

ثانيا- النقل من الأموات:

بوفاة الإنسان تنعدم في الواقع أهمية التمييز ما بين الأعضاء سواء كانت مفردة أو مزدوجة، متجددة أو ليس لها القابلية على التجدد، وانطلاقا من الحجج والأدلة التي استند إليها أنصار عدم مشروعية نقل الأعضاء أرى بأن الأصل عدم إباحة نقلها، ولكن إذا كان استئصال العضو من الجثة علاجا وحيدا ومناسبا لإنقاذ مريض مشرف على الهلاك عندئذ يمكن القول بجواز نقله وإن كان فيه انتهاك لحرمة الميت وذلك لسببين:

1. انعدام الضرر بالنسبة للميت بخلاف الحي، فمن غير المعقول أن يلحق ضرر بالميت من الناحية الصحية، باستثناء بعض الأضرار التي قد يتصور أن تلحق بالميت مثل المساس بكرامته وانتهاك حرمته.

---

[1] يصنف البعض الدم ضمن الأعضاء المتجددة وهو ما لا نقره، إذ يعد الدم من المنتجات البشرية كلبن المرأة والهرمون وغيرها. ولمزيد من التفاصيل ينظر د.مهند صلاح العزة، مصدر سابق، ص116

2. إن مصلحة المحافظة على الحي الذي ينتفع به المجتمع هي أعظم من المفسدة المترتبة على المساس بحرمة الميت وترك العضو المنتفع به يبلى في التراب ويتحول إلى رفات، وبالتالي إذا تعارضت مفسدتان روعي أعظمهما بارتكاب أخفهما.على أن يتم ذلك وفقا للشروط والضوابط وفي مقدمتها ضرورة التحقق من وفاة الشخص والتي سنتناولها بشي من التفصيل في مواضع لاحقة.

المطلب الثاني
مشروعية نقل الأعضاء البشرية في القانون الوضعي

مع استمرار وتيرة إجراء مثل هذه العمليات وتطورها واتساع نطاقها ظهرت الحاجة إلى مناقشة هذا النوع الجديد من الممارسات الطبية ومن كافة جوانبها القانونية والأخلاقية.لذلك تواتر انعقاد المؤتمرات والندوات في محاولة لإيجاد نظام قانوني يوازن بين مقتضيات هذا التطور العلمي من جهة والمحافظة على الحد الأدنى من الحماية الجنائية لسلامة الجسم من جهة أخرى. ولقد أفضت هذه الدراسات والمناقشات إلى تعدد النظريات واختلاف الآراء حول الأساس القانوني الذي يمكن تبنيه لإباحة المساس بالكيان الجسدي رغم عدم وجود مصلحة علاجية تبرر ذلك في جانب أحد أطراف هذه العمليات. ولاستيضاح موقف القانون الوضعي من الأساس القانوني لعمليات نقل وزراعة الأعضاء، لابد من التعرض أولا لبحث النظريات التي طرحها الفقه كأساس لإباحة هذه العمليات، ثم نتعرض بعد ذلك لما تضمنته تشريعات نقل وزراعة الأعضاء المختلفة من نصوص تنبئ عن حقيقة أساس الإباحة الذي تبنته في هذا الصدد وذلك من خلال الفرعين الآتيين:

الفرع الأول
الأساس القانوني لإباحة عمليات نقل الأعضاء

اختلف الفقه حول الأساس القانوني لمشروعية عمل الطبيب في عمليات نقل الأعضاء
البشرية ومن ثم عدم مسؤوليته جنائيا، ولا مراء من أن تخلف شرط المصلحة العلاجية في
جانب المانح أو المعطي في هذه العمليات شكل العقبة الرئيسية أمام رجال الفقه القانوني في
محاولتهم لإيجاد الأساس القانوني الذي يرتكز عليه هذا النوع من الممارسات الطبية والتي
يتطلب إجراؤها استئصال عضو من شخص سليم لا يشتكي كيانه المادي من أي علة تبرر
القيام بالتدخل الجراحي.

لذلك فقد ظهرت عدة اتجاهات ونظريات تحاول رد أساس مشروعية عمليات نقل
الأعضاء إلى إحدى القواعد القانونية والنظريات الفقهية المستقرة في الفقه الجنائي وذلك
بعيدا عن القواعد القانونية التي تحكم الأعمال الطبية والتي لا تجدي نفعا في هذا المجال [1]،
ويمكن رد هذه الاتجاهات إلى نظريتين أساسيتين هما: نظرية الضرورة المقترنة بالرضا، ونظرية
رضا المانح المقترن بالمنفعة الاجتماعية، وهو ما سنتبينه من خلال ما يأتي:

---

[1] إذ لا يمكن تأسيس مشروعية عمليات نقل الأعضاء على الأسس التي قيلت بشأن إباحة العمل الطبي
بشكل عام، مثل الضرورة العلاجية أو انتفاء القصد الجنائي أو ترخيص القانون، ذلك بأنه يلزم لإباحة
العمل الطبي توافر شروط معينة, ومن بين هذه الشروط شرط توافر قصد العلاج، ذلك بأن لغاية
الطبيب دور مهم في إضفاء وصف المشروعية من عدمه على عمله. فإن كان يهدف إلى شفاء المريض
عدت أعماله عندئذ مشروعة ولا تكون محلا لإثارة مسؤوليته القانونية. ينظر د.أسامة عبد الله قايد،
المسؤولية الجنائية للأطباء، دار النهضة العربية، القاهرة، 1990، ص181-182.

أولا- نظرية الضرورة المقترنة بالرضا:

وجد جانب من الفقه في نظرية الضرورة أساسا قانونيا يمكن الارتكان إليه لإباحة عمليات نقل الأعضاء انطلاقا من أن ما يقع على المانح من ضرر يبرره دفع خطر الهلاك والمرض المستديم عن المتلقي الذي لم تجد معه الوسائل العلاجية الأخرى نفعا.

مضمون النظرية:

إذ لا تعدو حالة الضرورة في جوهرها عن كونها عملية موازنة بين خطر وضرر يرجح أحدهما على الآخر بحسب جسامته، فيرتكب الضرر الأخف لدفع الضرر الأكبر، حيث يتمتع مرتكب فعل الضرورة بالقدر اللازم من حرية الاختيار عند الموازنة بين المصالح فيضحي بالمصلحة الأقل أهمية. وكذلك هو الطبيب عند ممارسته لعملية نقل الأعضاء، حيث يقوم بالموازنة بين الخطر الذي يدفعه عن المتلقي والذي قد يصل إلى إنقاذ حياته من الموت وبين الضرر الذي يحدثه بالمانح والذي يتمثل بالمساس بتكامله الجسدي،[1] وعندئذ تنتفي المسؤولية الجنائية عن مرتكب فعل الضرورة رغم كونه أتى سلوكا إجراميا كان من الممكن أن يرتب كافة آثاره القانونية لولا وجود ذلك الخطر الذي رأى فيه المشرع مسوغا لامتناع المسؤولية الجنائية.[2]

وينصرف مفهوم حالة الضرورة إلى حالة الشخص الذي يهدده خطر جسيم ولا سبيل لتفاديه إلا بارتكاب عملا غير مشروع وفقا لأحكام قانون العقوبات،[3] أو

---

[1] د.محمد حماد الهيتي، التكنولوجيا الحديثة والقانون الجنائي، ط1، دار الثقافة للنشر والتوزيع، عمان، 2004، ص38-39.

[2] د.مهند صلاح العزة، مصدر سابق، ص62

[3] د.علي حسين الخلف، ود.سلطان الشاوي، المبادئ العامة لقانون العقوبات، مطابع الرسالة، الكويت، 1982، ص78. د.محمد سامي النبراوي، قانون العقوبات، القسم العام، جامعة قاريونس، بنغازي، 1990، ص417. د.محمود نجيب حسني، مصدر سابق، ص554.

هي مجموعة الظروف الخارجية التي تهدد الإنسان بخطر جسيم لا يمكن تلافيه إلا بارتكاب جريمة.[1]

لذا فإن أفعال الضرورة أفعال يعاقب عليها القانون في ذاتها، ولكنها تفقد هذه الصفة وتعفى من العقاب في الوقت الذي تصبح فيه ضرورية.[2]

ولقد حازت نظرية الضرورة على تأييد جانب كبير من الفقه الفرنسي والانجلو الأمريكي وان اختلفوا حول طبيعة حالة الضرورة من حيث كونها سببا للإباحة، أو مانعا من موانع العقاب.[3]

---

[1] د.عوض محمد، قانون العقوبات، القسم العام، الإسكندرية، 1985، ص497. د.محمود محمود مصطفى، شرح قانون العقوبات، القسم العام، دار النهضة العربية، القاهرة، 1974، ص476. د.فخري الحديثي، قانون العقوبات،القسم العام، مطبعة الزمان، بغداد، 1992، ص384

[2] د.ضاري خليل محمود، في الأساس القانوني لإباحة النشاط الطبي، مجلة العدالة العراقية، ع4 س4، 1978، ص568. د.سميرة عايد الديات، مصدر سابق، ص57

[3] ظهر الاتجاه الذي ينادي باعتبار حالة الضرورة كأساس لمشروعية عمليات نقل الأعضاء في فرنسا في ستينات القرن الماضي في ظل الفراغ التشريعي الذي ظل سائدا حتى ظهر أول قانون يعالج عمليات نقل وزراعة الأعضاء عام 1976. وينطلق أنصار هذا الاتجاه من نقطة أساسها الطبيعة الموضوعية لحالة الضرورة في عمليات نقل الأعضاء لأنها تستند إلى التنازع بين المصالح وإباحة التضحية بالمصلحة الأقل أهمية، وهو ذات الأساس الذي تقوم عليه أسباب الإباحة, فهي استنادا إلى ذلك تتفق مع أسباب الإباحة الأخرى، ومن جانب آخر فان المشرع كما هو الحال بالنسبة لبقية أسباب الإباحة أجاز الاعتداد بحالة الضرورة باتجاه الخطر الموجه ليس لذات الشخص فحسب وإنما للغير أيضا، فالضرورة تقوم على حماية الشخص وحماية الغير أيضا، وهو ذات الأساس الذي تقوم عليه أسباب الإباحة. وأخيرا فان مما يؤكد الطبيعة الموضوعية لحالة الضرورة هي اعتبارات العدالة التي تتأذى من إدانة شخص ارتكب جريمة لتفادي ضرر اكبر كان من الممكن أن يصيب المجتمع بضرر بإصابته لأحد إفراده لولا تدخل مرتكب فعل الضرورة.فهو بفعله هذا يكون داخلا في نطاق الضرورة ومن ثم لا مجال لمساءلته جنائيا أو مدنيا.لمزيد من التفاصيل ينظر:

-Rene Savatier, Les Proplemes Juridiques Des Tranplatation D'Organes Humains. J.C.P,1969,Doctrain, No 1,2247.

-Paul Julian Doll , Les Proplemes Juridiques Poses Par Les Prelevment et les Greffes eu l'Etat Actual De La Legislation francaise J.C.P ,1968, Doctrain ,No1,2168.

ولكن اعتماد حالة الضرورة كأساس لمشروعية نقل الأعضاء البشرية بغض النظر عن تكييفها يمثل تهديدا واضحا لسلامة كل شخص قدر له أن يكون المانح أو المعطي المناسب الذي يستعان بأحد أعضائه لإنقاذ المتلقي. وهذه نتيجة ترتبها طبيعة حالة الضرورة التي تفترض ارتكاب جريمة ضد شخص بريء لدفع خطر حال وجسيم وذلك وقاية للنفس أو للغير.[1] إذ من مؤدى حالة الضرورة انه في كل مرة يوجد فيها شخص مريض ومهدد بخطر جسيم لا سبيل لتلافيه إلا بنقل عضو إليه من شخص آخر سليم سنكون أمام حالة ضرورة تبيح للطبيب المعالج استئصال عضو من أي شخص يراه مناسبا من الناحية الطبية دون الحاجة إلى موافقة هذا الأخير لإنقاذ المتلقي، بعد أن تستوفي حالة الضرورة شرط الموازنة بين الخطر والضرر، وليس في استيفاء شرط الموازنة أي صعوبة تذكر طالما إن المرجع الوحيد في تقدير هذه الموازنة هو الطبيب المعالج.[2]

لذا عمد أنصار هذه النظرية إلى اشتراط اقتران حالة الضرورة برضا المانح الحر المستنير حتى يمكن إجراء عملية النقل منه، إدراكا منهم لما يرتبه اعتماد حالة الضرورة وحدها من انتهاك واضح لحق المانح في سلامة وتكامل كيانه الجسدي وهو ما يتعارض مع كافة المبادئ الأخلاقية والقانونية. فحالة الضرورة وحدها لا تكفي كأساس لإباحة استئصال أي جزء من جسم إنسان إلا إذا كانت هناك موافقة صريحة نابعة عن إرادة حرة ورضا مستنير، فإذا ما توافر هذان الشرطان: (حالة الضرورة و رضاء المانح)، عندها قام الأساس القانوني لعمليات نقل وزراعة الأعضاء.[3]

---

[1] د.رمسيس بهنام، النظرية العامة للقانون الجنائي، ط3، منشأة المعارف، الإسكندرية، 1997، ص695

[2] د.مهند صلاح العزة، مصدر سابق، ص64

[3] J. Malharbe , Medicine et Droit Modren , Lyon ,1968,p.39

لذا لابد من اقتران حالة الضرورة برضا المانح حتى يكتمل لدينا الأساس القانوني لعمليات نقل الأعضاء.لكن أنصار نظرية الضرورة اختلفوا حول القيمة القانونية لرضا المانح، فبينما يذهب جانب من هؤلاء إلى إن رضا المانح يجب النظر إليه دائما على إنه مجرد شرط من شروط هذه العمليات ولا يجب أن يعطى قيمة أكبر من ذلك، بحيث يبدو وكأنه أحد العناصر المكونة لسبب الإباحة، إذ إن موافقة المانح وحدها لا تعطي الطبيب الحق في إجراء عملية انتزاع العضو بل يجب قبل ذلك إجراء الموازنة بين المصالح، بأن تكون الفوائد التي ستعود على المتلقي أكبر من الأضرار التي يمكن أن تصيب المعطي مع ضمان عدم تعرض المعطي لانتقاص جسيم في صحته وأداء أعضائه لوظائفها الحيوية.[1] في حين يعطي جانب من المؤيدين لنظرية الضرورة رضا المانح قيمة قانونية أكبر، ذلك إن الحق في استئصال العضو من المانح وزراعته لدى المتلقي يرجع في أساسه إلى اتفاق الأطراف في إطار العقد الطبي الذي وجد أصلا لمواجهة حالة الضرورة.هذا الاتفاق لا بد أن يقترن به شرط الفائدة التي يجب أن تعود على المجتمع من خلال عملية نقل العضو, وقرينة وجود هذه المنفعة هي قيام حالة الضرورة بشروطها وأركانها المعروفة.[2]إذ إن أساس الإباحة في عمليات نقل وزراعة الأعضاء لدى هذا الرأي يقوم على ركيزتين أساسيتين هما:حالة الضرورة وموافقة المانح، فمتى توافر شقي الإباحة على هذا النحو انتفت عن الطبيب المسؤولية الجنائية والمدنية، ولا ينكر في الواقع منطقية هذا الرأي كما سنرى لاحقا.

---

(1) P.J.Doll ,op.cit,p.83

(2) حسام الدين الاهواني، المشاكل القانونية التي تثيرها عمليات زرع الأعضاء، دراسة مقارنة، مطبعة جامعة عين شمس، 1975، ص61

تقدير النظرية:

رغم اجتهاد أنصار نظرية الضرورة في وضع نظرية تبين الأساس القانوني لإباحة عمليات نقل الأعضاء، إلا إن طرحهم لحالة الضرورة كأساس لهذه العمليات لم يسلم من النقد, ويمكن رد أبرز هذه الانتقادات إلى ما يأتي:

1.إن حالة الضرورة كسبب مانع من العقاب- لدى من يعدها كذلك - يجب النظر في مدى توافرها من عدمه من خلال مرتكب فعل الضرورة وهو الطبيب، ولما كان دور الطبيب لا يتعدى في حقيقة الأمر حد الموازنة بين الخطر المحدق والضرر بالنسبة للمانح والمتلقي، فإن حالة الضرورة لا تعد متوافرة في جانبه، فهي واقعة فقط بين طرفي عملية نقل وزراعة الأعضاء، ومن هنا ينتفي المسوغ القانوني الذي يبيح تدخل الطبيب وارتكاب فعل الضرورة، إلا إذا كان الطبيب نفسه المتلقي ففي هذه الحالة فقط تقوم حالة الضرورة في جانبه لأن الخطر يتهدده بشكل مباشر.[1]

والواقع إن مثل هذا النقد لا يمكن التسليم به، حيث إنه يغفل القواعد الرئيسية لحالة الضرورة، فلا يتصور قيامها إلا بين طرفين، في حين إنه يمكن لشخص ثالث أن يرتكب فعل الضرورة ليس لوقاية نفسه وإنما لوقاية الغير، وهو إذ يفعل ذلك يكون قد وازن بين الخطر والضرر، وبناء على ذلك اتخذ قراره وأرتكب فعل الضرورة، وهذا هو الحال بالنسبة للطبيب في عمليات نقل وزراعة الأعضاء.[2]

2.قد تتوافر حالة الضرورة بشروطها بالنسبة للمتلقي، إلا إنها لا تجد تطبيقا بالنسبة للمعطي المنقول منه لكونه شخص سليم لا يتهدده أي خطر، وبالتالي فإن حالة الضرورة لا تغطي جميع أطراف عملية نقل وزراعة الأعضاء.بل تنطبق على طرف واحد فقط وهو المتلقي. وعليه لا يمكن درء المسؤولية الجنائية عن

---

(1) د.مهند صلاح العزة، مصدر سابق، ص69

2(Rene Savatier.op,sit.no1-2.

الطبيب تجاه المعطي الذي وقع عليه اعتداء تمثل في نقض تكامله الجسدي لانعدام المسوغ القانوني الذي يبيح تدخل الطبيب.[1]

ويرى أنصار نظرية الضرورة إن هذا النقد لا يختلف كثيرا عن سابقه الذي ينفي توافر حالة الضرورة في جانب الطبيب وينفي هنا حالة الضرورة بالنسبة للمعطي. ويضيفون إن اللبس يزول تماما إذا تفهمنا إن حالة الضرورة يجب النظر إليها كوحدة واحدة ولا ينبغي تجزئتها بالنسبة لكل طرف على حدة، فيكفي فقط أن يكون هناك خطر يتهدد شخص ولا سبيل لدفعه إلا بإيقاع ضرر أقل منه على شخص آخر.[2]

وقد رد المعارضون لهذه النظرية على الرأي المتقدم انه ليس من المقبول أن يكون عمل الشخص مباح ومجرم في آن واحد، بمعنى إنه ليس من الممكن أن ينطبق على العمل الواحد وصفان أحدهما يبيح الفعل والآخر يجرمه إذا ما نظرنا إلى عملية نقل العضو على إنها عملية واحدة.[3] لا سيما إذا علمنا إنه قد لا تتزامن عملية الاستئصال مع عملية الزرع في بعض الحالات.

واعتقد إن الرد الأمثل على هذا الانتقاد يكمن لدى من استلزم توافر رضا المانح بالإضافة إلى حالة الضرورة لإباحة التدخل الطبي في مواجهة الشخص المانح، وعد رضا المانح أمرا داخلا في أساس الإباحة لا شرطا مكملا لهذا الأساس.

3. ويرى البعض إن في إباحة عمليات نقل الأعضاء بناء على حالة الضرورة هدرا لحماية الحق في سلامة الجسد، حيث يصبح بالإمكان عندئذ انتزاع أعضاء الناس جبرا، آخذين بالاعتبار إن رضا المانح ليس عنصرا في حالة

---

[1] د.احمد شوقي عمر أبو خطوة، مصدر سابق، ص42

[2] د.مهند صلاح العزة، مصدر سابق، ص70

[3] د.محمد حماد الهيتي، مصدر سابق، ص44

الضرورة وإنما شرط من شروط حالة الضرورة, وبالتالي يمكن للطبيب استخدام حالة الضرورة والتعلل بها حتى مع تخلف شرط رضا المانح.[1]

واعتقد إن الرد على مثل هذا الانتقاد لا يختلف عن سابقه، ويكمن أيضا في استلزام رضا المانح في جانب المعطي لقيام الأساس القانوني لهذه العمليات كما أشرنا آنفا للحيلولة دون انتزاع أعضاء الناس جبرا عليهم.

4. إن حالة الضرورة لا تكفي بذاتها لتبرير بعض صور عمليات نقل وزراعة الأعضاء، حيث إن حالة الضرورة شرعت كيما تحمي قيمة معينة من خطر جسيم وشيك الوقوع يتهددها، وهذه القيمة لا يلمس لها وجود في العديد من الحالات. فعمليات نقل وزراعة القرنية مثلا تجري لإكساب قيمة جديدة وليس لحماية قيمة موجودة، حيث إن حاسة البصر غير موجودة أصلا لدى هذا الشخص، وكذلك التبرع لبنوك الأعضاء التي تقوم بحفظ الأعضاء المتبرع بها، إذ لا يمكن تبريره بحالة الضرورة، لعدم توافر الخطر الوشيك الذي يقوم من اجله الشخص بالتبرع بجزء من جسده.[2]

ويرى البعض من أنصار نظرية الضرورة - وهو ما نؤيدهم فيه- إنه وان كان صحيحا إن الخطر يشكل محور حالة الضرورة، ويجب فيه أن يكون حالا ووشيكا، بحيث إذا وقع الخطر لم يكن هناك مسوغ للقول بوجود حالة الضرورة.إلا انه يجب التمييز بين فقد القيمة نتيجة لوقوع الخطر وبين الخطر المستديم المترتب على انعدام تلك القيمة، فمن فقد حاسة معينة لا يمكن الادعاء في شأنه بأن خطر ما يتهدده لوقوعه بالخطر بمجرد فقد الحاسة، إذ إن العبرة ليس بفقد القيمة وحسب وإنما بما يخلفه انعدام تلك القيمة من تعريض صاحبها لأخطار وأضرار مستمرة.[3]

[1] د.مهند صلاح العزة، مصدر سابق، ص71.

[2] احمد شرف الدين، الضوابط القانونية لمشروعية نقل وزراعة الأعضاء البشرية، المجلة الجنائية القومية، القاهرة، ع1، 1978، ص135-136.

[3] د.مهند صلاح العزة، المصدر السابق، ص71.

5. يضيف الرافضون لنظرية الضرورة نقدا آخر وهو إن حالة الضرورة لا تجد تطبيقا لها في الكثير من حالات نقل الأعضاء، ليس فقط لانعدام الخطر أو لعدم تحققها في جانب أحد الأطراف دون الآخر، وإنما لفقدانها أحد أهم شروط تطبيقها وهو ألا يكون هناك وسيلة أخرى لدفع الخطر إلا بإيقاع الضرر على شخص آخر، وأن يفوق ذلك الخطر الضرر جسامة وهو ما يعرف بشرط التناسب واللزوم. الأمر الذي لا يمكن القول بتوافره في بعض عمليات نقل الأعضاء وبصفة خاصة عمليات نقل وزراعة الكلى، إذ من الممكن أن يعيش المريض الذي يعاني فشلا كلويا ولفترة طويلة على جهاز الكلى الصناعية أو ما يعرف بالغسيل الكلوي. فلا يمكن والحالة هذه الادعاء بأن نقل الكلية لهذا المريض هي الوسيلة الوحيدة لدفع الضرر الذي يتهدده.[1]

والواقع لا يمكن إنكار ما في هذا النقد من وجاهة، ومن ثم لا يملك المرء إلا أن يسلم بمنطقيته وسلامته، ولكن يبقى هذا الأمر قاصرا على بعض الأعضاء دون الأخرى. أضف إلى ذلك إن الكثير من الأعضاء يتم نقلها من الموتى، وفيها تنخفض نسبة الأضرار التي تصيب المانح بشكل كبير، وتعد ضئيلة جدا قياسا بالمنافع المترتبة على عملية النقل والزرع بالنسبة للمتلقي.

ثانيا- نظرية رضا المانح المقترن بالمنفعة الاجتماعية:

نأى جانب كبير من الفقه المؤيد لإباحة عمليات نقل الأعضاء بنفسه عن اللبس الذي تثيره نظرية الضرورة، وذلك للخلاف المبدئي حول طبيعتها كسبب للإباحة أو مانعا من موانع العقاب، ومدى توافرها- أي حالة الضرورة- بالنسبة لأطراف عملية نقل الأعضاء، ووجد في نظرية الرضا المقترن بالمنفعة الاجتماعية ضالته المنشودة وهو في صدد البحث عن أساس قانوني لهذه الممارسات.

---

[1] المصدر نفسه، ص70-71.

لذلك ارتكن هذا الفقه إلى رضا المانح بوصفه أساسا يباح بمقتضاه انتزاع جزء من جسمه، وإدراكا من هذا الفقه لخطورة نقص التكامل الجسدي بمقتضى ـ الرضا وحده، فقد عمدوا إلى اشتراط اقتران رضا المانح بمنفعة أو فائدة اجتماعية تنتج عن عملية نقل الأعضاء. فأصبح أساس المشروعية لدى هؤلاء قائم على ركيزتين أساسيتين, الرضا الصادر من المانح, والمنفعة الاجتماعية المترتبة على عملية النقل.

وما أود الإشارة إليه ابتداء هو إن غالبية التشريعات والفقه من بعدها تذهب إلى عدم إعطاء الرضا أي اثر مبيح كقاعدة عامة.وبوجه الخصوص كلما كان الحق محل الاعتداء تأبى طبيعته أن يكون محل تصرف من قبل صاحبه. وهو ما يتعلق بالحقوق اللصيقة بالشخصية بوجه عام والحق في سلامة الجسد وتكامله على وجه الخصوص، لما تمثله هذه الحقوق من مصلحة اجتماعية تعلو على مصلحة وخصوصية صاحب الحق ذاته. ذلك إن للمجتمع مصلحة في سلامة وتكامل أجساد أفراده تجعل من كل مساس بها أمر من شأنه إهدار هذه القيمة فعلا مجرما، ولا ينفي بالتالي رضا صاحبه عنه صفة عدم المشروعية.[1]

---

[1] حيث تذهب غالبية التشريعات ومنها الفرنسية والمصرية والعراقية,وكذلك الفقه إلى إنكار أي قيمة لرضا المجني عليه في الأفعال الواقعة على حقه في السلامة الجسدية. ينظر: د.جلال ثروت، نظم القسم العام في قانون العقوبات، دار الهدي للمطبوعات، الإسكندرية، 1999، ص271. د. محمد حماد الهيتي، مصدر سابق، ص45

أما فاعلية رضا المجني عليه بالنسبة للقانون الانجلو أمريكي فيمكن التمييز بين طائفتين رئيسيتين أوردهما قانون 1861 الصادر في انكلترا والخاص بجرائم الاعتداء على الأشخاص.وتتمثل الطائفة الأولى في جرائم الضرب والجرح, وفيها يكون للرضا أثره الكامل في إباحة الفعل. لذا فان انعدام الرضا عنصرا في هذه الجرائم، إلا إن وجوده يشكل دفعا موضوعيا. كما هو عليه مذهب الفقه والقضاء الانكليزي، ويقع على المتهم عبء إثباته فلا يطالب المجني عليه بإثبات غياب موافقته على ما يرتكب ضده من أفعال. وأما الطائفة الثانية فتتضمن جرائم الإيذاء المفضي إلى ضرر جسدي جسيم، وينعدم في هذه الطائفة الأثر المبيح

237

مضمون النظرية:

إذا كانت الوظيفة الاجتماعية للحق في سلامة الجسد والتي تتمثل في مجموعة الالتزامات التي يضعها المجتمع على عاتق كل فرد من أفراده هي التي حدت بالمشرع إلى إنكار أي قيمة لرضا المجنى عليه كقاعدة عامة في مجال الأفعال الماسة بسلامة الجسد[1]، فأن العلة ذاتها هي التي اتخذ منها جانب كبير من الفقه في مختلف المدارس القانونية نقطة انطلاق في جعل الرضا الصادر من المانح أساسا لمشروعية عمليات نقل وزراعة الأعضاء، على أساس إن الحق في سلامة الجسد يتنازعه اعتبارين أساسين، الأول ويتمثل في الجانب الفردي لهذا الحق والذي تعكسه كافة المزايا التي على الشخص القيام بها من خلال تكامله الجسدي. أما الاعتبار الثاني فيتجسد في حق المجتمع في سلامة أفراده بوجه عام من اجل تأدية ما أنيط بهم من وظائف اجتماعية. وإذا كان الجانب الاجتماعي للحق في سلامة الجسد يهدف إلى تكامل الأفراد والرقي بالمجتمع كوحدة واحدة من خلال أداء كل فرد لوظيفته الاجتماعية على النحو المرسوم له، فأنه يجب النظر دائما إلى المحصلة النهائية لسلامة الأفراد ككل، من غير التعويل على تقييم كل فرد على حدة. فالمعيار إذا هو الحاصل النهائي للمنفعة الاجتماعية وما تؤدي للمجتمع بوجه عام.[2] وفي مجال نقل وزراعة الأعضاء فان عملية نقل العضو من المانح إلى المتلقي ينبغي النظر إليها من منظور المصلحة التي تعود على المجتمع، وذلك من خلال الترجيح بين المزايا التي تعود على المتلقي بالمقارنة مع الأضرار التي تلحق

للرضا، مع وجود استثناء اقره القضاء الانكليزي يتمثل في إباحة هذه الأفعال كلما كان هناك سبب وجيه يدعو لذلك. والسبب الوجيه عادة يتمثل في وجود مصلحة عامة وفقا لما استقر عليه القضاء. لمزيد من التفاصيل ينظر:

Smith and Hagan ,criminal law cases and material ,third edition, London.1986. P 547.

(1) د.محمود نجيب حسني، مصدر سابق، ص458

(2) محمود احمد طه، مصدر سابق، ص270-271. د.محمد عبد الوهاب الخولي، مصدر سابق، ص206-207. د.سميرة عايد الديات، مصدر سابق، ص87-88.

بالمعطي, بحيث يكون نفع المجتمع من وراء إجراء هذه العملية اكبر، الأمر الذي يكسب رضا المعطي قيمته القانونية وأثره في إباحة نقل عضو من أعضائه. ولا يقدح في ذلك ما قد يلحق بالمنقول منه من أضرار وانتقاص في صحته العامة، إذ إن هذا الانتقاص سيقابله زيادة اكبر في السلامة الجسمانية للمتلقي، فإذا كان ما سيفقده المعطي يساوي نسبة ضئيلة، فأن الحاصل النهائي للمنفعة الاجتماعية سيكون اكبر، وبالتالي سيعود على المجتمع بمزايا اكبر مما لو احتفظ طرف واحد بكامل صحته وظل هناك في المقابل من هو عاجز عن أداء أي وظيفة تذكر.[1]

وخلاصة القول يرى المؤيدون لهذه النظرية في عمليات نقل وزراعة الأعضاء حدثا يتجاوز الجانب الشخصي للممارسات الطبية العلاجية، فهي في مجملها حدثا اجتماعيا جليلا وتعبيرا صادقا عن التكافل الاجتماعي والتضامن الإنساني بين أفراد المجتمع الواحد، فإنقاذ حياة شخص ما أو السعي إلى شفائه من مرض يعيقه عن أداء وظيفته الاجتماعية بمنحه جزء من شخص آخر سليم, لن يكون لعملية الانتزاع من جسمه اثر بالغ في سلامته الجسدية, يعد أمرا معقولا اجتماعيا وجدير بالتأييد.[2]

تقدير النظرية:

لا نعتقد إن هذه النظرية قدمت لنا الأساس القانوني السليم الذي يمكن الركون إليه لتبرير عمليات نقل وزراعة الأعضاء، وذلك للانتقادات التي تعرضت لها بشكل عام، وفكرة المنفعة الاجتماعية على وجه الخصوص، ويمكن رد ابرز هذه الانتقادات إلى ما يأتي:

1. إن الأخذ بمعيار المنفعة الاجتماعية في عمليات نقل وزراعة الأعضاء سوف يؤدي إلى نتائج ربما تتناقض مع القيم الإنسانية، ذلك إن الموازنة في هذا

---

(1) د. محمد حماد الهيتي، مصدر سابق، ص46. حسام الدين الاهواني، مصدر سابق، ص56

(2) د.مهند صلاح العزة، مصدر سابق، ص76

الصدد سوف يكون مناطها دائما الفائدة المتحققة بالنسبة للمجتمع دون النظر إلى الاعتبارات الإنسانية الفردية. وهذا من مؤداه أن يصبح تنازل شخص عادي من ذوي المهن المتواضعة عن احد أعضائه لزعيم سياسي أو عالم مرموق أمرا مقبولا, على أساس إن المنفعة الاجتماعية لهذا السياسي أو العالم أكثر بكثير من المنفعة الاجتماعية لهذا الشخص العادي والعكس صحيح.[1] وهكذا فأن مثل هذه الحسابات سوف تتجاوز البعد الإنساني للفرد وتطغى عليه تحت ستار النفع الاجتماعي.[2]

2. إن معيار المنفعة الاجتماعية يبدو معيارا غير منضبط، ذلك إن القول بأن عمليات نقل وزراعة الأعضاء تحقق الفائدة أو المنفعة الاجتماعية هو قول تعوزه الدقة، حيث انه وان كان صحيحا إن عملية زراعة العضو تعود بالنفع على المتلقي وترفع من كفاءة أداء جسمه لوظائفه وبالتالي زيادة النفع الاجتماعي المنتظر منه، إلا إن الأمر لا يبدو كذلك بالنسبة للمانح، إذ سيسبب استئصال عضو منه إضعاف لقدرته في أداء وظيفته، فما أعطيناه باليمين سلبناه باليسار. بل وربما أضحى الأمر اخطر من ذلك إذا ما أخذنا بعين الاعتبار رفض جسم المتلقي للعضو، وضرورة استخدام العقاقير المثبطة لعمل جهازه المناعي مما يجعله عرضه لشتى الأمراض، وإمكانية إصابة العضو المنقول إليه بنفس المرض، وعندئذ لا تتحقق أي منفعة للمجتمع، بل قد يحصل العكس تماما لانتقاصه من وظيفة المعطي الاجتماعية جراء عملية النقل دون تحقق أي نفع.[3]

3. إن الأخذ بمعيار المنفعة الاجتماعية في نطاق عمليات نقل وزراعة الأعضاء من شأنه أن يفتح الباب أمام إجراء مثل هذه العمليات عنوة تحت شعار

[1] د.محمود احمد طه، مصدر سابق، ص272. د.محمود سامي الشوا، مصدر سابق، ص652. د.محمد حماد الهيتي، مصدر سابق، ص47

[2] د.مهند صلاح العزة، مصدر سابق، ص79. حسام الدين الاهواني، مصدر سابق، ص58

[3] د.محمد حماد الهيتي، مصدر سابق، ص48. د.مهند صلاح العزة، مصدر سابق، ص79

المنفعة أو المصلحة الاجتماعية. وفوق ذلك إن القـول بـأن مبرر إجراء مثل هـذه العمليات هو النفع الاجتماعي هو قول مرفوض ولا يقبله المنطق القـانوني، لأن مبـدأ معصومية الجسد يقتضي إخراج جسم الإنسان عن نطاق المعاملات.[(1)]

4. أبدى البعض اعتراضه حول فكرة الوظيفة الاجتماعية التي تمثل حق المجتمع على جسد الإنسان وعدها فكرة غامضة.فمتى يبدأ حق المجتمع ومتى يبدأ حق الفـرد؟ ومـا هو معيار التمييز بينهما؟ فهما حقين غير متطابقين من حيث النطاق، على أساس إن الفرد يهمـه الحفاظ على سلامة جسده بالدرجة الأولى ولو على حساب المنفعة أو المصلحة الاجتماعية.في حين إن ما يهم المجتمع هو تحقيق اكبر منفعة اجتماعية ولا يعنيه حق الفرد إلا بالقدر الذي يكفل بقاءه فقط.[(2)]

ومن باب توضيح عدم التحديـد هـذا يتسـاءل البعض مـن الـذي سيحدد الوظيفـة الاجتماعية للفرد ؟ ومن هـو الأكثر أهميـة فيما لـو كـان المعطي والمتلقي يشغلان نفس الوظيفة ؟ وهل للمجتمع أن يستغني عن وظيفة فرد من أفراده؟.

إن الإجابة على ذلك تكشف لنا عن مـدى خطـورة اعتماد فكرة المنفعة الاجتماعية كأساس لإباحة عمليات نقل وزراعة الأعضاء.فهي إلى جانب خرقها مبدأ المساواة بـين أفراد المجتمع، ستخلق تمايزا اشد خطورة بين أفراد المجتمع أساسه التحكم، مما يمكن من استغلالها بصورة سيئة لا تسيء إلى المجتمع و وحدة أفراده بل تسيء إلى كرامة الإنسان، حيث لا يمكن أن يتفضل شخص على آخر بـدوره أو وظيفتـه في المجتمـع، فالمجتمع لا يقوم إلا علـى كـل وظائف أفراده.[(3)]

5. يعترض البعض على أصل هذه النظرية والتي تجعل من رضا المانح الركيزة الأساسية التي يقوم عليها أساس الإباحة في عمليات انتزاع عضو مـن شـخص سـليم، وهـو فعل يمثل جريمة جرح بسيطة أو مفضية إلى عاهة مستديمة

[(1)] المصدر نفسه، ص48
[(2)] د.محمود نجيب حسني، مصدر سابق، ص458
[(3)] د.محمد حماد الهيتي، المصدر السابق، ص48

وربما القتل العمد إذا أدت عملية الاستئصال إلى وفاته، وذلك بحسب الأحوال، الأمر الذي يتناقض مع القواعد المستقرة في القانون الجنائي والتي لم تجعل من الرضا سببا عاما للإباحة، وخصوصا في مجال الحقوق اللصيقة بالشخصية.[1]

رأينا في الموضوع:

من خلال بحثنا لكلا النظريتين يتضح إنهما لا تختلفان تماما، بل إن هناك مجالا للتقارب بينهما، ويظهر هذا التقارب من ناحيتين، الأولى هي إن كلا النظريتين اشترطت توافر رضا المانح لإباحة عملية النقل، ذلك إن كل من حالة الضرورة وفكرة المنفعة الاجتماعية لوحدها لا تبيح التدخل الطبي باستئصال عضو من شخص سليم لا يعاني شيئا ونقله إلى شخص آخر لإنقاذ حياته.

أما الناحية الثانية فأن كلا النظريتين تستلزم رجحان المصلحة في عمليات نقل وزراعة الأعضاء.إذ لا تعدو حالة الضرورة في واقع الأمر عن عملية موازنة بين الأضرار يرجح احدهما على الآخر بحسب جسامته، بحيث يرتكب الضرر الأخف بغرض دفع الضرر الأكبر. وهو في نطاق عمليات نقل وزراعة الأعضاء إصابة المتلقي بضرر جسيم قد يصل إلى الموت في بعض الحالات. أما بالنسبة لنظرية المنفعة الاجتماعية، فهي تجري الموازنة بين المنافع المتحصلة جراء هذه العمليات منظور إليها من زاوية الحاصل النهائي المتحقق بالنسبة للمجتمع ككل.

والحقيقة إن تحقق حالة الضرورة على النحو الذي اشرنا إليه يحقق المنفعة الاجتماعية التي استلزم وجودها أنصار نظرية المنفعة الاجتماعية.ذلك إن نقل العضو إذا ما توافرت شروط حالة الضرورة سوف يساعد في استعادة جسم المتلقي لصحته ونشاطه، وبالتالي إمكانية أن يضطلع هذا الشخص بالوظيفة الاجتماعية الملقاة على عاتقه تجاه المجتمع. وعليه يمكن القول إن تحقق المنفعة الاجتماعية في ظل نقل الأعضاء إذا ما توافرت حالة الضرورة ستكون تحصيل حاصل.على أن لا

---

[1] د.جلال ثروت، مصدر سابق، ص270

يكون للوظيفة الاجتماعية أي دور في قياس هـذه المنفعـة الاجتماعيـة طالما إن مبـدأ المساواة يحكم جميع أفراد المجتمع.

لكن مع ذلك نجد إن حالة الضرورة في العديد من الحالات لا تجـد لهـا تطبيقـا، لـيس لانعدام الخطر أو عدم توافره بالنسبة لبعض أطراف عملية نقل وزراعـة الأعضـاء كـما أشرنـا سابقا، وإنما لفقدانها احد أهم شروط تطبيقها وهو ألا تكون هناك وسيلة أخرى لدفع الخطر إلا بإيقاع الضرر على شخص، وهو ما يعرف بشرط التناسـب واللـزوم. الأمـر الـذي يـؤدي إلى القول بعدم توافرها في بعض عمليـات نقـل وزراعـة الأعضـاء، وبصـفة خاصـة عمليـات نقـل وزراعة الكلى وهي من أكثر العمليات شيوعا، لإمكانية أن يعيش المريض ولفترة طويلـة عـلى جهاز الغسيل الكلوي، الأمر الذي لا يمكن معـه وصـف حالـة الضرـورة كأسـاس عـام لإباحـة جميع عمليات نقل وزراعة الأعضاء.

ولكن أرى بأنه وان كان صحيحا إن الغسـيل الكلـوي يمثـل وسـيلة أخـرى يمكـن مـن خلالها إنقاذ المريض من الموت ودون نقل أي عضو إليه، إلا انه يجب أن لا نغفل عن الأضرار التي تصيب الجسم نتيجـة لعمليـة تنقيـة الـدم عـبر الغسـيل الكلـوي والتـي يتطلـب الأمـر إجراؤها ثلاث مرات أسبوعيا، بالإضافة إلى العبء المادي الثقيل الذي يتحملـه المـريض الـذي يعاني فشلا كلويا[1]، خاصة إذا علمنا انه قد يستمر على هـذا الحـال لسـنوات، عنـدها يكـون نقل العضو أكثر تناسبا مع الأضرار المترتبة عن عدم نقل العضـو لا سـيما إذا كـان النقـل مـن الأموات.

وأخيرا إذا ما تساءل المرء عن الأساس القـانوني السـليم لإباحـة هـذه التصرـفات، فـإني أعتقد انه يمكن استخلاص هذا الأساس من القاسم المشترك بين مختلف النظريات السـابقة في مجال نقل وزراعة الأعضاء، ألا وهو رضا المانح، ذلك إن استقراء النظريات السابقة يبين لنا إن هناك قناعة تامة لدى الفقهاء بضرورة تـوافر رضـا المـانح كي يكتمـل الأسـاس القـانوني لهـذه الممارسات.

---

[1] د.مهند صلاح العزة، مصدر سابق، ص87

وفي نطاق ما سبق نجد إن رضا المانح يمثل العنصر ـ الواقعي الأكثر تأثيرا في عمليات نقل وزراعة الأعضاء من الناحية العملية، بحيث لا يتصور أن تقوم هذه العمليات دون وجود رضا المانح المتنازل عن عضوه، وبالتالي يمكن إعطاؤه الصبغة القانونية كأساس للإباحة. أما بالنسبة لطبيعة الرضا فأنه وان كان صحيحا بأن المشرع لا يجعل منه سببا عاما للإباحة، إلا إن المشرع الجنائي قد اعترف له في بعض الحالات بهذا الأثر، فنجده تارة سببا للإباحة في جرائم الاعتداء على الأموال، وتارة أخرى نجده نافيا لركن من أركان الجريمة كما في جرائم الاغتصاب، وأخيرا عاملا مؤثرا في تحريك الدعوى الجزائية كما في الدعاوى التي لا تحرك إلا بالشكوى من قبل المجنى عليه.[1]

ولا يعني إباحة عمليات نقل وزراعة الأعضاء على هذا النحو أن لا يكون هنالك من القيود والضوابط ما يضمن عدم خروج هذه الممارسة عن غايتها التي وجدت من اجلها، وهي إنقاذ من يتهدده الموت أو المرض العضال. فبالإضافة إلى الشروط الواجب توافرها في الرضا من حيث لزوم كونه حرا مستنيرا، فانه لا بد أن يكون العمل الطبي المزمع إجراؤه موافقا للنظام العام والآداب العامة، شأنه في ذلك شأن كافة التصرفات والالتزامات القانونية التي تنتفي عنها صفة المشروعية إذا لم يتوافر فيها هذا القيد. ولما كانت فكرة النظام العام تمثل المصلحة العامة لمجتمع ما وفقا لما يسوده من ظروف واتجاهات، ولما كانت فكرة الآداب العامة تمثل الناموس الخلقي والأدبي للمجتمع والمستقى من مجموع المعتقدات الدينية والأخلاقية وما استقر من مبادئ في ضمير الأمة، فأن هذه الأفكار وان كانت تبدو من المرونة بحيث يصعب ضبط معيارها، إلا إن المرونة تعني قابلية هذا الأفكار للتطور و التغيير بحسب ما يسود المجتمع من ظروف وما يطرأ عليه من

---

[1] د.جلال ثروت، مصدر سابق، ص273

متغيرات، بحيث تجعل من فكرة النظام العام والآداب العامة من أكثر القواعد ملائمة كي تلعب دور القيد الذي يضمن بقاء هذه التصرفات ضمن الإطار القانوني المرسوم لها.[1]

الفرع الثاني
موقف التشريعات الوضعية من عمليات نقل وزراعة الأعضاء[2]

بعد اتساع نطاق عمليات نقل وزراعة الأعضاء البشرية، أصبح لزاما على المشرعين ألا يقفوا موقفا سلبيا، بل لا بد من موقف ايجابي يتمثل في إصدار تشريعات تبين أساس إباحة مثل هذه العمليات والشروط التي يجب أن تتم فيها. إلا إن معالجة المشرعين لهذه المسألة لم تكن على وتيرة واحدة، فقد عالجها البعض

---

[1] د.عبد الرزاق احمد السنهوري، الوسيط في شرح القانون المدني، المجلد الأول، ط3، دار النهضة العربية، القاهرة، 1981، ص531

[2] بعد أن ازدادت عمليات نقل وزراعة الأعضاء البشرية اثر نجاحها الكبير استجاب المشرعون لازدياد مثل هذه العمليات وصدرت العديد من القوانين الخاصة التي تنظم هذه العمليات وفي معظم البلدان, وحملت تسميات مختلفة.ففي فرنسا صدر قانون زراعة ونقل الأعضاء رقم 1181 لسنة 1976.وفي العراق صدر مثل هذا القانون تحت عنوان قانون عمليات زراعة الأعضاء البشرية رقم(85) لسنة 1986. وفي ايطاليا صدر قانون الاستئصال رقم 644 لسنة 1975. وفي لبنان صدر قانون الغرس رقم 109 لسنة 1983. وفي إطار هذه التسميات المتعددة نعتقد أن التسمية الأكثر واقعية هي التي جاءت على لسان المشرع الفرنسي لأنه يشير صراحة إلى عمليتين أساسيتين هما عملية(النقل) و(الزرع). ولكن هذا لا يعني إن عملية نقل وزراعة الأعضاء تضم العمليتين السابقتين فقط ,إذ إن هناك عملية ثالثة وهي عملية استئصال العضو التالف من جسم المتلقي، ولكن هذه العملية أكثر ارتباطا بعملية زرع الأعضاء من عملية النقل بل هي من مستلزماتها. وعلى أساس هذا الفهم نرى عدم إمكانية إحلال تسمية (الاستئصال) محل تسمية(نقل وزراعة),لان الأولى لا تشير إلا إلى العملية الثالثة دون العمليتين الأساسيتين والتي تعد عملية الاستئصال جزء منها.

بشكل عام دون تحديد لنوع الأعضاء التي يجوز نقلها، في حين ذهبت تشريعات أخرى إلى معالجة الأمر بصورة جزئية، فأجازت نقل بعض الأعضاء دون النص على الأعضاء الأخرى. ومن أجل تسليط الضوء على موقف القوانين من عمليات نقل الأعضاء، سنبحث موقف التشريعات الغربية أولا، ثم موقف التشريعات العربية وبضمنها موقف المشرع العراقي.

أولا- التشريعات الغربية:

1. القانون الأميركي:

يعد قانون الهبة التشريحية الاتحادي الصادر عام1968 نموذجا للتشريع الجامع فيما يخص عمليات نقل وزراعة الأعضاء من الأموات، ذلك إن نصوص هذا القانون جاءت واضحة في صياغتها شاملة في وضع الأحكام والقواعد التي تتعلق بعمليات نقل الأعضاء من الجثث. وفيما يخص معيار الإباحة في هذا القانون، فإن استقراء الأقسام (4-5-6) يوضح إن الرضا هو الأساس القانوني الوحيد الذي تقوم عليه عمليات نقل الأعضاء من الأموات. ولقد حاول المشرع الأميركي من خلال هذا القانون إضفاء أكبر قدر من الحماية القانونية على الرضا الصادر من المانح، وذلك بتقريره عدة ضمانات تهدف إلى إنفاذ الرغبة الحقيقة التي يقصدها المتوفي. كاشتراطه صدور رغبة المتوفي بوصية ووفقا للشكل القانوني المحدد للوصايا، أو من خلال وثيقة مكتوبة على أن يتم التوقيع عليها من قبل المانح نفسه وشاهدين في مجلس واحد. وجعل المشرع من إثبات اعتراض الشخص على المساس بجسده أثناء حياته حائلا دون انتزاع أي عضو أو مشتق من مشتقات جسمه ولو رغب أقاربه في ذلك.[1]

وفي عام 1984 صدر قانون زراعة الأعضاء القومي رقم507/98، وعلى الرغم من الطابع التنظيمي الذي يتسم به هذا القانون والرغبة في جعله قانون شامل

---

[1] د.مهند صلاح العزة، مصدر سابق، ص128-130

وعام ينظم بين دفتيه كافة النقاط والمسائل المتعلقة بعمليات نقل وزراعة الأعضاء بوجه عام، إلا انه لم يفرد نصوصا تبين أساس الإباحة وضوابطه وأحكامه. إلا إن الفقه والقضاء الأميركي عالج هذه المسألة باستفاضة، وينعقد الإجماع لديه على إن السبيل الوحيد لانتزاع جزء من جسم إنسان على قيد الحياة من الناحية القانونية يتمثل في موافقة ذلك الشخص انطلاقا من رضاء حر تجسده إرادته الواعية والمستقلة عن أي عارض أو مؤثر. [1]

2. القانون الفرنسي:

صدر في فرنسا القانون رقم 1181 لسنة 1976 الخاص بنقل وزراعة الأعضاء، ويلاحظ على نصوص هذا القانون إنها تناولت عمليات نقل وزراعة الأعضاء دون أن تحدد ذلك بعضو معين.وتناول هذا القانون النقل بين الأحياء في مادته الأولى، وأرسى قواعد أساسية مفادها إن هذا الفرع من العمليات لا يمكن أن يكون محلا للمعاملات المالية ويجب أن يكون الهدف منها العلاج.ولا يتم

---

[1] وكذا الحال بالنسبة لتشريعات المملكة المتحدة، حيث يشكل الرضا الصادر من المانح قبل وفاته الأساس القانوني لإباحة استئصال أي جزء من جسم المتوفى، سواء كان ذلك لغرض علاجي أو علمي. فقد بينت المادة الأولى من قانون الأنسجة البشرية الصادرعام 1961 إن تعبير الشخص كتابة أو حتى شفاها أمام شاهدين أو أكثر عن موافقته على تسخير جسده للأغراض العلمية أو العلاجية يعد كافيا بذاته وسببا لمشروعية استئصال جزء أو أكثر من جثته والاستفادة منه في هذه المجالات، ما لم يثبت رجوع المتوفى عن رغبته قبل وفاته، فإذا ثبت ذلك امتنع على الغير المساس بها.

أما في قانون نقل وزراعة الأعضاء الصادر عام 1989 فقد خلت نصوصه مما يمكن وصفه أساس لإباحة عمليات نقل الأعضاء وزراعتها. ولا يعد هذا مستغربا في القوانين الانكليزية والقوانين الانجلو أميركية بشكل عام التي تعطي الرضا القيمة القانونية الكاملة في إباحة الأفعال الماسة بسلامة الجسم والحياة في بعض الأحيان، كإعطاء المريض الحق في رفض العلاج وإنهاء حياته إذا ما رغب في ذلك.المصدر نفسه، ص122. وينظر أيضا:

- Smith & Hagon,Op,Cit.p357

الاستئصال إلا من شخص حي بالغ ومتمتع بقواه العقلية وبرضاه الحر الصريح. فقـد نصت المادة الأولى منه على انه:

1. إن زرع الأعضاء لا يكون إلا بقصـد العـلاج، ولا يجـري القطـع إلا عـلى حـي رشيـد متمتع بقواه العقلية وبرضاه الحر الصريح.

2. أما إذا كان المعطي قاصرا فالقطع لا يمكن أن ينفذ إلا إذا كان الأمـر يتعلـق بعـلاج شقيق أو شقيقة، وفي هذه الحالة لا يجـري القطـع إلا برضا ممثلـه الشرعـي وبعـد موافقـة اللجنة المنصوص عليها والمؤلفة من ثلاث خبراء، على الأقل أثنين من الأطبـاء الـذي كـان لهـم حق ممارسة مهنة الطب منذ عشرين سنة، وهذه اللجنة تعلن قرارها بعد فحص كل النتائج المحتملة للقطع من الناحية التشريحية والنفسية، وإذا كان القاصر يستطيع أن يعبر عن رأيـه فيجب احترامه في حالة الرفض).[1] ومن خلال النص المتقدم يمكن ملاحظة مـا افرده المشرـع من أحكام تتعلق برضا وموافقة المعطي سواء كان بالغا أو قاصرا. فبالنسبة لكامل الأهليـة لا يمكن إجراء عملية انتزاع العضو منه من حيث المبدأ إلا بعد أن يبدي موافقتـه النابعة عـن رضاه الحر و المستنير.وبالنسبة للقاصر فلا بد من موافقة وليه الشرعي على إجراء عملية نقل العضو منه، شريطة أن يكون ذلك لمصلحة الشقيق أو الشقيقة. بل وأكثر من ذلك فقد اشترط القانون أن تكون هذه الموافقة محل تقييم من قبل لجنة خبراء مشكلة وفقـا للقـانون. ثـم يذهب المشرع الفرنسي إلى تقييم فاعلية الرضا إلى أقصى مدى فيجعل من رفض القاصر حائلا دون إجراء العملية ولو توافرت كافة شروطها.[2] ويتضح لنا مما تقدم إن المعـول عليـه دائمـا هو رضا المعطي كنقطة مبدئية لا بد من توافرها لإباحة التنازل عن الأعضاء، ومن ثم يمكن

---

[1] د.حسن عودة زعال، مصدر سابق، ص39-40.د.أسامة السيد عبد السميع، مـدى مشرـوعية التصرـف في جسم الآدمي في ضوء الشريعة الإسلامية و القانون المدني، دار النهضة العربية، القاهرة، 1998، ص148
د.سميرة عايد الديات، مصدر سابق، ص118
[2] د.مهند صلاح العزة، مصدر سابق، ص118

بحث ما يتطلبه المشرع من شروط كالمصلحة العلاجية ومجانية التصرف والقرابة وغيرها.

وفي عام 1994 صدر قانون نقل وزراعة الأعضاء رقم654، وعالج عمليات نقل الأعضاء بشكل مستفيض وذلك بإضافة وتعديل مواد مختلفة في قانون العقوبات والقانون المدني بالإضافة إلى مسائل أخرى، إلا إن معيار الإباحة الذي قامت عليه هذه العمليات لم يرد ذكره بوضوح في هذا القانون وبالتالي لم يختلف هذا التشريع في هذه النقطة عن قانون نقل الأعضاء لعام 1976 والسابق الإشارة إليه.[1]

وخلاصة القول إن الرضا الصادر من المانح يعد العنصر الرئيسي في تفعيل عمليات نقل وزراعة الأعضاء وإسباغ صفة المشروعية عليها في التشريع الفرنسي، ولعل الرخصة التي أعطاها المشرع للمانح في مكنة الرجوع عن إجراء عملية الاستئصال، وما يرتبه ذلك من أثر في إلغاء وعدم جواز إجراء العملية ولو توافرت شروطها، قرينة تؤكد فاعلية الرضا كونه يمثل الأساس القانوني لهذا النوع من الممارسات المستحدثة. ولما كان الأمر كذلك فلا مناص من التسليم بان رضا المانح الحر والمستنير يشكل أساس مشروعية عمليات نقل وزراعة الأعضاء في القانون الفرنسي.[2]

3. القانون الايطالي:

عالج المشرع الايطالي عمليات نقل وزراعة الأعضاء بشكل جزئي، عندما نظم من خلال القانون رقم458 لسنة 1967 نقل الكلى بين الأحياء فقط، متى تم ذلك بين الوالدين والإخوة وكان المعطي بالغا وانتفى المقابل المالي.[3]

---

(1) شعبان أبو عجيلة، مصدر سابق، ص102. د.احمد شوقي عمر أبو خطوة،، مصدر سابق، ص56

(2) P.J.Doll,op,c it,p83. J.Malherbe,op,cit,p36

(3) شعبان أبو عجيلة، مصدر سابق، ص103

ويرى جانب من الفقه الايطالي في هذا القانون إباحة لنقل الأعضاء بشكل عام أيا كان نوعها ومتى ما تمت برضا المعطي.[1] لأن رضاء المعطي يبرر عملية الاستئصال إذا كان سببه باعثا إنسانيا أو علاجيا أو كان بدافع الشفقة، وبغير ذلك فان رضا المعطي لا يكون له أي أثر كما لو كان الباعث أو الهدف من العملية غير علاجي أو غير اجتماعي أو غير قانوني أو كان بدافع الكسب المادي،[2] أي إذا لم يكن هناك حالة من حالات الضرورة أو العلاج فهذه العمليات تعد غير مشروعة لأن فيها اعتداءا جسيما على الحق في سلامة الجسد الذي لا يجوز التصرف فيه إلا في حالات استثنائية محددة فقط وبقصد العلاج. أما بالنسبة لصدور الرضا من المعطي فهذا الرضا لا اثر له لأنه باطل ومتعلق بمصلحة لا يمكن التصرف بها، إلا إذا كان هناك عامل من عوامل العلاج أو حالة من حالات الضرورة. ويذهب غالبية الفقه إلى تأسيس مشروعية نقل الأعضاء على حالة الضرورة بوصفها سببا من أسباب الإباحة.[3]

إلا انه وعلى الرغم من ذلك يمكن تبرير هذه العمليات على الرضا الصادر من المعطي استنادا إلى نص المادة (50) من قانون العقوبات الايطالي والتي تنص على انه:(لا عقوبة على من ارتكب فعلا بعد موافقة من وقع عليه الاعتداء أو الضرر).[4]

ثانيا- التشريعات العربية:

عالجت بعض التشريعات العربية مسألة نقل الأعضاء وزرعها، ولم تكن هذه المعالجة على وتيرة واحدة، فمنها ما تضمن نظاما قانونيا متكاملا لنقل الأعضاء، كما هو الحال في التشريعات اللبنانية والعراقية.ومنها ما اقتصر على إجازة بعض

---

[1] د.محمود احمد طه، مصدر سابق، ص210
[2] رأي الفقيه ساندولي(Sandulli)نقلا عن شعبان أبو عجيلة، مصدر سابق، ص103
[3] د. سميرة عايد الديات، مصدر سابق، ص115
[4] د.محمود احمد طه، مصدر سابق، ص210

الأعضاء دون الأخرى مثل التشريع المصري.وفيما يلي نتعرض لبيان موقف هذه التشريعات من مسألة نقل وزراعة الأعضاء البشرية.

1. القانون اللبناني:

أدرك المشرع اللبناني فور انتشار عمليات نقل وزراعة الأعضاء وجوب وضع نظام قانوني يتضمن مبادئ ومفاهيم يجب أن تحكم الموضوع، لذلك بادر إلى تحديث القوانين اللبنانية سنة1983 بموجب مراسيم اشتراعية لها قوة القانون، فأصدر المرسوم الاشتراعي رقم 109 بتاريخ 1983/9/16 بعنوان أخذ الأنسجة والأعضاء البشرية لحاجات طبية وعلمية.ونص في المادة الأولى منه على أنه:(يسمح بأخذ الأنسجة والأعضاء البشرية من جسم أحد الأحياء لمعالجة مرض أو جروح شخص آخر وفقا للشروط التالية مجتمعة:

1. أن يكون الواهب قد أتم الثامنة عشرة من عمره
2. أن يعاين من قبل الطبيب المكلف بإجراء العملية، والذي ينبهه إلى نتائج العملية وأخطارها ومحاذيرها ويتأكد من فهمه لكل ذلك.
3. أن يوافق الواهب خطيا وبملء حريته على إجراء العملية.
4. أن يكون إعطاء الأنسجة والأعضاء على سبيل الهبة المجانية غير المشروطة.
5. أن تكون حالة الواهب الصحية تسمح له بالتبرع، ويحظر إجراء هذه العملية في حالة وجود احتمال تهديد صحته بخطر جدي).[1]

وتناولت المادة الثانية من هذا القانون نقل الأنسجة والأعضاء من الموتى، واشترطت لذلك أن يكون المتوفى قد أوصى بذلك بوصية منظمة حسب الأصول أو وثيقة خطية ثابتة، بالإضافة إلى موافقة عائلة المتوفى أو موافقة رئيس القسم في

---

[1] د.سميرة عايد الديات، مصدر سابق، ص129-130. د.حسن عودة زعال، مصدر سابق، ص37.

المستشفى في حال عدم وجودهم.[1] كما استلزم القانون الحصول على موافقة المستفيد خطيا على العملية قبل إجراؤها، وشروط أخرى في العملية نفسها ومنها أن يكون الهدف منها علاجيا.[2] يتضح لنا مما تقدم إن المشرع اللبناني قد عالج مسألة نقل وزراعة الأعضاء بشكل عام من خلال المرسوم المذكور بالإضافة إلى المرسوم الاشتراعي رقم 1442 لسنة 1984 المتعلق بتطبيق أحكام المرسوم الاشتراعي السابق.إلا إنه لم يشر إلى أساس إباحة هذه العمليات. ويمكن القول إن المشرع اللبناني يقيم أساس مشروعية هذه العمليات على حالة الضرورة استنادا إلى نص المادة(4/30) من قانون الآداب الطبية الصادر 1994 والتي تنص على انه:(لا يجوز إجراء أي عمل طبي من شأنه أن يؤدي إلى تشويه المريض إلا في حالات الطوارئ والضرورة القصوى، وإلا بقرار من طبيبين اختصاصين على الأقل، وبموافقة المريض أو ذويه إذا كان غير قادر على التقرير. وللجراح وحده أن يقرر عند معالجة طارئة إجراء عملية تؤدي إلى تشويه، شرط موافقة المريض إذا كان واعيا مدركا، أو موافقة ذويه إن وجدوا).[3]

2. القانون العراقي:

نظم المشرع العراقي عمليات نقل وزراعة الأعضاء في قانونين أولهما قانون مصارف العيون رقم113 لسنة1970 [4]، وثانيهما قانون عمليات نقل وزرع الأعضاء البشرية رقم(85) لسنة 1986[5]. فبعد التطورات التي حصلت في ميدان

---

(1) د.مصطفى العوجي، مصدر سابق، ص331

(2) عمر فاروق الفحل، زراعة الأعضاء والقانون، مجلة المحامون السورية، الأعداد 7-8-9، 1988، ص622

(3) د.مصطفى العوجي، مصدر سابق، ص341

(4) منشور في جريدة الوقائع العراقية، العدد1885، في 1970/5/11

(5) ويثور التساؤل في هذا الصدد هل إن قانون عمليات نقل وزراعة الأعضاء البشرية يستوعب قانون مصارف العيون، وبالتالي إعمال القانون الأول دون الثاني على أساس إن العيون تعد

نقل وزراعة الأعضاء صدر قانون مصارف العيون رقم113لسنة1970 لمعالجة نوع واحد من الأعضاء البشرية، وكان لهذا الأمر ما يدعو إليه حيث انتشر في ذلك الوقت نقل هذا النوع من الأعضاء أكثر من الأعضاء الأخرى.[1]

وحددت المادة الثانية من هذا القانون مصادر الحصول على العيون الصالحة وهي خمس، اختص مصدران منها بالعيون من الأحياء، وهي العيون التي يوصى أو يتبرع بها. والمصدر الثاني هي العيون التي يقرر استئصالها طبيا، وأما المصادر الأخرى فهي عيون الموتى.

في حين اشترطت المادة الثالثة من نفس القانون ضرورة الحصول على إقرار تحريري من الأشخاص الذين يوصون أو يتبرعون بعيونهم، وان يكونوا كاملي الأهلية، أما إذا كان الشخص الذي يقرر الأطباء استئصال عينه قاصرا فيتوجب عندها الحصول على موافقة وليه أو وصيه.[2]

ولم يتطرق المشرع العراقي من خلال هذا القانون إلى أساس إباحة هذا النوع من العمليات أو الممارسات الطبية.

وبعد اتساع نطاق عمليات نقل وزراعة الأعضاء وتطورها وجد المشرع نفسه مضطرا لمواكبة هذه التطورات فأصدر القانون رقم 85 لسنة 1986[3] والذي ألغى بدوره قانون زراعة الكلى رقم 60 لسنة1981، وأقر هذا القانون مشروعية نقل وزراعة الأعضاء البشرية، فأجاز للطبيب الجراح القيام بعملية زرع العضو

نوعا من الأعضاء البشرية؟ والحقيقة إن الواقع يشير إلى عكس ذلك لأن قانون عمليات نقل وزراعة الأعضاء البشرية لم يلغ صراحة إلا قانون زرع الكلى رقم 60 لسنة1981، ولو أراد غير ذلك لفعل. ثم إن قانون مصارف العيون لم يلغ لخصوصيته إذ إن مصادر الحصول على العيون ليست نفسها المصادر التي يحصل منها على الأعضاء البشرية الأخرى. ينظر شعبان أبو عجيلة، مصدر سابق، ص108

[1] د.حسن عودة زعال، مصدر سابق، ص45

[2] المصدر نفسه، ص47.

[3] منشور في جريدة الوقائع العراقية، العدد3115، 1986/9/15

ضمن اختصاصه. حيث نصت المادة الأولى منه على إنه: (يجوز إجراء عمليات زرع الأعضاء للمرضى بهدف تحقيق مصلحة علاجية راجحة لهم تقتضيها المحافظة على حياتهم من قبل الطبيب الجراح الاختصاصي في المركز الطبي المخول رسميا الذي يعمل فيه، شريطة أن يكون هذا المركز معدا لإجراء عمليات نقل وزراعة الأعضاء البشرية).

ومن خلال هذه المادة يمكن أن نستوضح جوازية إجراء هذه العمليات من أجل المصلحة العلاجية للمرضى الذين يعانون من أمراض نتيجة حاجتهم لأعضاء بشرية صالحة.[1]

أما بالنسبة لأساس إباحة عمليات نقل وزراعة الأعضاء البشرية في هذا القانون، فيمكن القول إن المشرع العراقي يقيم مشروعية هذه العمليات على أساس حالة الضرورة ولو لم يشر إلى ذلك صراحة. لأن جواز هذه العمليات تقتضيه المصلحة العلاجية كما نص على ذلك المشرع العراقي والتي اشترط فيها أن تكون راجحة، ومن مقتضى هذا الترجيح التضحية بالمصلحة الأقل أهمية وهي حرمة المساس بالكيان الجسدي للشخص إيثارا للمصلحة الأهم وهي إنقاذ حياة مريض، وهي تفوق الضرر الذي سيصيب المعطي جراء استئصال عضو منه، وهو ما ينطبق على حالة الضرورة، إذ لا تعدو هذه الأخيرة كما يذهب البعض[2] عن كونها عملية موازنة بين منافع وأضرار يرجح أحدهما على الآخر بحيث يرتكب الضرر الأخف دفعا للضرر الأكبر.

3. القانون المصري:

لم تحظ عمليات نقل وزراعة الأعضاء في القانون المصري بتشريع خاص ينظمها من كافة الجوانب، لذلك دأب الفقه المصري في محاولاته لإيجاد الأساس

---

[1] د.حسن عودة زعال، مصدر سابق، ص48.. د.أسامة نهاد رفعت وآخرون، مصدر سابق، ص129
[2] د.مهند صلاح العزة، مصدر سابق، ص62

القانوني لإباحة هذه الممارسات على التقريب ما بين التشريعات الخاصة التي صدرت في هذا المجال والتي اقتصرت على تنظيم عمليات نقل الدم وزراعة القرنية، وما بين سائر عمليات نقل الأعضاء الأخرى. ومحاولة تلمس مساحة تستوعب جميع هذه الممارسات في ضوء القواعد المستقرة في القانون الجنائي.

فقد صدر في مصر القانون رقم178 لسنة1960 الخاص بتنظيم نقل الدم حيث نظم عمليات جمع وتخزين وتوزيع الدم وبين مصادر الحصول عليه وهي أما عن طريق التبرع أو الشراء بمقابل رمزي، وهذا القانون لا علاقة له بنقل وزراعة الأعضاء. ثم القانون رقم 103 لسنة 1962 الخاص بإعادة تنظيم بنوك العيون والاستفادة منها الذي ألغى بصدوره القانون رقم274 لسنة1959.[1]

أما الفقه المصري فقد اختلف في مشروعية عمليات نقل وزراعة الأعضاء. فذهب رأي إلى إباحة هذه العمليات، ويبدو إن التشريعات الخاصة التي صدرت في هذا الصدد تمثل نقطة الارتكاز لدى أنصار هذا الاتجاه في استنباطهم لأساس مشروعية نقل وزراعة الأعضاء الأخرى. ففي ما يتعلق بالقانون رقم178 لسنة1960 فإن أهميته تكمن في كونه يشكل أول سند تشريعي يبيح نقل عناصر ومشتقات من جسم إنسان حي إلى آخر، مما دفع البعض إلى القول بإمكانية القياس على هذا القانون بحيث تنسحب نصوصه على كافة عمليات نقل وزراعة الأعضاء خصوصا إن هذا القانون لا يبيح نقل الدم من شخص إلى آخر فحسب، بل ينص صراحة على جواز تنازل الشخص عن كمية معينة من دمه لقاء مقابل مادي.[2]

أما في ما يتعلق بقانون إعادة تنظيم بنوك العيون رقم 103لسنة1962 فقد وجد فيه أنصار هذا الاتجاه ضالتهم المنشودة بعد أن ألغى القانون رقم247لسنة1959 الذي أوجب أن يكون التبرع بالعيون مضافا إلى ما بعد الموت، وبالتالي لم يكن من الممكن تنازل الشخص عن عينه حال حياته. وتشكل المادة الثانية من

---

[1] د.أسامة السيد عبد السميع، مصدر سابق، ص153

[2] د.مهند صلاح العزة، مصدر سابق، ص106

القانون الجديد نقطة الانطلاق لدى هذا الفقه في إباحة عمليات نقل وزراعة الأعضاء والتي تنص على إنه: (تحصل هذه البنوك على العيون من المصادر الآتية:

أ. عيون الأشخاص التي يوصون أو يتبرعون بها.

ب. عيون الأشخاص التي يتقرر استئصالها طبيا.....).

فقد رأى البعض في نص الفقرة الأولى من هذه المادة والتي أوردت عبارة (أو يتبرعون بها) إقرار صريح من المشرع بجواز التنازل عن العين حال الحياة، إذ سبق هذه العبارة عبارة (التي يوصون بها)، ولما كان الايصاء تصرفا مضافا إلى ما بعد الموت، والتبرع وصفا للتصرف الذي يتم دون مقابل حال الحياة، فقد أراد المشرع التمييز بين هاتين الحالتين، ومن ثم تصور المشرع وجود أكثر من مصدر يحصل بمقتضاه البنك على العيون، فأما أن يكون بوصية تنفذ بعد الموت، وأما أن يكون بتنازل الشخص حال حياته ومن غير مقابل.(1)

ولما أجاز القانون تنازل الشخص حال حياته على هذا النحو فإنه يقيم بذلك - وفقا لهذا الرأي- سببا للإباحة، ولما كانت أسباب الإباحة أسباب عامة وليست من قبيل الاستثناء لذا يجوز التوسع في تفسيرها والقياس عليها.وبالتالي امتداد حكم هذا القانون ليشمل جميع حالات التنازل عن الأعضاء البشرية، ويضيف أنصار هذا الرأي إن العين من أهم أجزاء الجسم ولما سمح المشرع باستئصالها وزرع القرنية للغير فإنه يسمح من باب أولى باستئصال الأعضاء الأخرى الأقل أهمية.(2)

---

(1) حسام الدين الاهواني، مصدر سابق، ص64

(2) د.محمود احمد طه، مصدر سابق، ص212

المبحث الثالث

ضوابط عمليات نقل وزراعة الأعضاء

تقع عمليات نقل وزراعة الأعضاء على درجة من الخطورة لما تمثله من انتهاك للسلامة الجسدية والحق في التكامل الجسدي لا سيما بالنسبة للمعطي، الأمر الـذي دفع معظم الباحثين سواء من علماء الشريعة أو رجال القانون إلى استلزام عدة ضوابط لا بد منهـا لـكي يكتمل لهذه الممارسة إطار مشروعيتها. وفيما يـلي سنتناول ضوابط عمليات نقل وزراعـة الأعضاء وشروطها من الناحية الشرعية والقانونية تباعا، وكل في مطلب مستقل، ونفرد مطلبـا ثالثا لبيان الأثر المترتب على تخلف هذه الضوابط وعلى نحو مما يأتي:

المطلب الأول

الضوابط الشرعية لعمليات نقل وزراعة الأعضاء

اتفقت جميع القرارات والفتاوى الصادرة عن كبار العلماء والمجامع الفقهية في مسألة تنظيم عمليات نقل وزراعة الأعضاء البشرية على جملة من الضوابط التي لا بد مـن توافرهـا في هذه العمليات لكي تكتسب طابع المشروعية، ومن هذه الضوابط ما يتعلق بعمليات نقل الأعضاء من الأحياء، ومنها ما يختص بعمليات النقل مـن الأمـوات. وسـنتناول ابتـداء ضـوابط نقل وزراعة الأعضاء من الأحياء، نتطرق من بعدها لضوابط النقل من الأموات.

الفرع الأول
الضوابط الشرعية للنقـل من الأحيـاء

أولا- تحقق حالة الضرورة:

اشترطت بعض الفتاوى المتعلقة بعمليات نقل وزراعة الأعضاء تحقق حالـة الضـرورة بشروطها للقول بإباحة هذه العمليات، وتتحقق حالة الضرورة متـى وجـد المضـطر نفسـه في حالة إذا لم يتناول المحرم فيها هلك أو قارب على الهلاك.[1]

ومن هنا يتضح إن الضـرورة هـي العـذر الـذي يجـوز بسـببه إجـراء الشـيء الممنـوع، وارتكاب المحظور، فهي ظرف قاهر يلجأ الإنسان إلى فعل المحرم.[2]

وربما يكون من الملائم التذكير بشروط حالة الضرورة وهي:

1. أن تكون الضرورة ملجأة، بحيث يجد المضطر نفسه أو غيره في حالـة يخشى ـ فيهـا تلف النفس أو العضو.
2. أن يكون الخطر قائما لا منتظرا.
3. أن يكون فعل الضرورة وسيلة لازمة لدفع الخطر.
4. أن تكون المصلحة مـن فعـل الضـرورة أعظم مـن المفسـدة المترتبـة علـى الفعـل المحظور.[3]

وهذه الشروط تكاد تكون ذاتها المتطلبة لتوافر حالـة الضـرورة كضـابط مـن ضـوابط عمليات نقل وزراعة الأعضاء، حتى بالنسبة لجانب من الفقه الذي لم

[1] عبد الرحمن بن أبي بكر السيوطي، مصدر سابق، ص94. ولمزيد مـن التفاصيـل حـول حالـة الضـرورة في الفقه الإسلامي ينظر: د.وهبة الزحيلي، الفقه الإسلامي وأدلته، ط3، دار الفكر العربي، القـاهرة، 1989، ص513 وما بعدها.

[2] د.عبد العزيز عزام، القواعد الفقهية، دراسة تحليلية مقارنة، دار الرسالة، عين شمس، 2001، ص213

[3] د.وهبة الزحيلي، مصدر سابق، ص515

يتطلب قيام حالة الضرورة، بل اكتفى بأن تكون هناك مصلحة راجحة كما سنرى لاحقا.

وبناءا على ما تقدم واستنادا إلى شروط حالة الضرورة، فان هذه الأخيرة لا تعد متوافرة إذا كان التبرع بالعضو سيؤدي إلى وفاة المتبرع، كالتبرع بالقلب والكبد، وكذلك في حالة ما إذا كان الاستقطاع سيؤدي إلى ضرر يخل بحياة المتبرع إخلالا كبيرا كاستقطاع قرنية العين، وكذلك حالة ما إذا كان العضو النظير لا يؤدي وظائفه التشريحية بكفاءة، إعمالا للقاعدة الفقهية التي تقضي بأن الضرر لا يزال بمثله.[1]

ثانيا- إذن المتبرع:

اشترط الفقهاء القائلين بجواز التبرع بالأعضاء البشرية ضرورة صدور الأذن من المتبرع، وقد وضعوا عدة شروط لصحة هذا الأذن وهي:

1. **أن يكون الأذن واقعا على محل مشروع:**

يشترط الفقهاء المجيزون لنقل الأعضاء أن يكون المأذون فيه مشروعا وهو يكون كذلك- وفقا لرأيهم- متى كان يقبل حكم العقد، بأن يكون طاهرا منتفعا به[2]. ويعتد بالأذن الصادر من المتبرع باستقطاع عضو من أعضائه ما لم يكن واقعا على الأعضاء التالية.

أ. الأعضاء التي تتوقف عليها حياة الإنسان كالقلب و الكبد بكامله أو عضو من الأعضاء المزدوجة ولكن العضو الآخر لا يعمل أو تتأثر وظيفته بهذا التبرع، كالتبرع بالرئتين معا لأنه مما يؤدي إلى الموت يقينا، والقاعدة

---

[1] د.افتكار مهيوب المخلافي، مصدر سابق، ص247
[2] المصدر نفسه، ص207

الفقهية تقضي بأن الضرر لا يزال بمثله[1]، كما لا يصح تطبيق مبدأ الإيثار في هذه الحالة.[2]

ب. الأعضاء التي يؤدي استئصالها إلى زوال وظيفة أساسية في الحياة وان لم يتوقف عليها أصل الحياة، كنقل القرنيتين معا أو نقل القرنية وكانت الوحيدة للمتبرع، وكذلك الأعضاء المفردة وان لم تتوقف عليها الحياة كالبنكرياس، والأعضاء الظاهرة كاليد لان الضرر لا يزال بالضرر.[3]

ج. الأعضاء التناسلية الناقلة للصفات الوراثية: وهي تلك الأجزاء التي تسهم في عملية الإنجاب، وتشمل المبايض والرحم في المرأة.والخصيتان والقضيب في الذكر، ويلحق بها مني الرجال وبيضات المرأة، وكذلك العورات المغلظة.[4] والعلة من المنع هي اختلاط الأنساب الذي منعته الشريعة الإسلامية بكل الوسائل فحرمت الزنا والتبني.[5] ولا يقتصر هذا الأمر على عمليات النقل من الأحياء فحسب بل يمتد إلى عمليات النقل من الأموات.

[1] د.يوسف القرضاوي، مصدر سابق، ص532. د.أسامة نهاد رفعت وآخرون، مصدر سابق، ص21

[2] د.عبد الحميد إسماعيل الأنصاري، ضوابط نقل وزراعة الأعضاء البشرية في الشريعة والتشريعات العربية، دراسة مقارنة، ط1، دار الفكر العربي، القاهرة، 2000، ص23

[3] د.افتكار مهيوب المخلافي، مصدر سابق، ص208. د.احمد السيد إبراهيم الهاشمي، نقل وزراعة أعضاء الإنسان، بحث مقدم إلى مؤتمر الطب والقانون، كلية الشريعة والقانون، جامعة الإمارات العربية المتحدة، 1997، ص417

[4] د.محمد علي البار، الموقف الفقهي والأخلاقي من قضية زرع الأعضاء، مصدر سابق، ص299

[5] د.عبد الحميد إسماعيل الأنصاري، مصدر سابق، ص25.

2. إن يكون المتبرع كامل الأهلية:

لا بد من أن يكون المنقول منه كامل الأهلية لان ناقصها لا يعتد برضاه.[1] والأهلية عند الفقهاء تكون بالبلوغ والعقل، والبلوغ يكون أما بظهور علامات البلوغ المعروفة[2]، أو بالسن في حال تخلف ظهور هذه العلامات.[3] والأهلية شرط عند التبرع وعند البدء بتنفيذه، أما عند التبرع فلأن التصرفات القولية لناقص الأهلية تعتبر باطلة. وأما عند إجراء التنفيذ فلأن التبرع لا يكون لازما إلا بالتنفيذ وقبل ذلك فللمتبرع حق الرجوع، وعلى ذلك لا يقبل التبرع من الصغير والمجنون والمعتوه حتى وان صدر ذلك عن الوصي أو الولي، لأن النيابة الشرعية مقيدة بتحقيق الأصلح لهم، ومن هنا ذهب الفقهاء إلى عدم قبول تبرع الولي أو الوصي بمال الصغير أو المجنون ولا بأي حق من حقوقه، ومن باب أولى لا يجوز لهما الأذن بأخذ أي عضو من أعضائهما وهم أحياء.[4]

3. إن يكون صادرا عن إرادة حرة:

لا بد أن يصدر الأذن من المتبرع وهو مختار، ومن ثم لا يعتد بالأذن الصادر من المكره لأنه لا يعتد بأقواله، فالإكراه يؤثر عليها بالإبطال، ودليل ذلك قوله تعالى: ﴿من كفر بالله من بعد إيمانه إلا من اكره وقلبه مطمئن بالإيمان﴾[5]. إذا فلا يعتبر شرعا الأذن باستقطاع العضو إذا كان صادرا تحت تأثير الإكراه بغض

---

(1) د.أسامة نهاد رفعت وآخرون، مصدر سابق، ص21

(2) وهي الإمناء لدى الذكور والحيض لدى الإناث.

(3) واختلف الفقهاء في تحديد سن البلوغ في حال عدم ظهور العلامات المذكورة، فذهب جمهور الفقهاء إلى إن سن البلوغ هي الخامسة عشر، وذهب الإمام أبو حنيفة إلى إن سن البلوغ هي ثماني عشر سنة للصبي وسبع عشرة سنة للجارية.ابن قدامة المقدسي، ج4، مصدر سابق، ص514.

(4) د.عبد الحميد إسماعيل الأنصاري، مصدر سابق، ص26

(5) سورة النحل، الآية106

النظر عن مصدره سواء كان العائلة أم الطبيب المعالج.[1] وكذلك في حال التدليس أو استخدام الوسائل الاحتيالية لحمل الشخص على التبرع بالعضو، كأن يخفي الطبيب على المتبرع انه لن يتأثر من عملية الاستقطاع، أو إن منفعة العضو النضير لن تتأثر كفاءته في أداء وظائفه.[2] وكذلك لا يعتد بأذن المتبرع إذا كانت إرادته معيبة بعيب الغلط، فلا بد أن يكون التبرع عن تبصره واستنارة، بمعنى أن يكون الطبيب قد شرح للمتبرع شرحا وافيا كل ملابسات العملية واحتمالات مضاعفاتها، فان لم يفعل كان الرضا ناقصا والإرادة معيبة بما يستوجب مساءلة الطبيب.[3]

ثالثا- أن لا يكون التبرع أو الوصية بهدف المقابل المادي أو الربح:

أجمعت الفتاوى الصادرة عن هيئات الإفتاء وكبار العلماء والمجامع الفقهية على عدم جواز بيع الأعضاء الآدمية.[4] فالإنسان حيا أو ميتا لا يمكن أن يكون محلا للمعاملات لا شرعا ولا فقها ولا عقلا.[5] ذلك إن بيع الأعضاء الآدمية مما يتعارض مع أحكام الشريعة الإسلامية التي أضفت على جسم الآدمي هالة من القدسية لا يجوز معها ابتذاله بجعله مما يباع أو يشترى لما في ذلك من إهدار كبير لكرامة الإنسان وانتهاك لحرمة كيانه الجسدي، لذا يجب أن يكون الدافع إلى التبرع هو احتساب الأجر لديه سبحانه وتعالى، وقيم التضامن الإنساني والتراحم والتضحية

---

[1] د.افتكار مهيوب المخلافي، مصدر سابق، ص209
[2] المصدر نفسه، ص210
[3] د.محمد علي البار، الموقف الفقهي والأخلاقي من قضية زرع الأعضاء، مصدر سابق، ص151
[4] المصدر نفسه، ص188
[5] د.أحمد شرف الدين، الأحكام الشرعية للأعمال الطبية، مصدر سابق، ص95

وليس المقابل المادي.[1] ولئن كان المقابل المادي غير جائز شرعا.يبقى التساؤل مثارا حول حكم الهدايا والمكافآت التشجيعية التي يمنحها المتلقي للمتبرع؟

اختلفت الآراء في هذا الصدد.فذهب البعض إلى إن منح الهدايا والمكافآت التشجيعية عمل جائز ومحمود بل ومن مكارم الأخلاق[2]، في حين ذهب البعض إلى ما يعارض هذا الرأي خشية من أن يتحول الأمر إلى وسيلة للتحايل على تحريم أخذ المقابل المادي فيرى الامتناع عن أخذ المكافأة أو الهدية سدا للذريعة.[3] ولا يخفى ما في هذا الرأي من وجاهة بحيث لا يمكن للمرء إلا أن يسلم به ومن ثم يترجح لدينا عدم جواز بذل العوض ولو على سبيل الهدية أو المكافأة لما يترتب على ذلك من احتمال أن تكون الهدايا والمكافآت هي الدافع الحقيقي من وراء التبرع وبالتالي الإسهام والى حد كبير في انتشار عمليات الاتجار غير المشروع بالأعضاء البشرية.

رابعا- أن يكون للمتبرع حق الرجوع في تبرعه:

أوجب الفقهاء القائلون بجواز التبرع بالأعضاء أن يكون للمتبرع بعضوه العدول عن تبرعه في أي وقت يشاء دون أي قيد أو شرط على أن يتم ذلك قبل عملية الاستئصال.[4]

ومما تجدر الإشارة إليه أن الفقهاء حين اختلفوا في جواز الرجوع عن الهبة محل الخلاف يكمن في التصرفات المالية.وما نحن فيه من التصرف بالأعضاء الآدمية يخرج عن هذا القبيل، لأن الإنسان خارج عن دائرة التمول شرعا، ومن ثم فأن القول بجواز الرجوع عن هبة الأعضاء قياسا على جواز الرجوع في هبة

---

[1] د.محمد علي البار، الموقف الفقهي والأخلاقي من قضية زرع الأعضاء، مصدر نفسه، ص186

[2] د. يوسف القرضاوي، مصدر سابق، ص534

[3] د.عبد الحميد إسماعيل الأنصاري، مصدر سابق، ص34

[4] المصدر نفسه، ص29

الأموال قياس مع الفارق، لأنـه حيـنما أجيـز الرجـوع للواهـب في هبتـه في التصرفات المالية فإنما كان ذلك لحفظ ما يملك، وهـو مـا لا يصـدق عـلى الأعضـاء البشريـة، لأنهـا ملـك لخالقها وهي وديعة لدى الإنسان يجب عليه المحافظة عليها.وإنما يمكن القول بجواز الرجوع عن التبرع بالأعضاء استنادا إلى ما يمثله استقطاع العضو من ضرر للمتبرع، ومن ثم يكـون لـه الرجوع إذا ما رأى انه لن يستطيع تحمل النتائج المترتبـة عـلى هـذا الاسـتقطاع.أمـا بالنسـبة للرجوع عن التبرع بعد نقل الأعضاء فيرى البعض بعدم جواز ذلك لما يترتب عليه من مفاسـد كبيرة ترجح على مصلحة الرجوع عن التبرع، لان العضو قد أصبح جزءا مـن المتلقـي، فيكـون من العبث الرجوع في التبرع بعد أن تم زرع العضو أو بعد أن تم استقطاعه.[1]

خامسا- اشتراط الديانة أو الجنسية:

تكاد تجمع الفتاوى التي أباحـت نقـل وزراعـة الأعضـاء عـلى عـدم تحديـد ديانـة أو جنسية معينة سواء في المتبرع أو المتبرع لـه[2]، ومقتضى ذلـك مشروعية التـبرع لـدى هـؤلاء الفقهاء بغض النظر عن ديانة الشخص أو جنسيته على السواء بالنسبة للطرفين.[3]ولكن جرى العمل في بعض الدول على أن تكون الأولوية لمواطنيها، على إن من حق المتبرع أن يقيد تبرعه بشخص معين أو جهة معينة. ويشترط الفقهاء أن يكون المتبرع له ممن عصم الشرع دمائهم، فلا يجوز التبرع لكافر

---

(1) د.افتكار مهيوب المخلافي، مصدر سابق، ص291

(2) باستثناء فتوى هيئة كبار العلماء بالمملكة العربية السعودية في قرارهـا رقـم 69 الصـادر في 1402/11/2 هـ والذي قيد النقل بأن يكون من إنسان ميت إلى مسلم، على خلاف جميع الفتـاوى الأخـرى التـي لم تقيد النقل بالإسلام ينظر. د.محمد عـلي البـار، الموقـف الفقهـي والأخلاقـي مـن قضـية زرع الأعضـاء، مصدر سابق، ص177

(3) د.عبد الحميد إسماعيل الأنصاري، مصدر سابق، ص36

حربي أو مرتد أو زان محصن وجب عليه الحد الشرعي، أو لقـاطع طريـق أو قاتـل متعمـدا استحق عليه القصاص.[1]

الفرع الثاني
الضوابط الشرعية للنقل من الأموات

لا تختلف ضوابط نقل وزراعة الأعضاء من الأموات عن مثيلتها في النقل مـن الأحيـاء إلا في بعض الجوانب التي تقتضيها طبيعة مصدر الأعضاء في مثل هذه العمليات وهي جثث الموتى، وتتلخص هذه الضوابط في:

أولا- التحقق من حصول الوفاة:
يعتبر التحقق من وفاة المتبرع شرطا بـديهيا في عمليـات النقـل مـن الأمـوات، ولكـن السؤال الأهم هو متى تتحقق لحظة الوفاة؟ وتتأتى أهمية تحديد لحظة الوفاة في مجال نقل الأعضاء من اعتبارين أساسيين هما:

1. إن تحديد لحظة الوفاة يحدد الوقت الذي يسمح فيـه بالتـدخل الجراحي لنـزع الأعضاء الموصى بها من جثة المتوفى.

2. الدور الكبير الذي يلعبه تحديد لحظـة الوفاة في تحديد مـدى صـلاحية الأعضـاء لزرعها في جسم المريض المستفيد، وخصوصا الأعضاء الأساسية كالقلب والكبد.فلـو أخذنا بمعيار الموت الظاهري بتوقف القلب والرئتين تفوت فرصة الانتفـاع بـبعض الأعضاء الأساسية بسبب تحللها وفسادها، بخلاف الحال إذا ما أخذنا بمعيار الموت الدماغي حيث يمكن معه الاستفادة من معظم تلك الأعضاء.[2]

---

[1] المصدر نفسه، ص37.
[2] ينظر المبحث الثاني من الفصل الأول من هذه الرسالة.ص 44

ثانيا- التحقق من صدور الوصية من المتوفى قبل وفاته:

وتعرف الوصية في الفقه الإسلامي بأنها تصرف في التركة مضاف إلى ما بعد الموت،[1] لذا فالوصية بجواز الاستفادة من بعض أعضاء المتوفى للغير هي تعبير عن الموافقة بلفظ الوصية حيث يشترط الفقهاء ضرورة صدور ما يثبت موافقة المتوفى على اقتطاع أعضائه والانتفاع بها حال حياته وبغير هذه الموافقة لا يجوز استقطاع أي عضو من أعضائه.[2]

وفي الواقع هناك اختلاف بين الفقهاء بشأن الإيصاء بالأعضاء الآدمية، فذهب فريق منهم إلى شرعية التصرف في الجثة أو أجزاء منها لأغراض طبية أو علاجية، في حين ذهب فريق ثان إلى عدم مشروعية التصرف في الجثة بالإيصاء، وعلل البعض ذلك بأن الوصية قاصرة على الأموال أو المنافع المالية، والأعضاء الآدمية ليست مالا أو حقا ماليا يمكن أن يدخل في تركة المتوفى، فحق الآدمي على جسده هو حق لله تعالى ومن ثم لا يمكن التنازل عنه أو التصرف فيه.[3]

وعلى الرغم من وجاهة هذا الانتقاد إلا انه يمكن مناقشته بما ذهب إليه البعض من إن تعبير الباحثين هنا بالوصية يشبه إلى حد ما تعبيرهم بالهبة بالنسبة لتبرع الحي بعضو من أعضائه، حيث إن المراد بالهبة فيما يتعلق بأعضاء الإنسان هو التبرع بمعناه الأعم وليس المراد خصوص الهبة التي يشترط فيها أن يكون الموهوب مالا متقوما، فالهبة هنا أشبه بالتنازل عن حق الاختصاص في شيء أذن الشارع فيه بالتنازل، ولا يخفى إن الحق في جسم الإنسان مشترك ما بين العبد وربه، وإن التصرف بحق الله منوط بإذن الشارع الكريم، والتصرف في حق العبد منوط بأذن العبد بذلك، وعلى هذا الأساس فإن التصرف في جثة يحتاج إلى إذن صاحب الحق، وحيث أباح الشارع الكريم التصرف في جثة المتوفى عند

---

[1] قاسم بن عبد الله بن أمير القونوي، مصدر سابق، ص297

[2] د.إبراهيم صادق الجندي، مصدر سابق، ص93

[3] د.افتكار مهيوب المخلافي، مصدر سابق، ص339

الضرورة، فإن إذن الله تعالى يكون قد حصل ويبقى حق العبد، وهذا لا سبيل إليه إلا عن طريق إذن صاحب الشأن، وأولى الناس بمراعاة حق الجثة هو صاحبها، ولما أذن الشارع بالتصرف في الجثة عند الضرورة فمن حق صاحبها حينئذ الأذن بذلك.

وأما تعبير الباحثين هنا بالوصية فليس المراد منه حقيقة الوصية وإنما أقرب صيغة يمكن إطلاقها على تصرف الإنسان بحقه بعد الوفاة هو المقصود من استعمال الوصية هنا، وإنما اشترطت الوصية كي لا تتخذ الجثة مسرحا لقطع الأعضاء منها بحجة الضرورة الطبية أو العلاجية، فسدا لعبث غير مأذون فيه بجثث الموتى اشترط الأذن من صاحب الجثة.[1] وبهذا التعليل يتبين في تقديرنا إن الرأي الأول أولى بالتأييد و الله أعلم.

هذا وقد اشترط الفقهاء المجيزون للإيصاء بالأعضاء شروطا أخرى في الوصية، فاستلزموا صدورها عن إنسان عاقل بالغ ومختار ومدرك لما هو مقدم عليه، وألا تكون الغاية من الوصية التجارة أو الحصول على مكاسب مادية سواء في الحال أو المآل على ذات النحو المتطلب في عمليات النقل من الأحياء، كما اشترطوا أيضا ألا يكون العضو الموصى به متعارضا مع نص شرعي خاص كالأعضاء التناسلية لما في ذلك من تعارض مع مقاصد الشرع في الحفاظ على الأنساب.[2]

ثالثا- التحقق من موافقة الورثة:

اشترطت جميع الفتاوى المتعلقة بهذا الشأن، التحقق من موافقة الورثة على استقطاع الأعضاء من جثة المتوفى في حالة عدم وجود وصية منه بذلك[3].واستند

---

[1] د.أسامة نهاد رفعت وآخرون، مصدر ساق، ص75
[2] د.افتكار مهيوب المخلافي، مصدر سابق، ص341
[3] د.عبد الحميد إسماعيل الأنصاري، مصدر سابق، ص48. د.أسامة نهاد رفعت وآخرون، مصدر سابق، ص76. د.إبراهيم صادق الجندي، مصدر سابق، ص94.

القائلون بحق الورثة في الموافقة بالقياس على حق الورثة في المطالبة بالقصاص في حال الجناية عليه عمدا لقوله تعالى: ﴿ومن قتل مظلوما فقد جعلنا لوليه سلطانا فلا يسرف في القتل انه كان منصورا﴾[1]. وعليه فأن كل ما كان حقا للميت حال وفاته يكون حقا للورثة بعد الوفاة، وما دام من حق المتوفى حال حياته الوصية بجسده أو أعضائه، فسينتقل هذا الحق لورثته بعد الوفاة فيكون من حقهم السماح بالانتفاع بجسد الميت وأعضائه أو الامتناع.[2]

ولكن من هم الورثة الذين يحق لهم في إعطاء الموافقة على الانتفاع بأعضاء المتوفى؟ وما هو الحكم في حالة التعارض بين إرادة المتوفى ورغبة الورثة؟

ذهب بعض الفقه إلى ضرورة الحصول على الإذن من جميع الورثة، ومن ثم إذا أذن بعض الورثة دون بعضهم فلا يجوز الأخذ من جثة الميت.[3]

وذهب البعض الآخر من الفقه-وهو ما نميل إليه-إلى إن الحصول على إذن الورثة يكون بحسب ترتيبهم في الميراث[4]، وذلك لأن الحصول على إذن جميع الورثة يكون فيه نوعا من الصعوبة قد تؤدي إلى تفويت مصلحة ضرورية وهي إنقاذ نفس من الهلاك، ومن ثم يقدم الأقرب فالأقرب فيعتبر الأبناء هم الأولى لأن التعصيب بالبنوة مقدم على التعصيب بالأبوة.[5]

أما بالنسبة لحالة التعارض بين إرادة المتوفى والورثة، ففي هذه الحالة يفرق بين حالتين:

---

(1) سورة الإسراء، الآية 33

(2) د.افتكار مهيوب المخلافي، مصدر سابق، ص355-356

(3) المصدر نفسه، ص356

(4) حيث يحجب الأب الابن حجب نقصان ولا يحجبه الأب، ويلي الأبناء الوالدان ويقدم الأب والجد وان علا ثم الأخوة الأشقاء ثم الإخوة لأب، ثم أبناء الأخوة الأشقاء، ثم أبناء الإخوة لأب، ثم الأعمام الأشقاء ثم أبناء الأعمام لأب، وهو الترتيب الذي اعتمد عليه الفقهاء في الإرث وهو مبني على قوة التعصيب.ينظر ابن قدامة المقدسي، ج2، مصدر سابق، ص482

(5) الشيخ جاد الحق علي جاد الحق، مصدر سابق، ص156

الحالة الأولى: وهي حالة إذا ما أجاز المتوفى حال حياته التصرف بأعضائه ومنع الورثة ذلك، فهنا تقدم رغبة المتوفى لأنه أولى الناس بالولاية على نفسه وهي مقدمة على ولاية غيره،[1] وأستند أصحاب هذا الرأي إلى ما ورد عن الفقهاء من إن عفو المجنى عليه قبل موته عن الجاني يسقط حق الورثة في المطالبة في القصاص.[2]

الحالة الثانية: وهي حالة إذا ما اعترض المتوفى حال حياته على التصرف بجسده أو أعضائه وأذن الورثة في ذلك.فيرى البعض تقديم رغبة المتوفى استنادا إلى ولاية الإنسان على جسده التي تخوله التصرف في جسده أو أعضائه.

وذهب فريق ثان إلى ترجيح جانب الورثة تحقيقا للمصلحة الراجحة المترتبة على الانتفاع بأعضاء المتوفى بإنقاذ نفس من الهلاك، سيما وان الضرر هنا منتف بالنسبة للمتوفى، ولأن الأعضاء إذا لم يتم الانتفاع بها سوف تبلى وتدفن في التراب فيكون الانتفاع بها أولى.[3]

وذهب فريق ثالث إلى القول بأنه ليس للورثة حق الأذن في الانتفاع بجسد الميت وأعضائه وذلك لعدم شمول ولايتهم لمثل ذلك، ومن ثم لا عبرة بإذنهم أو عدمه، ويرون بأنه متى ما وجدت حالة الضرورة بشروطها فإنه لا مانع من الانتفاع بجسد الميت وأعضائه إذا غلب الظن بإمكانية الانتفاع بالعضو تحقيقا لمصلحة راجحة وإعمالا لقاعدة الضرورات تبيح المحظورات.[4]

ولا يخفى في الحقيقة دقة هذا الطرح، إلا انه وعلى الرغم من ذلك أعتقد بضرورة الحصول على موافقة الورثة، ومقتضى ذلك واقع عمليات نقل الأعضاء، لأن إهمال تحصيل هذه الموافقة قد يثير بعض الإشكاليات تتعلق بفقدان الثقة

---

(1) د.افتكار مهيوب المخلافي، مصدر سابق، ص357

(2) الكاساني، ج7، مصدر سابق، ص236

(3) د.افتكار مهيوب المخلافي، مصدر سابق، ص358

(4) المصدر نفسه، ص359.

بالمستشفيات والأطباء على حد سواء، كما إنه قد يفتح الباب أمام المتاجرة بالأعضاء البشرية، بالإضافة إلى إن اخذ موافقة ورثة المتوفى يحقق نوعا من الحماية للجثة وفيه أيضا مراعاة لمشاعر ذوي المتوفى واحترام لحقوقهم المعنوية على الجثة.

رابعا- موافقة ولي الأمر أو من يقوم مقامه:

هذه الموافقة إنما تلزم في حالة المتوفى مجهول الهوية أو الذي لا ورثة له، فاشترط بعض الفقهاء والفتاوى الصادرة في هذا الشأن استحصال موافقة ولي الأمر بشأن استقطاع الأعضاء ممن كان مجهول الهوية أو لا ورثة له، لأن الشريعة لم تدع أحدا بدون ولي أو ورثة، فمجهول الهوية ومن ليس له وارث خاص لا يعد بدون ولي أو ورثة، لأن الأمة كلها تعد قرابته وورثته، ويمثل الأمة في هذه الحال السلطان، لأن السلطان ولي لمن لا ولي له، وبيت مال المسلمين وارث لمن لا وارث له.لذا لابد من الرجوع إلى ولي الأمر واستحصال موافقته عند التصرف بجثة المتوفى بنقل الأعضاء منها.[1]

ولم يرتض بعض الباحثين بهذا القول وأصروا على إهدار الحصول على إذن صاحب الشأن في قضية نقل الأعضاء من الأموات عند الضرورة، معللين ذلك بأنه لما لم يعتد بإذن صاحب الشأن الخاص فانه لا اعتداد بإذن السلطان أو ولي الأمر، لأن القاعدة الشرعية تقضي بأن الولاية الخاصة أقوى من الولاية العامة.[2] وعلى الرغم من ذلك أرى بضرورة الحصول على موافقة ولي الأمر خشية من أن تنتهك حرمة الجثث وللاعتبارات التي سبقت الإشارة إليها.

---

[1] د.أسامة نهاد رفعت وآخرون، مصدر سابق، ص80.
[2] د.عبد الحميد إسماعيل الأنصاري، مصدر سابق، ص54.

المطلب الثاني
الضوابط القانونية لعمليات نقل وزراعة الأعضاء

إن ظهور عمليات نقل وزراعة الأعضاء كواقع لا يمكن تجاهله دفع بالمشرعين للمسارعة إلى تنظيم أحكام هذه العمليات بهدف توفير القدر اللازم من الحماية القانونية للمعطي على نحو يتلائم مع الاستفادة من مزايا هذه الممارسة الطبية، ورسم حدود لهذه العمليات ينبغي الوقوف عندها وشروطا لابد من توافرها، وعليه سينقسم هذا المطلب إلى فرعين نتناول في الأول الضوابط القانونية للنقل من الأحياء، نخصص الثاني لبحث هذه الضوابط بالنسبة للنقل من الأموات.

الفرع الأول
الضوابط القانونية للنقل من الأحياء

هناك شروط عدة لابد من مراعاتها عند القيام بنقل الأعضاء بين الأحياء وهي:

أولا- التحقق من رضا المعطي:

يجب على الطبيب قبل أن يقدم على استئصال أي عضو من شخص حي أن يتأكد من موافقته على استئصال عضو منه وزرعه لدى آخر[1]، لأنه وإن كان للطبيب تقدير رضا المريض المتلقي في نطاق عمليات نقل وزراعة الأعضاء في بعض الحالات، غير إن الأمر مختلف تجاه المعطي، فليس للطبيب أن يستغني بأي حال من الأحوال عن رضاه، لتمتع كل شخص بالحق في سلامة جسمه، يضاف إلى ذلك إن الحالة الصحية للمعطي تختلف عن الحالة الصحية للمتلقي، فإذا كانت حالة الأخير تستوجب تدخل الطبيب الجراحي فإن حالة المعطي الصحية لا

(1) د.محمود احمد طه، مصدر سابق، ص228

تستوجب مثل ذلك، لـذا لا يجـوز للطبيـب في نطـاق عمليـات نقـل وزراعـة الأعضـاء تجاهل رضا المعطي والمساس بتكامله الجسدي دون رضاه وإلا حقت مساءلته جنائيا.[1]

لذا أحاطت التشريعات المنظمة لعمليات نقل وزراعة الأعضاء رضا المعطي بعـدة شروط، منها ما يتعلق بشكلية الرضا، وأخرى موضوعية تتعلق بمشروعية محل الرضا ولـزوم أن يكون حرا ومتبصرا، وقابليته للرجوع.وذلك على التفصيل التالي:

1. شكلية الرضا:

تقضي القواعد العامة بان لا يشترط في الرضا شكلا معينا، فقد يكون صريحا وقد يكون ضمنيا، وقد يصدر بالقول أو بالكتابة، وليس للكتابة صيغة معينة تعبر عنه أو شكلا يجب أن تأخذه، وكل ما يتطلب فيها أن تكون بعبارات واضحة تدل بـذاتها عليـه، والأصـل أن ينطبـق ذلك على رضا المعطي.[2]

ولكن نظرا لخطورة التصرف الذي يجريه المعطي وأهميـة التحقـق مـن رضـاه سـواء بالنسبة للمعطي نفسه بلفـت نظـره إلى خطـورة التصـرف الـذي سـيقدم عليـه، أو بالنسـبة للطبيب ومسؤوليته فيما لو ثار ما يستوجب قيامها وكان الأمر متعلقا برضا المعطي، لـذلك يشترط أن يكون رضا المعطي مكتوبا.[3]

---

[1] د.محمد حماد الهيتي، مصدر سابق، ص59-60

[2] المصدر نفسه، 60

[3] د.سـميرة عايـد الـديات، مصـدر سـابق، ص138. د.أسـامة اليـد عبـد السـميع، مصـدر سـابق، ص159.

فذهبت معظم التشريعات إلى ضرورة أن ينصب رضا المعطي في شكل مكتوب ومنها قانون نقل وزراعة الأعضاء العراقي رقم(85) لسنة1986 الذي قضى بضرورة الحصول على إقرار كتابي من المتبرع.[1]

ولم تكتف بعض التشريعات بالرضا المكتوب وإنما تطلبت إضافة إلى ذلك شهادة شاهدان كاملا الأهلية يشهدان على صحة الإقرار الكتابي الصادر من المتبرع بالعضو[2].

وذهبت بعض التشريعات إلى أبعد من ذلك عندما استلزمت صدور الرضا أمام جهة رسمية كالقانون الفرنسي والقانون المغربي.[3]

---

(1) ومن هذه التشريعات القانون الكويتي رقم 3 لسنة 1983 الخاص بنقل الكلى وزرعها (المادة/ 3). والقانون الأردني رقم 32 لسنة 1977 والمعدل بمقتضى القانون رقم 17 لسنة1980 والخاص بشأن الانتفاع بأعضاء جسم الإنسان (المادة/4). والقانون المصري رقم 103 لسنة1962 الخاص ببنوك العيون(المادة/3). والقانون اللبناني رقم 109 لسنة1983 الخاص بأخذ الأنسجة والأعضاء البشرية (المادة /5)

وعلى مستوى التشريعات الغربية فقد اشترط الكتابة في الرضا كل من القانون الدنمركي رقم346 لسنة1967 الخاص بنقل الأعضاء، وكذلك القانون الايطالي رقم458 لسنة1967 الخاص بنقل الكلى بين الأحياء.ولمزيد من التفاصيل ينظر:د.احمد شوقي أبو خطوة، مصدر سابق، ص70-71. د.محمد عبد الوهاب الخولي، مصدر سابق145-155.

(2) ومن هذه التشريعات القانون القطري رقم(31) لسنة1997 الخاص بتنظيم نقل وزراعة الأعضاء البشرية(المادة/4)، والقانون الإماراتي الخاص بنقل وزراعة الأعضاء رقم(15) لسنة1993، كذلك القانون الكويتي الخاص بزراعة الأعضاء رقم(55) لسنة 1987(المادة/2). ولمزيد من التفاصيل ينظر:د.افتكار مهيوب المخلافي، مصدر سابق، ص222

(3) حيث تنص المادة(1/1231) من قانون الصحة الفرنسي رقم 800 لسنة 2004 على انه: (... ويجب عليه أن يبدي موافقته أمام رئيس محكمة عليا أو أمام قاضي معين من قبله لكي يتأكد مسبقا إن الموافقة واضحة وصريحة...)، ونص على مثل ذلك القانون المغربي رقم 98-16 لسنة 1999

ونحبذ لو اشترط المشرع العراقي في قانون نقل وزراعة الأعضاء المشار إليه آنفا أن يصدر رضا المعطي أو المتبرع أمام جهة رسمية أو أمام شاهين على اقل تقدير.لما في ذلك من أهمية في تنبيه المتبرع بخطورة التصرف وتوفير فرصة له في التفكير مليا قبل التبرع وتبصيره بالمخاطر والتبعات المؤكدة والمحتملة المترتبة على التبرع بالعضو، كما إن لصدور الرضا أمام جهة رسمية أهمية كبيرة في الإثبات في حال حدوث أي نزاع يتطلب فيه إثبات رضا المعطي.

2. الشروط الموضوعية للرضا:

سبقت الإشارة إلى إن هناك شروطا موضوعية للرضا تتعلق بمحله، وصدوره عـن إرادة حرة ومتبصرة، مع القابلية للعدول عنه.وتفصيل ذلك على النحو التالي:

أ. محل الرضا:

لكي يعتد بالرضا في مجال نقل الأعضاء من الناحية القانونية يجب أن ينصب على أمـر جائز قانونا، وهو يكون كذلك متى ما أباح القانون التعامل فيه، وبالنسبة للأعضاء البشريـة فأن القوانين قد أباحت التعامل فيها عن طريق التبرع بهدف تحقيق مصلحة علاجية راجحة، ولكنها استثنت أعضاء معينة من دائرة التعامل، فيكون التبرع فيها باطل ولـو كـان بموافقـة المتبرع، حيث ليس لموافقته هنا أي قيمة قانونية، وهذه الأعضاء هي:

●الأعضاء الأساسية التي تتوقف عليها الحياة كالقلب والكبـد بكاملـه والرئتين معـا، فانتزاع هذه الأعضاء يؤدي إلى الوفاة بمجرد استئصالها، والعلة من منع التبرع بهذه الأعضاء هي إن التنازل عن الحق في الحياة أمر غير مشروع بل يعد مخالفا للنظام العام، ولأن الحـق في الحياة والصحة حق مقرر لجميع الناس

وعلى قدم المساواة ومن ثم فلا أفضلية لشخص على آخر، فالمتلقي ليس أولى بالحق في الحياة من المعطي.[1]

ولقد نصت بعض القوانين صراحة على منع التصرف بهذه الأعضاء كالقانون الكويتي والقطري وغيرها.[2]

في حين أغفل جانب من القوانين النص على حظر استئصال هذه الأعضاء صراحة كالقانونين العراقي والفرنسي،[3] ولعل السبب في ذلك يرجع إلى أن هذا الشرط بديهي حيث لا يجوز للمتبرع التبرع بما سيؤدي إلى وفاته، لأن الحق في الحياة كما أشرنا حق مقرر للجميع ومن ثم يكون التصرف فيه مخالفا للنظام العام.

• **الأعضاء التي يؤدي التنازل عنها إلى اختلال أو إعاقة في ممارسة الحياة بشكل طبيعي**، وذلك كالتبرع بالأرجل أو اليدين أو القرنية إذا كانت الوحيدة لدى المتبرع.[4] ولقد أشارت إلى ذلك بعض القوانين،[5] وأغفلت قوانين أخرى النص على ذلك ومن بينها القانون العراقي وكان الأولى بها النص على ذلك.

• **الأعضاء التناسلية**، حيث يحظر التنازل عن الأعضاء التناسلية الناقلة للصفات الوراثية، كالمبيض والخصيتان وكذلك السائل المنوي والبويضة الأنثوية،

---

[1] د.محمد حماد الهيتي، مصدر سابق، ص57. هيثم حامد المصاروة، مصدر سابق، ص116

[2] حيث تنص المادة (8) من القانون المغربي رقم(98-16) على انه:(لا يجوز أخذ الأعضاء البشرية إذا كان من شأنه أن يعرض حياة المتبرع للخطر أو أن يضر بصحته ضررا بالغا ونهائيا...). ونص على ذلك أيضا القانون القطري رقم(21) لسنة 1997 في المادة (5)، والقانون الإماراتي رقم (15) لسنة1993، والقانون الكويتي رقم (55) لسنة 1987في المادة

[3]. ولمزيد من التفاصيل ينظر. د.عبد الحميد إسماعيل الأنصاري، مصدر سابق، ص23-24

[3] هيثم حامد المصاروة، مصدر سابق، هامش رقم(1)، ص117

[4] د.افتكار مهيوب المخلافي، مصدر سابق، ص227

[5] ينظر ذات المواد المشار إليها في هامش رقم(2) من الصفحة السابقة.

لما يترتب على ذلك من اختلاط الأنساب، ولا ريب في أن ذلك مخالف للشريعة الإسلامية والنظام العام والآداب العامة.[1]

ولقد نصت بعض القوانين على حظر التصرف بهذه الأعضاء كالقانون القطري والمغربي،[2] في حين أغفلت معظم القوانين الغربية وكذلك القانون العراقي النص على منع التصرف بهذه الأعضاء، وأعتقد إنه كان على المشرع العراقي أن يحظر التصرف بهذه الأعضاء الأمر الذي يتفق مع ما ذهب إليه غالبية فقهاء الشريعة الإسلامية، وذلك لأن التصرف بهذه الأعضاء قد لا يؤدي إلى وفاة الشخص أو إصابته بأي أضرار، ومن ثم قد تكون محل اجتهاد بالنسبة لبعض شراح القانون الذين قد يحاولون إخراجها من دائرة الحظر.وعلية وتجنبا لمثل هذه الافتراضات نقول بضرورة النص صراحة على منع التصرف بهذه الأعضاء أسوة بالقوانين التي نصت على ذلك صراحة.

ب. أن يصدر الرضا عن إرادة حرة واعية:

يشترط أن يصدر الرضا عن شخص ذو إرادة حرة ومتمتعا بملكات عقلية ونفسية قادرة على أن تبدي رأيا صحيحا إزاء هذا التدخل الجراحي وعن المخاطر المحتملة التي قد يتعرض لها نتيجة استئصال العضو منه.[3] ومن ثم يكون الرضا معيبا متى كان صادرا تحت تأثير الإكراه سواء كان ماديا أو معنويا. ويتصور

---

[1] د.افتكار مهيوب المخلافي، مصدر سابق، ص228

[2] حيث نصت المادة(2) من القانون القطري رقم(21) لسنة 1997 على انه: (يحظر نقل الأعضاء التناسلية التي تحمل الصفات الوراثية من جسم شخص حي أو جثة متوفى وزرعها في جسم شخص آخر". واستثنى القانون المغربي رقم(98-16) لسنة1999 في المادة (2) الأعضاء المتصلة بالتوليد من الخضوع للتبرع. ينظر: د.افتكار مهيوب المخلافي، مصدر سابق، ص228

[3] د.محمود نجيب حسني، مصدر سابق، ص248. د.أسامة السيد عبد السميع، مصدر سابق، ص159

الإكراه المعنوي بشكل خاص في صورة ضغوط عائلية، وذلك أن معظم عمليات نقل وزراعة الأعضاء تجري بين الأقارب لاسيما ما يتعلق منها بنقل الكلى، حيث يستلزم نقل هـذا العضو وزراعته التطابق بين المعطي والمتلقي، فيفضل الطبيب التوائم ثم الإخوة الأشـقاء ثم الوالدان ثم الأعمام ثم الأخوال وهكذا إلى أن يصل الطبيب إلى التطابق المطلـوب طبيـا، وفي هذه الأحوال قد يتعرض الشخص للضغط والتأثير، لذا يجب التأكد من صـدور رضـاء المتبـرع صحيحا خاليا من أي تأثير وبأي صورة من الصور[1].ولا يعتد كذلك بالرضا الصادر تحت تـأثير الوسائل الاحتيالية أو الاستغلال، كأن يوهم الطبيب المتبرع بأنـه لـن يستأصل منـه إلا جـزءا صغيرا غير مؤثر، فيسلم المتبرع نفسه إلى الطبيب فيقوم باستئصال عضو هام ومؤثر.[2]

ولا يعتد برضا المتبرع في حالة الغلط، كأن يعتقد المتبرع بـان العضو المـراد استئصاله متجدد في جسمه بينما الواقع خلاف ذلك، ويتصور الغلط أيضا في شخصية المتلقـي متـى كانت شخصيته محل اعتبار لدى المعطي.[3] كما لا يعتد بالرضا الصادر من الخاضعين لإجراء من إجراءات الحماية القانونية كالسجناء، وذلك لان السجن يعد سببا في نقصان إرادتهـم الحرة[4].

ولا يكفي في الرضا أن يكون صادرا عن إرادة حـرة كي يعتـد بـه وإنمـا لا بـد أن يكون واعيا.ذلك بأن المتبرع بالعضو يوافق على التنازل عـن جـزء مـن جسمه دون أن يعـود ذلك التصرف بأي فائدة تذكر أو مصلحة علاجية، لذا فلا بد من تبصرة المتبرع تبصيرا كاملا شاملا بكافة الأخطار والنتائج المؤكدة والمحتملة المتوقع أن تترتب علـى عمليـة التبـرع مـن الناحيـة الجسدية والنفسية وجميع

---

[1] د.سميرة عايد الديات، مصدر سابق، ص143
[2] د.افتكار مهيوب المخلافي، مصدر سابق، ص231
[3] المصدر نفسه، ص231
[4] د.احمد شوقي أبو خطوة، مصدر سابق، ص76

انعكاساتها المحتملة[1].ويجب تحرير تقرير بذلك موقع عليه من قبل المتبرع ومن الفريق الذي تولى تبصرته. وعليه إذا صدر الرضا من غير تبصرة بكل ما يحيط بهذه العملية من نتائج سلبية أو ايجابية، فأن الرضا يكون معيبا لأنه صادر من غير وعي أو إدراك.[2]

وقد اهتمت القوانين المقارنة بالنص صراحة على ضرورة تبصير المتبرع بكافة المخاطر المترتبة على استئصال العضو، وألقت بهذا الالتزام على عاتق الأطباء[3]، في حين أغفل كل من المشرع العراقي والأردني النص على مثل هذا الشرط على الرغم من أهميته البالغة وخصوصيته.[4] لذا أرى ضرورة أن يتضمن قانون مصارف العيون وقانون عمليات نقل وزرع الأعضاء ما يشير إلى اشتراط تبصير وإحاطة المتبرع بجميع المخاطر المترتبة على إجراء عملية استئصال

---

[1] د. عبد الكريم مأمون، مصدر سابق، ص583. شعبان أبو عجيلة، مصدر سابق، ص118.

[2] د.علي حسين نجيده، التزامات الطبيب في العمل الطبي، دار النهضة العربية، القاهرة، 1992 ص43

[3] ينظر المادة (1/1231) من قانون الصحة الفرنسي، والمادة (6) من القانون القطري رقم (21) لسنة 1997، والمادة(7) من المرسوم الاشتراعي اللبناني رقم 106 لسنة1983، والمادة (4) من القانون الكويتي رقم (55) لسنة 1987. ولمزيد من التفاصيل ينظر د.عبد الحميد إسماعيل الأنصاري، مصدر سابق، ص28. د.سميرة عايد الديات، مصدر سابق، ص141.

[4] هيثم حامد المصاروه، مصدر سابق، ص115

ولئن خلت التشريعات الطبية العراقية كقانون مصارف العيون وقانون عمليات نقل الأعضاء البشرية من الإشارة إلى ضرورة استحصال موافقة المريض، إلا إن هذا لا يعني إن المشرع العراقي لا يتطلب الحصول على موافقة المريض بشكل عام وموافقة المتبرع في مجال نقل الأعضاء على وجه الخصوص، استنادا إلى تعليمات السلوك المهني الصادرة عام 1985 والتي جاء فيها:(لا مناص من رضا المريض عندما يكون في حالة يتمكن من تقديمه، وليس بوسع الطبيب أن يتحدى رغبة المريض، ويقع على عاتق الطبيب إثبات حصول الرضا بصورة من الصور...وذلك بحسب ظروف كل واقعة وبحسب الإمكان والضرورة)

العضو منه والحصول على إقرار كتابي منه يفيد بعلمه بكافة العواقب المترتبة وموافقته الصريحة على ذلك.

ج. العدول عن الرضا:

إذا عبر الشخص عن رضاه باستئصال عضو من جسده حال حياته أو أوصى بذلك لتنفيذه بعد وفاته فإن هذه الموافقة ليست ملزمة لصاحبها، إذ يملك العدول عنها في أي وقت، ولا يجوز أن تكون موافقته المسبقة قيدا على إرادته في العدول عنها ودون مطالبته بتبرير عدوله.[1] ذلك بأن التصرف بأعضاء الإنسان ليس من قبيل التصرفات التي تخضع لأحكام الالتزام في القواعد العامة في القانون المدني والتي تقضي بأن العقد شريعة المتعاقدين، وبالتالي لا يتسنى تعديل العقد أو نقضه إلا بإرادة الطرفين، بل نجد العكس من ذلك في مجال نقل وزراعة الأعضاء حيث للمتبرع العدول عن إرادته ودون الخضوع لأحكام المسؤولية، حيث يمثل العدول هنا عودة للأصل المتمثل في عدم جواز المساس بسلامة الجسم البشري.[2]

وقد اتفقت معظم القوانين المقارنة على حق المتبرع في العدول عن تبرعه دون قيد أو شرط[3]، في حين لم يتطرق المشرع العراقي إلى حق المتبرع في

---

[1] د.محمود احمد طه، مصدر سابق، ص239.د.محمد عبد الوهاب الخولي، مصدر سابق، ص182

[2] د.افتكار مهيوب المخلافي، مصدر سابق، ص238

[3] ينظر نص المادة(6) من القانون القطري رقم21 لسنة 1997، ونص المادة(4) من القانون الكويتي رقم 55 لسنة 1987، ونص المادة(4) من مشروع القانون العربي الموحد الخاص بنقل الأعضاء في الوطن العربي، ونص المادة (2/1211) من قانون الصحة الفرنسي، ونص المادة(13) من قانون عمليات نقل وزراعة الأعضاء الأرجنتيني رقم 2541 لسنة1977 وغيرها.إلا أن ما يؤخذ على نصوص هذه القوانين هو عدم تطرقها لحالة الرجوع بعد عملية الاستئصال بإستثناء القانون الإماراتي الذي حدد وقت الرجوع عن التبرع على نحو أدق، فقضت المادة (5) منه على إنه: (يجوز للمتبرع قبل إجراء عملية الاستئصال أن يرجع عن تبرعه في أي وقت دون قيد أو شرط ولا يجوز للمتبرع استرداد العضو الذي تم استئصاله منه بعد أن تبرع به وفقا للقانون). وينظر أيضا محمد عبد الوهاب الخولي، مصدر سابق، ص181. د.افتكار مهيوب المخلافي، مصدر سابق، ص243. د.محمود احمد طه، مصدر سابق، ص239.

العدول وجاءت تشريعاته خالية من النص على هذا الحق، وهو ما ينتقد عليه، فمن الضروري فيما أعتقد إعطاء المتبرع الفرصة في العدول، إذ قد يتخذ المتبرع قراره في التبرع تحت تأثير النخوة والشهامة أو متأثرا بحالة المريض المتلقي دون أن تكون أمامه الفرصة لدراسة الأمر وما يترتب على تبرعه بالعضو من مخاطر مؤكدة أو محتملة، ومن هنا جاءت أهمية إعطاء المتبرع الفرصة للعدول عن تبرعه.

ثانيا- أهلية المتبرع:

يشترط لكي يعتد برضا الشخص الذي سيقوم الطبيب باستئصال عضو منه لزرعه لدى شخص آخر أن يكون بالغا عاقلا[1]، ولقد حددت معظم القوانين سن الرشد بثماني عشرة سنة، وذهبت قوانين أخرى إلى تحديده بإحدى وعشرين سنة.[2]

ولا يكتفى ببلوغ الشخص سن الرشد للاعتداد برضاه في مجال نقل الأعضاء بل لا بد من أن يكون متمتعا بقواه العقلية، وعليه يقع باطلا التصرف بالأعضاء من قبل المجنون والمعتوه والسفيه وذي الغفلة. كما يشترط أن تستمر أهلية المتبرع إلى حين وقت استئصال العضو، لأن التبرع لا يلزم إلا بالتنفيذ، ومن ثم إذا طرأ على أهلية المتبرع ما يجعله ناقص الأهلية أو عديمها بعد موافقته على إجراء الاستئصال منه فإنه لا يجوز إجراء العملية.[3]

---

(1) د.محمد عبد الوهاب الخولي، مصدر سابق، ص177. د.سميرة عايد الديات، مصدر سابق، ص144

(2) حيث حدد كل من المشرع العراقي والأردني والسعودي والفرنسي سن الرشد بثمان عشرة سنة، وعد سن الرشد واحد وعشرين عاما المشرع المصري في قانون الوصية رقم71 لسنة 1946. ينظر:هيثم حامد المصاروة، مصدر سابق، ص122

(3) د. افتكار مهيوب المخلافي، مصدر سابق، ص241-242

ويثور التساؤل هنا حول مدى الاعتداد برضا القاصر في مجال نقل الأعضاء. فهل ينتج رضا القاصر آثاره القانونية في مواجهة غيره ؟ وهل يمكن الاعتداد برضا النائب القانوني؟

في الحقيقة لقد إنقسم الفقه القانوني ومن بعده القوانين المقارنة بشأن إمكانية الاعتداد برضا القاصر إلى ثلاث اتجاهات هي:

الاتجاه الأول: والذي يرى عدم جواز نقل الأعضاء من القاصر مطلقا

ذهب جانب من الفقه إلى أن المناداة بإباحة وتقنين عمليات نقل وزراعة الأعضاء يجب أن لا تؤدي في نهاية المطاف إلى التوسيع من نطاق ممارسة هذه العمليات على نحو يفضي إلى إهدار كل قيمة لمبدأ حرمة الكيان الجسدي للإنسان، بحيث يصبح نقص التكامل الجسدي للقاصر ومن في حكمه منوطا بموافقة الولي أو الوصي، الأمر الذي ينطوي على إهدار لحق الشخص في سلامة جسده وحقه في إتخاذ قرار واعي في هذا الصدد.[1]

ويضيف جانب آخر من الفقه إنه يجب أن لا يكون هناك أي إستثناء في حظر انتهاك جسم القاصر ونقل جزء منه ولو كان لمصلحة أحد أخوته، إذ إن كون المتلقي أحد أخوة القاصر لا يبرر مطلقا قيام ممثله القانوني بإعطاء الضوء الأخضر لإنتزاع جزء من جسم القاصر المشمول برعايته وحمايته. كما إن هذا التصرف من جانب الممثل القانوني ينطوي على تناقض بين، فإذا كانت الولاية والوصاية قد فرضت من أجل حماية القاصر والحفاظ على مصالحه، فكيف يمكن أن تكون تلك الولاية أو الوصاية هي ذاتها الوسيلة القانونية للإضرار به، وذلك عن طريق السماح للغير بإستقطاع جزء من جسمه دون أن يكون هناك أي مصلحة علاجية تعود بالنفع عليه.[2]

---

[1] د.حسام الدين الاهواني، مصدر سابق، ص122
[2] د.مهند صلاح العزة، مصدر سابق، ص136

ولقد ساير هذا الاتجاه العديد من القوانين منها ما نص صراحة على عدم جواز نقل الأعضاء من القاصرين، ومنها ما لم ينص على ذلك صراحة وإنما أشترط كمال الأهلية ببلوغ سن الرشد والتمتع بكامل القوى العقلية، وهو ما يدل بمفهوم المخالفة على عدم جواز إستئصال الأعضاء منهم.[1]

الاتجاه الثاني: والذي يبيح نقل الأعضاء من القصر ولكن بشروط

يذهب أنصار هذا الاتجاه إلى إباحة نقل الأعضاء من القاصرين ومن في حكمهم بشروط وضوابط محددة، ويدافع هؤلاء عن موقفهم بأن الضوابط والشروط المتطلبة لا تدع ثمة مجال للمخاوف والمخاطر المحتملة من هذه العمليات، بحيث تجعل نقل الأعضاء منهم في حدود ضيقة للغاية وتحت رقابة القضاء والقانون[2]، ويمكن رد هذه الشروط والضوابط الفقهية والتشريعية في هذا الصدد إلى نوعين رئيسيين، يتعلق الأول بمن يجوز التبرع له، وأما الثاني فيحدد الأجزاء التي يباح نقلها من القاصر.

---

[1] ومن القوانين التي نصت على هذا المنع صراحة القانون المغربي رقم 98-16 لسنة 1999 حيث نصت المادة (11) منه على(عدم جواز أخذ عضو من اجل زرعه من قاصر). ومن القوانين التي لم تنص على المنع صراحة وإنما أكتفت باشتراط كمال الأهلية في المتبرع مما يدل على منع النقل من القاصرين بمفهوم المخالفة قانون عمليات نقل وزرع الأعضاء البشرية العراقي رقم (85) لسنة 1986 الذي نصت المادة (3) منه على إنه: (يتم الحصول على الأعضاء لأجل إجراء عمليات الزرع من أ.من يتبرع بها أو يوصي بها حال حياته شريطة أن يكون كامل الأهلية عند التبرع أو الايصاء وبإقرار كتابي). وكذلك المادة(3) من القانون القطري رقم21 لسنة 1997، والمادة(2) من القانون الإماراتي رقم 15 لسنة 1993، والمادة(2) من القانون الكويتي رقم 55 لسنة 1987، والمادة(2) من القانون الأردني المعدل رقم 23 لسنة 1977. ولمزيد من التفاصيل ينظر د.افتكار مهيوب المخلافي، مصدر سابق، هامش رقم(1)، ص241. هيثم حامد المصاروه، مصدر سابق، ص112

[2] د.مهند صلاح العزة، مصدر سابق، ص137

1. فمن حيث من ينقل إليه العضو المنتزع من القاصر، يشترط غالبية الفقه ممن أجاز النقل من القاصر أن يتم ذلك لمصلحة الأخ أو الأخت دون غيرهما، وتبرير هذا الحصر إنه يبقي عمليات نقل الأعضاء من القاصرين في أضيق الحدود مما يضمن نزاهة ونبل الباعث وبما يبقي على كيان الأسرة ويعضد من الروابط بينها، ناهيك عن فرص النجاح التي تتمتع بها هذه العمليات وذلك للتقارب بين الإخوة وتماثل أنسجتهم[1]. وقد أباحت بعض التشريعات استئصال الأعضاء من القاصرين متى كان ذلك لمصلحة الأخ أو الأخت وبموافقة الولي ورضا القاصر، وفي كل الأحوال يعد رفض القاصر حائلا دون إجراء العملية.[2]
2. أما من حيث القيود الواردة على الأعضاء التي يتم نقلها من القاصرين ومن في حكمهم، فيشترط أن يقتصر النقل على الأعضاء المتجددة، ولكن يمكن القول بأن التشريعات والتوصيات التي حددت أعضاء بعينها دون غيرها قليلة نسبيا.[3]

---

[1] د.حسام الدين الاهواني، مصدر سابق، 125

[2] ينظر المادة الأولى من قانون نقل الأعضاء الفرنسي رقم1181 لسنة 1976، والمادة الثانية قانون نقل الأعضاء البريطاني الصادر عام 1989، إلا إن ما يؤخذ على هذا القانون إنه لم يحصر النقل بين الإخوة فقط وإنما وسعه إلى من تربطهم به قرابة جينية تصل إلى الدرجة الثالثة، الأمر الذي من شأنه التضييق من نطاق الحماية القانونية لسلامة وتكامل جسم القاصر ومن في حكمه. كما أجاز ذلك القانون السوري رقم31 لسنة 1972. ينظر د.مهند صلاح العزة، مصدر سابق، ص138. د.سميرة عايد الديات، مصدر سابق، ص145

[3] ومن بينها قانون نقل الأعضاء الفرنسي الجديد رقم(654) لسنة 1994 (المادة 671)، وكذلك المادة(2/1231) من قانون الصحة العامة الفرنسي رقم(800) لسنة 2004. كما اشترط ذلك التقرير الصادر عن الأمم المتحدة الخاص بعمليات نقل وزراعة الأعضاء البشرية في عام 1991. ينظر د.مهند صلاح العزة، مصدر سابق، ص138-139. د.افتكار مهيوب المخلافي، مصدر سابق، ص244

3. وثمة شرط آخر نادى به جانب من الفقه الانجلو سكسوني ويتعلـق بالسـن التـي يباح عندها نقل الأعضاء من القاصرين، فذهبوا إلى إن استثناء نقل الأعضاء مـن القاصرين لا يمكن إعماله إلا إذا كان المنقول منه يبلغ الخامسة عشرة مـن عمـره، قياسا على ما يتطلبه قانون الإجراءات الجنائية في الـدعاوى التـي يلـزم لتحريكهـا من المجنى عليه أن يبلغ المتقدم بالشكوى الخامسة عشرة من عمره.[1]

الاتجاه الثالث: والذي يرى ضرورة التوسع في إباحة نقل الأعضاء من القاصرين

ويجد هذا الاتجاه رواجه في بلدان القانون الانجلو أمريكي وبصفة خاصة في الولايات المتحدة الأمريكية، حيث يباح نقل الأعضاء من القاصرين مميزين كانوا أم غـير مميزيـن بـل وحتى مـن عـديمي الأهليـة أو ناقصـيها، ومـن ذلـك مـا قضـت بـه المحكمـة العليـا في ولايـة Massachusetts عام 1957 من إعطاء الضوء الأخضر إلى الأطباء بإجراء عمليـة نقـل وزراعـة كلى بين توأمين قاصرين متماثلين، وبررت المحكمة ذلك بوجود مصلحة مؤكدة تعـود عـلى المانح الصغير تتمثل في وقايته من الضغوط والانعكاسات النفسية السلبية التي قد تترتـب على منعه من التبرع لأخيه التوأم، خصوصا إذا ما تدهورت الحالة الصحية للمتلقـي أو وافتـه المنية نتيجة لعدم نقل العضو إليه، الأمر الذي سيؤدي إلى تنامي العقدة النفسية لدى المـانح مردها الإحساس المتعاظم بالذنب، بالإضافة إلى الآثار النفسية المترتبة على فقدان توأمه[2].

وفيما يتعلق بإباحة النقل من عديمي الأهلية، فأن القضاء الأمريكي لا يختلف لديـه الحال وتتجه كافة أحكامه الصادرة في هذا الصدد على هذا المنوال، ففي قضية عرضـت عـلى محكمة استئناف كنتاكي (kentacky) عام 1969 قضت المحكمة

---

[1] د.حسام الدين الاهواني، مصدر سابق، 125.
[2] د.مهند صلاح العزة، مصدر سابق، ص141

بمشروعية نقل إحدى كليتي شخص يبلغ من العمر 27 عام ولم تتجاوز سنة العقلية الست سنوات، لإنقاذ أخيه البالغ من العمر 28 سنة والمصاب بفشل كلوي يتهدده بالموت، وقد جاء في حيثيات الحكم إن في إجراء العملية مصلحة مؤكدة للمنقول منه تتمثل في كونه مرتبطا بأخيه برباط عاطفي وثيق ومعتمدا عليه في كافة شؤون حياته اعتمادا كليا، الأمر الذي سيفضي في حال موت أخيه إلى إصابته بأضرار وبعواقب نفسية بالغة.[1]

وبعد هذا العرض فأني اتفق مع موقف المشرع العراقي ومواقف القوانين التي تبنت نفس الاتجاه في عدم الاعتداد برضا القاصر أو ممثله القانوني في حال المساس بجسده لصالح غيره سواء أكان المساس يتعلق بعضو متجدد كالنخاع العظمي أو عضو غير متجدد كالكلية، وذلك لحماية القاصر لأنه لا يدرك في هذه المرحلة العمرية وبشكل كامل مخاطر التبرع بعضو من أعضائه. كما يجب عدم الأخذ بموافقة الممثل القانوني وعدم إعطائه الصلاحية للموافقة على مثل هذه الأمور في نطاق نقل الأعضاء، لان المهمة الأساسية للممثل القانوني تجاه القاصر هي المحافظة عليه سواء في جسمه أو أمواله، وليس من قبيل المحافظة على القاصر الموافقة على التبرع بأعضائه، لما يحيط هذه العملية من مخاطر قد تؤدي إلى وفاته أو إصابته بعاهة مستديمة.

ثالثا- انتفاء المقابل المادي:

يشترط أن يكون التنازل بالأعضاء من قبل المعطي بصورة مجانية ودون أي مقابل، أي أن يكون تبرعا وليس بيعا، فلا بد من أن يظل جسم الإنسان وأعضائه خارج التعامل المادي كونها أسمى من أن تقدر بمال، والسماح بالتبرع بالعضو إنما هو استثناء على هذا الحظر، والاستثناء لا يقاس عليه ولا يتوسع في تفسيره[2].

---

[1] د.سميرة عايد الديات، مصدر سابق، ص148

[2] د.محمود احمد طه، مصدر سابق، ص247. د.محمد حماد الهيتي، مصدر سابق، ص86.

ولا بد من الحفاظ على كرامة الإنسان وحرمة كيانه الجسدي بحيث يظل دائما بمنأى عن المعاملات المالية، وإلا غدا جسم الإنسان سلعة متقومة بمال يمكن تداولها لمن يدفع أكثر، الأمر الذي يضيق من نطاق الحماية الواجب توافرها لضمان سلامة تكامل الجسم.كما إن وجود المقابل المادي يخرج عمليات نقل وزراعة الأعضاء عن دائرة التراحم وروح التضحية التي يفترض أن تتسم بها.فيصبح هدف تحقيق الربح المادي هو الغالب من هذه الممارسة ولا محل للحديث بعدها عن الإيثار والقيم الإنسانية الأخرى[1].ولكن يثور التساؤل حول ما إذا كان هذا الحظر يمتد ليشمل تعويض المعطي عما أصابه من ضرر أو تقديم هدايا أو مكافأة له؟

ذهب جانب من الفقه إلى إباحة تعويض المتبرع عن الأضرار التي تصيبه نتيجة لاستئصال العضو منه، كإصابته بضعف أو نقص في قوته الجسدية أو تعطيله عن ممارسة نشاطه أثناء الفترة التي يتطلبها إجراء العملية، على اعتبار إن المتبرع يستحق الثناء والإشادة بموقفه، فيكون تعويضه من باب العرفان بالجميل.[2]

في حين ذهب اتجاه آخر إلى ما يخالف هذا ويرى بامتداد الحظر ليشمل كافة التعويضات والهدايا المقدمة من قبل المتلقي للمعطي، ويرون بان مثل هذه التعويضات والهدايا لا تعدو عن كونها ثمنا للعضو وهو ما يعد عملا غير مشروع، ولا يخفي هؤلاء خشيتهم من أن يكون فتح هذا الباب خير ساتر للتعاملات التجارية بالأعضاء البشرية.[3]

والحقيقة إن مثل هذا التخوف مشروع، واقترح أن تتبنى الدولة تعويض المتبرع عما أصابه من أضرار بسبب استئصال العضو منه، فتشمل هذه

---

(1) د.مهند صلاح العزة، مصدر سابق، ص152

(2) د.احمد شوقي أبو خطوة، مصدر سابق، ص86. د.مهند صلاح العزة، مصدر سابق، ص172

(3) د.افتكار مهيوب المخلافي، مصدر سابق، ص237

التعويضات الأضرار التي أصابت المتبرع خلال المدة التي توقف فيها عن ممارسة نشاطه العادي، وكذلك المصاريف الإضافية التي يحتاج إليها بسبب النظام الغذائي الخاص ومصاريف العلاج الذي يحتاج إليه جراء إجراء العملية.

ولقد أكدت غالبية التشريعات على ضرورة أن يكون التصرف بنقل العضو دون مقابل مادي، [1] وهو ما أكده المشرع العراقي في قانون عمليات نقل زرع الأعضاء رقم 85 لسنة 1986 في المادة (3) منه والتي جاء فيها: (يمنع بيع وشراء الأعضاء وبأي وسيلة، ويمنع الطبيب الاختصاصي من إجراء العملية عند العلم بذلك).

وقد يتبادر إلى الذهن إن المشرع العراقي لم يحظر سوى بيع وشراء الأعضاء وبالتالي يمكن الحصول عليها بتصرفات قانونية أخرى، إلا إن ذلك غير صحيح، ذلك بأنه يمكن التوصل إلى نية المشرع بحظر جميع التصرفات التي لا تعد تبرعا من خلال نص المادة (2/أ) من نفس القانون والتي حددت مصادر الحصول على الأعضاء وعلى سبيل الحصر: (أ.من يتبرع بها أو يوصي بها حال حياته...)

---

[1] وهو موقف معظم التشريعات العربية مثل القانون الكويتي رقم 55 لسنة 1987(المادة/7)، والقانون الإماراتي رقم 1997/15 (المادة 7)، والقانون القطري رقم 21 لسنة1993 (المادة 9)، والقانون المصري رقم 178 لسنة 1960 الخاص بتنظيم عمليات جمع وتخزين وتوزيع الدم (المادة1).
وعلى صعيد التشريعات الغربية فقد أقر مبدأ مجانية التصرف في الأعضاء كل من قانون نقل الأعضاء الفرنسي رقم 1181 لسنة 1976(المادة 3)، وقانون زراعة الأعضاء البريطاني الصادر عام 1989 (المادة 1)، وقانون الصحة الأمريكي المعدل بمقتضى قانون زراعة الأعضاء القومي رقم 84-507 لسنة 1984 (المادة 301)، والقانون الايطالي رقم 644 لسنة 1975 الخاص بنقل الكلى من الموتى(المادة 19)، وغيرها من القوانين.ينظر د.محمد عبد الوهاب الخولي، مصدر سابق، ص193 وما بعدها. د.مهند صلاح العزة، مصدر سابق، ص160-164-168.

رابعا- ضرورة وجود علاقة بين المتبرع والمستفيد:

ذهبت بعض التشريعات إلى ضرورة وجود علاقة ما بين المتبرع والمستفيد من عملية النقل، سواء كان الاستئصال حال حياة المتبرع أو بعد مماته وان اتسعت درجة القرابة[1]، ومن ابرز التشريعات التي انتهجت هذا النهج التشريع الفرنسي والايطالي والمصري، [2] ولم تقيد تشريعات أخرى التبرع بالأعضاء بهذه الصفة مثل التشريع العراقي والكويتي والقطري والإماراتي واللبناني.[3]

وأرى إن اشتراط صلة القرابة أو الزوجية فيما بين المتبرع والمستفيد هو توجه جدير بالتأييد، لما له من دور كبير في محاربة التجارة في الأعضاء البشرية، على أساس إن التبرع الحقيقي المبرأ من المقابل المادي هو ذلك التبرع الذي يتم بين الأقارب والأزواج.ولكن مهما كانت الأسباب التي بني عليها حظر التبرع لغير القرابة فأن تعميم التخوف على هذا النحو قد يعرض الآلاف من المرضى إلى الهلاك إذا ما انعدم المتبرع من أولي القربى مما يدفعهم إلى السفر خارجا وتحمل نفقات باهظة، فضلا عن إنه لن يحل مشكلة تجارة الأعضاء البشرية. وعليه أرى أن تشترط صلة القرابة أو الزوجية عند التبرع، على أن لا يمنع ذلك التبرع من قبل الأغراب عند تعذر الحصول على العضو ممن تربطهم صلة القربى بالمريض.

---

(1) د.محمود احمد طه، مصدر سابق، ص250

(2) ينظر المادة(3/671)من القانون الفرنسي الخاص باحترام جسم الإنسان رقم(653) لسنة 1994، والقانون الايطالي رقم(458) لسنة 1967 الخاص بنقل الكلى، كذلك مشروع قانون عمليات نقل الأعضاء المصري لعام 1997. ولمزيد من التفاصيل ينظر د.محمود احمد طه، مصدر سابق، ص251

(3) د.عبد الحميد إسماعيل الأنصاري، مصدر سابق، ص35

الفرع الثاني
الضوابط القانونية للنقل من الأموات

يكاد يجمع الفقه القانوني والتشريعات من بعده على إباحة استقطاع الأعضاء البشرية من جثة المتوفى لغرض زرعها في إنسان آخر يحتاج إليها، إلا إن هذه الإباحة ليست مطلقة، فلا بد أولا من التحقق من حدوث الوفاة مع مراعاة بعض الضوابط الأخرى التي تتعلق بضرورة الحصول على موافقة المتوفى حال حياته من خلال وصية يوصي بها، أو موافقة أقربائه في حال عدم تحديد المتوفى لكيفية التصرف في جثته بعد وفاته.وفيما يلي سنتعرض بالبحث لهذه الضوابط بشيء من التفصيل وعلى النحو الآتي:

أولا- التحقق من حدوث الوفاة:

يأتي في مقدمة ضوابط النقل من الأموات ضرورة التحقق من وفاة المتبرع، حيث أجمعت القوانين التي نظمت عمليات نقل وزراعة الأعضاء على هذا الضابط، وألقت بهذه المهمة على عاتق لجنة من الأطباء تشكل لهذا الغرض، على أن يستبعد من عضويتها كل من الطبيب المعالج والطبيب الاختصاصي المنفذ لعملية النقل، وهو موقف القانون العراقي والمصري والفرنسي وغيرها.[1] وأما بشأن تحديد

---

[1] حيث نصت المادة(5) من قانون عمليات نقل وزراعة الأعضاء العراقي رقم 85 لسنة1986 على إنه:(يشترط لإستصال العضو من جثة المتوفى أن تكون هناك بينة واضحة على الوفاة وبتقرير طبي، وفي حال كون الشخص مصابا بموت الدماغ فيلزم الحصول على موافقة لجنة مشكلة من ثلاث أطباء اختصاصيين وبضمنهم طبيب اختصاصي بالإمراض العصبية، ولا يجوز للطبيب المعالج ولا الطبيب الاختصاصي المنفذ للعملية أن يكون ضمن اللجنة).

كما نص على ذلك كل من المرسوم الاشتراعي اللبناني رقم 1442 لسنة 1984 في المادة الأولى، والقانون الإماراتي رقم 15 لسنة 1993 المادة(6)، والقانون الكويتي رقم 55 لسنة 1987 المادة(1/5)، والمنشور الفرنسي الصادر في1968/4/24. ومما تجدر الإشارة إليه إن القانون القطري رقم 21 لسنة1997 كان أكثر تحوطا عندما حدد لجنة طبية مختصة بعيدة

لحظة الوفاة فقد سبق بحثها من الناحية القانونية في مواضع سابقة لذا نحيل القارئ الكريم إليها.

ثانيا- التحقق من صدور الوصية من المتوفي قبل وفاته بضوابطها:

لابد من التحقق من موافقة المتوفي على استئصال أعضائه حال حياته من خلال وصية يبدي فيها موافقته، ولما كانت الوصية تصرفا تبرعيا ينشأ بالإرادة المنفردة على غرار رضا المتبرع في عمليات النقل من الأحياء، لذا فلا بد من استيفاء الوصية لشروط صحتها بأن تكون صادرة عن إرادة حرة واعية دون أن يشوبها أي عيب من عيوب الإرادة، وأن لا يقصد منها المقابل المادي سواء للمتوفي أو لورثته، وأن لا يثبت ما يفيد رجوع المتوفي عن وصيته، وأن تكون الوصية مكتوبة ومشهودا عليها.[1] على النحو الذي سبق بيانه عند بحث رضا المتبرع في عمليات النقل من الأحياء.

غير إن نطاق الوصية بالأعضاء يختلف عن نطاق التبرع بالأعضاء من حيث شمول الوصية لجميع الأعضاء بما فيها الأعضاء الأساسية، فيما عدا ما كان له دخل في الأنساب فإن سبب التحريم يظل قائما في هذه الحال أيضا.[2]

إلا إن السؤال الذي يثور هو مدى جواز الأخذ بوصية أخذ الأعضاء الصادرة من القاصر؟

عن أي شبهة كوسيلة للتحقق من الوفاة، حيث اشترطت المادة (7) منه أن يستبعد من عضوية اللجنة، الطبيب المنفذ للعملية، وأي واحد من أقارب المريض المتبرع له أو الشخص المتوفى، أو من تكون له مصلحة في وفاته. ينظر د.افتكار مهيوب المخلافي، مصدر سابق، ص139. د.عبد الحميد إسماعيل الأنصاري، مصدر سابق، ص34-44.

[1] د.حسن عودة زعال، مصدر سابق، ص139.

[2] د.محمد علي البار، الموقف الفقهي والأخلاقي من قضية زرع الأعضاء، مصدر سابق، ص173.

نجد بعض التشريعات قد تطلبت ضرورة أن يكون الموصي كامل الأهلية كالقانون العراقي وغيره من التشريعات العربية، مما يفيد بعدم صحة وصية القاصر بأعضائه.[1] في حين أجازت تشريعات أخرى الحصول على الأعضاء من جثة القاصر بشرط الحصول على موافقة وإذن وليه، كالقانون الفرنسي الذي أجاز أخذ الأعضاء من شخص وفاته مثبتة شرعا لأغراض علاجية أو علمية حتى وإن كان المتوفى قاصرا، بشرط الحصول على إقرار كتابي ممن يملك سلطة الأبوين أو الوصي.[2]

وارى بإمكانية السماح للقاصر بالوصية بأحد أعضائه إذا ما تم الحصول على موافقة ممثله القانوني، فمثل هذه الوصية قد تؤدي إلى نفع كبير للمتلقي قد يصل إلى إنقاذه من الموت، ولا تضر بالمتوفى القاصر، وأما بشأن الأضرار المعنوية التي قد تلحق بأقارب القاصر وخصوصا الأبوين، فإنه من الممكن أن نتلافاها من خلال اشتراط موافقتهم قبل البدء بعملية الاستئصال، كما إن هذه الأضرار قد تنعدم إذا كان المتلقي أخ للمتوفى أو قريبه.لذلك أرى إنه من الأجدر

---

(1) ومن القوانين التي لم تنص على المنع صراحة وإنما أكتفت باشتراط كمال الأهلية في المتبرع مما يدل على منع النقل من القصر بمفهوم المخالفة، قانون عمليات نقل الأعضاء البشرية العراقي رقم85 لسنة 1986 الذي نصت المادة (3) منه على إنه:(يتم الحصول على الأعضاء لأجل إجراء عمليات الزرع من أ.من يتبرع بها أو يوصي بها حال حياته شريطة أن يكون كامل الأهلية عند التبرع أو الايصاء وبإقرار كتابي). وكذلك المادة (3) من القانون القطري رقم21 لسنة 1997، والمادة (2) من القانون الإماراتي رقم 15 لسنة 1993، والمادة (2) من القانون الكويتي رقم 55 لسنة 1987، والمادة (2) من القانون الأردني المعدل رقم 23 لسنة 1977.ولمزيد من التفاصيل ينظر د.افتكار مهيوب المخلافي، مصدر سابق، هامش رقم(1)، ص241. هيثم حامد المصاروه، مصدر سابق، ص112

(2) ينظر المادة (1/1232) من قانون الصحة العامة الفرنسي- رقم 800 لسنة 2004. والمادة (20) من القانون المغربي رقم98-16 لسنة 1999. ولمزيد من التفاصيل ينظر د.افتكار مهيوب المخلافي، مصدر سابق، ص345

بالمشرع السماح لناقص الأهلية بالوصية بأعضائه، سيما وإن المشرع العراقي قد أورد مثل هذا النص في قانون مصارف العيون رقم 113لسنة1970 حيث نصت المادة(3) منه على إنه: (إذا كان الشخص قاصرا أو ناقص الأهلية فيجب الحصول على إقرار تحريري من وليه...).

ثالثا- التحقق من موافقة الورثة:

الأصل إنه إذا كانت هناك وصية صادرة من المتوفى فيجب التقيد بتلك الوصية، فإذا ما أوصى المتوفى بعدم المساس بجثته أو بأي أجزاء منها سواء لغايات علاجية أو علمية، فعلى الطبيب الجراح وأقارب المتوفى احترام إرادته وتنفيذها.[1]

ولكن يثور التساؤل حول إذا ما وافق المتوفى حال حياته على التبرع بأعضائه واعترض على ذلك أقربائه بعد وفاته؟ وكذلك حالة ما إذا مات المتوفى ولم يتعرض حال حياته إلى كيفية التصرف بجثته أو أعضائه؟فهل تكفي موافقة أقربائه لإستئصال أعضائه؟ اختلفت وجهات النظر حول هذه المسألة إلى ثلاثة اتجاهات وكالآتي:

الاتجاه الأول: ضرورة موافقة الأقارب

ومؤدى هذا الاتجاه ضرورة الحصول على موافقة أقارب المتوفى الصريحة لغرض القيام بعملية الاستئصال من جثة قريبهم[2]، لأن المساس بجسم المتوفى دون الحصول على موافقتهم فيه إهدار لحقوقهم المعنوية على الجثة ذلك الحق الذي يجد أساسه في صلة الرحم والقرابة[3]، بل الأكثر من ذلك ما ذهب إليه البعض من

(1) د.حسن عودة زعال، مصدر سابق، ص143

(2) د.محمد عبد الوهاب الخولي، مصدر سابق، ص266. د.سميرة عايد الديات، مصدر سابق، ص312

(3) د.افتكار مهيوب المخلافي، مصدر سابق، ص365. د.احمد شوقي أبو خطوة، مصدر سابق، ص220. د.حسام الدين الاهواني، مصدر سابق، ص198.

أنصار هذا الاتجاه من عدم جواز التصرف في جثة المتوفى حتى في حال موافقة أحد أقاربه إذا ما اعترض على ذلك شخص يمثل مرتبة أعلى في درجة القرابة للمتوفى، وعند تعارض إرادتين لشخصين في درجة واحدة من القرابة ترجح الرغبة القائلة بعدم المساس بالجثة.[1]

واشترط البعض موافقة أقارب المتوفى على استئصال الأعضاء من الجثة حتى وإن كان قد أوصى بذلك حال حياته، فإذا ما رفض الأقارب الاستئصال امتنع على الطبيب الجراح ذلك، ويبرر هؤلاء رأيهم هذا بأن رفض الأقارب للاستئصال لا يعد إجهاضا للوصية وإنما يعد تمسكا من قبل الورثة بحقوقهم تجاه مورثهم فهم ورثته ماديا ومعنويا، فكما إن ماله انتقل إلى ورثته، فكذلك يمكن القول بأنهم أصبحوا مسؤولين عن جسم الميت أيضا.[2]

وهو ما لا نؤيده وارى باشتراط موافقة الأقارب فقط في حالة عدم تحديد المتوفى لكيفية التصرف في جثته، لأن الشخص عندما يعبر حال حياته عن موافقته على استئصال الأعضاء من جسده بعد وفاته فإنه يكن بذلك قد تنازل عن حقه في عدم المساس بجثته وهو أولى الناس برعاية مثل هذا الحق، وكما امتنع على الأقارب الموافقة على استئصال أي عضو من أعضاء جثة المتوفى إذا ما اعترض المتوفى على ذلك حال حياته احتراما لإرادته، فإنه يمتنع عليهم بالمقابل الاعتراض على استئصال الأعضاء من جثة المتوفى إذا ما أجاز ذلك حال حياته.وقد أخذت بهذا الاتجاه بعض القوانين المقارنة كالقانون العراقي واللبناني والكويتي وغيرها.[3]

---

[1] د.حسن عودة زعال، مصدر سابق، ص143

[2] د.احمد محمود طه، مصدر سابق، ص240-241.

[3] ينظر المادة(2/ب)من قانون عمليات زراعة الأعضاء البشرية العراقي رقم 85 لسنة1986. والمادة(2/2)من المرسوم الاشتراعي اللبناني رقم109 لسنة1981، والمادة(7) من القانون القطري رقم 21 لسنة 1997، والمادة (6) من القانون الإماراتي رقم 51 لسنة 1993، والمادة (5) من القانون الكويتي رقم 55 لسنة 1987. لمزيد من التفاصيل حول ترتيب الأقارب في إبداء الموافقة وموقف التشريعات منها. ينظر: د.حسن عودة زعال، مصدر سابق، ص144 وما بعدها

إلا إن ما يؤخذ على موقف المشرع العراقي إنه قصر السماح للأقارب باستئصال الأعضاء من جثة قريبهم فقط في حالة إصابته بموت الدماغ، حيث تنص المادة(2/ب) من قانون عمليات نقل زراعة الأعضاء البشرية على إنه يتم الحصول على الأعضاء البشرية من (المصاب بموت الدماغ وحسب الأدلة العلمية الحديثة المعمول بها، التي تصدر بتعليمات في حالة موافقة أحد الأقارب الكامل الأهلية من الدرجة الأولى أو الدرجة الثانية وموافقة لجنة مشكلة من ثلاثة أطباء اختصاصيين...).

وربما كان هذا الموقف من قبل المشرع العراقي على أساس عدم الاستفادة من أعضاء المتوفين في غير هذه الحالة، إلا إن هذا ما يعد غير دقيق من الناحية الطبية كما مر بنا سابقا، حيث يمكن الاستفادة من أعضاء المتوفين في غير حالة الموت الدماغي، لأن أعضاء الإنسان لا تموت في وقت واحد، لذا كان من الأولى بالمشرع شمول جميع المتوفين بهذه الموافقة لغرض الاستفادة من أعضائهم.

إلا إن ما يؤخذ على هذا الاتجاه إنه وإن كان يراعي الضرورات الإنسانية للأسرة باشتراط موافقتهم، إلا إنه يعوق إلى حد ما إجراء عمليات نقل وزراعة الأعضاء وخاصة تلك التي تحتاج إلى سرعة فائقة، فلا يمكن مثلا المحافظة على القلب والكبد أو الكلية المراد استئصالها ونقلها إلى شخص آخر في حالة صالحة إلا لوقت يسير جدا، وانتظار موافقة الأقارب من شأنه أن يؤدي إلى تلف هذه الأعضاء، كما إنه ليس من الإنسانية في شيء أن تثار مسألة المساس بجثة المتوفى مع أقاربه لحظة الوفاة والتي تعد من أكثر اللحظات إيلاما بالنسبة لعائلة المتوفى.[1]

الاتجاه الثاني: افتراض موافقة الأقارب

لغرض تلافي النقد الذي وجه إلى ضرورة موافقة الأقارب في حالة التصرف بالجثة، ظهر اتجاه آخر يرتكز في مضمونه على التصرف بالجثة دون موافقة أحد،

---

[1] د.محمد عبد الوهاب الخولي، مصدر سابق، ص269-270

وأساس ذلك افتراض موافقة المتوفى وأقاربه ما لم يصدر اعتراض من المتوفى حال حياتـه أو اعتراض صريح من أقاربه بعد وفاته مراعاة للمصلحة العلاجية بالنسبة للمرضى الذين هم بحاجة إلى الأعضاء البشرية، مما يقتضي تفضيل مصلحة الأحياء المحتاجين لهذه الأعضاء علـى المتوفى وأقاربه، سيما وإن جثث الموتى تعد أهم مصادر الحصول على الأعضاء البشرية، ولأن هذا المصدر ستقل أهميته إذا ما اشترطنا موافقة المتوفى أو ذويه. فطلب موافقة هؤلاء يعيق عمليات الاستئصال التي تحتاج إلى سرعة كبيرة، مما قد يؤدي إلى ضياع فرصة نجاح عمليـة النقل، لذا ليس على الطبيب - وفقا لهذا الرأي-سوى أن يلجأ إلى إخطار عائلة المـريض الـذي على وشك الموت دون انتظار حصول الموافقة ويقوم بالتصرف بالجثة، فالإخطار وعدم الرد في الوقت المناسب يعد بمثابة عدم اعتراض على الاستئصال من قبل ذوي المتوفى، مما يعني قيـام قرينة الرضا التي تخول الأطباء الحق في البدء بالاستئصال[1] .

ولقد سايرت هذا الاتجاه بعض القوانين كالقانون الفرنسي والايطالي والسوري[2]، إلا إن هذا الاتجاه وان كان يتماشى مع السرعة المطلوبة في

---

[1] د.حسن عودة زعال، مصدر سابق، ص147. د.محمد عبد الوهاب الخولي، مصدر سابق، ص270

[2] فقد أخذ القانون الفرنسي رقم (1181) لسنة 1976 بهذا الاتجاه ولكن في حدود معينة، فنصت المـادة الثانية منه على (إن الشخص إذا كان بالغا رشيدا يجوز استئصال أجزاء مـن جثتـه لأغـراض علاجيـة أو علمية بشرط ألا يكون الشخص قد أبدى رفضه قبل وفاته). وكذلك قانون نقل الكلى الفرنسي- الصـادر عام 1968 والذي قضى بأن استئصال الكلية بناءا على قرينة الرضا يعد أمرا مشروعا، ما لم يوجد هنـاك سبب يحمل على الاعتقاد بأن المتوفى كان سيرفض هذه العملية. وهو موقف قانون نقل الكلى الايطالي الصادر عام 1968.

كما اخذ بهذا الاتجاه المشرع السوري في القانون رقم 31 لسنة 1972 الخاص باستئصال الأعضاء مـن جثث الموتى، حيث أجازت المادة الثالثة منه للأطباء ورؤساء الأقسام في المشافي التي تحـددها وزارة الصحة عندما يقررون إن المصلحة العامة تقتضي ذلك لضرورة ما، إخضاع الجثة للتشريح واستئصال الأعضاء منها. ينظر د.حسن عودة زعال، مصدر سابق4، ص147-148.

استئصال الأعضاء من الموتى إلا انه منتقد كونه لا يلزم الطبيب بالحصول على الموافقـة المسبقة من الأقارب لإجراء عملية الاستئصال، لكنه في ذات الوقت يمنع الطبيب مـن إجـراء العملية في حالة اعتراض الأقارب، وهذا الوضع يعرض الطبيب والمستشفى التي أقيمـت فيهـا العملية لصعوبات، إذ قد يصر الأقارب على أنهم قدموا الاعتراض في الوقت المناسب، في حـين يصر الطبيب والمستشفى على إن الاعتراض لم يصلهم في الوقت المناسب.[1]

الاتجاه الثالث: تأميم الجثة

ومضمون هذا الاتجاه يرى بأن الجثة ملك للدولة تتصرف فيها كيفما تشاء ضمن إطار المصلحة العامة، فالمصلحة العلاجيـة للمرضى المحتـاجين للأعضاء البشرية، والتقـدم الطبـي يقتضي التضحية بمصلحة المتوفى وأقربائه على الجثة، حيث تقدم مصلحة الأحياء على مصلحة المتوفى وذويه. فالجثة من وجهة نظر هذا الاتجاه ليست مملوكة لشخص أو أسرته على الرغم من إنهم يرون إن للمتوفى وأقاربه مصلحـة علـى الجثة، إلا إن مصلحـة المجتمـع تعلـو علـى مصالح هؤلاء مما يستوجب إعطائها الأولوية أمام مصالح وحقوق الأسرة المعنوية.[2]

ولقد سايرت بعض القوانين هذا الاتجاه بشكل عـام فلـم تتطلـب موافقـة المتـوفى أو أسرته لأجل التصرف بالجثة سواء لأغراض علاجية أو علمية.[3]

في حين تتجه معظم التشريعات إلى الأخذ بهذا المبدأ ولكن في نطاق ضيق يقتصر على المتوفين ممن كانوا مجهولي الهوية والمحكوم عليهم بالإعدام وقتلى

---

[1] د.افتكار مهيوب المخلافي، مصدر سابق، ص367

[2] د.محمد عبد الوهاب الخولي، مصدر سابـق، ص275. د.حسام الـدين الاهواني، مصدر سابق، ص211. د.احمد شوقي أبو خطوة، مصدر سابق، ص224.

[3] مثل التشريع البولوني الذي لا يقبل من حيث المبدأ الرجوع إلى الأسرة أو الورثة لإستحصال الموافقة مـن أجل الاستفادة من جثث الموتى. ينظر:د.حسام الدين الاهواني، مصدر سابق، ص213

الحوادث الذين يتقرر تشريح جثثهم، إلا إن تطبيق هـذا المبـدأ يجـد مجالـه الأوسـع بشأن المتوفين مجهولي الهوية، فقـد أجـازت معظـم القوانين المقارنـة التصرف بجثثهم دون اشتراط الحصول على موافقة أي أحد.[1]

ونجد تطبيقات هذا المبدأ في التشريع العراقي واضحة في قانون مصارف العيـون رقـم 13 لسنة 1970، عندما حـددت المـادة(2/ج) منـه مصادر الحصـول عـلى العيـون الصـالحة ومنها:عيون الموتى في دور النقاهة ودور العجزة، وعيون الأشخاص الـذين يـدفنون مـن قبـل أمانة العاصمة، وعيون الموتى في مستشفيات الأمراض العقلية في حالة عدم وجود مـن يقـوم بدفنهم.

كما أباح المشرع العراقي التصرف بالجثة للأغراض العلمية دون موافقة أحد وذلـك في قانون الصحة العامة رقم 89 لسنة1981، حيث أجازت المادة (101) من هذا القانون التصرف بالجثة وتسليمها إلى إحدى كليات الطب للاستفادة منها للأغـراض العلميـة والتعليميـة إذا لم يراجع ذوو المتوفى عليها خلال مدة شهرين من تاريخ الوفاة، أو من تاريخ تسـلم المستشـفى للجثة، على أن تحتفظ الجهة التي تسلمت الجثة بها لمدة ثلاثة أشهر أخرى دون أن تتصرف بها. أما بالنسبة للمتوفين من الجنسيات الأخرى فأشترط هذا القانون الاحتفاظ بالجثة لمـدة ستة أشهر، تسلمها من بعدها المستشفى إلى إحدى كليات الطب بعد موافقة سـفارة الدولـة التي يحمل المتوفى جنسيتها.[2]

أما بالنسبة لقانون عمليات نقل وزراعة الأعضاء رقم85 لسنة 1986 فلـم يـأت بـنص مماثل لما جاء به قانون مصارف العيون بشأن الاستفادة من الأعضاء

---

[1] ومن هذه القوانين القانون القطري رقـم 21 لسـنة 1997 (المـادة 8)، والقانون الأردني المعدل رقم 23 لسنة 1977 المادة 5)، والقانون السوري رقم31 لسنة 1972 (المادة 3)، والمرسوم الاشتراعي اللبناني رقم 109 لسنة 1983(المادة 2/ب)، والقانون المصري المعدل بالقانون رقم 79 لسنة 2003. ينظر د.محمـد عبد الوهاب الخولي، مصدر سابق، ص277.

[2] د.حسن عودة زعال، مصدر سابق، ص153-154.

البشرية بالنسبة لمجهولي الهوية، مما يعني حرمان المجتمع من أهم مصدر من مصادر الحصول على الأعضاء البشرية، مما يثير التساؤل حول مدى إمكانية انطباق النص الوارد في قانون مصارف العيون على باقي الأعضاء، على أساس إن العلة واحدة وان العين هي أحد أعضاء الجسم وهي جزء من الجثة؟

عند إمعان النظر في النص الوارد في قانون مصارف العيون نجد إنه نص خاص واستثنائي، لأن الأصل هو عدم جواز التصرف بالجثة، وما جاء على خلاف الأصل لا يمكن القياس عليه، وعليه لا يمكن تطبيق ذلك النص وسريانه على باقي أعضاء الجسم، كما إن قانون عمليات زراعة الأعضاء قد جاء بعد صدور قانون مصارف العيون، ولو أراد المشرع إيراد نص مشابه للنص الذي أباح الاستفادة من عيون المتوفين مجهولي الهوية لفعل ذلك.[1]

وعليه ونظرا للتطورات الحاصلة في ميدان نقل الأعضاء وتنامي الحاجة إليها من قبل المرضى الذين قد تتوقف حياة بعضهم عليها، أرى ضرورة إيراد نص ضمن قانون عمليات زراعة الأعضاء يبيح للأطباء الاستفادة من جثث مجهولي الهوية للأغراض العلمية والعلاجية على غرار ما فعل في قانون مصارف العيون.

أما بالنسبة للموتى ممن ينفذ فيهم حكم الإعدام، فقد انقسم الفقه بشأنهم إلى اتجاهين. يرى الاتجاه الأول بإمكانية أخذ الأعضاء البشرية من الأشخاص المنفذ فيهم حكم الإعدام دون النظر إلى موافقتهم قبل الإعدام أو موافقة أقاربهم بعد التنفيذ، على أساس إن حكم الإعدام هو جزاء الجريمة التي ارتكبها الجاني والتي غالبا ما تكون من جرائم الاعتداء على الأشخاص، ويكون حق المعتدى عليه فيها هو حق الإنسان في الحياة، ولذا على المحكوم عليه بالإعدام أن يعوض المجتمع ولو بشيء ما، كأن يكون عضو بشري يقدمه إلى أشخاص آخرين يحتاجون إليه.[2]

---

[1] المصدر نفسه، ص154.
[2] د.حسام الدين الاهواني، مصدر سابق، ص220

في حين يذهب اتجاه آخر إلى عدم إمكانية إجبار المحكوم عليه بالإعدام على التنازل عن أعضائه إلا في النطاق الذي حدده القانون، أو التنازل عن جثته بعد وفاته، لأن إجباره على ذلك مما يتعارض مع الكرامة الإنسانية.[1] وهو ما نؤيده، ذلك إن الحكم بالإعدام على الجاني لا يخول أي شخص التصرف بأعضائه أو بجثته بعد تنفيذ حكم الإعدام فيه، حيث يقتصر الأمر فقط على القيام بإعدام الشخص دون أن يمتد إلى أي حق آخر، ومن الطبيعي أن لا تثار مثل هذه المشاكل في الدول التي ألغت عقوبة الإعدام كالقانون الفرنسي، ولكن الأمر يثار بالنسبة للدول التي تتضمن تشريعاتها عقوبة الإعدام ومنها العراق، وذلك في قانون مصارف العيون، حيث حددت المادة (4/2) منه مصادر الحصول على العيون الصالحة وكان من بينها عيون من ينفذ فيهم حكم الإعدام، وبقي الأمر مقصورا على العيون دون باقي الأعضاء، إلا إن هذه الفقرة ألغيت بموجب قرار مجلس قيادة الثورة (المنحل) المرقم 399 لسنة 1989، حيث اشترط القرار الحصول على موافقة المحكوم عليهم بالإعدام أو موافقة أهلهم بعد إعدامهم.[2]

أما بالنسبة لقتلى الحوادث والموتى الذين يتقرر تشريحهم لمعرفة سبب الوفاة، فقد ذهب البعض إلى إمكانية الحصول من جثثهم على الأعضاء البشرية دون الحاجة إلى موافقة أحد، ولقد تبنت هذا الرأي بعض القوانين كالقانون المصري والسوري.[3]

في حين أكدت معظم القوانين على ضرورة استحصال موافقة أقارب المتوفى الذي يتقرر تشريح جثته، وعدم وقوع أي اعتراض خطي وصريح من الشخص

---

[1] د.احمد شوقي أبو خطوة، مصدر سابق، ص218
[2] د.حسن عودة زعال، مصدر سابق، ص157
[3] ينظر المادة (2-3) من القانون المصري رقم 30 لسنة 1962، والمادة (3) من القانون السوري رقم 30 لسنة 1972. ولمزيد من التفاصيل ينظر د.محمد عبد الوهاب الخولي، مصدر سابق، ص276.

نفسه قبل وفاته أو احد أقاربه الذين لا تتجاوز قرابتهم الدرجة الثالثة لفتح الجثة لأغراض المنفعة العامة.[1]

أما القانون العراقي فقد سكت عن هذه الحالة، لذا لا يمكن أخذ الأعضاء البشرية من قتلى الحوادث أو ممن يتقرر تشريح جثثهم إلا بعد مراعاة الشروط التي قررها المشرـع في هذا الصدد.

وبعد هذا العرض للاتجاهات المختلفة من مسألة التصرف بجثة المتوفى في حال عـدم تحديد المتوفى لكيفية التصرف بها، يتراءى لنا ضرورة الحصول عـلى موافقة أقارب المتوفى، تعبيرا عن حماية حقوقهم المعنوية عـلى جثة قريبهم، تلك الحقوق التي تجد أساسها وجذورها في صلة الدم والقرابة التي تربط مابين أفراد الأسرة، ولا ينبغي التعويل على الموافقة المفترضة، إذ قد ينشغل ذوو المتوفى بالمصاب الـذي ألم بهم ممـا يحـول دون اعتراضـهم عـلى التصرف في جثة قريبهم مع رفضهم لذلك، لذا لا نؤيد الرأي القائل بـافتراض موافقة الأقارب لما قد يترتب عليه من إشكاليات ما بين أقارب المتوفى مـن جهـة والطبيب والمستشـفى التي أجريت فيها عملية الاستئصال من جهة أخرى. ويمكن فيما اعتقد الاستغناء عن الحصول على الموافقة في حالة المتوفين مجهولي الهوية بشرط الانتظار فترة كافية يستيقن خلالهـا مـن عـدم مراجعة ذوي المتوفى لإستلام جثة قريبهم أو سـؤالهم عنه.أمـا بالنسبة للمحكـوم عليهم بالإعدام وقتلى الحوادث ومن يتقرر تشريحهم فـأرى ضرورة الحصول عـلى الموافقة لأجـل الحصول على أعضائهم.

---

[1] منها على سبيل المثال: المادة (5) من المرسوم الاشتراعي اللبناني رقم 1442 لسنة 1984.

المطلب الثالث
الأثر المترتب على مخالفة ضوابط نقل وزراعة الأعضاء البشرية

سبقت الإشارة إلى إن إباحة عمليات نقل وزراعة الأعضاء البشرية إنما جاءت على سبيل الاستثناء، وعلى خلاف الأصل الذي يقضي بحرمة المساس بالكيان الجسدي، خاصة وان المصلحة العلاجية التي تبيح التدخل الجراحي تعد منتفية في حق المتبرع، لذا فإن الفقهاء لم يجيزوا هذه العمليات إلا وفقا لضوابط وشروط لا بد من مراعاتها من قبل الطبيب ومعاونيه عند إجراء هذه العمليات.[1] ومن اجل أن تبقى هذه العمليات في إطار مشروعيتها، يأتي في مقدمة هذه الشروط والضوابط ضرورة الحصول على موافقة المتبرع.فمن المعلوم إنه ليس للرضا أي أثر مبيح في نطاق الأفعال الماسة بسلامة الجسد من حيث المبدأ، فالفقه التقليدي في القانون الجنائي لا يرى في الموافقة على فعل الاعتداء على التكامل الجسدي للشخص مبررا لانتفاء المسؤولية الجنائية للفاعل، وفي مجال نقل الأعضاء فأن الفقه وإن اختلف حول تكييف الرضا من حيث كونه أساس إباحة عمليات نقل وزراعة الأعضاء أو شرطا من شروط مشروعيتها إلا إنه متفق على إن استئصال أي جزء من جسم الإنسان دون موافقته يشكل جريمة تستوجب العقاب ولو كان بهدف إنقاذ شخص آخر، وعليه فإذا ما خالف الطبيب ومساعديه الضوابط القانونية لعمليات نقل وزراعة الأعضاء تحققت مسؤوليتهم الجنائية.

---

(1) من الممكن أن تمتد المسؤولية الجنائية إلى مساعدي الطبيب بوصفهم شركاء استنادا إلى قواعد المساهمة الجنائية، ففي قانون العقوبات العراقي حددت المادة (48) صور المساهمة الجنائية فنصت على إنه: (يعد شريكا في الجريمة:1.من حرض على ارتكابها فوقعت بناءا على هذا التحريض. 2.من اتفق مع غيره على ارتكابها فوقعت بناءا على هذا الاتفاق 3.من أعطى الفاعل سلاحا أو آلات أو أي شيء آخر...) ومن خلال هذا النص يمكن وقوع أشخاصا آخرين من غير الأطباء في المسؤولية الجزائية عن طريق تحقق صورة من صور الاشتراك التي بينتها المادة المذكورة.

وبالانتقال إلى موقف القوانين المقارنة التي تولت تنظيم عمليات نقل وزراعة الأعضاء نجد إن البعض من هذه القوانين قد تضمنت نصوصها عقوبات جزائية توقع في حال مخالفة أحكامها، كالقانون العراقي واللبناني والكويتي والفرنسي[1]، في حين أحجمت قوانين أخرى عن إيراد عقوبات جزائية تاركة المسألة برمتها إلى للقواعد العامة والقوانين العقابية، ومنها القانون المصري والانكليزي والأمريكي[2].

ولكن التساؤل يثار عن ماهية الجرائم التي يتصور أن يسال عنها الطبيب ومساعديه في حال مخالفة ضوابط نقل وزراعة الأعضاء؟

الحقيقة إن تحديد نوع هذه الجرائم يتوقف على نتيجة العمل الطبي المخالف لضوابط النقل، والحق محل الاعتداء. ويمكن حصر هذه الجرائم في جريمة القتل وإحداث عاهة مستديمة، والجرح، وانتهاك حرمة الموتى وتشويه الجثث، والاتجار بالأعضاء البشرية أو التوسط في بيعها.

ونظرا لأن جرائم القتل وإحداث عاهة مستديمة والجرح أسبابها واحدة، ويقتصر الفرق على درجة جسامة النتيجة الجرمية، فسأتناولها تحت عنوان جرائم الاعتداء على الأشخاص، وكذا الحال بالنسبة لجرائم انتهاك حرمة الموتى وتشويه الجثث التي سنتناولها تحت مسمى جرائم انتهاك حرمة الموتى، ونتعرض أخيرا

---

[1] تنص المادة الرابعة من قانون عمليات نقل زراعة الأعضاء البشرية رقم 85 لسنة 1986 على إنه: (يعاقب بالحبس مدة لا تزيد على سنة وبغرامة لا تزيد على ألف دينار أو بإحدى هاتين العقوبتين كل من خالف أحكام هذا القانون). ونصت على مثل هذا المادة الرابعة من قانون مصارف العيون العراقي رقم 113 لسنة 1970، والمادة (7) من المرسوم الاشتراعي اللبناني رقم 109 لسنة 1983، والمادة (5) من القانون الكويتي رقم 7 لسنة 1983 الخاص بنقل الكلى.والمادة (2/674) من قانون الصحة العامة الفرنسي المعدل بالقانون رقم 654 لسنة 1994. ينظر د.حسن عودة زعال، مصدر سابق، ص71. د.مهند صلاح العزة، مصدر سابق، ص161

[2] د.مهند صلاح العزة، مصدر سابق، ص147.

لجريمة الاتجار بالأعضاء البشرية الناجمة عن مخالفة شرط انتفاء المقابل المادي، وعلى النحـو التالي:

الفرع الأول
جرائم الاعتداء على الأشخاص

يتوقف التكييف القـانوني لفعـل الاعتـداء عـل الأشـخاص في مجالنـا هـذا والمسـؤولية الناجمة عنه على طبيعة الجزء المستأصل من جهة، والنتائج المترتبة على هذا الاستئصـال مـن جهة أخرى، فإن كان الجزء المستأصل من الجسم يمثل عضـو لا يمكـن اسـتبداله تلقائيـا فإننـا نكون أمام فرضين:

الفرض الأول: أن لا تؤدي عملية الاستئصال إلى وفاة المجنى عليه

في هذه الحالة فإننا نكون أمام جريمة إحداث عاهة مستديمة مكتملة الأركان، فـالركن المادي يتمثل في سلوك الطبيب الذي قام باستئصال العضو، ولا يحتاج الركن المعنوي إلى عناء كبير لإثبات توافره في هذه العمليات، إذ إن قيـام الطبيـب بـانتزاع عضـو مـن شـخص سـليم يبرهن بذاته على توافر العلم والإرادة ومن ثم انصراف قصده إلى النتيجة الجرميـة والمتمثلـة في إحداث عاهة مستديمة، ولا يقدح في توافر الـركن المعنـوي عـلى هـذا النحـو نبـل الباعـث الدافع على ارتكاب الفعل، إذ إن القواعد العامة في القانون الجنائي لا تعطي الباعـث أي دور في قيام المسؤولية.[1]

وليس هناك أي إشكال في تحديد العقوبة التـي يتعـرض لهـا الجـاني في القـوانين التـي أحالـت تشر-يعاتها الخاصـة بنقـل وزراعـة الأعضـاء إلى القـوانين العقابيـة في مسـألة تحديـد العقوبـة. ولكــن التســاؤل يثــار بشــأن القــوانين الخاصــة التــي حــددت عقوبــات

---

[1] د.مهند صلاح العزة، مصدر سابق، ص143.

جزائية في حالة مخالفة أحكامها، فهل تحول هذه العقوبات دون توقيع عقوبات أخرى لانطباق نصوص عقابية أخرى على فعل الجاني ذاته؟

يمكن القول بأن تطبيق العقوبات الواردة في القوانين الخاصة بنقل وزراعة الأعضاء لا يحول دون معاقبة الجاني بالعقوبات المنصوص عليها في قانون العقوبات إذا كانت العقوبة المقررة للجريمة في القانون الأخير أشد من العقوبة المقررة في القانون الخاص وذلك استنادا لنص المادة (141) من قانون العقوبات ونصها: (إذا كون الفعل الواحد جرائم متعددة، وجب اعتبار الجريمة التي عقوبتها أشد والحكم بالعقوبة المقررة لها، وإذا كانت العقوبات متماثلة حكم بإحداها). كون التعدد في هذه الحالة هو تعدد صوري للجرائم. ومع ذلك فقد أجازت بعض القوانين الخاصة ذلك، كون العقوبات التي وردت في القوانين الخاصة هي من قبيل عقوبات الجنح، في حين إن استئصال الأعضاء البشرية دون مراعاة الضوابط والشروط يعد من قبيل الجنايات، ويبدو إن التشريعات الخاصة إنما أوردت هذه العقوبات لتطبق على الأشخاص الذين يخالفون أحكامها دون وقوعهم تحت طائلة نص عقابي آخر.[1]

ووفقا للقانون العراقي فإنه ينطبق على استئصال عضو من شخص دون موافقته ودون أن يؤدي ذلك إلى وفاته التكييف القانوني الموصوف في المادة (412) من قانون العقوبات رقم (111) لسنة 1969وهو الجرح الذي يفضي إلى عاهة مستديمة، فتتحقق مسؤولية الطبيب وفقا لهذه المادة ويعاقب بالسجن مدة لا تزيد على خمسة عشرة سنة، قابلة للتشديد إذا ما توافر أي ظرف من الظروف المشددة التي بينتنها المادة (414) من نفس القانون. ومما يؤكد هذا النهج نص المادة (5) من قانون مصارف العيون التي أكدت على إنه: (إذا وجد نص قانوني آخر يعاقب على المخالفة فيطبق النص الأشد). في حين أغفل قانون عمليات نقل وزراعة الأعضاء البشرية النص على تطبيق على العقوبات الجزائية الواردة في

[1] د.حسن عودة زعال، مصدر سابق، ص72.

القوانين الأخرى إذا ما انطبقت على فعل الجاني نصوصها. ولتجنب الإشكاليات في التطبيق، كون بعض المحاكم تتقيد بنصوص القانون الخاص رغم سريان نص المادة(141) من قانون العقوبات آنفة الذكر، ندعو المشرع العراقي إلى النص على ذلك في القوانين الخاصة، أو النص صراحة في تلك القوانين على تطبيق الأحكام العامة الواردة في قانون العقوبات كلما تطلب الأمر ذلك.

الفرض الثاني: ويتمثل فيما إذا أدت عملية الاستئصال إلى وفاة المجنى عليه
والواقع إننا هنا لا بد من أن نميز بين حالتين:

الحالة الأولى: وتتمثل فيما إذا كان العضو الذي تم استئصاله من الأعضاء التي لا يؤدي استئصالها إلى الوفاة عادة وفقا للقواعد العلمية والأصول الطبية التي تحكم عمليات نقل وزراعة الأعضاء، ففي هذه الحالة سوف نكون أما م جريمة جرح أفضى إلى موت، وهي من جرائم القصد المتعدي حيث انصرفت إرادة الطبيب إلى إحداث نتيجة أقل جسامة وتتمثل في استئصال العضو، فترتب على هذا الفعل نتيجة اشد لم ينصرف إليها قصد الطبيب وهي حدوث الوفاة، ذلك بأننا لو افترضنا موافقة المنقول منه على إجراء عملية الاستئصال التي تسببت في وفاته فإن الطبيب الذي قام بعملية الاستئصال لن يسأل عندها إلا عما ارتكبه من أخطاء مهنية وفنية يسيرة وفقا للقواعد العامة التي تنظم مسؤولية الأطباء والجراحين، وبما إن الطبيب في فرضنا المتقدم قد التزم الأصول والقواعد العلمية المتبعة في عمليات استئصال الأعضاء فلا مجال لمساءلته عن النتيجة التي أفضت إليها عملية الاستئصال.[1]

ولقد تناول المشرع العراقي جرائم الضرب المفضي إلى موت في المادة (410) من قانون العقوبات، وقضى بمعاقبة الجاني بالسجن مدة لا تزيد على خمسة عشرة سنة، وتكون العقوبة مدة عشرين سنة إذا ما توافر أحد الظروف المشددة

---

[1] د.مهند صلاح العزة، مصدر سابق، ص145

التي أوردتها نفس المادة وخاصة ارتكاب الجريمة مع سبق الإصرار الذي يمكن تصوره في هذا الفرض، إذ إن عملية الاستئصال لا تتم إلا بعد اتخاذ جملة من التحضيرات مما يفيد وجود فترة زمنية تسبق القيام بالعملية وتمنح الطبيب الفرصة في التفكير في العدول عن ارتكاب الجريمة ومع ذلك أقدم على ارتكابها.

الحالة الثانية: وتتمثل في قيام الطبيب باستئصال عضو حيوي ولازم للحياة يؤدي انتزاعه حتما إلى وفاة الشخص المنقول منه، كما لو استأصل الطبيب القلب أو الكبد، ففي هذه الحالة يكون الطبيب مرتكبا لجناية قتل عمد مكتملة الأركان، يراعى فيها التثبت من توافر كافة الظروف المشددة التي يمكن أن توصف بها الجريمة كسبق الإصرار مثلا. وكذلك يسأل الطبيب عن وفاة المنقول منه ولو كان العضو الذي تم استئصاله من الأعضاء التي لا يترتب على استئصالها وفاة الشخص طالما كانت الحالة الصحية للمنقول منه تنبئ عن وجود خطر جسيم يتهدد حياته إذا ما تم استئصال العضو منه، حيث يعد القصد الجنائي هنا قصدا احتماليا ويقوم مقام القصد المباشر ويرتب نفس آثاره القانونية، ذلك بأن الطبيب توقع النتيجة الاحتمالية المترتبة على فعله ومع ذلك قبل بها.[1]

وتخضع هذه الصورة وفقا للقانون العراقي للنصوص العقابية في المواد (405-406) من قانون العقوبات والمتعلقة بجريمة القتل العمد والتي تتراوح عقوبتها بين السجن المؤبد والسجن المؤقت في حالة القتل البسيط (المادة 405)، وقد تصل العقوبة إلى الإعدام في حالة توافر أي من الظروف المشددة التي بينتها المادة (406) من نفس القانون.

أما إذا لم يترتب على مخالفة الطبيب حصول الوفاة أو إحداث عاهة مستديمة، وإنما اقتصر الأمر على إحداث جرح بسيط، كما لو قام باستئصال جزء من نخاع العظم من المنقول منه، فيسأل عندئذ عن جريمة إيذاء عمد.

---

[1] د.مهند صلاح العزة، مصدر سابق، ص146

وتدخل هذه الصورة وفقا للقانون العراقي ضمن إطار الإيذاء البسيط الـذي عاقبت عليه المادة (413/1و2) من قانون العقوبات بالحبس والغرامة.

ومن الجدير بالذكر إن مخالفة الطبيب لضوابط نقل وزراعة الأعضاء يتصور أن تقع منه بصورة عمدية وعندئذ يسأل بصورة عمدية بحسب ما أدى إليه فعله، سواء كانت وفاة المنقول منه أو إحداث عاهة مستديمة له أو اقتصر ـ الأمر ـ على مجرد الإيذاء البسيط. كما يتصور أن تقع منه هذه المخالفات نتيجة خطأ غير عمدي نجم عـن اعتقاد بطريق الخطأ بتوافر ضوابط نقل الأعضاء القانونية وذلك خلاف الحقيقـة جـراء إهمـال أو رعونـة أو عـدم احتياط، كأن يعتقد بطريق الخطأ إن المعطي قد أذن له باستئصال العضو منـه، أو إن إذنـه كان حرا وعن بصيرة وصادر عن شخص بالغ وعاقـل، أو أن يخطـئ في تقـدير مـدى صـلاحية جسم المتبرع لاستئصال عضو منه وغيرها[1].

الفرع الثاني
انتهاك حرمة الموتى

إن استئصال الأعضاء من الموتى قد يكون غير مشروع عند عدم مراعاة ضوابط النقل من الموتى، ومن ذلك عدم موافقة المتوفى حال حياته أو عدم موافقة ذوي الشأن مـن أقاربـه، وهو ما يثير التساؤل حول مدى مسؤولية الطبيب الجنائية عن ذلك؟

بداية أود الإشارة إلى إن مخالفة الطبيب لضوابط النقل مـن الأمـوات تضـعه تحـت طائلة العقوبات المقررة في القوانين الخاصة بنقـل وزراعـة الأعضـاء البشـرية التـي تضمنت نصوصها عقوبات جزائية، مثل القانون العراقي والكويتي والمصري

---

[1] د.محمود احمد طه، مصدر سابق، ص278

واللبناني وغيرها.[1] ولكن هل من الممكن أن ينطبق على فعل الطبيب وصف قانوني آخر؟

في الواقع إن الأمر يتوقف على مدى الحماية الجنائية التي توفرها التشريعات لجثة الميت، إذ يلاحظ اختلاف مواقف التشريعات من هذه المسألة، فذهبت بعض التشريعات كقانون العقوبات المصري والأردني وغيرها إلى توفير الحماية الجنائية للموتى بالنسبة فقط لما يعد انتهاكا لحرمة المقابر، فالإنسان في ظل هذه القوانين يكون دون أي حماية من لحظة موته إلى لحظة دخوله القبر، ثم بعد ذلك تعود له الحماية الجنائية إذا عبث به عابث، لا على أساس حماية الجثة وإنما لأن العبث يشكل انتهاكا لحرمة المقابر، والذي يعد جريمة مستقلة في نظر هذه القوانين.[2]

وهناك اتجاه آخر من بعض التشريعات كفل الحماية الجنائية للجثة من أي اعتداء سواء سرقة أو إتلاف أو استعمال الجثة أو أجزائها دون موافقة من له الحق بذلك، فهو بذلك يحمي الجثة من الاعتداء عليها لأي غرض كان حتى وإن كان علميا، ما لم يكن الشخص مصرحا له بعمله سواء بانتزاع الأعضاء أو إجراء التجارب العلمية، بالإضافة إلى ذلك فقد اعتبر هذا الاتجاه انتهاك حرمة القبور

---

[1] ينظر المادة الرابعة من قانون عمليات نقل وزراعة الأعضاء البشرية رقم 85 لسنة 1986 على إنه: (يعاقب بالحبس مدة لا تزيد على سنة وبغرامة لا تزيد على ألف دينار أو بإحدى هاتين العقوبتين كل من خالف أحكام هذا القانون). كذلك نص المادة الرابعة من قانون مصارف العيون العراقي رقم 113 لسنة 1970، والمادة (7) من المرسوم الاشتراعي اللبناني رقم 109 لسنة 1983، والمادة (5) من القانون الكويتي رقم 7 لسنة 1983 الخاص بنقل الكلى. والمادة (2/674) من قانون الصحة العامة الفرنسي-المعدل بالقانون رقم 654 لسنة 1994. ينظر د.حسن عودة زعال، مصدر سابق، ص71. د.مهند صلاح العزة، مصدر سابق، ص161. شعبان أبو عجيلة، مصدر سابق، ص188.

[2] ينظر المادة (277) من قانون العقوبات الأردني الصادر 1962، والمادة (271) من قانون العقوبات المغربي، والمادة (3/160) من قانون العقوبات المصري رقم58 لسنة 1937.لمزيد من التفاصيل ينظر د.حسن عودة زعال، مصدر سابق، 163-164.

جريمة مستقلة عن جريمة الاعتداء على الجثة، ومـن التشريـعات التـي انتهجت هـذا النهج القانون العراقي واللبناني[1].

ولغـرض تحديد مسؤولية الطبيب الجنائية في حالـة مخالفة الضـوابط القانونيـة للنقـل من الأموات فإننا نميز بين حالتين:

الحالة الأولى: وتتحقق عنـدما يقـوم الطبيب باستئصـال عـين مـن جثـة المتـوفى دون موافقة ذوي الشأن، ففي هذه الحالة تخضع الواقعة لنص المادة (374) من قانون العقوبات بوصفها جريمة انتهاك أو إتلاف لجثة المتوفى، كما تخضع لنص المادة (5) مـن قانـون مصارف العيون لمخالفة الطبيب لضوابط وشروط النقل الواردة في هـذا القانون.وأساس ذلك حكم المادة الخامسة من قانون مصارف العيون والتي جاء فيها: (إذا وجد نص قانوني اشد من تلك التي أوردها قانون مصارف العيون فتكون العقوبة التي جاء بها هي موضع التطبيق)[2].

---

[1] حيث نصت المادة(374) من قانون العقوبات العراقي رقم 111 لسنة 1969 على إنه: (يعاقب بـالحبس مدة لا تزيد على سنتين وبغرامة لا تزيد على مائتي دينار أو بإحدى هاتين العقوبتين من انتهـك عمـدا حرمة جثة أو جزء منها أو رفات آدمية أو حسر عنها الكفـن...)، كمـا نصت المـادة(479) مـن قـانون العقوبات الجنائية اللبناني الصادر عام 1943 على إنه: (من سرق أو اتلف جثة كلها أو بعضها عوقـب بالحبس من شهر إلى سنة، وإذا حصلت السرقة بقصد إخفاء الموت أو الولادة فمن شهرين إلى سنتين). وفيما يخص جرائم انتهاك المقابر نصت المادة(373) من قانون العقوبات العراقـي علـى إنـه: (يعاقـب بالحبس مدة لا تزيد على سنتين وبغرامة لا تزيد على مـائتي دينار أو بإحـدى هـاتين العقـوبتين مـن انتهك أو دنس حرمة قبر أو مقبرة أو نصب لميت، أو هـدم أو اتلـف أو شـوه عمـدا شيء مـن ذلك)، ونصت على ذلك أيضا المواد(481-482) من قانون العقوبات اللبناني، وهـو موقـف كـل مـن المشـرع السوري والفلسطيني أيضا. ينظر د.حسن عودة زعال، مصدر سابق، ص165.

[2] شعبان أبو عجيلة، مصدر سابق، ص218

الحالة الثانية: وتقوم عندما يقوم الطبيب باستئصال عضو من جثة المتوفى دون موافقة ذوي الشأن، وما يلاحظ هنا إن الواقعة وإن كان ينطبق عليها أكثر من وصف قانوني، فهي تندرج ضمن حكم المادة(374) من قانون العقوبات آنفة الذكر وهو نص عام، كما تدخل ضمن نطاق المادة(4)من قانون عمليات نقل وزراعة الأعضاء البشرية وهو نص خاص[1]، وفي هذه الحالة نكون أمام الإشكالية المتمثلة بتغليب النص الخاص على العام، أو تطبيق أحكام المادة(141) من قانون العقوبات ومقتضاها إذا كون الفعل الواحد جرائم متعددة وجب اعتبار الجريمة التي عقوبتها أشد والحكم بالعقوبة المقررة لها.ولإزالة هذه الإشكالية وعملا بالأسلوب الذي أخذ به المشرع العراقي في قانون مصارف العيون نجدد الدعوة للمشرع العراقي بضرورة تلافي هذه الإشكالية والنص في قانون عمليات نقل وزراعة الأعضاء على أن لا يحول تطبيق العقوبات الواردة في هذا القانون دون تطبيق عقوبات أشد ممكن أن ترد في قوانين أخرى وتنطبق على الواقعة موضوع البحث.

الفرع الثالث

جريمة الاتجار بالأعضاء البشرية

قد يقوم الطبيب بالاستيلاء على الأعضاء البشرية من المرضى الذين يعالجون لديه أثناء إجراء عمليات جراحية لهم، كأن يقوم الطبيب باستئصال الكلية أثناء إجراء عملية إزالة زائدة دودية دون إعلان ذلك نهائيا، أو أن يقوم بالإعلان عن استئصال الزائدة الدودية بالإضافة إلى الكلية نظرا لتلفها وخطورتها على صحة المريض إذا لم تستأصل على خلاف الحقيقة، أو أن يقوم باستبدال القلب أو الكبد السليم بقلب أو كبد آخر غير سليم دون إعلانه لذلك بهدف الاستفادة منها لمصلحة مريض آخر بحاجة إليها، أو أن يقوم بالسطو على جثة متوفى ويقوم باستئصال

---

[1] شعبان أبو عجيلة، مصدر سابق، ص219

بعض الأعضاء منها، كـل ذلك بهـدف المتـاجرة بالأعضاء أو التوسـط في بيعها برضا المنقول منه أو موافقة ذويه في حال وفاتـه، ولا يخفى إن الإثـم في حالة استئصـال الأعضاء وبيعها أكبر منه في حالة التوسط ببيع الأعضاء بموافقة المنقول منه أو ذويه في حالة النقل من الموتى [1].

وفي ضوء الافتراضات السـابقة التي يتصـور ارتكابهـا يثـور لـدينا التسـاؤل عـن مـدى مسؤولية الطبيب الجنائية؟ وعن نوعية الجرائم التي يسأل عنها؟

ذهب جانب من الفقه إلى مساءلة الطبيب في هذه الحالة عن جريمة سرقة [2]. والواقع إنه على الرغم من اقتراب هذه الحالة مـن جريمـة السرقة إلا إن السرقة تـرد عـلى الأمـوال والأعضاء البشرية مما يخرج عن هذا القبيـل، ومن ثـم لا تصلح أن تكون محلا للسرقة [3]. ونفس السبب ينفي عن السطو على الجثة لإستئصال أعضائها وصف جريمة السرقة، وإن كـان هناك من يرى بأن الجثة تصلح أن تكون محلا للاعتداء في جـرائم الأمـوال لأنها مـن الأشياء المنقولة، كما لو أودعت الجثة لدى أحد المتاحف أو المؤسسـات الطبيـة العلميـة، أو الأعضـاء البشرية متى كانت منفصلة عن صاحبها كأن تكون في بنوك الأعضاء مثلا [4]. ذلك إن التسـليم بهذا يؤدي بنا إلى نتائج متباينة، فالطبيب الذي يقوم باستقطاع أحد الأعضاء من الجثة بعد الوفاة مباشرة يعد مرتكبا لجريمة اعتداء على جثة، في حين لو قام بالاعتداء على الجثة في أحـد المتاحف يعد مرتكبا لجريمة سرقة إذا اكتملت أركانها، فيكون الفيصـل في هذا الصـدد هـو مدى كون الجثة مملوكة من عدمها، فالأصل- وفقا لهذا

[1] د.محمود احمد طه، مصدر سابق، ص280-281

[2] د.رياض الخاني، مصدر سابق، ص70

[3] د.محمود احمد طه، مصدر سابق، ص280

[4] د.عوض محمد، جرائم الأشخاص والأموال، دار المطبوعات الجامعية، الإسكندرية، 1985، ص251

الرأي- إن الجثة لا يمكن تملكها ولكن إذا تم إيداعها في إحدى المؤسسات العلمية تعد مملوكة للدولة، وهو ما لا يعد دقيقا من الناحية القانونية.[1]

لذلك دعا جانب من الفقه إلى تجريم مثل هذه الحالات تحت مسمى الاتجار غير المشروع بالأعضاء البشرية وتتمثل صورته العادية بالحالة التي يقوم فيها الطبيب ببيع عضو تبرع به شخص لزرعه لدى مريض آخر في حاجة إليه سواء أكان هذا الغير محددا أم غير محدد كبنوك الأعضاء[2].

أما عن موقف التشريعات من هذه الجريمة فنجد إنه على الرغم من تشديد التشريعات العربية على ضرورة انتفاء المقابل المادي عند التصرف بالأعضاء البشرية ومنعها لكل صور التعامل المادي بالأعضاء البشرية[3]، إلا إن هذه التشريعات لم تفرد في قوانينها الخاصة بتنظيم عمليات نقل وزراعة الأعضاء أو حتى قوانينها العقابية نصوصا تبين هذه الجريمة وأركانها أو أن تحدد العقوبة الملائمة لها.وكل ما ورد هو بعض العقوبات الجزائية التي نصت عليها بعض القوانين الخاصة والتي لا تتناسب البتة مع المخاطر المترتبة على عملية الاتجار بالأعضاء البشرية.

في حين نجد إن التشريعات الغربية قد تناولت هذه الجريمة وأخذت حيزا لا يستهان به ضمن تشريعاتها، فلقد حرص المشرع الفرنسي على عدم ترك مسألة التنازل عن الأعضاء بمقابل رهينة للاجتهادات الفقهية وتقديرات المذاهب الفلسفية، وأرسى أول قانون ينظم عمليات نقل وزراعة الأعضاء في ضوء مبدأ المجانية

---

(1) د.حسن عودة زعال، مصدر ساق، ص162

(2) د.محمود احمد طه، مصدر سابق، ص282. د.مهند صلاح العزة، مصدر ساق، ص160

(3) ينظر المادة(9) من قانون عمليات زراعة الأعضاء البشرية العراقي رقم 85 لسنة 1986. والمادة (7) من القانون الكويتي رقم 55 لسنة 1987. والمادة7 من القانون الإماراتي رقم 15 لسنة 1993، والمادة9 من القانون القطري رقم 21 لسنة 1997، والمادة 6 من القانون المصري رقم 103 لسنة 1962.ولمزيد من التفاصيل ينظر د.عبد الحميد إسماعيل الأنصاري، مصدر سابق، ص31

دون أن يدع مجالا للشك في حقيقته من حيث حظر الاتجار بالأعضاء الآدمية، فلقد نصت المادة (3) من القانون رقم 1181 لسنة 1976 الخاص بانتزاع الأعضاء على عدم جواز التنازل عن الأعضاء نظير مقابل مادي، مع عدم الإخلال بالتكاليف والنفقات الخاصة بعملية نقل العضو وزراعته. ثم جاءت تشريعات أخلاقيات العلوم الإحيائية الصادرة عام 1994 لتؤكد على ذات المبدأ مرارا وتكرارا[1].

ولم يكتف المشرع الفرنسي بوضع المبادئ العامة التي تقرر وتؤكد مبدأ مجانية التنازل عن الأعضاء، وإنما فرض عقوبات جزائية وإدارية تدعيما لاحترام هذا المبدأ، فجاءت المادة(2/511) من قانون العقوبات المعدل بالقانون رقم654 لسنة 1994، وكذلك المادة (2/674)من قانون الصحة العامة المعدل بالقانون 654 لسنة 1994 لتنصان على عقوبة السجن لمدة سبع سنوات أو غرامة بما لا يزيد عن (700) ألف فرنك على فعل الحصول على الأعضاء بمقابل مادي أيا ما كان كنهه، كما فرضت ذات العقوبة على أعمال الوساطة سواء كان موضوعها الحصول على عضو لمصلحة المتلقي أو بهدف دفع الغير للتنازل عن أحد أعضائه.[2]

كما عاقب قانون العقوبات الفرنسي رقم654 لسنة1994 على الشروع في جريمة الاتجار بالأعضاء البشرية بذات العقوبة المقررة فيما لو وقعت الجريمة تامة،[3] ولا يحول ذلك دون تطبيق العقوبات التكميلية والتي تقضي بحرمان

[1] ينظر المادة (16 /2) من القانون رقم 653 لسنة 1994 الخاص باحترام جسم الإنسان، والمادة (2/16) من القانون رقم 654 لسنة 1994 الخاص بعناصر الجسم البشري ومشتقاته، والمادة (13/665) من قانون الصحة العامة,ولمزيد من التفاصيل ينظر.د.مهند صلاح العزة، مصدر سابق، ص161.

[2] د.مهند صلاح العزة، مصدر سابق، ص162-163.

[3] ينظر المادة (26/511) من قانون العقوبات الفرنسي المعدل.

الطبيب من مزاولة نشاطه المهني الذي كان يمارسه أثناء ارتكاب الجريمة مدة أقصاها عشر سنوات.[1]

ومن التشريعات الأخرى التي عالجت جرائم الاتجار بالأعضاء البشرية التشريع الانجليزي، حيث عالج في قانون زراعة الأعضاء الصادر عام1989 هذه الجرائم والإعلانات التجارية التي من شانها التشجيع على التنازل عن الأعضاء، وعلى الرغم من شمول هذا القانون بالتجريم لجميع أوجه نشاطات الاتجار بالأعضاء البشرية سواء كانت بيعا أو شراء أو السعي لذلك بشتى الطرق أو العرض بكافة أشكاله وكذلك أعمال الوساطة التي تتضمنها عمليات البيع والشراء، بالإضافة إلى الإعلان المنطوي على أي من هذه النشاطات.[2] إلا إن هذا القانون عاقب على جريمة الاتجار بالأعضاء البشرية بالحبس مدة لا تتجاوز ثلاثة أشهر وغرامة لا يتجاوز حدها الأقصى المستوى الخامس وفقا للتقدير القانوني أو إحدى هاتين العقوبتين، واكتفى المشرع بفرض عقوبة الغرامة عن جريمة الإعلان بحد أقصى لا يتجاوز المستوى الخامس وفقا للتقدير القانوني.[3]

وإذا كانت عقوبة الغرامة تتناسب إلى حد ما مع جريمة الإعلان، إلا إنه يلاحظ وبيسر عدم كفاية عقوبة الحبس أو الغرامة المقررة لجريمة الاتجار بالأعضاء المنصوص عليها في هذا القانون، ونفس الأمر ينطبق على موقف المشرع الأميركي في قانون زراعة الأعضاء القومي رقم 98-507 لسنة 1984 الذي وإن جرم الاتجار بالأعضاء البشرية إلا إنه لم يسبغ الصفة التجارية على بيع الأعضاء البشرية إلا إذا كان المقابل المادي ذا قيمة مادية مرتفعة ومن دون أن يبين الحد الأدنى والأقصى لهذه القيمة. ومما يؤكد على المرونة الكبيرة التي يتسم بها هذا القانون في تجريمه للتجار بالأعضاء البشرية هو عدم تجريمه للإعلانات

---

[1] ينظر المادة(27/511) من نفس القانون

[2] ينظر المادة 5 من قانون زراعة الأعضاء الانجليزي الصادر عام 1989.

[3] د.مهند صلاح العزة، مصدر سابق، ص170

التجارية الداعية إلى التنازل عن الأعضاء، كما لم يجرم أعمال السمسرة والوساطة التي تتضمنها نشاطات الاتجار بالأعضاء.[1]

ومن هنا أوجه الدعوة إلى المشرع العراقي والتشريعات العربية المقارنة إلى تجريم الاتجار بالأعضاء البشرية وجميع أوجه النشاط الداخلة في مثل هذه الممارسات سواء كانت بيعا أو شراء أو توسطا في البيع والشراء التي يتصور وقوعها من قبل المستفيد من هذه العمليات أو المانح المنقول منه أو الطبيب القائم على عملية الاستئصال أو أي شخص آخر يتصور وقوعها منه وكذلك تجريم كافة صور الدعاية والإعلان لهذا النوع من الجرائم، لذا أرى ضرورة أن تفرد هذه التشريعات جانبا من نصوصها لبيان هذه الجريمة وتحديد العقوبة الملائمة لها على غرار ما فعل المشرع الفرنسي- في تشريعاته المختلفة، وبما يتفق طبعا مع القواعد العامة الثابتة في القانون الجنائي.

---

[1] د.مهند صلاح العزة، مصدر سابق، ص174.

المصادر

القرآن الكريم

1. د.إبراهيم صادق الجندي، الموت الدماغي، ط1، أكاديمية نايف للعلوم الأمنية، الرياض، 2000

2. د.احمد شرف الدين، الأحكام الشرعية للأعمال الطبية، ط2، المجلس الوطني للثقافة والفنون والآداب الكويتية، 1987.

3. د.احمد شوقي عمر أبو خطوة، القانون الجنائي والطب الحديث، دار النهضة العربية، القاهرة، 1986.

4. د. احمد عبد الدائم، أعضاء جسم الإنسان ضمن التعامل القانوني، منشورات الحلبي الحقوقية، لبنان، 1999.

5. د.احمد عزت القيسي، الكتاب الأول في الطب العدلي، جامعة بغداد، 1981.

6. د.أسامة السيد عبد السميع، مدى مشروعية التصرف في جسم الآدمي في ضوء الشريعة الإسلامية والقانون الوضعي، دار النهضة العربية، القاهرة، 1998

7. د.أسامة عبد الله قايد، المسؤولية الجنائية للأطباء، دار النهضة العربية، القاهرة، 1990.

8. د.أسامة نهاد رفعت وآخرون، نقل الأعضاء البشرية بين الطب والشريعة والقانون، منشورات بيت الحكمة، بغداد، 2000.

9. د.افتكار مهيوب المخلافي، حدود التصرف في الأعضاء البشرية في الفقه الإسلامي والقانون المدني، دار النهضة العربية، القاهرة، 2006

10. د. السيد الجميلي، نقل الأعضاء البشرية وزراعتها، ط1، دار الأمين، القاهرة، 1998.

11. د.السيد عتيق، القتل بدافع الشفقة، دار النهضة العربية، القاهرة، 2004

12. د.جــلال ثـروت، نظم القسـم العـام في قـانون العقوبـات، دار الهـدى للمطبوعـات، الإسكندرية، 1999.

13. حسام الدين الاهواني، المشـاكل القانونيـة التـي تثيرهـا عمليـات زرع الأعضـاء، دراسـة مقارنة، مطبعة جامعة عين شمس، 1975.

14. د.حسن عودة زعال، التصرف غير المشروع بالأعضاء البشرية في القانون الجنائي، دراسة مقارنة، ط1، الدار العلمية الدولية، عمان، 2001.

15. حميد السعدي، جرائم الاعتداء على الأشخاص، مطبعة المعارف، بغداد، 1981.

16. رمسيس بهنام، النظرية العامـة للقـانون الجنـائي، ط3، منشـأة المعـارف، الإسكندرية، 1997.

17. د.رؤوف عبيد، جرائم الاعتداء على الأشخاص، ط8، دار الفكر العربي، القاهرة، 1985.

18. ريــاض الخــاني، شرعيــة تشريــح جثــة الإنســان للتعليــم الطبــي، دراسـة مقارنـة، ج1، كلية القانون، جامعة قار يونس، 1986.

19. د. سليم حربة، القتل العمد وأوصافه المختلفة، ط1، مطبعة بابل، بغداد، 1988.

20. د.سميرة عايد الديات، عمليات نقل وزراعة الأعضاء بين الشرع والقـانون، ط1، مكتبـة الثقافة للنشر والتوزيع، عمان، 1999

21. د.شريف الطباخ، جرائم الخطأ الطبـي والتعويض عنهـا في ضوء الفقـه والقضـاء، دار الفكر الجامعي، الإسكندرية، 2005.

22. د.ضياء نوري حسن، الطب القضائي وآداب المهنة الطبية، وزارة التعليم العالي والبحـث العلمي، بغداد، 1980

23. د.ضاري خليل محمود، اثر رضا المجنـي عليه في المسـؤولية الجزائيـة، دار القادسـية للطباعة، بغداد، 1982.

24. د.طارق سرور، قانون العقوبات، القسم الخاص، ط1، دار النهضة العربية، القاهرة، 2003.

25. د.طارق سرور، نقل الأعضاء البشرية بين الأحياء، دراسة مقارنة، ط1، دار النهضة العربية، القاهرة، 2001.

26. د.عباس الحسني و كامل السامرائي, الفقه الجنائي في قرارات محاكم التمييز (المدنية-العسكرية-أمن الدولة)، المجلد الثاني، مطبعة الإرشاد، بغداد، 1969

27. د.عبد الرزاق احمد السنهوري، الوسيط في شرح القانون المدني، المجلد الأول، ط3، دار النهضة العربية، القاهرة، 1981.

28. د.عبد الحميد إسماعيل الأنصاري، ضوابط نقل وزراعة الأعضاء البشرية في الشريعة والتشريعات المقارنة، ط1، دار الفكر العربي، القاهرة، 2000.

29. د.عبد القادر عودة، التشريع الجنائي الإسلامي مقارناً بالقانون الوضعي، القسم العام، ط 3، بلا مكان طبع، 1963.

30. د.مأمون عبد الكريم، رضا المريض في الأعمال الطبية والجراحية، دراسة مقارنة، دار المطبوعات الجامعية، الإسكندرية، 2006.

31. د. عبد الوهاب حومد، دراسات في الفقه الجنائي المعاصر، جامعة الكويت، 1983

32. د.علي حسين الخلف، ود.سلطان الشاوي، المبادئ العامة لقانون العقوبات، مطابع الرسالة، الكويت، 1982.

33. د.علي حسين نجيده، التزامات الطبيب في العمل الطبي، دار النهضة العربية، القاهرة، 1992.

34. د.علي محمد محمد رمضان، موت الدماغ بين الحقيقة والوهم، المكتبة المصرية، الإسكندرية، 2003.

35. د.عوض محمد، جرائم الأشخاص والأموال، دار المطبوعات الجامعية، الإسكندرية، 1985.

36. د.عوض محمد، قانون العقوبات، القسم العام، منشاة المعارف، الإسكندرية، 1985.

37. د.فخري الحديثي، قانون العقوبات، القسم العام، مطبعة الزمان، بغداد، 1992

38. د.كامل السعيد، الجرائم الواقعة على الإنسان، ط2، دار الثقافة للنشر والتوزيع، الأردن، 2006.

39. محمد أبو شادي، نظام المحلفين في التشريع الجزائي المقارن، منشاة المعارف، الإسكندرية، 1980.

40. د.محمد حسين منصور، المسؤولية الطبية، منشأة المعارف، الإسكندرية، 1990.

41. د.محمد حماد مرهج الهيتي، التكنولوجيا الحديثة والقانون الجنائي، ط1، دار الثقافة للنشر والتوزيع، عمان، 2004.

42. د. محمد زكي أبو عامر، علي عبد القادر القهوجي، القانون الجنائي، القسم الخاص، الدار الجامعية، بلا مكان طبع، 1985

43. د.محمد سامي النبراوي، قانون العقوبات، القسم العام، جامعة قاريونس، بنغازي، 1990.

44. محمد صبحي نجم، الجرائم الواقعة على الأشخاص، ط1، مكتبة دار الثقافة للنشر والتوزيع، عمان، 1994

45. د.محمد عبد العزيز سيف النصر، الطب الشرعي النظري والعملي، مكتبة النهضة المصرية، القاهرة، 1959.

46. د.محمد عبد الوهاب الخولي، المسؤولية الجنائية للأطباء عن استخدام الأساليب المستحدثة في الطب والجراحة، ط1، بلا مكان نشر، 1997.

47. د.محمد علي البار، الموقف الفقهي والأخلاقي من قضية زرع الأعضاء، الدار الشامية، بيروت، 1993.

48. د.محمد علي البار، موت القلب أم موت الدماغ، الدار السعودية للنشر والتوزيع، الرياض، 1986.

49. د.محمد علي البار ود.زهير السباعي، الطبيب آدابه وفقهه، دار القلم، دمشق، 1998.

50. د.محمود احمد طه، المسؤولية الجنائية في تحديد لحظة الوفاة، أكاديمية نايف للعلوم الأمنية، الرياض، 2001.

51. د.محمود محمود مصطفى، شرح قانون العقوبات القسم العام، دار النهضة العربية، القاهرة، 1974.

52. د.محمود نجيب حسني، شرح قانون العقوبات، القسم العام، النظرية العامة للجريمة، دار النهضة العربية القاهرة، 1962.

53. د.مصطفى إبراهيم الزلمي، موانع المسؤولية الجنائية في الشريعة الإسلامية والتشريعات الجزائية العربية، المكتبة الوطنية، بغداد، 2002.

54. د.معوض عبد التواب، الوسيط في شرح جرائم القتل والإصابة الخطأ، الطبعة الثالثة، منشاة المعارف، الإسكندرية، 1986.

55. د.منذر الفضل، التصرف القانوني بالأعضاء البشرية، ط1، دار الشؤون الثقافية العامة، بغداد، 1990.

56. د.مهند صلاح العزة، الحماية الجنائية للجسم البشري، دار الجامعة الجديدة، الإسكندرية، 2002.

57. د.ندى محمد نعيم الدقر، موت الدماغ بين الطب والإسلام، ط1، دار الفكر، بيروت، 1997.

58. نظام الدين عبد الحميد، جريمة القتل العمد في الشريعة الإسلامية والقانون الوضعي، مطبعة اليرموك، بغداد، 1975.

59. د.هدى محمد ذياب وآخرون، الطب الشرعي والسموميات، منظمة الصحة العالمية، المكتب الاقليمي لشرق البحر المتوسط، 1998.

60. د.هدى قشقوش، القتل بدافع الشفقة، ط2، دار النهضة العربية، القاهرة، 1996.

61. ابن القيم الجوزيه، زاد المعاد في هدي خير العباد، ج4، ط14، مؤسسة الرسالة، مكتبة المنار الإسلامية، الكويت، 1407هـ 1986م.

62. ابن عبد السلام، قواعد الأحكام في مصالح الأنام، ط1، ج1، المكتبة الحسينية المصرية، القاهرة، 1353هـ.

63. أبو حامد الغزالي، إحياء علوم الدين، ج4، مطبعة نشر ـ الثقافة الإسلامية، القاهرة1356هـ

64. أبو زكريا بن شرف بن مري النووي، شرح النووي على صحيح مسلم، ط2، ج2، دار إحياء التراث العربي، بيروت، 1392هـ.

65. أبو عمر يوسف عبد الله بن عبد البر النمري، التمهيد لما في الموطأ من صحيح و أسانيد، وزارة الأوقاف والشؤون الإسلامية، المغرب، 1387هـ

66. احمد بن عبد الحليم بن تيمية الحراني أبو العباس، الفتاوى الكبرى، ج3، دار المعرفة، بيروت، 1386 هـ

67. احمد بن علي بن حجر أبو الفضل العسقلاني الشافعي، فتح الباري في شرح صحيح البخاري، دار المعرفة، بيروت، 1379هـ

68. احمد بن علي بن موسى البيهقي، سنن البيهقي الكبرى، ج8، مكتبة دار الباز، مكة المكرمة، 1414هـ - 1994 م.

69. الشيخ أحمد محمد الزرقاء، القواعد الفقهية، ط2، دار العلم، دمشق، 1989

70. الإمام النووي، روضة الطالبين وعمدة المفتين، ط2، ج2، المكتب الإسلامي، بيروت، 1405هـ

71. الشيخ جاد الحق علي جاد الحق، بحوث وفتاوى إسلامية في قضايا معاصرة، الأزهر الشريف الأمانة العامة للجنة العليا للدعوة الإسلامية، القاهرة، 1993.

72. زين بن إبراهيم بن محمد بن بكر، البحر الرائق في شرح كنز الدقائق، ج6، دار المعرفة، بيروت، بلا سنة طبع

73. سليمان بن احمد أبو قاسم الطبراني، المعجم الكبير، ج4، ط2، تحقيق عبد المجيد السلفي، مكتبة العلوم والحكم، الموصل، 1983.

74. سيد قطب، في ظلال القران، طبعة دار الشروق، المجلد الثاني، بدون مكان نشر، 1978.

75. الأمام شمس الدين أبي عبد الله بن القيم الجوزية، الروح، ط1، دار المنار للطباعة والنشر، بيروت، 1999.

76. شمس الدين السرخسي، المبسوط، ج13، دار المعرفة للطباعة والنشر، بيروت، بلا سنة طبع.

77. شمس الدين محمد بن أبي العباس بن شهاب الدين الرملي، نهاية المحتاج إلى شرح المنهاج، ج8، القاهرة، 1304هـ

78. عبد الرحمن بن أبي بكر السيوطي، الأشباه والنظائر، ط1، دار الكتب العلمية، بيروت، 1403هـ

79. عبد الرحمن بن علي الجوزي، زاد المسير في علم التفسير، ط3، المكتب الإسلامي، بيروت، 1404هـ

80. عبد الرؤوف المناوي، فيض القدير شرح الجامع الكبير، ج 11، ط1، المكتبة التجارية الكبرى، مصر، 1156هـ

81. د.عبد العزيز عزام، القواعد الفقهية، دراسة تحليلية مقارنة، دار الرسالة عين شمس، 2001

82. عبد الله بن قدامة المقدسي، المغني، ط3، دار عالم الكتب، الرياض، 1417هـ

83. د.عبد المطلب عبد الرزاق بن حمدان، مدى مشروعية الانتفاع بأعضاء الآدمـي حيـاً أو ميتاً في الفقه الإسلامي، دار الفكر الجامعي، الإسكندرية، 2005

84. علاء الدين أبو بكر بن مسعود الكاسـاني، بـدائع الصـنائع في ترتيب الشـرائع، ج7، دار الكتاب العربي، بيروت، 1984

85. علي بن سليمان المـرداوي، الإنصـاف في معرفـة الراجـع مـن الخـلاف، ج2، دار إحيـاء التراث، بيروت، 1405هـ

86. العلامة السيد محمد الحسيني الزبيدي، إتحـاف سـادة المتقين في شرح إحيـاء علـوم الدين، ج8، دار الكتب العلمية، بيروت بلا سنة طبع.

87. مالك بن أنس الأصبحي، موطأ الإمام مالك، ط1، ج3، تحقيق د.تقـي الـدين النـداوي، دار القلم، دمشق، 1991.

88. محمد بـن إسـماعيل أبـو عبـد اللـه البخـاري، الجـامع الصـحيح المختصر– ج5، ط3، تحقيق مصطفى ديب البغا، دار ابن كثير، بيروت،1987م، 1407هـ

89. محمد الشربيني الخطيب، مفتي الحاج إلى معرفة ألفاظ المنهاج، ج4، المكتبة التجارية الكبرى القاهرة، 1347هـ.

90. محمد إدريس الشافعي، الأم، ط2، دار المعرفة، بيروت، 1393، هـ

91. محمد برهان السنبهلي، قضايا فقهية معاصرة، ط1، دار القلم، دمشق، 1988

92. محمد بن أبي بكر بن فرح القرطبي، تفسير القرطبي، ط2، ج 1، دار الشعب، القاهرة، 1373هـ

93. محمد بن حيان بن احمد أبو حاتم التميمي، صحيح ابن حيان، ج3، مؤسسة الرسالة، بيروت، 1993 م، 1414 هـ

94. محمد بن عابدين، حاشية رد المحتار على الدر المختار، ج2، مطبعة مصـطفى الحلبـي، القاهرة، 1327هـ

95. محمد بن علي الشوكاني، السيل الجرار المتدفق على رحيق الأزهار، ط5، دار المكتبة العلمية، بيروت، 1405هـ
96. محمد بن عيسى الترمذي السلمي، سنن الترمذي، ج3، دار إحياء التراث العربي، بيروت، بلا سنة طبع.
97. محمد يوسف بن أطفيش، شرح النيل وشفاء العليل، ج2، دار الفتح، بيروت، 1343هـ
98. د.محمد عبد الجواد النتشة، المسائل الطبية المستجدة في ضوء الشريعة الإسلامية، المجلد الثاني، إصدارات دار الحكمة، بريطانيا، 2001
99. محيّ الدين بن شرف، المجموع في شرح المهذب، ط1، تحقيق محمود مطرحي، دار الفكر، بيروت، 1417هـ
100. الإمام مسلم بن الحجاج القشيري النيسابوري، صحيح مسلم، تحقيق وتصحيح محمد فؤاد عبد الباقي، ط1، ج3، دار الحديث، القاهرة، 1412هـ
101. د.مصطفى الذهبي، نقل الأعضاء بين الطب والدين، ط1, دار الحديث، القاهرة، 1995
102. محمود الآلوسي أبو الفضل، روح المعاني في تفسير القران الكريم والسبع المثاني، دار إحياء التراث العربي، بيروت، بلا سنة طبع
103. الإمام النووي، روضة الطالبين وعمدة المفتين، ط2، ج2، المكتب الإسلامي، بيروت، 1405هـ
104. د.وهبة الزحيلي، الفقه الإسلامي وأدلته، ط3، دار الفكر العربي، القاهرة، 1989
105. د.يوسف القرضاوي، فتاوى معاصرة، ط1، دار الوفاء للطباعة والنشر، القاهرة، 1993.
106. يوسف بن عبد الله بن عبد البر النمري، التمهيد لما في الموطأ من صحيح وأسانيد، وزارة الأوقاف والشؤون الإسلامية، المغرب، 1387.

107. احمد بن محمد بن علي المقري الفيومي، المصباح المنير في غريب الشرح الكبير، ج2، المكتبة العلمية، بيروت، بلا سنة طبع.

108. جمال محمد بن مكرم بن منظور الأفريقي المصري، لسان العرب، الطبعة الأولى، ج1، دار صادر، بيروت، بلا سنة طبع.

109. الشيخ عبد الله البستاني، الوافي، معجم اللغة العربية، مكتبة لبنان، بيروت، 1980.

110. علي بن محمد السيد الشريف الجرجاني، التعريفات، ط2، تحقيق إبراهيم الابياري، دار الكتاب العربي، بيروت، 1405هـ.

111. قاسم بن عبد الله بن أمير القونوي، أنيس الفقهاء، ط1، ج1، تحقيق د.احمد بن عبد الرزاق الكبيسي، دار ألوفا، جدة، 1406هـ.

112. الإمام مجد الدين محمد بن يعقوب الفيروزبادي، القاموس المحيط، دار الفكر للطباعة والنشر، القاهرة، بلا سنة طبع.

113. محمد بن أبي بكر عبد القادر الرازي، مختار الصحاح، طبعة جديدة، ج1، مكتبة لبنان ناشرون، بيروت، 1995.

114. محمد بن عبد الرؤوف المناوي، التوقيف على مهام التعاريف، ط1، ج1، دار الفكر المعاصر، بيروت، 1410هـ.

115. إسماعيل نعمة عبود، جريمة انتهاك حرمة الموتى في التشريع العراقي، دراسة مقارنة رسالة ماجستير مقدمة إلى كلية القانون، جامعة بابل، 2000.

116. جابر مهنا الشبل، مدى مشروعية عمليات نقل وزرع الأعضاء البشرية، رسالة دكتوراه مقدمة إلى كلية القانون، جامعة بغداد، 1991.

117. حسام عبد الواحد كاظم، الموت وآثاره القانونية، دراسة مقارنة، رسالة دكتوراه مقدمة إلى كلية القانون، جامعة بغداد، 1999.

118. ريم بنت جعفر ين يوسف، جريمة القتل بدافع الرحمة، رسالة ماجستير مقدمة إلى كلية القانون، جامعة بغداد، 2000.

119. شعبان أبـو عجيلـة، مسـؤولية الطبيب الجنائيـة عـن اسـتخدام الوسـائل العلميـة المستحدثة في الطب والجراحة، رسالة دكتوراه مقدمة إلى كلية القانون، جامعة بغداد، 2001.

120. عادل عبد إبراهيم، حق الطبيب في ممارسة الأعمال الطبية ومسؤوليته الجنائية، رسالة ماجستير مقدمة إلى كلية القانون، جامعة بغداد، 1977

121. عارف علي عارف، مدى شرعية التصرف بالأعضاء البشرية، رسالة دكتوراه مقدمة إلى كلية العلوم الإسلامية، جامعة بغداد، 1991.

122. محمد بن ناصر بن محمد المسعد، القرارات الجنائية الطبية لهيئة كبار العلماء، رسالة ماجستير إلى كلية الدراسات العليا، جامعة نايف العربية للعلوم الأمنية، 2003.

123. محمد سامي الشوا، الحماية الجنائية للحق في سلامة الأعضاء، رسالة دكتوراه مقدمة إلى كلية الحقوق، جامعة عين شمس، 1986.

124. هيثم حامد المصاروة، عمليات زرع الأعضاء البشرية، دراسة مقارنة، رسالة ماجستير مقدمة إلى كلية القانون، جامعة الموصل، 1999

125. د. احمد السيد إبراهيم الهاشمي، نقل وزراعة الأعضاء للإنسان، بحث مقدم إلى مؤتمر الطب والقانون، كلية الشريعة والقانون، جامعة الإمارات العربية المتحدة، 1997.

126. د.إسماعيل ادهم البسيوني، حدود مسؤولية الدولة عن أخطاء الأطبـاء ومسـاعديهم في المستشفيات العامة والخاصة، بحث مقدم إلى مؤتمر الطب والقانون، كليـة الشريعة والقانون، جامعة الإمارات العربية المتحدة، 1998.

127. د.جاسم علي سـالم الشامسيـ مسـؤولية الطبيب بـين الالتـزام ببـذل عنايـة والالتـزام بتحقيق نتيجة، بحث مقدم إلى مؤتمر الطب والقانون، كلية الشريعة والقانون، جامعة الإمارات العربية المتحدة، 1998.

128. د.حمدي عبد الرحمن احمد، الضوابط الشرعية والقانونية لنقل وزراعة الأعضاء، بحث مقدم إلى مؤتمر الطب والقانون، كلية الشريعة والقانون، جامعة الإمارات العربية المتحدة، 1998.

129. د.سهيل الشمري، موت الدماغ المأزق والحل، بحث مقدم إلى ندوة التعريف الطبي للموت، المنظمة الإسلامية للعلوم الطبية، الكويت، 1997.

130. د.صفوت حسن لطفي تحديد المفهوم الحديث لموت الدماغ، بحث مقدم إلى ندوة التعريف الطبي للموت، المنظمة الإسلامية للعلوم الطبية، الكويت، 1997

131. د.عبد الرشيد مأمون، المسؤولية عن أخطاء الأطباء في المستشفيات الخاصة، بحث مقدم إلى مؤتمر الطب والقانون، كلية الشريعة والقانون، جامعة الإمارات العربية المتحدة، 1998.

132. د.عبد الوهاب حومد، المسؤولية الطبية الجزائية، مجلة الحقوق والشريعة، السنة الخامسة، العدد الثاني، الكويت، 1981.

133. د.عدنان خريبط، موت الدماغ، التعريفات والمفاهيم، بحث مقدم إلى ندوة التعريف الطبي للموت، المنظمة الإسلامية للعلوم الطبية، الكويت، 1997.

134. د.فوزي عبد السلام وآخرون، الأهمية الطبية الشرعية لظاهرة موت الدماغ، بحث مقدم إلى ندوة المسؤولية الطبية، بنغازي، ليبيا، 1991.

135. د.فيصل عبد الرحيم شاهين، تعريف الموت، بحث مقدم إلى ندوة التعريف الطبي للموت، المنظمة الإسلامية للعلوم الطبية، الكويت، 1997.

136. د.مأمون شقفه، تدرج صفة الإنسان مع تدرج أطوار خلقه. بحث مقدم إلى مؤتمر الطب والقانون، كلية الشريعة والقانون، جامعة الإمارات العربية المتحدة 1998

137. د.محمد الحاج علي، الموت من الناحية الطبية، بحث مقدم إلى مؤتمر الطب والقانون، كلية الشريعة والقانون، جامعة الإمارات العربية المتحدة، 1998.

138. د.محمد بن يحيى بن حسن النجيمي، الاتجار بالأعضاء البشرية بين الحظر والإباحة في الشريعة وفي القانون، بحث مقدم إلى ندوة الجريمة المعاصرة والأبعاد الأمنية، كلية الملك فهد الأمنية، 2005.

139. د.محمد سعيد رمضان البوطي، بداية ونهاية الحياة، بحث مقدم إلى مؤتمر الطب والقانون، كلية الشريعة والقانون، جامعة الإمارات العربية المتحدة، 1998.

140. د.محمد علي البار، ما الفرق بين الموت الإكلينيكي والموت الشرعي، بحث مقدم إلى ندوة التعريف الطبي للموت، المنظمة الإسلامية للعلوم الطبية، الكويت، 1997

141. د.محمد كريديه، التحديد الطبي الإسلامي في مفهوم موت الدماغ، بحث مقدم إلى ندوة التعريف الطبي للموت، المنظمة الإسلامية للعلوم الطبية، الكويت، 1997

142. د. مختار المهدي، مفهوم وفاة الإنسان من الناحية العملية ومقارنته بالمفهوم الشرعي، بحث مقدم إلى ندوة التعريف الطبي للموت، المنظمة الإسلامية للعلوم الطبية، الكويت، 1997

143. د.مصطفى ألعوجي، التشريع اللبناني الخاص بنقل وزراعة الأعضاء البشرية، بحث مقدم الى مؤتمر الطب والقانون، كلية الشريعة والقانون، جامعة الإمارات العربية المتحدة، 1998.

144. د.موسى البسيط، تيسير الموت للمريض بين الحكم الشرعي والموقف الطبي، بحث مقدم إلى ندوة التعريف الطبي للموت، المنظمة الإسلامية للعلوم الطبية، الكويت، 1997

145. د. يحيى هاشم حسن فرغل، ملاحظات حول تعريف الموت ونقل الأعضاء، بحث مقدم إلى مؤتمر الطب والقانون، جامعة الإمارات العربية المتحدة، 1998

146. د.يوسف عبد الرحيم بوبس وندى محمد نعيم الدقر، الفرق بين موت الدماغ وموت المخ كلياً، بحث مقدم إلى مؤتمر الطب والقانون، كلية الشريعة والقانون، جامعة الإمارات العربية المتحدة، 1998.

147. احمد القاضي، القلب وعلاقته بالحياة، مجلة مجمع الفقه الإسلامي، ج2، العدد الثالث، 1987.

148. د.احمد جلال الجوهري، الإنعاش الصناعي من الناحية الطبية والإنسانية، مجلة الحقوق والشريعة، جامعة الكويت، العدد الثاني، السنة الخامسة، 1981

149. د.احمد شرف الدين، الحدود الإنسانية والقانونية للإنعاش الصناعي، المجلة الجنائية القومية، المجلد 19، العدد الثالث، 1976.

150. احمد شرف الدين، الضوابط القانونية لمشروعية نقل وزراعة الأعضاء البشرية، المجلة الجنائية القومية، العدد1، 1978.

151. د.احمد شرف الدين، حماية حقوق الإنسان المرتبطة بعمليات الوراثة وعناصر الإنجاب، بحث مقدم إلى مؤتمر الطب والقانون، كلية الشريعة والقانون، جامعة الإمارات العربية المتحدة، 1998

152. احمد شوقي إبراهيم، نهاية الحياة البشرية، مجلة مجمع الفقه الإسلامي ج2، العدد الثالث، 1987.

153. الشيخ بدر متولي عبد الباسط، نهاية الحياة الإنسانية في نظر الإسلام، مجلة مجمع الفقه الإسلامي، ج2، العدد الثالث، 1970.

154. د. بكر بن عبد الله أبو زيد، أجهزة الإنعاش وحقيقة الوفاة بين الفقهاء والأطباء، مجلة مجمع الفقه الإسلامي، ج2، العدد3، 1987

155. د.محمد علي البار، أجهزة الإنعاش، مجلة مجمع الفقه الإسلامي، ج1، العدد الثاني، 1987.

156. د.توفيق الراعي، حقيقة الموت والحياة في القران الكريم والأحكام الشرعية، مجلة مجمع الفقه الإسلامي، ج2، العدد الثالث، 1987.

157. د.ضاري خليـل محمـود، في الأسـاس القـانوني لإباحـة النشـاط الطبـي، مجلـة العدالـة العراقية، العدد4، السنة 4، 1978.

158. د.ضاري خليـل محمـود، مـوت الـدماغ مـن منظـور جنـائي، مجلـة دراسـات قـانونية، العدد4، السنة الثانية 2000.

159. د.طارق الزعين، تعريف الموت، مجلة القضاء، بغداد، العدد 2، السنة 36، 1981.

160. د.عبد الهادي الخليلي، الموت وموت الدماغ، مجلة دراسات قانونيـة، العـدد 4، السنة الثانية، بيت الحكمة، بغداد، 2000.

161. عمر فاروق الفحل، زراعة الأعضاء والقانون، مجلة المحامون السورية، الأعداد 7-8-9، 1988

162. د.عوني محمد فخري، موت الدماغ من منظور قانوني، مجلة دراسات قانونية، العـدد4، السنة الثانية، بيت الحكمة، بغداد، 2000.

163. د.محمد سليمان الأشقر، نهاية الحياة، مجلة مجمع الفقه الإسلامي، ج2، العدد الثالث، 1987

164. د.محمد سعيد رمضان البوطي، انتفاع الإنسان بأعضاء جسم إنسان أخر حيا أو ميتا، مجلة مجمع الفقه الإسلامي، ج1، العدد الثاني، 1987.

165. د.محمد علي البار، أجهزة الإنعاش، مجلة مجمع الفقه الإسلامي، ج1، العدد 2، 1987

166. د محمد نعيم ياسين، نهاية الحياة الإنسانية في ضوء اجتهادات علماء المسلمين والمعطيات الطبية، مجلة الفقه الإسلامي، ج2، ع3، 1970.

167. د.محمود محمد عوض سلامة، رد شبه المجيزين لنقل الأعضاء مـن النـاحيتين الدينيـة والطبية، مجلة الأمن والقانون، العدد الأول، دبي، 2003.

168. وجيه خاطر، نقل أعضاء الجسم البشري وزرعها، دراسة نظرية قانونية، بحث منشور في مجلة المحامون، سوريا، العدد 7-8-9، السنة53، 1988.

169. قانون نقل الجنائز رقم69 لسنة 1969 وتعديلاته.

170. قانون العقوبات رقم 111 لسنة 1969.

171. قانون مصارف العيون رقم113 لسنة1970

172. قانون تسجيل الولادات والوفيات رقم148 لسنة 1971 وتعديلاته

173. قانون الصحة العامة رقم 89 لسنة1981

174. قانون زرع الكلى رقم60 لسنة 1981(الملغى)

175. قانون نقابة الأطباء رقم 81 لسنة1984

176. قانون عمليات نقل الأعضاء البشرية رقم85 لسنة 1986.

177. قانون الانتفاع بأعضاء جسم الإنسان الأردني رقم 17 لسنة1980.

178. قانون نقل وزراعة الأعضاء الإماراتي رقم15 لسنة 1983

179. قانون إستئصال وزرع الأعضاء البشرية اللبناني رقم106 لسنة1983

180. قانون نقل وزراعة الأعضاء القطري رقم 21 لسنة 1997.

181. Elisabeth cobbler. Ross.On Death and Dying.Newyork.1997

182. Francois.Regis Cerruti. L euthanasia , Approche medicala et juridique , Paris ,1987.

183. Jean. Louis baudouin. Deanielle blobdean , Ethique de la mort et droit a la mort , Paris

184. J. Malharbe , Medicine et Droit Modren , Lyun ,1968.

185. .Mike Molan L.Lm, Barrister. Principles of criminal law. London. Oct. 2000.

186. New York State ,Drartment of Health, Guidelines for Determining Brain Death, December. 2005

187. Pallis C,Harly DH. ABC of Brainstem Death, 2nd edition, BMJ Publishing Group , 1996

188. Pallis C. Harley DH-The Position of United States and else Where , in ABC of Brain stem Death, 2nd edition BMJ Publishing groups-2002

189. Paul Julian Doll, Les Proplemes Juridiques Poses Par Les Prelevment et les Greffes eu l'Etat Actual De La Legislation franchised J.C.P, 1968.

190. Rene Savatier, Les Proplemes Juridiques Des Tranplatation D'Organes Humains. J.C.P,1969.
191. Simone Pettetier, De l' euthanaisie, l'orthanaisie et la dysthanasie, R. I. D. P., 1967
192. Smith and Hagan ,criminal law cases and material ,third edition, London,1986.
193. Van Der.Euthanasia and other medical decisions concerning the end life,lancet.1991
194. http:// www.allesan.org/saqafa/minir.htm 2008/8/29 آخر زيارة للموقع في
195. http://www.islampedia.com/mie2/maininter/dafult/fataw.htm. آخر زيارة للموقع في 2008/8/29.
196. د.سمر الأشقر، المركز القانوني لميت الدماغ، بحث منشور على الموقع www.nashiri.net